DER GEZÄHMTE FUSSBALL

Zur Geschichte eines subversiven Sports
Dietrich Schulze-Marmeling

Für Lisa, die mir verzieh, daß wir beim Einüben neuer Frei-stoßvarianten im Wohnzimmer zwei teure Kerzenleuchter abschossen; für Friederike, der ich ein Paar Fußballschuhe schenkte (kaum billiger als die Kerzenleuchter), die sie leider ihrem Freund Matthias vermachte, und die Ruud Gullit „toll" findet; für Kieran, dessen starker linker Fuß hoffen läßt; für Brian Laudrup und Co., die in Schweden dafür sorgten, daß der Ball rund bleibt und die daran erinnerten, daß Fußball ein Spiel der unzähligen Möglichkeiten ist.

Dietrich Schulze-Marmeling

Der gezähmte Fußball

Zur Geschichte eines subversiven Sports

Mit Beiträgen von
Michael John, Martin Krauß,
Matti Lieske, Pit Wuhrer

VERLAG DIE WERKSTATT

CIP-Titelaufnahme in der Deutschen Bibliothek

Der **gezähmte Fussball** : zur Geschichte eines subversiven
Sports / Dietrich Schulze-Marmeling. Mit Beitr. von Michael
John ... - 1. Aufl. - Göttingen : Verl. Die Werkstatt, 1992
   ISBN 3-923478-68-2
NE: Schulze-Marmeling, Dietrich [Hrsg.]; John, Michael; Fussball

95 94 93 92
4   3   2   1

1. Auflage Oktober 1992
Copyright © 1992 Verlag Die Werkstatt GmbH
Lotzestr. 24a · D-3400 Göttingen
Alle Rechte vorbehalten
Gesamtherstellung: Verlag Die Werkstatt
ISBN 3-923478-68-2

INHALT

TEIL 2:
ZUR KRISE DES MODERNEN PROFIFUSSBALLS _____

VORWORT

„Football is not a matter of life and death.
It's more important than that."

Dieser denkwürdige Ausspruch, in dem Fußball für „wichtiger als Tod und Leben" erklärt wird, stammt von Bill Shankly, einst Trainer des berühmten FC Liverpool. Für mich ist Shankly die größte Trainerlegende dieses Jahrhunderts – nicht nur wegen seiner Erfolgsbilanz von sieben Titeln für die „Reds". Da waren andere in seiner Zunft sogar erfolgreicher. Wahre Größe läßt sich nicht allein in Siegen messen. Bill Shanklys Größe basiert vor allem auf seinem Engagement für das Wohl seiner Spieler, das Wohl seines Klubs und das Wohl des Fußballspieles allgemein.

„For the good of the game" – um das Wohl des Spieles, das noch immer Massen fasziniert und mobilisiert wie kein anderer Sport, sorgt sich heute kaum einer mehr im Fußball-Business. Das wäre eigentlich notwendig: Der Fußball befindet sich in einer Sackgasse. Das Spiel, dessen Faszination in der Unkalkulierbarkeit liegt, wird zusehends kreativloser und berechenbarer. Vergeblich sucht man den atemberaubenden Spielwitz unsterblicher Kicker-Genies; stattdessen dominiert der phantasielose, dafür aber oft brutale und allein am Erfolgsprinzip orientierte Angestelltenfußball. Und die zerstörerischen Kräfte sind auf dem Vormarsch, angeführt von Funktionären, die als Agenten kommerzieller Interessen wirken und das Wesen des Spiels nicht begriffen haben. Die Entkoppelung des Fußballs von seinem traditionellen Milieu, die Kommerzialisierung der Stadien, die profitorientierten Planungen in den Vereinsvorständen, die Diskussion um „mediengerechte" Regeländerungen – all dies droht dem Spiel die Seele auszureißen.

Das vorliegende Buch ist weder Ersatz noch Konkurrenz zu den Fußball-Standardwerken wie etwa Karl-Heinz Hubas (lesenswerter) „Fußball-Weltgeschichte". Es ist vielmehr als Ergänzung zu verstehen; als ein Versuch, die subversive Geschichte des Fußballs zu erzählen und seine politische, soziale und ökonomische Entwicklung stärker zu beleuchten. Der Fußball war ursprünglich kein deutsches Spiel, auch bezüglich seines gesellschaftspolitischen Inhalts. Deutsch war das Turnen, dessen ideologischer Ballast (Nationalismus, Antisemitismus, Militarismus) vom Fußball vielfach unterlaufen wurde. Und obwohl er in vielerlei Hinsicht ein „bürgerliches" Spiel ist, stand der Fußball noch bis vor gar nicht langer Zeit doch ein Stückchen außerhalb der bürgerlichen Gesellschaft: halb war er „integrierte Spielwiese", halb „autonome Nische". Das galt sowohl für das Geschehen auf dem Rasen wie auf den Rängen.

Mit – allerdings starken – Einschränkungen ist das auch heute noch so. Auch wenn der Fußball viel von seiner einstigen subversiven Kraft eingebüßt hat und dem kraftmeierischen Bumm-Bumm-Tennis als neuer deutscher Leitsportart immer ähnlicher wird: Ganz totzukriegen ist er offensichtlich nicht, wie der überraschende Triumph der dänischen Nationalelf bei der Europameisterschaft 1992 erst kürzlich dokumentierte.

Trotzdem bleibt fraglich, ob das Spiel die neuen Herausforderungen, vor allem den scheinbar unaufhaltsamen Siegeszug der Marktwirtschaft im Profifußball, unbeschadet überstehen wird. Die Dynamik der bürgerlich-kapitalistischen Gesellschaft duldet keine Nischen und macht schon gar nicht vor Idealen halt. Der Fußball-Humanismus eines Bill Shankly droht von den aktuellen Entwicklungen weggefegt zu werden. Es bleibt die Hoffnung auf die inneren Widerstandskräfte des Fußballs und darauf, daß Fußballer und Zuschauer, denen dieser Sport eigentlich gehören sollte, sich gegen ihre Funktionalisierung und Enteignung wehren.

Über das Spiel, sein Wesen und seine Zukunft läßt sich vortrefflich philosophieren, zumal, wenn die ganze Weite seines Umfeldes mit einbezogen wird. Ich möchte an dieser Stelle allen meinen Dank aussprechen, die in der einen oder anderen Weise – sei es durch „Gastbeiträge", sei es durch Überlassung von Materialien und direkte inhaltliche Hinweise, sei es durch gemeinsame Fernsehabende oder Stadionbesuche mit anschließendem zünftigen Diskurs – zu diesem Buch beigetragen haben. Dazu zählen:

Manfred Beckmann, Hubert Dahlkamp, Barbara Figge und die Crew vom „Millerntor Roar", Dr. Hannes Hofbauer, Dr. Michael John, Kevin O'Kane, Dr. Andrea Kumlosy, Martin Krauß, Mario Di Leo, Matti Lieske, Matthias Marschik, Dr. Peter Müller (FK Austria Wien), Mark Murphy, Jens Renner, Werner Steffen und Pit Wuhrer. Des weiteren gilt mein Dank Peter Schüren und der Bildungsgemeinschaft SOAG e.V., deren Arbeitnehmer ich war und über deren Projekt „Zur Sozialgeschichte des Fußballs in der Region Hamm" ich seinerzeit die Anregung zu diesem Buch erhielt; und schließlich natürlich den Leuten vom Verlag Die Werkstatt.

Dietrich Schulze-Marmeling, September 1992

STIMMEN ZUM SPIEL

Einige Leute denken, Fußball sei eine Sache auf Leben und Tod. Ich mag diese Haltung nicht. Ich kann denen versichern, daß es viel ernster ist als das."

Bill Shankly, ehem. Manager des FC Liverpool, 1973

„Kein Spieler, Manager oder Zuschauer, der Fußball entweder intellektuell begreift oder mit seinem ganzen Gefühl, wird jemals jenen Unsinn daherreden, der gelegentlich den Furchtsamen entfährt: Schließlich sei es ja nur ein Spiel! Seit achtzig Jahren ist es eben nicht nur ein Spiel gewesen, nämlich seit die Arbeiterklasse hier einen Fluchtweg aus dem Elend entdeckte und diesen Sport für sich reklamierte. Das war nicht nur eine Randerscheinung dieses Jahrhunderts. Was auf dem Fußballfeld passiert, hat große Bedeutung, nicht so wie Essen und Trinken, sondern die Bedeutung, die für manche Leute Lyrik hat und für andere Alkohol. Er nimmt von der Persönlichkeit Besitz."

Arthur Hopcraft, The Football Man, London 1971

„Du hast nur zwei Möglichkeiten, von der Straße wegzukommen: Fußball und Rock'n Roll." *Rod Steward, Popstar*

„Sich anpassen und funktionieren, so hat die Oberschicht auch den Fußballprofi am liebsten. Es ist ihr nur recht, daß auf diese Weise fortwährend Dummköpfe kreiert werden, nützliche Idioten des Systems."

C. Luis Menotti, Trainer der argentischen Weltmeisterelf von 1978

„Best wird geliebt, weil er ein Rebell ist. Ein athletischer entfesselter Prometheus, der die Leidenschaft von Millionen Fußballfans nährte und eine Legende kreierte, die sich weigerte zu sterben."
Irisch News, 24.9.90, über den ehemaligen Starspieler George Best

★ ★ ★

„Fußballsport entwickelt sich heute in den Bereich der Unterhaltungsbranche. Das klassische Ideal von Freundschaft, Kameradschaft und Körperertüchtigung ist nur noch ein kleiner Teil des Ganzen." *Gerhard Mayer-Vorfelder, Präsident des VfB Stuttgart*

★ ★ ★

„Die Urbestimmung des Spiels, der Wettkampf, läßt sich nicht mit den üblichen Regeln der Showbranche in Einklang bringen. Mit kindlichem Staunen müssen die modernen Klublenker in der Sinnkrise eine alte Herberger-Weisheit neu begreifen lernen: Das Schöne am Fußball ist, daß man nicht weiß, wie es ausgeht."
Der Spiegel, 12/92

★ ★ ★

„Das eigentliche Spiel darf nicht verfälscht werden. Etwa durch Regeländerungen, Halbzeitverkürzungen, Werbeunterbrechungen, das ist absoluter Blödsinn. Fußball darf man für den Kommerz nicht verfälschen."
Günter Netzer, einst Mittelfeldästhet der deutschen Nationalelf
und Europameister 1972

★ ★ ★

„Der Fußball hat seine Identität preisgegeben. Nichts zeigt das deutlicher als die Tatsache, daß ein Schriftsteller wie Martin Walser, der immer ornamentale Kräusel auf die jeweiligen gesellschaftlichen Wellenlinien zaubert, heutzutage riesige Elogen auf Boris Becker schreibt. Tennis hat Fußball als Leitsportart abgelöst. Es ist das Elend des deutschen Fußballs heute, daß die Nationalspieler alle kleine Tennisspieler sind."

Helmut Böttiger

★ ★ ★

„Es ist unser Problem, daß man nicht mehr auf der Straße kickt."
Günter Netzer, Europameister 1972

Teil 1

Zur sozialen und politischen Geschichte des Fußballsports

BAUERNLÜMMEL UND REBELLISCHE SCHÜLER

VOM VOLKSSPORT ZUM MODERNEN SPORTSPIEL

Die Ursprünge des Fußballspiels lassen sich in England – dem „Mutterland" der moderneren Balltreterei – zumindest bis in das 10. Jahrhundert zurückverfolgen. Mit dem heutigen Fußball – als kodifiziertem, modernem Sportspiel – hatten die damaligen Varianten indes nur wenig gemeinsam. Fußball war über Jahrhunderte hinweg ein Volksspiel im wahrsten Sinne des Begriffs, das auf simplen, ungeschriebenen Gewohnheitsregeln basierte, keine präzise Begrenzung des Spielfelds, der Spieldauer und der Zahl der Spieler kannte. Oftmals standen sich nahezu komplette Städte, Dörfer und Viertel gegenüber. Es waren allerdings keine Mannschaften, wie wir sie heute kennen: Es fehlten weitgehend systematische Kooperation und Arbeitsteilung. Spielfelder konnten die ganze Stadt mit den beiden Stadttoren oder die Felder, Wiesen und Wälder zwischen zwei Dörfern sein. Das Spiel endete bei Anbruch der Dunkelheit. Überdies war dieser Volksfußball äußerst rauh. Die Betonung lag unmißverständlich auf Kraft und Gewalt, nicht auf Geschicklichkeit. Die ungeschriebenen Regeln variierten von Region zu Region.

Das Spiel wurde vornehmlich von „Bauernlümmeln" und Gesellen betrieben, während sich die Aristokratie und die Bürger von ihm fernhielten. Der Niedergang dieser frühen Form des Fußballs korrespondierte mit dem Vormarsch der industriellen Revolution, die die Unterklassen in ein drakonisches Fabriksystem preßte und für das wilde und unregulierte Volksspiel – anders als die naturorientierte Zeiteinteilung der Agrargesellschaft – keine Gelegenheit mehr ließ.[1]

Die zweite und die dritte Phase der Entwicklung vollzog sich in den „Public Schools", die das rohe Volksspiel aufgriffen, um es sukzessive zu einem modernen Sportspiel – mit fester und formaler Organisation und einem vielfältigen und schriftlich niedergelegten Regelwerk – umzugestalten.

Es war nicht die neue soziale Lebenswelt allein, die den Niedergang der Volksspiele als Unterklassenvergnügen bewirkte, sondern auch ihre gewaltsame Unterdrückung durch kommunale und staatliche Behörden. In der Welt der industriellen Produktion, die straffe Organisation und Disziplin verlangte, mußte das wilde, ungeordnete, dem neuen Tagesablauf widersprechende Spiel für die herrschenden Klassen als Bedrohung der Eigentumsverhältnisse und von „law and order" wirken. Allerdings hatte bereits 1314 der Bürgermeister von London versucht, das wilde Treiben zu verbieten. Als Begründung diente ihm der „überhandnehmende Lärm". Die Public Schools, wo sozialrevolutionäre Gesinnung nicht befürchtet werden mußte, wurden zum letzten Reservat der Spiele.

Der Public School-Fußball stellte im Gegensatz zum Massenvolksfußball keine Bedrohung sozialer Ordnungsprivilegien dar und integrierte das Spiel in eine schulinterne „Hackordnung". Damit setzte aber auch eine Periode ein, in der die Unterklassen mit dem Spiel nichts zu tun hatten, sondern feudale und bürgerliche Füße nach dem Ball traten. Zum Massenphänomen wurde Fußball erst wieder mit seiner Eroberung durch die industrielle Arbeiterschaft – nun allerdings in seiner regulierten Form.

Die Public Schools waren ursprünglich eingerichtet worden, um Unterklassenjugendlichen eine kostenlose Schulbildung zu ermöglichen. Doch schon bald wurden sie von Aristokratie und Gentry übernommen, was zur Folge hatte, daß die Autoritätsverhältnisse in den Schulen aus ihren bis dahin gültigen formalen Fugen gerieten und sich stattdessen eine Machtbalance zwischen Lehrkörper und Schülerschaft etablierte. Der soziale Status der Lehrer lag unter dem der Schüler und deren Familien, was ihre Degradierung zu bezahlten Dienstboten bedeutete. Während die Schüler auf die formale Schulbildung kaum angewiesen waren, waren umgekehrt viele Lehrer von den finanziellen Zuwendungen reicherer Schüler und der Gunst der Eltern abhängig geworden.

Die Verbreitung des rohen Ballspiels war symptomatisch für die schwache Autorität des Lehrkörpers. Das Spiel wurde von den Schülern eigenständig aufgegriffen, selbständig organisiert und zuweilen gar zur Provokation der Lehrer betrieben. Vor allem aber diente es der Konstituierung einer eigenständigen Hierarchie innerhalb der Schülerschaft, die als eine Art Selbstver-

Die uralte Tradition des „Fußball"-Spiels Dorf gegen Dorf hielt sich in einigen Regionen Englands bis in den Anfang des 20. Jahrhunderts

waltung das bestehende Autoritätsvakuum ausfüllte.[2] Von den Eltern wurden diese Zustände durchaus begrüßt. Aus ihrer Sicht hatten die Public Schools vor allem der informellen Erziehung ihrer Zöglinge zu dienen. „Die Macht- und Prestigekämpfe, in die sich die Jungen verwickelten, wurden deshalb als besonders wichtig angesehen. Ebenso beurteilte man ihre rauhen, ungeordneten Spiele und sogar ihre gelegentlichen Rebellionen gegen die Schulautorität (im Zeitraum 1728 bis 1832 wurden nicht weniger als 22 Rebellionen an den Public Schools gezählt, Anmerk. dsm). Das 'informelle Leben' der Public Schools hielt die Mehrheit der Eltern für ein nützliches Training zu Männlichkeit, Führertum und Unabhängigkeit. Sie wurden deshalb höher bewertet als Latein und Griechisch."[3]

Die zweite Phase der fußballerischen Entwicklungsgeschichte, die sich von 1750 bis etwa 1840 erstreckt, ist also durch das Aufgreifen des wilden Spiels seitens der Public Schools wie seine Anpassung an deren Sozialstruktur und die dort existierenden Macht- und Autoritätsverhältnisse gekennzeichnet. In einer dritten Phase, die zwischen 1830 und 1860 anzusiedeln ist, kommt es dann zur formalen Organisation, Regulierung und Zivilisierung des Fußballs, d.h. seiner Fortentwicklung zum modernen Sportspiel.

Bis in das 18. Jahrhundert hinein verstand man in England unter „sportsmen" im wesentlichen Aristokraten, Mitglieder einer parasitären Klasse, die längst nicht mehr arbeiten mußten (allerdings auch mehr und mehr ökonomische und politische Macht abzutreten hatten) und deshalb genügend Zeit besaßen, sich Spiel und Unterhaltung zu widmen. Sport existierte scheinbar losgelöst von Arbeit, Produktion und Gesellschaft im allgemeinen, denn „die Kapitalisten hatten genug zu tun mit dem Aufbau von Fabriken und der Jagd nach Profit", während „die Arbeiter so sehr ausgebeutet (wurden), daß sie weder Kraft noch Zeit für 'Sport' hatten."[4] Dies änderte sich mit fortschreitender Industrialisierung, die eine Veränderung der Machtbalance zwischen Aristokratie und Gentry einerseits und den industriellen Mittelklassen andererseits bewirkte. Die Auseinandersetzung zwischen den alten führenden Klassen und dem aufstrebenden Bürgertum manifestierte sich u.a. im Ringen um die Kontrolle über die gesellschaftlich bedeutendsten Institutionen im Lande, von dem auch die Public Schools nicht verschont blieben. Die Folge war eine „Schulkrise", die erst durch eine Reihe von Reformen – hier ist insbesondere die des „Primaner-Fuchs-Systems" zu nennen – gelöst werden konnte.

Ausgangspunkt und Zentrum der Schulreformen war nicht von ungefähr die Public School von Rugby. Während an den anderen Public Schools – beispielsweise Eton und Harrow – der Anteil Schüler aristokratischer Herkunft mit 18% bis 22% recht bedeutend ausfiel, betrug er in Rugby nie mehr als 7%. Rugby war eine Domäne des Nachwuchses des modernen Bürgertums, der hier für Industrie und Handel, Administration und Rechtsprechung ausgebildet wurde. Allein schon die Tatsache, daß die Schüler bürgerlicher Herkunft im stärkeren Maße auf die Schulbildung angewiesen waren als die Zöglinge der Aristokratie, prädestinierte Rugby für ein Reformexempel.

Daß das „Primaner-Fuchs-System" nicht gänzlich abgeschafft, sondern nur modifiziert wurde, entsprach dem sogenannten „Mid-Victorian-Compromise", der gegenseitigen Anpassung von etablierter und aufsteigender Macht. Das Bürgertum erwies sich als nicht mächtig genug, Aristokratie und Gentry als herrschende Klasse zu verdrängen, während letztere nicht dazu in der Lage waren, die bürgerliche Herausforderung abzuwehren. Vielmehr waren Aristokratie und Gentry mehr und mehr auf das Bürgertum angewiesen. Auch die Schulreform in Rugby war das Resultat eines Klassenkompromisses. Sofern dieser das „Primaner-Fuchs-System" betraf, äußerte er sich in einer Transformation der traditionellen Form jugendlicher Selbstverwaltung zu einem geregelten indirekten Herrschaftssystem.

Wie aber wirkte sich die Reform auf die Organisation und Anlage des Ballspiels aus? 1845 wurde erstmals ein schriftliches Regelwerk vorgelegt, „The Law of Football as Played in Rugby School". Das Spiel wurde seiner allzu brutalen Züge entledigt, und anstelle eines realen Kampfes trat ein „Scheinkampf", ein Wettkampf auf höherem Zivilisationsniveau. „Das Vergnügen, Rugby zu spielen, lag immer weniger in der brutalen Kraft. Spielerische und technische Fähigkeiten traten an ihre Stelle. Das Spiel hatte einen kleinen, aber entscheidenden Schritt vorwärts zu seiner modernen Form gemacht, d.h. zu einer Spielform, die eine nicht besonders stabile Balance zwischen Gewalt und Fähigkeit, Spontaneität und Kontrolle beinhaltete. Es blieb genügend Raum für 'Individualität' und 'männliche' direkte Auseinandersetzung. Aber Barrieren – in Form schriftlich fixierter Regeln – begannen dafür zu sorgen, daß die Erregung im Kampf die Spieler nicht zu weit von den 'zivilisierten' Standards entfernte, die sich an der Schule durchzusetzen begannen. Rugby-Fußball näherte sich den Erziehungszielen der Schulleitung und den Verhaltensstandards, die sich in der britischen Gesellschaft im Zusammenhang mit den interdependenten Prozessen der Industrialisierung und Verbürgerlichung entwickelten."[5] Im Zentrum der Bemühungen um eine Bändigung des Spiels stand die historisch absolut neue, jedoch mit der Durchsetzung bürgerlicher Werte und Normen korrespondierende Unterscheidung in illegitime und legitime Gewalt, die zur Selbstdisziplin (= Verzicht auf illegitime Gewalt) bei gleichzeitigem Durchsetzungsvermögen (= Anwendung legitimer Gewalt) erziehen sollte. Der Prozeß der Verregelung reduzierte sich jedoch nicht nur auf die Frage der Gewalt, sondern erstreckte sich auch auf die Anzahl der Spieler, die Maße des Spielfelds und der Tore, die Präzisierung der Spielzeit etc. „Die Festlegung von Anzahl und Maßen, wie sie im Verlauf des 19. Jahrhunderts eingeführt wurde, entspricht, ohne Analogien überstrapazieren zu wollen, der Vereinheitlichung von Maßen und Gewichten als Voraussetzung der Konkurrenz; sinnbildlich kommt diese Gleichheit als Voraussetzung der Konkurrenz in den Halbzeiten, im Wechsel der Seiten zum Ausdruck: jede der beiden Mannschaften soll einmal gegen die Sonne oder mit dem Wind im Rücken spielen. Die Addition von Punkten und Toren und die Erstellung von Tabellen erinnern nicht von ungefähr an die Buchführung, und die Verzeitlichung des Spiels korrespondiert mit dem durch den industriellen Kapitalismus bewirkten Umschlag zur zeitlich bemessenen Arbeit, die ihren gültigsten Ausdruck in der Wendung 'Zeit ist Geld' erfährt."[6] Die Entwicklung des Fußballspiels vom Volksspiel zum modernen Sportspiel war somit Mittel wie Ausdruck eines Prozesses, der als Verbürgerlichung bezeichnet wird.

1849 veröffentlichte die Public School in Eton ihr eigenes Regelwerk, das sich von dem Rugbys im wesentlichen dadurch unterschied, daß es erstmals ein absolutes Verbot des Handspiels einführte. Bereits 1846 hatte sich Cambridge in ähnlicher Weise geäußert. Die Form der Ballkontrolle und Ballabgabe zählte bis dahin – neben dem „Abseits" und der Eindämmung der physischen Auseinandersetzung – zu den umstrittensten Fragen der Regeldiskussion. Das Verbot des Handspiels addierte zum Verregelungsprozeß ein weiteres, Selbstkontrolle verlangendes Disziplinierungselement.

Die Formulierung unterschiedlicher Regelwerke war vor allem eine Folge von Statusrivalitäten zwischen den einzelnen Public Schools, die wiederum – wie bereits dargestellt – Resultat der industrialisierungsbedingten Spannungen zwischen der traditionellen Oberklasse und den aufstrebenden bürgerlichen Mittelklassen war. In Rugby war die Verregelung des dortigen Fußballspiels nicht zuletzt betrieben worden, um die „zivilisatorische Überlegenheit" der eigenen Einrichtung herauszustreichen. Dies animierte das „aristokratische" Eton zu einem eigenen Regelwerk, dessen wesentlichstes Unterscheidungsmerkmal im Verbot des Handspiels lag. Etons Fußballregeln, die die Grundlagen für die uns heute als *Soccer* geläufige Variante des Fußballspiels legten und die Trennung von Fußball und *Rugby* einleiteten, waren also nicht mehr und nicht weniger als eine Replik auf die Emporkömmlinge aus Rugby. Cambridge und Harrow sympathisierten in dieser Auseinandersetzung mit Eton.

Eine Serie von Versammlungen mündete im Jahre 1863 in London in der Gründung der *Football Association*. Dieser traten die Rugby-Clubs jedoch nicht bei, da das angenommene vereinheitlichte Regelwerk (bis dahin waren Rugby und Fußball lokale Spiele mit voneinander abweichenden lokalen Spielregeln) zwei zentrale Kennzeichen des Rugbys ausschloß: das Tragen wie überhaupt das Berühren des Balles mit den Händen und das sogenannte „Hacking" (= das Treten gegen die Beine) bzw. „Tripping" (= Beinstellen). Der Sprecher der Rugby-Fraktion, F.W. Campbell, in seinem flammenden Plädoyer für die brutalere der beiden Fußballvarianten: „Auch nach dem Gegner zu treten, das ist wahrer Fußball. Die in Cambridge hatten kein Recht, dagegen eine Regel einzuführen. Sie scheint für jene gemacht, die lieber ihre Pfeife, ihren Grog und ihren Schnaps mögen als das mannhafte Spiel. Ich glaube, die Einwände gegen das Treten kommen von Leuten, die einfach zu alt für den Geist dieses Spiels sind."[7]

Erst acht Jahre später gründeten die Rugby-Clubs mit der *Rugby Football Union* ihren eigenen Verband. Zwar ist auch Soccer nach wie vor eine Männerdomäne, aber was Rugby von dieser „verweichlichten" Fußball-Variante auch heute noch unterscheidet, ist die Aura eines extremen männlichen Chauvinismus, mit der sich das harte Spiel umgibt. Diese artikuliert sich u.a. in allerlei pubertären Ritualen, und – anders als beim Soccer – ist der Chauvinismus in den Kabinen gar noch stärker ausgeprägt als auf den Rängen. Nicht von ungefähr gibt es bis heute kein Frauen-Rugby, wohl aber Frauen-Fußball.

WIE DER FUSSBALL ZU DEN ARBEITERN KAM

Die Entwicklung des Fußballs vom Volksspiel zum modernen Sportspiel wurde von der industriellen Revolution und dem Klassenkampf zwischen Aristokratie und Gentry auf der einen und dem aufstrebenden Bürgertum auf der anderen Seite angetrieben. England wurde als Mutterland der industriellen Revolution zugleich auch zur Wiege des organisierten Sports, der zunächst allerdings nur ein Reservat und Privileg der Oberklassen war. Seine internationale Verbreitung war eine Begleiterscheinung des britischen Imperialismus.

Das moderne Sportspiel Fußball verbreitete sich jedoch nicht nur horizontal, sondern auch vertikal in die unteren Klassen. Auch diese Entwicklung – die Herauslösung des modernen Sportspiels aus seiner aristokratischen und bürgerlichen Exklusivität – war eine Folge des Industrialisierungsprozesses und der ihn begleitenden sozialen Auseinandersetzungen.

Im folgenden soll es nicht nur darum gehen, wie der Fußball zu den Arbeitern kam, sondern auch, warum er bei ihnen derartig enthusiastisch angenommen wurde, daß man schon bald von einem ausgesprochenen „Proletensport" sprach. Wie bürgerlich der Fußball zunächst war, belegt allein schon ein Blick in die Mitgliederstatistik des 1857 gegründeten *FC Sheffield,* einem der ältesten Fußballvereine der Welt. Danach waren 1858 elf der 29 Vereinsmitglieder Fabrikanten. Der Verein war von ehemaligen Schülern der Sheffield Collegiate School gegründet worden. Bis Ende der 1860er Jahre rekrutierten sich englische Fußballklubs fast ausschließlich aus ehemaligen Public School-Teams. Entsprechend war eine erhebliche Zahl der frühen Klubs im Südosten des Landes beheimatet, während im englischen Norden die Vereinsdichte geringer ausfiel. Auch die 1863 gegründete Football Association wurde von gebildeten Mittel- und Oberklässlern dominiert. Wir werden in späteren Kapiteln noch sehen, daß es in der Anfangsphase des Fußballs in Deutschland kaum anders war.

Für das Betreiben des Sports lassen sich in der zweiten Hälfte des letzten Jahrhunderts die folgenden drei Grundvoraussetzungen nennen: Freizeit, Energie und Geld. Die Industrialisierung schuf eine klare Trennlinie zwischen Arbeit und Freizeit, wie sie die agrarisch geprägte vorindustrielle Gesellschaft nicht gekannt hatte. Voraussetzungen für sportlichen Aktivitäten waren für die Industriearbeiterschaft eine Ausweitung ihrer Freizeit bzw. Verkürzung ihrer Arbeitszeit (= nicht nur ein Mehr an Zeit zur freien Verfügung, sondern auch an eingesparter Energie, die auf den Sport verwendet werden konnte) und besserer Löhne. Daß diese Voraussetzungen schließlich in den 60er und 70er Jahren des 19. Jahrhunderts in England gegeben waren, war das Ergebnis der zunehmenden Organisation der Arbeiterschaft und deren sozialer Kämpfe. Der Zusammenhang ist offensichtlich: „...der Sport (konnte) erst für die Arbeiterklasse zur Realität werden, als den Arbeitern genügend freie Zeit für eine sportliche Betätigung zur Verfügung stand. So begann beispielsweise die Dominanz der Arbeiterklasse im englischen Fußball erst nach Reduzierung der wöchentlichen Arbeitszeit, insbesondere nach der Einführung des freien Samstagnachmittags in den 1860er und 1870er Jahren. Auch in Deutschland fällt die zunehmende Beteiligung der Arbeiter am Sport mit der allmählichen Verbesserung der Löhne und der Kürzung der Arbeitszeiten zusammen. Ähnliche Entwicklungen in Frankreich ermöglichten ab der Jahrhundertwende den Arbeitern eine Hinwendung zum Radsport. (...) Der direkte Druck, den die organisierte Arbeiterschaft durch Streiks, Wahlen und parlamentarische Aktionen ausüben konnte, war, in Verbindung mit der Angst der herrschenden Klasse vor Revolutionen, für viele Verbesserungen der Lebensbedingungen der Arbeiter verantwortlich. Genau diese Mischung führte zum Beispiel direkt nach dem Ersten Weltkrieg zur weitgehenden Einführung des Achtstundentags und damit zu einem gewaltigen Anwachsen des Arbeiteranteils am organisierten Sport.“[8]

1883 gewann zum ersten Mal in der seit 1872 bestehenden englischen Cup-Geschichte ein Arbeiterverein das Finale, nachdem 1879 mit *Nottingham Forest* bereits erstmals ein proletarischer Midlands-Verein bis in das Semi-Finale vorgedrungen war. *Blackburn Olympic* besiegte die *Old Etonians* mit 2:1 und beendete damit die Dominanz der Universitäts- und Public School-Teams aus dem Süden Englands. Die siegreiche Elf bestand aus vier Textilarbeitern, drei Metallarbeitern, einem Angestellten, einem Klempnermeister, einem Schankwirt und einem Zahnarzt. Die Fußball-Aristokraten aus Eton, Oxford etc. zeigten sich derartig geschockt, daß sie sich aus dem Cup-Wettbewerb, der prestigeträchtigsten Konkurrenz im englischen Fußball, zurückzogen. Nie wieder sollte ein Public School- oder Universitätsteam das Cup-Finale erreichen. Viele der Public Schools wandten sich gar vom Fußball überhaupt ab und den „gentlemen" angemesseneren Disziplinen zu, um den Kontakt mit den als bedrohlich empfundenen proletarischen Massen zu vermeiden. Stattdessen widmete man sich nun verstärkt den Individualsportarten, deren Ausübung sozioökonomische Privilegien voraussetzte und deshalb soziale Exklusivität sicherte.

Diese vierte Phase der Entstehung des Fußballsports, die sich etwa zwischen 1850 und 1900 erstreckt, war nicht nur durch seine horizontale und vertikale Verbreitung gekennzeichnet, sondern auch durch seine Entwicklung zum populären Zuschauersport, der insbesondere die Unterklassen massenhaft anzog. Kein anderer Sport verbreitete sich in einem ähnlichen Umfang und ähnlichen Tempo in den unteren Schichten des Volkes wie der Fußball. 1927 waren bereits über eine Million Engländer in Fußballklubs organisiert. Aber was machte den Fußballsport für Arbeiter so ungemein attraktiv? Warum gaben sie dem Fußball und nicht einer anderen Sportdisziplin den Vorzug?

Eine wesentliche Erklärung hierfür dürfte in der Monotonie und Entfremdung der industriellen Arbeit liegen. Im gleichen Maße, wie die Arbeit immer weniger zur psychischen Entlastung der Arbeitenden beitrug, wuchs bei diesen der Drang nach freiwilliger und kompensatorischer physischer Verausgabung und psychischer Befriedigung außerhalb der Fabrikhallen. Je entfremdeter und anstrengender die Arbeit ausfiel, desto größer war das Bedürfnis, sich sportlich zu betätigen. Fußball war diesbezüglich gleich in mehrfacher Hinsicht ein ideales Angebot. Fußball verlangte physischen Einsatz, etwas, was den proletarischen Spielern von ihrer Arbeit her bekannt war, war aber – im Gegensatz zur Industriearbeit – doch ein Spiel. Mancher mag darob erstaunt

1883 siegte im englischen Cup-Finale erstmals ein Arbeiterverein: die Mannschaft von Blackburn Olympic

sein, daß physisch Arbeitende nichts Besseres zu tun hatten, als ihre Reproduktion (!) ausgerechnet über eine der physisch anstrengendsten Sportarten zu betreiben. Wer hingegen schon mal in einem Industriebetrieb gearbeitet hat und dort eine extrem monotone, entfremdete und erschöpfende Tätigkeit verrichten mußte, wird die paradox anmutende Erkenntnis bestätigen können, daß anstrengende körperliche Arbeit eine anstrengende körperliche Entspannung verlangen kann.

Der Fußball erfreute sich unter den Arbeitern jedoch nicht nur allergrößter Beliebtheit, weil er ihnen Bekanntes (physischen Einsatz) abforderte. Fußball ermöglichte auch die Entfesselung einer ansonsten vom politischen und ökonomischen System unterdrückten Kreativität und Intelligenz. Zu den typischen Qualitäten proletarischer Fußballspieler zählten nicht nur Kraft und Robustheit, Härte und Hartnäckigkeit, Kondition und Ausdauer, sondern auch körperliche Gewandtheit und Geschicklichkeit und – last but not least – List. Die offensichtliche Dominanz von Eigenschaften, die vom Arbeiter in der industriellen Produktion verlangt wurden und die er um seiner Existenz willen herausbilden mußte („Kraft", „Härte", „Ausdauer") veranlaßten einige Wissenschaftler zu einer Analogie-These von Industriearbeit und Fußballsport. Aber „ohne diesen Transfer (gemeint ist der Transfer von im industriellen Arbeitsprozeß erworbenen Fähigkeiten und Vorzügen, Anmerk. dsm) hätte es, und das mag man bedauern oder nicht, niemals Spitzenmannschaften aus der Arbeiterklasse gegeben. Denn körperlicher Einsatz, Ausdauer, Kraft waren neben der mannschaftlichen Geschlossenheit und Kooperation die hervorragenden Merkmale von Vereinen, die sich aus dem Arbeitermilieu entwickelten. Nicht von ungefähr firmiert kompromißloser, kämpferischer Einsatz im Fußballjargon als 'englische Härte' und sind einige entsprechende Techniken wie z.B. das 'tackling', das Hineinrutschen in den Ball, in England entstanden. In England, der führenden Industrienation zur Zeit der Entstehung des Fußballs, hat dieser Sport seine höchste Blüte als aktiver Sport des Industrieproletariats und seine 'industriellste' Gestalt erlebt: Die Schwerindustrie Englands spiegelt sich in der Spielweise wieder, und die industrielle Bedingtheit der Spielweise zeigt sich auch daran, daß sich die 'englische Härte' auf dem Kontinent vor allem im Ruhrgebiet und in den schwerindustriellen Zentren Polens hat durchsetzen können.“[9]

Das Fußballfeld wurde aber auch zur Bühne, auf der Jugendliche aus der Arbeiterschaft sich in „geistiger“ (genauer: spielerischer) Hinsicht frei entfalten konnten. Nicht von ungefähr sind es noch heute, wo die Arbeitersöhne unter den Fußballprofis bei weitem nicht mehr so verbreitet sind wie früher, oft Balltreter mit eher proletarischem Hintergrund, die durch Spielwitz (anstelle von Pomadigkeit) glänzen. (Der Autor gelangt zu dieser gewagten These auch aus eigener Anschauung. Als er in den 60er Jahren die Volksschule einer Kleinstadt im Ruhrgebiet besuchte, waren die mit Abstand fähigsten Balltreter – nicht nur was Härte und Ausdauer, sondern auch und gerade was Spielwitz und Technik anbetraf – diejenigen, deren Herkunft das Arbeitermilieu war. Auf der Schulbank erwiesen sie sich hingegen – den Sportunterricht selbstverständlich ausgenommen... – scheinbar als „Nieten“. Doch wer so fantastisch und einfallsreich dribbeln und Spielsituationen erahnen und vorwegnehmen konnte, dessen Problem konnte kaum ein Mangel an Intelligenz sein. Vielmehr waren wohl gewisse Fähigkeiten – die der Kultur und den Anforderungen ihres sozialen Milieus entsprachen – „überentwickelt“, während andere potentiell vorhandene Fähigkeiten in Unterentwicklung gehalten wurden und nur auf dem Fußballfeld zur Entfaltung gelangen konnten.)

Ein anderer attraktiver Aspekt des Fußballs war das Gemeinschaftsgefühl und die Gruppensolidarität, die er als Mannschaftssport bot. Und schließlich soll auch nicht vergessen werden, daß Fußball die Möglichkeit eröffnete, dem Stumpfsinn der Industriearbeit und der harschen Realität des städtischen Lebens zu entfliehen. „Wie die Religion konnte er als Opium wirken, was gesellschaftlich akzeptierter war als Alkohol oder andere Drogen. Vor allem aber zog der Sport besonders die männliche Arbeiterschaft stärker an als die Religion. Er war 'echt', und die Belohnung gab es nicht im Jenseits, sondern hier und heute. Marx hätte vielleicht treffender sagen sollen, daß der Sport und nicht die Religion das Opium des Volkes sei."[10]

Mit der Einführung des professionellen Fußballs wurde die Traumwelt noch um eine materielle Komponente angereichert und somit partiell zur Wirklichkeit. Obgleich der professionelle Fußball mehr und mehr zum Broterwerb proletarischer Balltreter beitrug, wurde er von diesen in der Regel trotzdem nicht als Arbeit betrachtet. Der Begriff der Arbeit blieb auf die industrielle Produktion beschränkt. Aus der Sicht des fußballspielenden Industriearbeiters stellte der Fußballsport – da keine entfremdete und aufgenötigte Tätigkeit, sondern eine selbst gewählte Form der Freizeitbeschäftigung – eine so große Erleichterung dar, daß er das Balltreten für Geld nicht als Arbeit begreifen konnte. Symptomatisch hierfür ist die folgende Äußerung des Fußballprofis und Starspielers Nat Lofthouse, Sohn eines Kohlenträgers und selbst zeitweise Bergmann, der seine große Zeit in den 1950er Jahren hatte: „You could say I'd only been getting fourteen quid a week, but it wasn't really work. They were working damned hard for eight quid. I'd got easy money. I know; I've worked down the pit and I've played football."[11]

Eine ähnliche Unterscheidung zwischen Arbeit und Fußball findet sich auch in einem Interview mit ehemaligen Spielern des Ruhrgebietsklubs *SV Sodingen,* der in den 50er Jahren in der Oberliga West wie auch auf Bundesebene für Furore sorgte: „...der Beckenbauer, der hat sich ja mal aufgeregt, von wegen, vier-, fünfmal Training in der Woche. Die arbeiten ja auch gar nicht! Wenn sie uns das damals geboten hätten, wir hätten uns ein Zelt auf den Platz gestellt und nur Fußball gespielt, so begeistert waren wir" (Hännes Adamik). „Können Sie sich einen Spieler, egal wie er heißt, vorstellen, der muß jetzt unter Tage anfangen, dann soll er acht Stunden bleiben, da ist es warm, da geht es rund, da soll der meinetwegen nur rumlaufen. Und dann kommt der nach Hause, dann kann der sein Mittag essen, und dann heißt es: 'So, um 5 Uhr bist du auf dem Platz.' Und dann soll der das Training machen, was der heute macht. Das kann der nicht verkraften, das ist nicht drin" (Leo Konopczinski).[12] Aber auch beim jungen Franz Beckenbauer findet sich noch eine Unterscheidung zwischen Fußball und Arbeit, die der heutige Profi in dieser Form wohl kaum mehr gelten läßt: „Ich habe Fußball nie als Arbeit empfunden. Von Arbeit habe ich ganz andere Vorstellungen."[13]

Stätten der Gründung von Arbeitervereinen waren vor allem Kirchengemeinden, Betriebe, Kneipen und Wohnviertel. Eine Reihe englischer Arbeitervereine waren zunächst „Wanderers", was bedeutete, daß sie kein Geld für die Platzmiete besaßen und deshalb von Platz zu Platz wandern mußten. Der Londoner Erstligist *Queens Park Rangers* kam beispielsweise erst Mitte der 30er Jahre, d.h. ein halbes Jahrhundert nach seiner Gründung, zu einer festen Adresse. Einige englische Vereine tragen ihre heimatlose Vergangenheit noch immer in ihrem Namen, wie etwa die Wolverhampton Wanderers.

Ungefähr ein Viertel der Ende des 19. Jahrhunderts in England existierenden Fußballklubs gingen auf kirchliche Initiativen zurück, wobei diese vornehmlich im Norden und in den Midlands angesiedelt waren. In Blackburn waren es 1875 mindestens vier, in Sheffield 1879 acht Vereine, die Verbindungen zu religiösen Vereinigungen unterhielten. In Birmingham unterhielten 1880 83 von 344, in Liverpool 1885 25 von 112 Vereinen derartige Verbindungen. Der berühmteste von ihnen war der auch heute noch existierende Birminghamer Verein *Aston Villa* (Sieger im Europapokal der Landesmeister 1982 und englischer Vizemeister 1990), der 1872 von Mitgliedern einer wesleyanischen Bibelschule gegründet wurde. In den 90er Jahren des letzten Jahrhunderts war Aston Villa mit fünf Meisterschaften das führende englische Team.

Auch der berühmte Liverpooler Klub *Everton FC* (Sieger im Europapokal der Pokalsieger 1985) geht ursprünglich auf eine kirchliche Initiative zurück: Sein Vorläufer, der 1878 gegründete St. Domingo's FC, war von Mitgliedern eines methodistischen Jugendklubs ins Leben gerufen worden. Queens Park Rangers entstand 1886 als Zusammenschluß der beiden Londoner Kirchenvereine St. Judes und Christ Church Rangers. In den 70er Jahren dieses Jahrhunderts konnten immerhin noch 12 der englischen Profimannschaften auf kirchliche Ursprünge verweisen. In Schottland waren die Gründungen der Edinburgher *Hibernians* (1875) und *Glasgow Celtics* (1888) eng mit dem irischen Katholizismus und im Falle der „Hibs" auch mit der Temperenzler-Bewegung verbunden. Das kirchliche Engagement für den organisierten Fußball war eine Reaktion auf den schwindenden Einfluß der Religion auf die Arbeiterschaft, das epidemische Trinkproblem und die Wettleidenschaft, die sich zusehends zu einem proletarischen Hobby entwickelt hatte. Gewöhnlich emanzipierten sich die Vereine jedoch mit der Zeit von ihren kirchlichen Paten. Ein umfassenderes, erfolgreiches christliches Missionierungsprojekt läßt sich jedenfalls nicht ausmachen, aber sicherlich trug das kirchliche Engagement mit dazu bei, das Selbstwertgefühl sozial deprivierter „communities" zu stärken und ihren totalen Verfall zu verhindern. In einer Reihe von Fällen unterhielten die Vereinsaktiven ein rein funktionales Verhältnis zur Kirche, die ihnen Versammlungsmöglichkeiten bot, und nicht selten entglitt der Enthusiasmus, mit dem der Balltreterei gefrönt wurde, schon bald jeglicher Kontrolle durch das göttliche Bodenpersonal.

Die Gründung von ersten richtigen Arbeiter- und Werksteams erfolgte ab 1877. Bezüglich der Vereine, die aus Industriebetrieben hervorgingen, ist zwischen solchen zu unterscheiden, die „von oben", d.h. von Fabrikbesitzern ins Leben gerufen wurden, wie solchen, die auf einer autonomen Initiative „von unten" basierten, d.h. von den Arbeitern in Selbstorganisation aufgebaut wurden. Eine mittlere Variante bestand darin, daß Arbeiter den Verein zunächst eigenständig gründeten, dieser dann jedoch von der Betriebsleitung – zumeist weniger aus rein wohltätigen, denn aus paternalistischen Erwägungen – oder aber von lokalen Geschäftsleuten protegiert und quasi übernommen wurde. Mittel hierzu waren u.a. der Bau eines Stadions, die Vergabe von leichter Arbeit an die Spieler etc. Für die politischen und sozialen Eliten war die Förderung des (Betriebs)sports unter vielerlei Gesichtspunkten von Interesse: Eine gesunde, durch Sport physisch fit gehaltene Belegschaft war eine wesentliche Voraussetzung für hohe Produktivitätsraten. Außerdem trug der Sport zur Harmonisierung der industriellen Klassenbeziehungen bei. (Betriebs)sport sollte die Identifizierung des Arbeiters mit „seinem" Betrieb stärken, von sozialen und politischen Problemen ablenken (insbesondere solchen, die die Arbeiter als Klasse kollektiv betrafen) und so den sozialen und betrieblichen Frieden sichern.[14]

Wie im Falle des kirchlichen Engagements, so ging aber auch im Falle der betrieblichen Gründungen die Initiative und Unterstützung von oben nicht selten mit sozialreformerischen Absichten einher, die darauf abzielten, den Arbeitern ein soziales Überleben unter den Bedingungen des Industriekapitalismus zu ermöglichen und eine revolutionäre Infragestellung des Systems und seiner Hierarchie zu vermeiden. Auf die Initiative eines sozialreformerisch gesinnten Unternehmers geht beispielsweise die Existenz des berühmten englischen Fußballklubs *West Ham United* (ehemals: *Thames Ironworks FC*) zurück. Nicht zufällig erfolgte dessen Gründung (1895) nach einem großen Streik, der viel Bitterkeit hinterlassen hatte. Der Fußballklub war Teil eines Programms zur „Verbesserung der Beziehungen zwischen Arbeitern und Geschäftsleitung". Nach dem Streik hatte Arnold F. Hills, der Besitzer der *Thames Ironworks* und spätere Initiator der Klubgründung, in der von ihm herausgegebenen Zeitung *The Thames Ironworks Gazette* unter der Überschrift „Die große Bedeutung der Kooperation von Arbeitern und Geschäftsleitung" geschrieben: „...Gott sei Dank ist diese sommerliche Dummheit (gemeint ist der große Streik, Anmerk. dsm) endgültig vorbei; Ungleichheit und Auswüchse wurden abgeschafft und jetzt, mit dem System 'Gute Kameradschaft' und dem Gewinnverteilungsplan, weiß jeder Arbeiter, daß seine individuellen und sozialen Rechte absolut gewahrt bleiben.“[15] 1894 führte Hills für die Beschäftigten der Thames Ironworks den Achtstundentag ein, woraufhin sein Unternehmen 1897 vom *London Engineers Strike* verschont blieb. Hills gründete eine Reihe von betriebsinternen Freizeitunternehmen, von denen der Fußballklub nur eines war. „Die Gründung mehrerer Klubs im Werk, u.a. Streichorchester, Fußball, Abstinenzler, Theater, hatte verschiedene Motive, vornehmlich aber sozial verantwortungsbewußte.“[16] Die Freizeitunternehmen banden die Beschäftigten auch über ihren Arbeitstag hinaus an die Ironworks und verliehen ihnen das Gefühl, den innerbetrieblichen Statusunterschieden zum Trotze gleichberechtigte Mitglieder ein- und derselben großen Familie zu sein.

Der nicht minder berühmte Londoner Verein *Arsenal,* u.a. Sieger im UEFA-Cup 1970 und englischer Meister 1991, war eine Gründung von Arbeitern einer Waffenfabrik (von dieser Herkunft zeugt noch heute die Kanone auf dem Trikot der „Gunners“), der Royal Arsenal-Fabrik im südlichen London, wo Munition für die britische Flotte hergestellt wurde. Der Verein hieß zunächst *Dial Square Football Club,* nach dem Namen der Fabrikabteilung, in der seine Akteure arbeiteten. Erst während des 1. Weltkrieges erhielt der Klub – nach seiner zwischenzeitlichen Umbenennung in *Woolwich Arsenal* – mit *Arsenal Football Club London* seinen heutigen Namen.[17]

Manchester United, 1968 Englands erster Europapokalsieger der Landesmeister, englischer Pokalsieger 1990 und Europapokalsieger der Pokalsieger 1991 (der erste Erfolg einer englischen Klubmannschaft seit deren Rückkehr nach Europa), einer der weltweit populärsten Fußballklubs, ging aus einem Eisenbahnersportverein hervor, den 1878 Handwerker und Arbeiter der Lancashire & Yorkshire Railway Co. (LYR) unter dem unsäglich langen Namen *The Lancashire & Yorkshire Railway Company of Newton Heath Football Club* gegründet hatten. In Newton Heath, im Nordwesten Manchesters, befand sich das größte Depot der LYR, aus dem sich die Mannschaft rekrutierte. Manchester spielte zunächst nur gegen andere Eisenbahnerteams. Aber 1885 ging der Verein zum Profitum über und wurde dadurch zum führenden Fußballklub in der Stadt. Manchester und ähnliche Vereine wären wohl kaum zu Langlebigkeit und Ruhm gelangt, hätten sich nicht nach einer autonomen Anfangsphase lokale Industrielle und Geschäftsleute ihrer angenommen. Im Falle der Newton Heath L. & Y.R. FC war es der örtliche Brauereibesitzer John H. Davies, der den Verein 1902 vor seinem Ruin bewahrte und ihm seinen heutigen Namen verlieh (auch Arsenal London war 1910 zunächst einmal pleite gegangen, nachdem man dort 1891 das Profitum eingeführt hatte). Davies investierte außerdem 60.000 Pfund in den Bau des *Old Trafford*-Stadions (1910), im ersten Industriekomplex der Welt gelegen, der noch Anfang der 1970er Jahre mit 50.000 Arbeitern der größte auf der britischen Insel war. 1907 erfolgte Uniteds Umwandlung in eine Aktiengesellschaft (Arsenal war dies bereits seit 1891), eine schon frühzeitig gängige Form der Organisation von Profiklubs in England und Schottland, die jedoch mit dem üblichen Verständnis von Aktiengesellschaften nur bedingt zu tun hat.[18]

Die Ablenkungsfunktion des Fußballs („Opium des Volkes") und die Bemühungen der herrschenden Klasse, ihn für einen „sozialen Frieden" in ihrem Sinne zu strapazieren, führte bei Teilen der gesellschaftlichen Linken dazu, dem proletarischen Massensport mit Enthaltung und Skepsis bis hin zur offenen Ablehnung zu begegnen. Die Linke hatte die gesellschaftliche Bedeutung des Fußballs und sein politisches Instrumentalisierungspotential kraß unterschätzt. Für Deutschland galt (und gilt) dies in einem noch ungleich größeren Ausmaß als für England. Heute ist die bei der ehemaligen BRD-Linken anzutreffende Abstinenz und Abneigung gegenüber dem Fußball auch ein Ausdruck der kulturellen und sozialen Distanz zwischen ihnen und dem „gemeinen Volk". In England, Schottland, Italien etc., wo die Linke den Unterklassen sozial und kulturell näher steht und in einem größeren Ausmaß selbst Teil dieser ist, gestalten sich die Beziehungen zwischen der dortigen Linken, dem Fußball und dessen Publikum entsprechend enger und positiver. Tatsächlich belegt die Geschichte des Fußballsports als von Arbeitern favorisierte Disziplin, daß er nicht nur zur Ablenkung von politischen und sozialen Problemen taugte, sondern auch zur Entwicklung von persönlichem Stolz und Klassenbewußtsein. Dies scheint im übrigen auch für solche Klubs zu gelten, in denen sich Arbeiter unter bürgerlicher Ägide versammelten. Tatsächlich lassen sich eine Reihe von historischen Beispielen nennen, die einer zwangsläufigen Korrelation von Fußball und Depolitisierung widersprechen. So verbuchten die englische *Labour Party* und die englischen Gewerkschaften in der Zeit bis 1914 große und wichtige politische Erfolge, obwohl dies die Jahre waren, in denen sich der Fußball als proletarisches Massenphänomen durchsetzte.

Wie kein anderer Sport ergriff der Fußball von der Zeit und den Empfindungen der europäischen Arbeiterschaft Besitz. Die proletarische Rückeroberung des Spiels — nach seiner bürgerlich-aristokratischen Zwischenphase der Umwandlung vom unstrukturierten Volksspiel zum modernen Sportspiel —, die ungeheure Zuschauermassen anzog, wirkte als konstitutiver Faktor bei der Herausbildung einer Arbeiterkultur. Sport — und hier insbesondere der Fußball — wurde zum „vielleicht wichtigsten, wenn auch weitgehend ignorierten und am wenigsten verstandenen Bestandteil der Arbeiterkultur."[19]

GENTLEMEN BITTEN NICHT ZUR KASSE

AMATEURISMUS VERSUS PROFESSIONALISMUS

Die Entwicklung des Fußballsports zum Zuschauersport, die erst möglich wurde, als dieser aufhörte, ein Reservat und Privileg der Oberklassen zu sein, beförderte zwangsläufig seine Professionalisierung. Der Amateurismus war ursprünglich „eine Erfindung der nachbürgerlichen Klassengemeinschaft", um sich „den Proleten vom Halse zu halten".[20] 1866 verabschiedete die englische *Amateur Athletic Association* die berühmte „Gentlemenklausel", die vom Wettkampf ausschloß, „who is a mechanic, artisan or labourer, or engaged in menial activity."[21] Die Begriffe „gentleman" und „sportsman" wurden zu dieser Zeit als Synonyme benutzt, mit denen Mitglieder des Adels, der Gentry und des wohlhabenden Bürgertums bezeichnet wurden. Im Gegensatz zu den Mitgliedern der Unterklassen konnten es sich die „gentlemen" und „sportsmen" leisten, Sport als „schönste Nebensache der Welt" zu begreifen. „...Sport besaß ...im Idealfall das Ziel, Spaß, Vergnügen und Freude zu bereiten, einen Zustand angenehmer Erregung also und nicht mehr herbeizuführen. Ein solches Ethos drückt den Wohlstand und die Unabhängigkeit der Public School-Elite aus, drückt aus, daß die Angehörigen dieser Schicht, die sich Muße leisten konnten, glaubten, sie könnten Sport hauptsächlich zum eigenen Vergnügen betreiben. Grundlage für dieses Ethos ist die strenge Unterscheidung von Arbeit und Muße. Professionalisierung, so glaubte man, würde aus dem Spiel, das der Sport war, Arbeit machen und so sein Wesen zerstören."[22] Außerdem bot der Professionalismus für die „gentlemen" und „sportsmen" – in Anbetracht ihrer Betuchtheit, von der der damalige Berufssportler nur träumen konnte – keinerlei materiellen Anreiz. Stattdessen blickte man auf die herab, die es von ihrer materiellen Lebenslage her für notwendig empfanden, Sport um des Geldes willen zu betreiben. *The Amateur Athletic Club* schloß beispielsweise in seinen Regeln von 1863 Sportler aus der Arbeiterschaft mit der Begründung aus, daß diese es sich nicht leisten könnten, wegen der Teilnahme an einer Sportveranstaltung auf Arbeit und Lohn zu verzichten. Der Professionalismus, der sich zunächst vornehmlich im industriellen und proletarischen Norden Englands ausbreitete, wurde von der Ober- und Mittelklasse pikiert als Degenerationserscheinung und proletarischer Enteignungsversuch betrachtet. Ihr zitierter skurriler Amateurparagraph war ein Mittel, um sich gegenüber diesen Erscheinungen abzugrenzen und soziale Exklusivität zu wahren. Erst mit Coubertin, dem „Erfinder" der neuzeitlichen Olympischen Spiele, wurde das Amateurideal von seiner klassenmäßigen Exklusivität befreit. Coubertins Amateurismus war nicht durch soziale Merkmale gekennzeichnet, sondern allein eine Frage von „Moral", „Einstellung", „Tugend" und „Ehre". „Einzig der sportliche Geist interessiert mich, nicht die Anerkennung jener lächerlichen englischen Konzeption, die nur Millionären erlaubt, sich dem Sport zu widmen, wenn nicht ein veraltetes Dogma in die Brüche gehen soll."[23]

Der professionelle Fußball wurde von den herrschenden Klassen aber auch deshalb abgelehnt, weil er sich mehr und mehr zu einem proletarischen Massenspektakel entwickelte. Einen Eindruck von der sozialen Zusammensetzung und der öffentlichen Gebärde der traditionellen britischen *Football Crowd* liefert die folgende Beschreibung aus dem Jahre 1927: „Die oberen Klassen, die an den Spielen der Schulen und Universitäten starken Anteil nehmen, meiden in der Regel die kommerziellen Sportarenen. Der gebildete Mittelstand ist ungleich spärlicher vertreten als bei den Kricket-Wettspielen, dagegen sind Kleinbürger, Shopkeepers, Angestellte und besonders Arbeiter – kurzum die Menschen, die auch in der Stadt Sportmützen tragen – sowie das unterste Proletariat, das unterhalten werden will, sehr stark vertreten. Frauen sieht man dabei nicht in allzu großer Zahl, desto mehr Jugendliche. Es gibt Tausende, die von Arbeitslosenunterstützung leben und deren kümmerliches Dasein nur durch das Wettspiel am Samstag, ein paar Flaschen Bier oder ein paar gute Züge Schnaps und allenfalls durch das Kino aufgeheitert wird. Diese Elemente fehlen in der Regel bei Kricket-Matches. Fußball ist ihnen begreiflicher. Während bei 'Lords' die Kricket-Crowd mit gespanntem Experteneifer das Spiel verfolgt, tobt rund um die Pokalspiele die ausgelassene, ordinär vergnügte Football

Crowd. Es sind ganz andere Menschen, und soweit sie aus denselben Schichten stammen, benehmen sie sich auf dem Kricketplatz ganz anders als in der Fußballarena. Die Football Crowd ist unerzogener, aber auch urwüchsiger. Die Art und die Manier der Massen kommt bei ihr viel ursprünglicher zum Ausdruck. England besteht nun einmal nicht nur aus feinen Leuten. Die große Masse ist noch 'unenglisch' genug, um wüst zu schreien, um besoffen-humorvoll und ohne nennenswerten Grund enthusiastisch zu sein."[24]

Von den Stützen des britischen Gesellschaftssystems wurden diese proletarischen und sich offen artikulierenden Massenversammlungen – ähnlich den alten Volksspielen – als Bedrohung der öffentlichen Ordnung und der sozialen Hierarchie empfunden. Im gewissen Sinne verlagerte sich der einstmals wilde Charakter des Spiels, der in den Public Schools einer gezähmten und regulierten Variante gewichen war, die im übrigen von den kikkenden Arbeitern nicht in Frage gestellt wurde, nur vom Spielfeld auf die Zuschauerränge. Die Vergesellschaftung des Spiels, die ehemals auf dem Spielfeld selbst stattgefunden hatte, als komplette Dörfer um den Ball kämpften, erfolgte nun in der Form des Anfeuerns von den Rängen und der öffentlichen Diskussion zwischen den Spielen.

Es ist offensichtlich, daß die historische Auseinandersetzung um Amateurismus und Professionalismus mit der heutigen Debatte um das Verhältnis von Fußball und Geld – genauer: den negativen Einfluß des Geldes auf den Fußball – kaum etwas gemeinsam hat. Die damalige Auseinandersetzung zeigt aber auch, daß es zu kurz gegriffen wäre, schon die Tatsache allein, daß jemand für seine sportlichen Leistungen ein Salär bezieht, als moralisch anstößig und für den Sport schädlich zu denunzieren. Die Einführung des Profifußballs war historisch eine Errungenschaft der Arbeiterschaft, die es für Arbeitervereine überhaupt erst möglich machte, mit den Klubs der Mittel- und Oberklasse zu konkurrieren. Ohne die Bezahlung von proletarischen Kikkern wäre das Spiel weiter in seiner sozialen Exklusivität eingesperrt geblieben. Es war außerdem überhaupt nicht einzusehen, warum die lohnabhängigen Arbeiter und Handwerker, die mit ihren Darbietungen die Massen in die Stadien lockten, nicht an den beträchtlichen Zuschauereinnahmen der Vereine partizipieren sollten.

Als in England die Football Association (1863 als erster nationaler Fußballverband der Welt gegründet, weshalb man es auch niemals für nötig hielt, dem Kürzel *FA* noch einen Buchstaben für das Land hinzuzufügen) 1885 das Berufsspielertum gestattete, erfolgte dies auf Drängen der Klubs aus dem proletarischen Norden und den proletarischen Regionen der Midlands und gegen den Willen der Vereine der höheren Gesellschaftsschichten aus dem Süden. Zuvor hatten 28 Vereine damit gedroht, einen eigenen Verband – die *British Football Association* – zu gründen, würde die FA am Amateurismus festhalten. Soweit sollte es zwar nicht kommen (im Gegensatz zum Rugby, wo 1895 eine völlige Trennung in *Rugby Union Football* = Amateure und *Rugby League Football* = Profis erfolgte, die auch heute noch Gültigkeit besitzt), wohl aber zur Gründung der *Football League* (1888), der zunächst zwölf Vereine angehörten. Die Football League war nicht einfach nur eine Liga, sondern auch ein Interessenverband zur Förderung des Professionalismus.

Von ihrem sozialen Hintergrund her repräsentierten die „Macher" der Liga eine gänzlich andere Welt als die FA-Führung – in ihrer Mehrzahl waren sie Ladenbesitzer, Regierungsangestellte in niedrigen Positionen sowie kleinere Geschäftsleute. Professionalismus und League waren untrennbar miteinander verbunden. Ohne die Einrichtung der nationalen Liga hätte der Professionalismus nicht überleben können, da Pokal-Wettbewerbe mit ihrem k.o.-System nicht kontinuierlich und ausreichend Geld abwarfen. Die League hingegen garantierte mit ihrem „jeder-gegen-jeden"-System allen Beteiligten Einnahmen über die gesamte Saison. Die FA blieb indes bis heute – jedenfalls auf ihrer Repräsentationsebene – ein aristokratisch geführter Verband. Ihre letzten fünf Präsidenten bestätigen dies: The Earl of Athlone (1939-55), The Duke of Edinburgh (1955-57), The Duke of Glocester (1957-63), The Earl of Harewood (1963-71), The Duke of Kent (seit 1971). Unter den Vorsitzenden und Generalsekretären finden sich immerhin noch einige mit dem Titel eines „Sir".

Hingegen sind die ursprünglichen Auflagen der FA für die am Cup-Wettbewerb teilnehmenden Profis längst gefallen. Zunächst durfte nur als Profi mitkicken, wer seinen Geburtsort auch am Heimatort seines Klubs hatte oder zumindest zwei Jahre höchstens sechs Meilen von der Klub-Anlage entfernt gewohnt hatte.[24a]

Die Legalisierung des Professionalismus durch die FA erfolgte in der Absicht, die soziale und politische Hegemonie des Verbandes über das ausufernde Fußballwesen zu bewahren und die Entwicklung des bezahlten Fußballs zu kontrollieren. Aus diesem Grunde beschloß die FA auch eine Gehaltsobergrenze für die Profis. Wie in der englischen Politik, so kam es auch im englischen Fußball zu einer Verschmelzung feudalistischer und bürgerlicher Interessen bzw. zur Adoption bürgerlicher Praktiken durch die traditionelle Oberschicht.

Dennoch entwickelte die League sich gegenüber der FA zu einer eigenständigen Institution – viel stärker als beispielsweise in Deutschland die Bundesliga gegenüber dem DFB. Der Zusammenhalt zwischen Profiliga und der FA (und über diese auch mit dem Amateurfußball) wurde durch den Cup-Wettbewerb gewahrt, an dem alle Klubs des Verbandes – Profis und Amateure – teilnehmen konnten. Das Cup-Finale wurde so zur großen Ausnahme und blieb unter dem Patronat der Aristokratie. Zu einem gewissen (symbolischen) Ausmaß gilt dies auch noch heute. Das Cup-Finale, das 1991 von nicht weniger als ca. 360 Millionen Fernsehzuschauern rund um den Globus verfolgt wurde, ist in England unverändert das nationale Fußballereignis schlechthin, für das sich – anders als im Falle selbst hochkarätiger Liga-Begegnungen – unbesehen seines jeweiligen sozialen Status in der britischen Gesellschaft nahezu jedermann interessiert. Seine Bedeutung ist ungleich größer als etwa in Deutschland, und nach wie vor erfolgt die Ehrung der siegreichen Elf durch Repräsentanten des Königshauses, die sich ansonsten bei diesem Sport und erst recht bei der Football League nicht blicken lassen.

Ähnliche Entwicklungen gab es in anderen Ländern. 48 Jahre später kam es in Deutschland beinahe zu einer Spaltung in Profiliga und Amateurverband. Im südamerikanischen Argentinien griffen proletarische Spieler gar zum Mittel des unbefristeten Streiks, um die Einführung des Profitums durchzusetzen. Die Vereine hatten sich hier in den 30er Jahren zu regelrechten Show-Unternehmen entwickelt, während die Spieler weiterhin Amateure waren. „Sie verdienten gar nichts oder sehr wenig, wurden aber zwischen Vereinen hin- und hergeschoben und verkauft, ohne daß sie selbst irgendeinen Einfluß auf diese Praxis nehmen konnten. Der Streik wurde durchgehalten, und die uniformierten Diktatoren (1930 wurden 14 Jahre demokratischer Regierung von den Militärs brutal unterbrochen) mußten vor der enormen Beliebtheit der streikenden Fußballer zurückweichen. Für diese bedeutete es einen Triumph, als 'Profis' anerkannt zu werden und bei Verträgen und Vereinswechseln selbst mitbestimmen zu können. Dieser Erfolg führte auch zur Bildung von Gewerkschaften, d.h. die Fußballer folgten dem Beispiel der Arbeiter."[25]

In Europa wurde das Berufsspielersystem allerdings unter bürgerlicher Ägide ausgehandelt, was zur Folge hatte, daß die Spieler ihren sozialen Gewinn mit „politischer" Entrechtung zu bezahlen hatten. Während zuvor – im Gegensatz zu Argentinien – völlige Bewegungsfreiheit bestand, was u.a. dazu führte, daß Spieler gleich für mehrere Klubs kickten und diese sich jederzeit – wenn ein besonderer Anlaß dies erforderte – verstärken konnten, funktionierte das neue System nun wie folgt: Sobald ein Spieler mit einem Verein einen Vertrag abgeschlossen hatte, dessen Laufzeit die Länge von einem Jahr zunächst nicht überschreiten durfte, wurde er vom Fußballverband registriert. Es war dem Spieler dann auch nach Ablauf seines Vertrages nicht gestattet, sich einem anderen Verein anzuschließen, ohne daß sein Verein, der die Rechte an ihm besaß, ihn vorher freigab. Zwar kamen eine Reihe von Transfers zustande, doch die Spieler hatten auf diese in der Regel keinen Einfluß. Anders als im industriellen Arbeitsleben hatte der Berufsspieler keine Möglichkeit, eigenständig zu entscheiden, wo er beschäftigt sein wollte. Für gute und stets umworbene Spieler brachte dieses System kaum Nachteile. Anders sah dies für weniger gute Spieler aus, die nach einem Jahr vor die Alternative gestellt werden konnten, entweder ein neues, aber niedrigeres Angebot ihres Klubs zu akzeptieren oder aber ihre Laufbahn zu beenden.

In England wurde dieses System bereits 1893 eingeführt. Dahinter verbarg sich die Absicht, innerhalb der League ein Mindestmaß an Chancengleichheit zu wahren. Denn die Attraktivität des Unternehmens hing letztlich davon ab, daß der Ausgang des Wettbewerbs nicht vorhersehbar war und sein Unterhaltungswert nicht nachließ. Sollten sich aber einige wenige Klubs vom Rest der League absetzen und die Meisterschaft Jahr für Jahr faktisch unter sich ausspielen, dann würde das Projekt an Langeweile ersticken – mit finanziellen Konsequenzen auch für die dominierenden Klubs. Mit dem Wachsen der League gerade in den Ballungszentren drohte die interne Machtbalance zu schwinden. Klubs aus kleineren Städten, wie erfolgreich auch immer, konnten nicht erwarten, die gleichen Zuschauerzahlen zu erreichen wie die Vereine in Liverpool, Manchester oder Birmingham. Nachdem der Vorschlag, die Zuschauereinnahmen brüderlich zu teilen, auf Ablehnung gestoßen war, entschied man sich schließlich für eine gemeinsame Kontrolle der „Rohstoffe", d.h. der Spieler. Ablösesummen sollten die kleineren und finanziell schwächeren Klubs in die Lage versetzen, den Verlust eines Spielers durch die Verpflichtung eines Nachfolgers zu kompensieren oder aber Schulden abzutragen. Mit der Formierung der *„Premier Division"* (1992, s.u.) gehört diese „Wir sitzen in einem Boot"-Philosophie inzwischen der Vergangenheit an.

»SOMETHING LIKE A NATIONAL INDUSTRY«

PROFESSIONALISIERUNG UND KOMMERZ

Die Entwicklung des Fußballs zu einem Zuschauersport war ein ganz wesentlicher Katalysator für seine Professionalisierung und Kommerzialisierung. 1894 waren es bereits 30.000, die dem schottischen Cup-Finale zwischen den Glasgower Rivalen Celtic und *Rangers* beiwohnten. Ein Jahr später verfolgten 42.000 das englische Cup-Finale zwischen Aston Villa und *West Bromwich Albion*. 60.000 erlebten im April 1902 das Länderspiel England-Schottland im Glasgower *Ibrox Park*, bei dem ein Teil der Tribüne einstürzte und Tausende in die Tiefe riß. 25 Personen wurden getötet, über 500 verletzt. 120.081 Zuschauer besuchten 1913 das Cup-Finale zwischen Aston Villa und *Sunderland*. Zur Entwicklung zum Zuschauersport trug sicherlich auch bei, daß Großbritannien zu dieser Zeit bereits über ein ausgedehntes Eisenbahnnetz verfügte, das die Fußballorte näher aneinander rückte und die Rivalität zwischen ihnen beschleunigte. Dies galt auch für Deutschland. Während 1903 beim Endspiel um die Deutsche Meisterschaft in Hamburg nur 1.200 Zuschauer gezählt wurden, verfolgten 1920 in Frankfurt bereits 35.000 das Finale und zwei Jahre später in Berlin gar 58.000.

Der Fußball sollte zur Vergnügungsbranche des kleinen Mannes werden.

Der Aspekt der Kommerzialisierung verweist dabei auf die Existenz eines sozialen Zweckbündnisses, ohne das der bezahlte Arbeiterfußball wohl nicht denkbar gewesen wäre. Auf die entsprechende Interessenlage einiger Industriebesitzer, deren Betriebe Fußballmannschaften unterhielten oder unterstützten, wurde bereits eingegangen. Von noch größerer Bedeutung für den Professionalisierungs- und Kommerzialisierungsprozeß sollten jedoch die lokalen Brauereibesitzer, Gastwirte und größere wie kleinere Geschäftsinhaber sein, die in den wachsenden Zuschauermengen einen attraktiven Absatzmarkt erblickten. Dementsprechend häufig stammten die ehrenamtlichen Fußballdirektoren aus dem Handel und Gewerbe, konnten sie sich

Schon zu Beginn des Jahrhunderts führte der Zuschauerandrang bei wichtigen Spielen zu großen Problemen. Das FA-Cup-Finale 1923 ging wegen des Polizeieinsatzes als „White-Horse-Final" in die Annalen der englischen Fußballgeschichte ein.

von ihrer Tätigkeit für den Verein doch positive Nebeneffekte für das Geschäft versprechen. Der *FC Liverpool* wurde von dem Brauereibesitzer John Houlding gegründet, der zudem noch konservativer Stadtverordneter für den Stadtteil Everton und später auch Liverpooler Bürgermeister war. Des weiteren war der „Patriot seiner Gemeinde" (P.J. Waller), der selbst aus ärmsten Verhältnissen stammte, Vorsitzender der Gewerkschaft der Fuhrleute, und der volksnahe Tory beherrschte die Sprache des kleinen Mannes wie kein anderer. Houlding war zunächst mit dem FC Everton liiert, überwarf sich jedoch mit den „Blauen" über die Pacht für die Platzanlage an der Anfield Road, deren Besitzer er war (der FC Everton zog daraufhin in den *Goodison Park,* während Houldings neuer Klub die *Anfield Road* übernahm; beide Vereine spielen auch heute noch an diesen Stätten, die als bedeutendste historische Monumente der Liverpooler Arbeiterkultur gelten). Daran interessiert, aus dem Verein und dessen sportlichen Erfolgen möglichst viel Kapital zu schlagen, verfügte Houlding auch über das Monopol bezüglich der Imbißstände auf dem Stadiongelände.[26] Bei West Ham United wurde die Einführung des offenen Profitums und die Kommerzialisierung des Fußballbetriebs bezeichnenderweise erst mit dem Rückzug des Gründers und Gönners Hill möglich. Hill war nämlich nicht nur ein Befürworter des Amateurismus, sondern predigte auch wider den Genuß des Alkohols. Mit seinem Puritanismus stand er im übrigen unter den „klassischen" Industriellen im viktorianischen Britannien keineswegs allein. Die „klassischen" Industriellen – sofern sie sich für Fußballvereine engagierten – waren nicht daran interessiert, mit dem Fußball ihr Vermögen zu mehren. Für einen Stahlwerkbesitzer wie Hill konnte das Fußballpublikum schwerlich als Absatzmarkt für die in seinem Werk hergestellten Produkte fungieren. Stattdessen konzentrierte sich das mit dem Fußball verbundene Interesse der schwerindustriellen „Gönner" auf die Erzeugung von Loyalität und Disziplin unter ihren Arbeitern und auf präventive sozialreformerische Absichten. Zur Professionalisierung trugen sie nur insoweit bei, daß sie die Spieler bei sich beschäftigten und entlohnten. Die Kommerzialisierung des Spielbetriebs war hingegen primär ein Projekt der jeweiligen lokalen Geschäftswelt, und zwar nicht nur der höheren, sondern auch der mittleren und unteren Ebene, womit ein direkter sozialer Bezug zum proletarischen Milieu existierte. So waren oft Kneipiers und Kleinunternehmer am Kommerzialisierungsprozeß beteiligt, die selbst aus proletarischen Verhältnissen kamen, ihre Geschäfte in den Arbeitervierteln abwickelten und – auch wenn sie selbständig und bessergestellt waren – doch Teil des dortigen kulturellen Milieus blieben.

Aber die Kommerzialisierung des Spiels wurde nicht nur durch die Versorgung der Zuschauer mit Imbiß- und Trinkmöglichkeiten gefördert. In den 1920er und 1930er Jahren entwickelte sich um den Ball eine regelrechte nationale Industrie. Während des Krieges hatte der Genuß von Zigaretten enorm zugenommen, und die Produzenten der Glimmstengel begannen nun damit, den Päckchen Fußballbildchen beizulegen. Fußballcomics waren ein weiteres ertragreiches Geschäft. Das meiste Geld wurde jedoch mit Fußballwetten umgesetzt, die an die traditionelle Wettleidenschaft der Unterklassen anknüpften. „Der finanzielle Aspekt hatte ...bei den Freizeitaktivitäten der englischen Unterschichten schon immer eine große Rolle gespielt. Entweder wettete man oder man nahm an einem Wettbewerb teil, um ein Preisgeld zu gewinnen."[27]

Bereits vor dem Ersten Weltkrieg existierten eine Reihe von inoffiziellen Wettsystemen, die auf Intervention der Football Association hin 1920 vom Parlament verboten wurden. Allerdings gelang es, das entsprechende Gesetz zu unterlaufen. Der Gewinn einer fünfstelligen Summe kam für einen fußballbegeisterten Arbeiter einem Vermögen gleich. Die *Pools* hatten zur Folge, daß sich nun auch die Frauen der Arbeiter dafür zu interessieren begannen, wie es um die Chancen Arsenals oder Manchester Uniteds bestellt war. Eine Schätzung aus den 1930er Jahren gelangte zu dem Ergebnis, daß sich 16mal mehr Menschen an den Wetten beteiligten, als die Fußballstadien betreten hätten. 1937 konstatierte die *Times:* „The pools, the transfer system and the amount of money involved in the gates have turned football into something like a national industry."[28] Noch heute sind die Pools, von den Klubs selbst unterhaltene Spielgesellschaften, eine wichtige Einnahmequelle. Ein Verein wie Glasgow Rangers bezieht über 70.000 DM pro Woche aus seiner Spielgesellschaft. Allerdings darf dieses Geld laut Gesetz nur für den Unterhalt der Sportanlagen verwendet werden (anders als in Deutschland befinden sich in Schottland und England die Stadien fast ausnahmslos im Privatbesitz der Vereine). Was die erste Kommerzialisierungsphase des Fußballs von dem aktuellen Kommerzialisierungsprozeß unterscheidet, das ist deren proletarische Bezugnahme. Heute ist der Blick vor allem auf die finanzstärkeren und konsumfähigeren Schichten gerichtet.

Die Einführung des Berufsspielertums veränderte die englische Fußballandkarte nachhaltig. Als 1888 die erste nationale Liga der Welt gebildet wurde, kamen deren Gründungsmitglieder mit *Preston North, Aston Villa, Wolverhampton Wanderers, Blackburn Rovers, Bolton Wanderers, West Bromwich Albion, Accrington, Everton, Burnley, Derby County, Notts County* und *Stoke* ausnahmslos aus den Industriegebieten des Nordens, der Midlands und Lancashires. Alle Gründungsmitglieder waren Profivereine. Die soziale und ökonomische Nord-Süd-Spaltung Englands manifestierte sich somit auch im Fußballwesen, und sie tut dies – wenn auch abgeschwächt – auch heute noch. Als einziger südenglischer und Amateurklub konnten anfangs noch die legendären *Corinthians* sportlich mithalten. In den ersten beiden Jahrzehnten nach der Legalisierung des Professionalismus verbuchten diese Amateure einige spektakuläre Siege gegen prominente Profi-Teams. So schlugen sie 1903 das Team von *Bury* mit 10:3. Bury war nicht irgendwer: Die Mannschaft hatte zuvor mit 6:0 überlegen den „FA-Cup" gewonnen. Zweifellos hätten die Corinthians selbst den Cup holen können. Doch ihre Philosophie verbot ihnen, an Wettbewerben teilzunehmen, bei denen es um Pokale oder andere Preise ging.

Erst 1931 gewann mit Arsenal London ein Verein aus dem englischen Süden den Liga-Wettbewerb. Aber auch Arsenal war ein Arbeiterverein. Im „FA-Cup" gelang es dem Süden zwischen 1883 und 1922 mit *Tottenham Hotspurs* Cup-Gewinnen von 1901 und 1921 lediglich zweimal, die Hegemonie des Nordens zu durchbrechen.

Wie sehr der Profifußball zunächst mit dem proletarischen Milieu des rauhen englischen Nordens assoziiert wurde, dokumentiert die folgende Episode aus dem Jahre 1899. Damals hatte der Kapitän der englischen Auswahlmannschaft noch ein Amateur zu sein, da der Berufsspielerstatus mit der Wahrnehmung von repräsentativen Pflichten für unvereinbar erachtet wurde. Diese Regelung galt bis zum 1. Weltkrieg und war wohl als Versuch zu verstehen, in einer sich proletarisierenden und kommerzialisierenden Fußballwelt einen aristokratisch-bürgerlichen Führungsanspruch hochzuhalten. Als sich nun die Nationalmannschaft in einem Birminghamer Hotel einquartierte, forderte die Hotelführung von der Football Association eine Garantieerklärung dafür, daß sich die zehn professionellen Spieler anständig aufführten. Der elfte Spieler, der Amateur, Kapitän und Lehrer „Joe" Smith, blieb von diesem Verlangen ausgespart.

Was heute Unmut und Apathie unter vielen Anhängern des Fußballs hervorruft, ist nicht dessen professioneller Charakter als solcher (ansonsten wären die wehmütigen Erinnerungen an die ersten zehn Jahre der Bundesliga fehl am Platze), sondern seine hemmungslose kapitalistische Durchdringung und Vermarktung. Das hat zum Entstehen einer sozialen Kluft zwischen den Vereinen und ihren Spielern einerseits und dem „einfachen Zuschauer" andererseits geführt. Selbst in England, wo der Profifußball bereits 1885 gebilligt wurde, stellten sich die negativen Begleitumstände, die man ihm heute vorhält, erst Anfang der 60er ein – mit der Abschaffung der Höchstgehaltsgrenzen und der Freigabe der Transfersummen.

Bis zur Jahrhundertwende war der Profi auf der britischen Insel ein Teilzeitprofi. Allerdings kommt U. Matheja in seinen Recherchen zu den sozialen Aspekten des englischen Fußballs im letzten Jahrhundert zu dem Ergebnis, daß „Spitzenspieler" bereits in den 1880er Jahren „im Winter etwa 3-4 Pounds wöchentlich und 2-3 Pounds im Sommer erhielten, Reservespieler etwa zwischen 1-2 Pounds. Dazu kamen von Verein zu Verein differierende Sieg- und Erfolgsprämien. Da das Existenzminimum für eine Familie mit drei Kindern um 1900 etwa 21 Shilling betrug, dürfte es sehr stark von den familiären Verhältnissen abhängig gewesen sein, ob das Grundeinkommen ein gesichertes Auskommen garantierte. Dennoch liegen 4 Pounds deutlich über dem Durchschnittseinkommen in Industrie und Handwerk, wenn man einmal regionale und branchenabhängige Unterschiede unberücksichtigt läßt."[29] Desweiteren gab es noch den „verkappten Profi" (ähnlich dem Status von Spielern einiger deutscher Bergarbeitervereine in den 1940er und 1950er Jahren), wie er etwa in Hills Thames Ironworks FC gang und gäbe war, der in seinen ersten Jahren als Amateurverein geführt wurde. Nur drei der 30 Spieler im Team von 1898 waren Einheimische, der Rest kam aus Schottland, Wales und dem englischen Nordosten. Sie hatten sich dem Verein aus dem Londoner East End angeschlossen, weil die Arbeitsbedingungen und Löhne auf Hills Werft erheblich besser ausfielen als in den heimatlichen Betrieben. Offiziell bekannte sich der Verein aber erst 1900 – parallel zur Umbenennung in West Ham United und zur Lockerung der Beziehungen zwischen Hill und dem FC – zum bezahlten Fußball. Nach 1900 wurde dann der Vollprofi zur Normalerscheinung, wobei sein Salär zunächst noch dem eines Vorarbeiters oder gefragteren Facharbeiters entsprach. „1901 lag das Durchschnittsgehalt eines Fußballprofis bei 144 Pfd. Sterling jährlich, während Vorarbeiter in der Metallindustrie durchschnittlich 134, im Druckgewerbe 127 Pfd. Sterling erhielten. Vergleicht man das Spitzengehalt vom Fußballprofi mit dem Spitzenlohn von Vorarbeitern, so kommt man zu einer Relation von 192 zu 172 Pfd. Sterling."[30]

Die ersten englischen Profimannschaften rekrutierten sich vornehmlich aus Arbeiter- und Handwerkerkreisen. Bezeichnenderweise war es der erste proletarische und aus dem Norden stammende Pokalsieger, das bereits erwähnte Team von Blackburn Olympic, der auch als einer der ersten in Konflikt mit dem offiziellen Amateurismus geriet. Im Januar 1883, d.h. wenige Wochen vor dem denkwürdigen Cup-Finale gegen Eton, war der Verein wegen Verstoßes gegen die Satzung aus dem *Lancashire Cup* ausgeschlossen worden. Den Einzug in das Finale erreichten die proletarischen Kicker nicht zuletzt dank der finanziellen Unterstützung seitens der lokalen Eisengießerei W. & J. Yates. Der Inhaber der Gießerei, Sidney Yates, spendete den Olympics 100 Pfund, so daß sich das Team auf das Halbfinale gegen die *Old Carthusians* mit einem einwöchigen Trainingslager vorbereiten konnte. 1884 wurde *Preston Northend,* später Englands erster Liga-Meister und Gewinner des „double" aus Meisterschaft und Pokal,

John Goodall von Preston Northend, seinerzeit bekannter englischer Nationalspieler

für ein Jahr vom Pokal-Wettbewerb ausgeschlossen, nachdem man schottische Berufsfußballer aufgestellt hatte. Der Einsatz dieser „Gastarbeiter" markierte gewissermaßen den Beginn des englischen Professionalismus. Um das eigene Spiel zu verbessern und attraktiver zu gestalten, schaute man sich in der Fremde nach Verstärkung um. Die „Legionäre" waren zum Verlassen der Heimat aber nur bereit, wenn ihnen dafür materielle Anreize gesetzt wurden. Die Preston-Affäre verhalf dem Professionalismus zum Durchbruch. Prestons Vorsitzender, Major William Sudell, machte keinen Hehl aus der Bezahlung der Spieler. Er begründete diese illegale Maßnahme damit, daß sein Klub ansonsten – zum allgemeinen Schaden des Spiels – mit den übermächtigen *Blackburn Rovers* nicht konkurrieren könne.

Bis zur Jahrhundertwende waren vor allem solche Handwerksberufe unter den Berufskickern stark vertreten, die vom Aussterben bedroht waren. Offensichtlich wurde in diesen Zünften der Profifußball als eine Berufsalternative gesehen. Des weiteren befanden sich zahlreiche Facharbeiter unter den Profis, denn Fußball galt in dieser Zeit als eine Art Zusatzqualifikation, die die Chancen bei der Jobsuche vergrößerte. So kam es oft vor, daß Betriebe in ihren Annoncen Facharbeiter suchten, die zugleich auch gute Fußballer sein sollten. Nach 1900, als sich der Vollprofi mehr und mehr durchgesetzt hatte, waren vor allem ehemalige Bergleute unter den Profifußballern verbreitet. Eine Erklärung hierfür ist, daß die Arbeit unter Tage als besonders schwer und gefährlich galt. Der Wechsel zum Profifußball war deshalb oft gar nicht in erster Linie materiell begründet, sondern vor allem eine Entscheidung gegen eine bestimmte Form der Industriearbeit.

„Der Unterschied zwischen Arbeit im Pütt oder in der Fabrik und Tätigkeit als Berufsfußballer war es vor allem, der eine Laufbahn als Fußballer so attraktiv für so viele Arbeiter und Arbeiterjugendliche machte. (...) Das zentrale Motiv bei der Entscheidung, Berufsfußballer zu werden, war nicht, die Herkunftsklasse zu verlassen, sondern der industriellen Arbeit zu entkommen."[31] Später avancierte der bezahlte Fußball auch zu einer der wenigen Aufstiegsmöglichkeiten – jenseits der traditionellen und von bürgerlichen Qualifikationsvorstellungen (höhere Schulbildung etc.) bestimmten gesellschaftlichen Leiter – für Jugendliche aus den Unterklassen.

Was die Höhe der Profigehälter, so wie sie bis 1961 gezahlt wurden, anbelangt, so waren sie zu gering, um eine soziale Distanz zwischen dem Profi und seinem proletarischen Fan zu begründen. Die offizielle Obergrenze betrug 20 Pfund pro Woche. Der Unterschied zwischen dem Profi und dem proletarischen Fan reduzierte sich darauf, daß ersterer nicht im Pütt oder in der Fabrik arbeiten mußte. So blieb der Profi für den Fan gewöhnlich „einer von uns", zumal dann, wenn er sich nicht zu arroganten Attitüden hinreißen ließ. Oft avancierte er gar zum populären Repräsentanten seiner Herkunftsklasse, dessen Erfolge mit Stolz quittiert und dessen Privilegien neidlos akzeptiert wurden. Allerdings brachte sein gehobenerer Status auch Verpflichtungen mit sich: Da er – anders als der heutige Fußballprofi – nicht von den Medien, sondern vom Volk selbst zum Helden erkoren wurde, war er von dem Wohlwollen der einfachen Leute auch ungleich abhängiger als der heutige Star. Arroganz,

Überheblichkeit und Bequemlichkeit wären als Verrat an der eigenen Sozialgemeinschaft interpretiert worden, der er seinen Aufstieg zu verdanken hatte.

Eine Spielerrevolte beseitigte schließlich die Obergrenze für Profigehälter. Ihre Freigabe war jedoch auch ein Mittel, die Auswanderungswelle von Spitzenfußballern nach Italien zu stoppen. Stützen des englischen Fußballs wie Baker, Greaves, Hitchees und Law hatte es bereits in den finanziell erheblich lukrativeren Süden gezogen. Johnny Haynes vom *FC Fulham,* Kapitän der englischen Nationalmannschaft, wurde zum ersten „100-Pfund-Fußballer". Mit der Abschaffung der Obergrenze für Profigehälter stellten sich nun auch die ersten europäischen Erfolge englischer Klubmannschaften ein. 1968 erwog die FA die Rückkehr zu einer Gehaltsobergrenze, ergänzt um eine Treueprämie. Das Höchstgehalt für Profis sollte 50 Pfund pro Woche (ca. 480 DM) nicht übersteigen dürfen. Zu diesem Zeitpunkt betrug der durchschnittliche Wochenverdienst in der Liga ca. 100 Pfund. Auf diese Weise gedachte man der Herausbildung einer „Zwei-Klassen-Gesellschaft" in der Liga wie dem Phänomen der „Wandervögel" zu begegnen. Nur wenige Klubs waren dazu in der Lage, die eskalierenden Gehälter und Ablösesummen zu zahlen. Von Chancengleichheit konnte im englischen Profifußball längst nicht mehr gesprochen werden. Zugleich verstanden es einige Spieler, durch Vereinswechsel erhebliche Summen in ihre Taschen zu wirtschaften. Da die Spieler mit 5% an den Transfereinnahmen beteiligt wurden, kam es vor, daß wenig überzeugende „Wandervögel" mehr Geld aus dem Profigeschäft herausholten als einige der gestandenen, vereinstreuen Stars. Da jedoch die erneute Einführung von Gehaltsobergrenzen die internationale Konkurrenzfähigkeit des englischen Fußballs geschwächt hätte und zudem Widerstand durch die Fußballer-Gewerkschaft drohte, nahm man von derartigen Erwägungen alsbald wieder Abstand.

Abenteuerlicher Zuschauerandrang beim Spiel Millwall gegen Manchester City 1938

SCHALKE BRICHT DIE REGELN

DIE EINFÜHRUNG DES PROFITUMS IN DEUTSCHLAND

Im Deutschland der 50er und 60er Jahre war die soziale Bindung zwischen Spieler und Zuschauer gar noch enger als zu jener Zeit in England. Im Gegensatz zu England konnten viele Vertragsspieler noch nicht vom Fußball allein leben, was am hartnäckigen Festhalten des *Deutschen Fußballbundes (DFB)* am Amateurismus lag (s.u.). „Der Vertragsspieler arbeitete in der Regel täglich 8 Stunden, manchmal auch weniger, aber das bedeutete Lohnabzug, der mit dem Vertragsspielergehalt kompensiert wurde. (...) Er verdiente zwar, Arbeitslohn und Vertragsspielergehalt zusammen, nicht viel mehr als seine Arbeitskollegen, obwohl er sich manche Extras gönnen konnte, aber vor allem bekam er leichtere Arbeit und gewann größere soziale Sicherheit, z.B. durch die Übernahme ins Angestelltenverhältnis. Er war individuell bessergestellt, aber immer noch 'einer von uns'. Wenn es hochkam, und sich eine Art von 'Karriere' abzuzeichnen begann, konnte der Spieler genug Geld zusammensparen oder erhielt einen Kredit für einen Kiosk, ein Tabakwarengeschäft mit Lotto/Toto-Annahmestelle, oder er eröffnete bzw. übernahm nach Beendigung seiner Laufbahn eine Kneipe – das war das höchste aller Gefühle, aber auch eine Ausnahme. Doch auch das wurde nicht als Klassenflucht begriffen, zumal der Spieler auch als Kneipier oder Tabakwarenhändler im Viertel blieb. In gewissem Sinne hatte der Fußballspieler als lokaler Held und öffentlicher Repräsentant Ähnlichkeit mit dem Arbeiterkind, das zur Oberschule und (vielleicht sogar) zur Universität gehen durfte. Blieb dies Kind trotz Abitur und Studium 'natürlich', d.h. wurde es nicht arrogant, überheblich, vergaß es nicht, wo es herkam, und blieb dem Viertel verbunden, dann galt sein Aufstieg nicht als Klassenverrat, sondern war Grund zum Stolz im erweiterten Verwandtschafts- und Nachbarschaftsverhältnis der Siedlung."[32]

In Deutschland folgte die Auseinandersetzung zwischen Amateurismus und Professionalismus im wesentlichen ähnlichen Linien wie in England, wobei sich der Vollprofi allerdings erst mehr als 60 Jahre später durchsetzte. 1883 übernahm der *Deutsche Ruderverband (DRV)* präventiv – d.h. ohne jegliche Not, da es zu diesem Zeitpunkt noch nicht einen einzigen Profisportler in Deutschland gab – den berüchtigten Amateurparagraphen aus England. 1919 erfuhr das Grundgesetz des DRV eine Neuformulierung, die nur noch den Zutritt zum Rudersport gestattete, „wer nach seiner gesellschaftlichen Stellung und Art seiner Tätigkeit als Herrenmensch anzusehen ist."[33] Die nationalkonservative *Deutsche Turnerschaft (DT)*, zu dieser Zeit der größte sporttreibende Verband in Deutschland, übernahm des Kaisers Auffassung, daß Arbeiter und Sozialdemokraten „vaterlandslose Gesellen" seien, die in ihren Reihen nichts zu suchen hätten. „Wer kein Vaterland kennt, soll gehen", verkündete der damalige Turnführer Götz.[34]

Anders als in England war die deutsche Amateurismusdebatte jedoch mehr ideologischen als sozialen Inhalts und hatte deshalb mehr mit den Coubertinschen Auffassungen gemein. Der deutsche Amateurismus war eine Weltanschauung, die den Professionalismus als dekadente Entartung, besonders üble Form der materialistischen Verseuchung, Ausdruck eines unseligen Zeitgeistes etc. verurteilte und den Profisportler gewissermaßen in die Nähe der Prostitution stellte. Der von Götz proklamierte Ausschluß der Arbeiter erfolgte zumindest im gleichen Maße aus ideologischen wie aus klassenmäßigen Gründen. Der DFB und seine Unterverbände propagierten beispielsweise das Ziel der Überbrückung gesellschaftlicher Gegensätze durch den Sport, womit es ihm allerdings keineswegs um deren Beseitigung ging, sondern eben nur um ihre Überbrückung zugunsten des Aufbaus einer durch Ideologie zusammengehaltenen Volksgemeinschaft jenseits der hierarchischen Klassenstruktur. Der nur vermeintlich klassenlose Ansatz des DFB befand sich damit vollends im Einklang mit der konservativ-nationalistischen Absicht, Klassenwidersprüche zu verleugnen („Es gibt keine Klassen, es gibt nur Deutsche"), um die Kraft der Nation für den Kampf gegen Herausforderungen von außen zu bündeln. Die Arbeitersportbewegung folgte im übrigen weitgehend der Amateurideologie der bürgerlichen Turn- und Sportbewegung, wenngleich sie selbstverständlich nicht deren klassenmäßige Inhalte und Implikationen übernahm. (Siehe dazu das Kapitel „Arbeitersportbewegung und Fußball".)

Auch der 1900 gegründete DFB schrieb zunächst das Amateurideal fest. So hieß es in seiner ersten Satzung: „Ordentliches Mitglied kann jeder Verband oder jeder Verein werden, sofern er keine Berufsspieler zu seinen Mitgliedern zählt."[35] Dabei wurde als Berufsspieler aufgeführt, wer „um einen Geldpreis oder eine Entschädigung in Geld, Geldeswert oder Gegenstände spielt oder aber zum Zwecke des Lebensunterhalts Unterricht in dem von ihm betriebenem Sportzweig erteilt oder aber als Spieler für Reisen eine Entschädigung in Geld, Geldeswert oder Gegenstände erhalten hat, die seine Reise- und Unterhaltskosten... erheblich überstiegen, oder der für die verlorene Zeit entschädigt worden ist."[36]

Mit der Entwicklung des Fußballs zum Zuschauersport wurde diese eng gefaßte Definition des Berufsspielertums allerdings auch in Deutschland zusehends unterminiert. Bereits um die Jahrhundertwende war es unter den Fußballklubs gang und gäbe, den Zuschauern ein Eintrittsgeld abzuverlangen. Der große Durchbruch erfolgte jedoch erst nach dem Ersten Weltkrieg, als das gesamte sportliche Leben in Deutschland einen ungeheuren Aufschwung erfuhr. Fußball avancierte neben dem Boxen zum populärsten Zuschauersport.

Doch noch 1930 erschien im Jahrbuch des DFB ein Beitrag mit dem Titel „Kampf dem Berufssport", der betonte, daß der „DFB immer auf dem Standpunkt gestanden (hat), daß nur der Amateursport zu pflegen sei. (...) Die Pflege des Amateursports verlangt auf der anderen Seite Kampf gegen den Berufssport. Es ist unsere Pflicht, Berufssportler, die sich in unseren Reihen finden sollten, auszumerzen."[37] Bezeichnenderweise war es ein ausgesprochener Arbeiterverein – nämlich die „Knappenelf" von *Schalke 04* –, der zu dieser Zeit am spektakulärsten mit dem Amateurstatus des DFB in Konflikt geriet. Wie bereits zuvor in England und Schottland, so drängten nun auch in Deutschland gerade die Spieler proletarischer Herkunft auf eine Beteiligung an den Zuschauereinnahmen der Vereine. Auch in Deutschland war der Fußball mittlerweile in die Arbeiterschaft vorgedrungen, nachdem er zuvor – analog zu England – vor allem ein Freizeitvergnügen der etablierten Kreise gewesen war. Das Drängen der Spieler hatte zur Folge, daß die Vereine begannen, die Spieler an sich zu binden, um so die Voraussetzung für ein gutes Abschneiden in den Wettbewerben zu schaffen. Jene Geldspirale, die für den heutigen Fußball als charakteristisch betrachtet wird, wurde also bereits vor Jahrzehnten in Gang gesetzt und zwar zunächst durch die – völlig berechtigte – Forderung proletarischer Spieler nach Partizipation an der Einnahmequelle Fußball.

Schalkes Vorstoß gegen das Amateurstatut kostete den Verein beinahe die Existenz. Im August 1930 mußten sich die Schalker vor der Spruchkammer des *Westdeutschen Spielverbandes (WSV)* verantworten. Das Fußballgericht kam zu dem Schluß, daß „1. die Spieler der ersten Mannschaft regelmäßig Spesenbeträge erhalten haben, die über das zulässige Maß weit hinausgehen; 2. neben diesen Spesen regelmäßig für ihre Mitwirkung eine regelrechte Entlohnung erhalten haben; 3. mehrere dieser Spieler außerdem weitere Zuwendungen in Gestalt von Geschenken, Darlehn und Vorteilen in ihrer beruflichen Stellung angenommen haben."[38] 14 Spieler wurden zu Berufssportlern erklärt, acht Vorstandsmitglieder aus dem WSV ausgeschlossen. Desweiteren hatte Schalke eine Geldstrafe von 1.000 RM zu bezahlen.

Die betroffenen Spieler waren im übrigen ausnahmslos Arbeiter, die zudem aus eher ärmlichen Verhältnissen kamen und sich von der in dieser Zeit rapide wachsenden Arbeitslosigkeit bedroht sahen. So wurde Anfang der 30er Jahre im Bezirk „Ruhr" des WSV die Arbeitslosigkeit auf 50,8% beziffert. Gelsenkirchen selbst lag mit einer Arbeitslosenquote von 66,6% an der Spitze aller Ruhrgebietsstädte. Angesichts der enormen Einnahmen, die in die Kassen des Zuschauermagneten Schalke 04 flossen, kann es daher kaum erstaunen, daß es nicht irgendein elitärer bürgerlicher Verein war, der für den spektakulärsten Verstoß gegen das Amateurstatut verantwortlich zeichnete, sondern der Gelsenkirchener Vorort- und Arbeiterverein.

Schalke war im Ruhrgebiet sicherlich kein Einzelfall. In anderen Vereinen dürfte sich das Profitum lediglich in indirekterer Form – d.h. ohne die Zahlung von Handgeldern – ausgebreitet haben. Tatsächlich wurde die wirtschaftliche Depression zum Geburtshelfer des Fußballprofitums in Deutschland. Zunächst erfuhr der Straßenfußball einen bemerkenswerten Aufschwung. Um dem Leerlauf zu entrinnen, gingen zahlreiche Arbeitslose der Balltreterei nach, trainierten intensiv und trugen so zur Verbesserung des Spielniveaus ihrer Mannschaften bei. Komplette Mannschaften wurden von Arbeitslosen gebildet. Das qualitätsverbesserte Spiel provozierte die Aufmerksamkeit der größeren Vereine, die oft von lokalen Industrieunternehmen unterstützt wurden. Den besten Spielern bot sich die Chance, „eingekauft" zu werden, was gleichbedeutend mit der Beschaffung einer Arbeitsstelle beim unterstützenden Unternehmen war.

Die Erklärung der Spieler zu Berufssportlern hatte zur Folge, daß sie am Spielbetrieb des WSV nicht teilnehmen durften. Hiervon war nahezu die gesamte 1. Mannschaft von Schalke 04 betroffen. Trotzdem gelang es dem Verein, seine Erstklassigkeit (was seinerzeit die Sonderklasse „Ruhr" war) zu erhalten. Die drakonischen Maßnahmen des WSV lösten in der Sportwelt eine Welle der Sympathie und Hilfsbereitschaft aus. Das proletarische Ruhrgebiet reagierte mit Empörung. Symptomatisch für die damalige Stimmung ist ein Artikel aus der *Buerschen Zeitung,* in der unmittelbar nach der Verkündung des Spruchkammerurteils unter der pathetischen Überschrift „Der Dolchstoß gegen Schalke 04 – Die Sportbürokratie erwürgt den Meisterverein Schalke 04" u.a. zu lesen war: „Mit einem Federstrich zerstört die Spruchkammer, ein Konsortium von Sportbürokraten, einen Verein, der als Muster an Organisation, Aufopferung und beispielloser Aufbauarbeit nicht nur im Westen, sondern im ganzen deutschen Fußballsport einzig dasteht."[39]

Der verächtliche Verweis auf das „Konsortium von Sportbürokraten" hatte seine Vorgeschichte. Tatsächlich war der „Proleten- und Polackenverein" bei der bürgerlichen Fußballführung alles andere als beliebt, und es war nicht das erstemal, daß Schalke und der Verband aneinander gerieten. 1923 hatte der WSV einen Auf- und Abstiegsstop für seine Fußballklassen erlassen, vorgeblich, um der zunehmenden Härte und Hektik auf den Fußballplätzen Einhalt zu gebieten, deren Ursache man in dem wachsenden Konkurrenzdruck ortete. In Schalke wurde diese Maßnahme jedoch ganz anders interpretiert, nämlich als ein Versuch, dem Arbeiterverein durch organisierte Manipulation den Zutritt zur damaligen Nobelklasse des deutschen Fußballs – der Bezirksklasse – zu verbauen. Als hierfür Verantwortliche wurden die bürgerlichen Vereine des Verbandes wie der *Essener Turnerbund Schwarz-Weiß* ausgemacht. Ob dem tatsächlich so war, ob es der bürgerlichen Fußballführung und den elitären bürgerlichen Vereinen bei dem Auf- und Abstiegsstop tatsächlich vor allem darum ging, dem scheinbar unaufhaltsamen Aufstieg des Gelsenkirchener „Proleten- und Polackenvereins" einen Riegel vorzuschieben, läßt sich schwer beweisen. Nicht zu leugnen ist hingegen, daß die bürgerliche Sportbürokratie den ehemals „wilden" Verein – der quasi aus einer Straßenmannschaft hervorgegangen war – als eine soziale Herausforderung betrachten mußte, zumal seine Erfolge von seinen Fans (aber wohl auch von Teilen der bürgerlichen Fußballführer) als imaginäre Siege der Arbeiterschaft und ihres Aufstiegs in der bürgerlichen Gesellschaft verstanden wurden.

Der enorme Druck, der nach der Verurteilung Schalkes auf die bürgerliche Verbandsführung ausgeübt wurde, nötigte diese schließlich zum Einlenken. Die Sperre der Spieler wurde sukzessive aufgehoben, und am Abend des 1.6.1931 (einem Werktag!) konnte Schalke 04 bei einem Freundschaftsspiel gegen *Fortuna Düsseldorf* wieder in alter Besetzung auflaufen. 70.000 Zuschauer feierten in der hoffnungslos überfüllten Gelsenkirchener *Glückauf-Kampfbahn* das Comeback der „Knappen", die das Spiel mit 1:0 gewannen. Der folgende Augenzeugenbericht gewährt einen kleinen Einblick in die Aufbruchstimmung, die an diesem Tage am Schalker Markt herrschte. „Schon morgens ziehen die Kolonnen hinaus zur Glückauf-Kampfbahn. All das, was wir bei den großen Kämpfen im Duisburger Stadion, in der Dortmunder Kampfbahn, in Düsseldorf und in Essen, in Gelsenkirchen selbst, in Bochum, Oberhausen, Hamborn, Gladbeck erlebten, erfährt eine Steigerung ins Phantastische. (...) Auf dem Drahtgehäuse hinter den Toren hocken die Buben; sie bleiben auch sitzen, als die Mannschaften sich mühsam durchdrängen zum Spielfeld. Die Fenster der Häuser sind vollgepfropft mit Menschen. Waghalsige turnen auf den Dächern. Selbst der naheliegende Gasometer wird zur Tribüne. Das Tollste leistet ein Fußballenthusiast, der eine Fahnenstange erklettert, sich bäuchlings auf den Kopf legt und in dieser Fakirstellung zwei Stunden ausharrt... Was diesen Aufruhr um ein Fußballspiel verursacht, das war nichts anderes als eine Demonstration des Ruhrvolkes für die Elf, mit der es sich verbunden fühlte, die es in sein Herz geschlossen hat."[40]

Die Repräsentanten des westdeutschen Fußballs forderten, der Farce ein Ende zu bereiten und das Berufsspielertum offiziell zu gestatten. Dem DFB drohte die Spaltung, als die Vertreter des WSV auf einer Bundesvorstandssitzung im Januar 1933 ankündigten, in ihrem Geltungsbereich die Trennung von Profis und Amateuren in eigener Regie vorzunehmen. Dies wäre auf die Gründung eines vom DFB unabhängigen Berufsspielerverbands hinausgelaufen. Doch die Machtergreifung der Nazis stoppte diese Entwicklung. Der halboffizielle „Zigarrenladen-Amateurismus" (Lindner) wurde sanktioniert, während die nationalsozialistische Ideologie zugleich verlangte, daß nach außen hin das Amateurideal aufrechterhalten blieb. Die Diskussion um den Professionalismus wurde erstickt, indem die Nazis ihn schlicht verboten. Die zwölf Jahre der Nazi-Herrschaft und die Eskalation der Deutschtümelei führten somit zu einer weiteren Verzögerung der Professionalisierung des deutschen Fußballs. Ohne die Jahre der NS-Diktatur hätte sich der Profifußball mit Sicherheit schneller durchgesetzt.

1949 wurde dann das Vertragsspielersystem eingeführt, das erstmals offiziell anerkannte und billigte, daß Fußballspieler dotiert wurden. Der Vertragsspieler war „nicht mehr Amateur und noch nicht Profi, ...ein Kompromiß zwischen zwei Epochen".[41] Wieder waren es die Repräsentanten des westdeutschen Fußballs gewesen, die auf eine Trennung von Profis und Amateuren drängten. Im § 3, Absatz 1 des Vertragsspielerstatuts hieß es einschränkend: „Der Spieler muß einen Beruf ausüben."[42] Die monatlichen Gehälter durften 320 DM nicht überschreiten, was zu jener Zeit dem Lohn eines Facharbeiters entsprach. Ablösesummen errechneten sich aus dem Jahresgehalt eines Spielers zuzüglich einem Gastspiel des neuen Vereins.

Im Juli 1962 beschloß der Bundestag des DFB schließlich mit der Einführung der Bundesliga auch die des bezahlten Athletentums. Ein uneingeschränktes Ja zum Profitum war dies jedoch immer noch nicht. Der alte Amateurgedanke schimmerte noch unübersehbar an allen Ecken und Enden des ersten Bundesliga-

Nach der Aufhebung der Sperre gegen die Schalker „Profis" 1931 drängten sich 70.000 Zuschauer begeistert zum ersten Spiel gegen Fortuna Düsseldorf.

statuts durch. Die Spieler wurden zwar als „bezahlte Angestellte eines lizensierten Vereins" beschrieben, denen aber gestattet war, „neben ihrer fußballsportlichen Betätigung einen weiteren Beruf aus(zu)üben, soweit dadurch ihre vertraglichen Verpflichtungen gegenüber ihrem Verein nicht beeinträchtigt werden."[43] An anderen Stellen hieß es recht idealistisch und puritanisch: „Der Spieler muß einen guten Leumund haben", oder: „Spieler dürfen ihren Namen für Reklamezwecke nicht zur Verfügung stellen".[44] Gehälter, Handgelder, Prämien und Ablösesummen wurden vom Statut exakt limitiert. Die monatlichen Gesamtbezüge (Grundgehalt plus Leistungsprämie) durften im Regelfall 1.200 DM nicht übersteigen. Eine Höherdotierung „besonders qualifizierter Spieler" war zwar nach dem Statut möglich, doch mußte der Verein dafür zuvor eine gutachterliche Stellungnahme bzw. Genehmigung des Spielausschusses einholen. Die Sonderprämien für den Meistertitel und den Pokalsieg durften 2.000 DM bzw. 1.500 DM nicht überschreiten. Die Höchstprämie betrug

5.000 DM, vorgesehen für Spieler, die 700 Spiele für ihren Klub absolviert hatten. Ablösesummen durften nur bis zur Höchstsumme von 50.000 DM frei vereinbart werden. Im Falle der Freigabeverweigerung durch den alten Verein drohte eine Sperre von 12 Monaten. Vereinswechsel waren überhaupt nur nach Ablauf einer Saison erlaubt.

Die Entscheidung für das Vollprofitum war deshalb für die Spieler in der Regel mit einem erheblich größeren Risiko behaftet, als dies heute der Fall ist. Großartige Rücklagen – für die Zeit nach der Beendigung der aktiven Laufbahn – ließen sich mit den damaligen Gehältern und Prämien kaum ansparen. Nicht von ungefähr machten im ersten Jahr der Bundesliga lediglich 34 Spieler den Fußball zu ihrem Beruf. Die Mehrheit der Spieler betrachtete ihn hingegen nach wie vor nur als lukrativen Nebenerwerb, der jedoch keinen Ersatz für eine „sichere" Arbeitsstelle und einen gelernten Beruf darstellte. Zu dieser Mehrheit zählte auch Uwe Seeler, der sich hauptberuflich als Vertreter einer Sportschuh-Fabrik verdingte. Der „Fall Seeler" verweist darauf, was zu dieser Zeit von größerer Bedeutung als die Monatsgehälter und Prämien war und von vielen Vereinen (namentlich sei hier nur der *1. FC Köln* – der erste Bundesligameister – erwähnt) als Lockmittel benutzt wurde: nämlich die Hilfe des Vereins bei der Gründung und dem Aufbau einer bürgerlichen Existenz.

Den Anstoß für die offizielle Einführung des bezahlten Athletentums gab der Verlust des bundesdeutschen Fußballs an Konkurrenzfähigkeit in Europa. Parallel dazu kam es auch zur Einrichtung der Bundesliga, womit die BRD das letzte Land in Europa war, das eine zentrale Liga einführte. Seit der Saison 1955/56 wurde der *Europapokal der Landesmeister* ausgespielt. Dieser bis heute prestigeträchtigste unter den europäischen Wettbewerben wurde in der ersten Dekade seines Bestehens eindeutig von Mannschaften aus Italien, Spanien und Portugal dominiert, wo das Vollprofitum bereits in voller Blüte existierte. Die ersten elf Sieger hießen sechsmal *Real Madrid,* zweimal *Benfica Lissabon,* zweimal *Internationale Mailand* und einmal *AC Mailand.* Nur einer deutschen Mannschaft war es gegönnt, wenigstens bis ins Finale vorzudringen: 1960 unterlag *Eintracht Frankfurt* Real Madrid deutlich mit 3:7. Außer der Eintracht gelangte mit *Stade Reims* (zweimal) überhaupt nur eine andere nicht-italienische, nicht-spanische, nicht-portugiesische Mannschaft ins Finale. Im jüngeren Europapokal der Pokalsieger, der 1960/61 erstmals stattfand, kamen die Sieger der ersten beiden Jahre ebenfalls aus Italien und Spanien (*AC Florenz* und *Atletico Madrid*). Tottenham Hotspurs (1963 gegen Atletico Madrid) war hier der erste Verein, der die romanische Dominanz durchbrach. Mit dem *TSV 1860 München* gelang 1965 zum erstenmal einer deutschen Mannschaft der Sprung ins Finale. Doch die „Löwen" unterlagen gegen West Ham United mit 0:2.

Daß die britischen Teams in den europäischen Wettbewerben etwas früher als die deutschen Vertreter Erfolge vorweisen konnten (neben den Siegen Tottenhams und West Hams im Pokalsiegercup sei noch erwähnt, daß Glasgow Celtic 1967 als erster nicht-romanischer Verein die „Krone" der europäischen Pokale – den Landesmeistercup – gewann), lag nicht zuletzt daran, daß der britische Fußball noch vor dem deutschen die Konsequenzen aus der Dominanz der italienischen, spanischen und portugiesischen Profis zog und das Vollprofitum einführte. Im *Messepokal* (heute *UEFA-Pokal),* der seit 1958 vergeben wird, bestimmten die romanischen Teams bis 1964 die Konkurrenz. Die ersten sechs Sieger hießen zweimal *FC Barcelona,* einmal *AS Rom,* zweimal *FC Valencia* und einmal *Real Saragossa.*

Das Nachziehen anderer europäischer Fußballänder, namentlich Englands und der BRD, beeinflußte die Erfolgsstatistik erheblich. Im Zeitraum 1956-1990 gewannen

▷ englische Teams 22 Europapokale: achtmal den Europapokal der Landesmeister/EM, fünfmal den Europapokal der Pokalsieger/EP, neunmal den Messe- bzw. UEFA Cup/UC

▷ spanische Teams 19 Europapokale: sechsmal EL, fünfmal EP, achtmal UC

▷ italienische Teams 16 Europapokale: 7 EL, 5 EP, 4 UC

▷ deutsche Teams 11 Europapokale: 4 EL, 3 EP, 4 UC

▷ holländische Teams 8 Europapokale: 5 EL, 1 EP, 2 UC.

Mit zusammengenommen 35 Cup-Gewinnen entfallen allerdings mehr als ein Drittel der 97 Endspielsiege im Zeitraum 1956 bis 1990 auf Teams aus Italien und Spanien. Die europäische Erfolgsstatistik der deutschen Vereinsmannschaften nimmt sich vergleichsweise bescheiden aus, bedenkt man, daß die deutsche Nationalmannschaft seit Einführung des ersten Europapokalwettbewerbs zwei Weltmeisterschaften, drei Vizeweltmeisterschaften und zwei Europameisterschaften gewann, womit der DFB die mit Abstand erfolgreichste Nationalmannschaft in Europa stellt. Die Differenz zu den Teams aus dem ungleich kleineren Niederlanden beträgt ganze drei Cup-Siege. Die Gründe hierfür sind nicht zuletzt die rückständigen Vereinsstrukturen in Deutschland und die unterentwickelte kommerzielle Seite bei vielen deutschen Vereinen. Die Statistik enthüllt des weiteren eine hohe Konzentration von europäischen Erfolgen in einer nur geringen Anzahl von Ländern. 76 der 97 Cup-Siege entfallen auf die oben genannten fünf Länder. Den Rest teilen sich

▷ Portugal (4)
▷ Belgien (4)
▷ Schottland (3)
▷ UdSSR (3)
▷ Schweden (2)
▷ Ungarn (1)
▷ Rumänien (1)
▷ CSSR/heute CSFR (1)
▷ Jugoslawien (1)
▷ ehemalige DDR (1).

Portugal, Belgien und Schottland sind ebenfalls Länder mit entwickelterem Profitum (in Schottland wurde der bezahlte Fußball bereits 1892 eingeführt). Mit zusammengenommen acht Cup-Siegen zeichnen die ehemaligen Ostblockstaaten für weniger als 10% aller gewonnenen europäischen Cup-Wettbewerbe verantwortlich (oder: der gesamte Ostblock gewann nur soviele Titel wie die Niederlande allein).

Das romanische Vollprofitum führte überdies zur Abwanderung einer Reihe von qualifizierten bundesdeutschen Spielern in diese Länder, vornehmlich nach Italien, weshalb der damalige Bundestrainer Sepp Herberger die Spielstärke der Nationalmannschaft schwinden sah (Herberger war es auch, der Uwe Seeler, dem Angebote aus Genua, Mailand und Madrid in für die damalige Zeit und deutsche Verhältnisse schwindelerregender Höhe vorlagen, zur Fortsetzung seiner Karriere in der Bundesliga bewegte, indem er ihm den bereits genannten Vertreterjob besorgte). Allein zwischen 1960 und 1963 verließen neun Nationalspieler die Bundesrepublik. Das Problem der Abwanderung ist geblieben und hat in den letzten Jahren gar erneut an Brisanz gewonnen. In der DFB-Elf, die 1990 den WM-Titel gewann, spielten nicht weniger als vier Legionäre (was allerdings auch eines der Geheimnisse ihres Erfolgs war) und ein zukünftiger Legionär.

Die Konkurrenz um Spieler und Punkte mußte dazu führen, daß die Bundesligaklubs mit den Berufsspielerparagraphen des Bundesligastatuts zusehends in Konflikt gerieten. Noch 1970 durfte das Grundgehalt höchstens 1.200 DM betragen, während Leistungsprämien 250 DM nicht übersteigen durften. In Gladbach wurde im gleichen Jahr eine Meisterschaftsprämie von lediglich 15.000 DM ausgeschüttet. Der Bestechungsskandal der Saison 1970/71 bewirkte schließlich die Reinigung des Bundesligastatuts von den letzten Resten des Amateurgedankens. Der DFB gab alle Geldbeschränkungen auf. Ablösesummen, Spielergehälter und Prämien konnten fortan frei ausgehandelt werden, was zur Folge hatte, daß sie in astronomische Höhen schnellten und sich die Kluft zwischen den wohlhabenderen und ärmeren Vereinen weiter vergrößerte. Die heutige Fassung des Bundesligastatuts hat mit dessen Originalausgabe kaum mehr etwas zu tun.

ANFÄNGE DES FUSSBALLSPORTS IN DEUTSCHLAND

Anders als in England mußte der Fußball in Deutschland erst noch um seine gesellschaftliche Anerkennung ringen. Zudem sah er sich damit konfrontiert, daß sich mit dem Turnen bereits eine andere Disziplin als „nationaler Sport" etabliert hatte, die keine Konkurrenz neben sich duldete. Schon gar nicht, wenn diese ausländischen Ursprungs war. „…Sport zu treiben, war im Grunde identisch mit Turnen, und Turnen wiederum war eine höchst nationale Angelegenheit. Nicht nur damals, am Ausgang des 19. Jahrhunderts, sondern noch tief ins 20. Jahrhundert hinein. Stocknational in der Denkungsart und humanistisch in der Bildung, so hatte der vorbildliche Deutsche zu sein, weshalb die kikkenden Gymnasiasten, denen wegen der 'Fußlümmelei' Verweis von der Schule angedroht war, zutiefst bedauerten, daß die ersten fußballspielenden Menschen nicht die alten Griechen gewesen waren."[45]

Das Turnen hatte seine Wurzel in der deutschen Nationalbewegung gegen die napoleonische Besatzung und den deutschen Adel, der mit der französischen Besatzungsmacht kollaborierte, sich der Einführung bürgerlicher Freiheiten widersetzte und an der Zersplitterung Deutschlands in zahlreiche, sich befehdende Kleinstaaten festhielt. Doch die deutsche nationale Frage sollte sich spätestens in dem Moment von einer (auch) revolutionären und demokratischen zu einer ausschließlich reaktionären wandeln, als nicht das (schwache) liberale Bürgertum, sondern eine preußisch-militärische „Revolution von oben" die dynastische Kleinstaaterei beseitigte. Bereits zuvor war die Hinwendung großer Teile der Turnerbewegung zu einem dumpfen, konservativen Nationalismus erfolgt, der nur noch das „Deutsche" und nicht mehr den demokratischen Gedanken idealisierte, die Frage der staatlichen Einheit und nationalen Souveränität verabsolutierte und über deren politischen, sozialen und ökonomischen Inhalte stellte. Für den Vater der deutschen Turnerbewegung, Friedrich Ludwig Jahn, der später auch als Vertreter des Kreises Merseburg in der Frankfurter Nationalversammlung saß, war das Turnen zunächst eine Vorbereitung auf den Guerillakrieg gegen die französischen Besatzer gewesen. Jahn ordnete sein „vaterländisches Turnen" dem Wehr- und Volkstumsgedanken unter, da er die Ursachen für die Niederlage Preußens gegen Napoleon nicht in der progressiveren Kriegsführung der Revolutionsheere, sondern in der geschwundenen Volkstumskraft ortete.

Die französische Besatzung wie der Widerstand dagegen waren allerdings eine höchst zweischneidige Angelegenheit: Zu Revolutionszeiten hatten die französischen Heere die begeisternden Losungen der Freiheit, Gleichheit und Brüderlichkeit auf ihre Fahnen geschrieben, weshalb ihr Vordringen auf deutsches Territorium von nicht unerheblichen Teilen der deutschen bürgerlichen Intelligenz zunächst begrüßt wurde. In den linksrheinischen Gebieten brach die Besatzungsmacht die politische und ökonomische Macht des Adels und der Geistlichkeit, wozu das dortige Bürgertum aus eigener Kraft nicht imstande gewesen war. Aber auch in den anderen Teilen Deutschlands kam es – wenn auch nicht so schnell und so gründlich wie in den direkt besetzten Gebieten – als Folge des französischen Eindringens zu gewissen Reformen. Doch mit der Machtergreifung des Direktoriums (1795) bzw. der Großbourgeoisie in Frankreich degenerierte die ehemals progressive und internationalistische Funktion der französischen Heere auf dem Kontinent zusehends zu nationalhegemonialen Bestrebungen, die das nationale Selbstbestimmungsrecht anderer europäischer Völker leugnete. In Deutschland paktierte die Besatzungsmacht nun mit den Feudalfürsten und zeigte sich an einer Demokratisierung des Landes nicht länger interessiert. Die Ausweitung des französischen Einflusses gewann gegenüber dem Revolutionsexport zusehends die Oberhand. Und je mehr Frankreich sich von den ursprünglich proklamierten demokratischen und internationalistischen Prinzipien der Revolution entfernte, je mehr sich die französische Praxis in Deutschland auf Besatzungspolitik reduzierte, desto mehr gewann dort das deutschpatriotische Element an Boden. Nicht der Aufklärung, sondern der antiaufklärerischen politischen Romantik sollte die ideologische Patenschaft bei der Geburt der bürgerlichen Nation zufallen.

Das Turnen unter freiem Himmel war die erste freie und öffentliche Organisationsform des deutschen Bürgertums. Folglich war das Turnen – durch eine preußische Kabinettsorder von 1820 (die sogenannte „Turnsperre", die sich vor allem gegen die studentischen Burschenschaften richtete) – bis 1842 in den meisten deutschen Staaten verboten, bevor es im Gewand der Gymnastik wieder zugelassen wurde. Jahn selbst saß von 1819 bis 1820 unter dem Einfluß von Metternichs restaurativer Politik als „Demagoge" im Gefängnis. Obgleich der Turnernationalismus Jahns von egalitären Elementen durchzogen war, wäre es völlig falsch, ihn als fortschrittlichen „Linksnationalismus" abzuhandeln und als der später vorherrschenden reaktionären Nationalismusvariante entgegengesetzt zu verstehen. Die Parole der „Freiheitskämpfer" von 1813 hatte gelautet: „Für Gott, König und Vaterland." Keiner dieser drei Faktoren widmete sich aber der Aufhebung der politischen Rechtlosigkeit und der sozialen Besserstellung der notleidenden Bevölkerung. Jahn war weit weniger ein Sozialrevolutionär als ein Deutschtümler und Franzosen- und Judenhasser, der zudem die anvisierten Veränderungen nur im Einklang mit den herrschenden Monarchen – vor allem dem preußischen König – herbeiführen wollte. Für den Dichter und Weltbürger Heinrich Heine galten Jahn und andere (wie z.B. Ernst Moritz Arndt) als Steigbügelhalter der politischen Reaktion, deren Angriffe auf die herrschenden Restaurationsgewalten nichts anderes als Spiegelgefechte waren, da sie ebenfalls die Grundsätze von Demokratie und Emanzipation ablehnten.

Der janusköpfige Charakter der Person Jahns war durchaus symptomatisch für den deutschen Nationalismus, so wie es kaum überraschen konnte, daß sich die Nazis später (erfolgreich) bemühten, seine Philosophie für ihre ideologischen und politischen Zwecke zu vereinnahmen. Die DT, die erst verhältnismäßig spät – nämlich 1869 – gegründet wurde, hatte diesbezüglich eine langjährige Vorarbeit geleistet, indem sie in ihren Schriften insbesondere dem nationalvölkischen Teil des Jahn'schen Erbes huldigte und damit unter den Turnern die Empfänglichkeit für die nationalsozialistische Ideologie erhöhte.[46] Die reaktionäre Entwicklung großer Teile der Turnerbewegung war bereits zu demokratisch-revolutionären Zeiten angelegt, was wiederum in der sich schon frühzeitig abzeichnenden deutschen Sonderentwicklung begründet lag.

Die deutschtümelnde Turnerschaft betrachtete das Fußballspiel als „undeutsche", importierte Modetorheit, deren Ausbreitung zu begegnen sei. Stellvertretend für die ideologisierte Ablehnung, die der Fußball durch das Turnen erfuhr, seien hier die Worte des prominenten Turnführers Karl Planck zitiert, der es gar für notwendig erachtete, dem neuen Sportspiel eine eigene Kampfschrift zu widmen. Unter dem Titel „Fußlümmelei – über Stauchballspiel und englische Krankheit" ist dort u.a. zu lesen: „Was bedeutet aber der Fußtritt in aller Welt? Doch wohl, daß der Gegenstand, die Person nicht wert sei, daß man auch nur die Hand um ihretwillen rührte. Er ist ein Zeichen der Wegwerfung, der Geringschätzung, der Verachtung, des Ekels, der Abscheu... Zunächst ist jene Bewegung ja schon, auf die bloße Form hin angesehen, häßlich. Das Einsinken des Standbeins ins Knie, die Wölbung des Schnitzbuckels, das tierische Vorstrecken des Kinns erniedrigt den Menschen zum Affen..."[47]

*Titelbild der Kampfschrift
von Prof. Karl Planck
gegen das Fußballspiel*

67

*Das erste deutsche
Handbuch über den Fußball
von F. W. Moormann*

Aber trotz aller Einsprüche und sonstiger Widrigkeiten, die die Einführung des Fußballs hierzulande begleiteten, zählte Deutschland zu den ersten Ländern auf dem europäischen Kontinent, wo er gespielt wurde. Schriftliche Erwähnung fand er bereits 1796, als sich der Turnvater Guts Muths in seinem „Ersten deutschen Spielbuch" über ihn ablehnend äußerte. 1865 spielte der spätere erste Präsident des DFB, Ferdinand Hueppe, mit englischen Schülern der Lehranstalt Neuwied Fußball.

Der eigentliche Pionier des Fußballs in Deutschland (wie im übrigen auch der erste deutsche Regelexperte) war indes der Turnlehrer Konrad Koch, der 1874 das „englische" Spiel als Schulspiel am Braunschweiger Martino-Katharineum-Gymnasium einführte. Die Höheren Schulen und Gymnasien wurden zu den hauptsächlichen Keimzellen des hiesigen Fußballs. Kochs Engagement für den Fußball lagen primär pädagogische Überlegungen zugrunde, die durch das Aufkommen der Schülerverbindungen an den Gymnasien motiviert wurden.[48] Diese waren ihrerseits Ausdruck eines gesellschaftlichen Prozesses, der auch als

„Feudalisierung des Bürgertums" bezeichnet wird und mit dem Scheitern des bürgerlich-demokratischen Revolutionsversuchs von 1848 einsetzte. Dieser Prozeß bestand in der Annäherung und Anpassung des Bürgertums an den unverändert dominierenden Adel, um auf diese Weise wenigstens seine ökonomischen und die staatliche Einheit betreffenden Forderungen durchsetzen zu können. Zu dieser opportunistischen Entwicklung gehörte auch die Orientierung entlang der Werte- und Verhaltensmuster der Aristokratie. Die akademische Jugend suchte und fand den sozialen Kontakt mit der Aristokratie durch die Mitgliedschaft in ein und denselben studentischen Korporationen, von denen damals ein bedeutender stil- und normbildender Einfluß auf das bürgerliche Leben ausging, wozu auch die bürgerlichen Erziehungseinrichtungen zählten. Die dortigen Schülerverbindungen waren eine Kopie der studentischen Korporationen und imitierten sowohl deren Organisationsform wie deren Sitten und Gebräuche. Dies bedeutete, daß an den Gymnasien exzessive Trinkgewohnheiten Einzug hielten, weshalb die Behörden die Schülerverbindungen bald als öffentliches Ärgernis und Brutstätten der Unsittlichkeit betrachteten.

Konrad Koch vertrat die Auffassung, daß es eines neuen pädagogischen Konzepts bedürfe, um dieser Herausforderung zu begegnen. Diese definierte er jenseits der traditionellen Methoden der reinen Repression und der Belehrung. Stattdessen verschob Koch den Schwerpunkt disziplinarischen Handelns von der Fremddisziplinierung zur stärkeren Selbstdisziplinierung. Das Fußballspiel erschien ihm für die Umsetzung seines pädagogischen Ansinnens als weitaus tauglicher als das autoritäre und militaristische Turnen. Gegenüber dem Turnen zeichnete sich das Fußballspiel dadurch aus, daß es den Schüler als Fußballspieler zum selbständigen, den Umständen angemessenen Urteilen und Handeln anhielt. Hingegen wurde ihm beim Turnen – durch den Turnlehrer oder Vorturner – ein fremder Willen aufoktroyiert. Außerdem kam das Fußballspiel mehr dem Geselligkeitswunsch der Schüler entgegen und war besser dazu geeignet, ihre überschüssige Energie abzuladen. Letztendlich intendierte Kochs pädagogisches Konzept – mit dem Fußballspiel als methodisches Instrument – eine Überwindung aristokratischer Verhaltensmuster und eine Entfeudalisierung des feudalisierten deutschen Bürgertums.

Aufgrund der Widerstände durch die Turnvereine gestaltete sich die Durchsetzung des Fußballs in Deutschland zunächst äußerst zäh. Noch 1894, d.h. fast ein halbes Jahrhundert nach Rugby und Eton und ein gutes Vierteljahrhundert nach Gründung der ersten Fußballklubs in England, fühlte Konrad Koch sich bemüßigt, in der *Deutschen Turnzeitung* Überlegungen darob anzustellen, wie Fußball „ein deutsches Spiel" werden könnte.[49] Um die deutschtümlerischen, nationalkonservativen Einwände zu neutralisieren, versuchte Koch zu belegen, daß Fußball keineswegs als rein „englisches Spiel" zu betrachten sei, sondern vielmehr im Mittelalter in diversen Ländern – darunter selbstredend und unvermeidlich auch Deutschland – gespielt worden sei. Desweiteren schlug er vor, die englische Fachterminologie, der man sich bis dahin mangels eigener Überlegungen bediente, durch „deutsche Kunstausdrücke" zu ersetzen. Die turnenden Deutschtümler waren aber nicht die einzigen Opponenten. Nur eine Minderheit unter den Schulleitungen teilte Kochs pädagogisches Konzept, das für die damaligen Verhältnisse in Deutschland recht liberal war. Die Regel war eher, daß die Balltreterei untersagt wurde. Vor diesem Hintergrund lassen sich zwei gegensätzliche Katalysatoren für die Verbreitung des Fußballs an den Schulen ausmachen: zum einen die gezielte, pädagogisch motivierte Förderung durch Turnlehrer wie Konrad Koch; zum anderen aber auch und gerade das Verbot des Spiels, was ihm den Reiz des Unerlaubten verlieh.

Es sei an dieser Stelle kurz erörtert, warum sich in Deutschland die Soccer- und nicht die Rugby-Variante des Fußballs durchsetzte. Bevor die ersten reinen Soccer-Klubs gegründet wurden, existierten bereits eine Reihe von Rugby-Vereinen, von denen allerdings viele später zum Soccer übergingen. Der erste reine Rugby-Verein in Deutschland war der *Heidelberger Flaggen-Club von 1870*. Auch der *Deutsche Fußballverein 1878 Hannover* pflegte zunächst nur die Rugby-Variante. Ein wichtiger Grund, warum die Soccer-Variante bald die Oberhand gewann, war sicherlich, daß Soccer weniger gefährlich und rauh als Rugby war und deshalb in seinem gesellschaftlichen Entstehungsmilieu akzeptabler.

Dabei spielte offensichtlich keine Rolle, daß das rauhere Rugby in England das Spiel der Gentlemen war (und bis heute in Teilen auch noch ist), während der Fußball sich dort zusehends ausschließlicher zur Disziplin der industriellen Massen entwickelte. Außerdem wurde Rugby als noch „englischer" angesehen als Fußball. Jedenfalls strapazierten die Protagonisten des Fußballs in Deutschland entsprechende Ansichten und Behauptungen, um Fußball zu einem „deutschen Spiel" zu deklarieren, das nun dem „englischen" Rugby gegenübergestellt wurde. Deutschtümlerische Vorbehalte beförderten somit die Durchsetzung des Fußballs gegenüber dem Rugby; Soccer erschien gewissermaßen als das kleinere Übel. Ein dritter Grund war rein technischen Charakters. Die ersten deutschen Vereine waren sehr kleine Zusammenschlüsse, die oft Mühe hatten, eine komplette Mannschaft aufzustellen. Eine Rugbymannschaft benötigte jedoch noch vier Spieler mehr als eine Fußballelf.

Der DFB übernahm die nationalkonservative Engstirnigkeit der DT. Einer der ersten, der dieses zu spüren bekam, war der Karlsruher Fußballspieler und Kosmopolit Walter Bensemann. Bensemann, von der in Deutschland damals nicht gerade zeitgemäßen Idee beseelt, daß das Spiel die Grenzen überwinden und die nationalen Vorurteile brechen könnte, reiste mit seinen *Karlsruher „Kickers"* nach Belgien, Holland, England, Ungarn, Frankreich und in die Schweiz und holte 1899 die erste englische Mannschaft auf den Kontinent.

Mit seinen grenzüberschreitenden Aktivitäten erntete er jedoch mehr Mißtrauen als Zustimmung, und noch 1960 schrieb ein anderer deutscher Urfußballer, Dr. Ernst Karding, in der Festschrift zum 60jährigen Jubiläum des DFB: „Es war eine bescheidene und genügsame Freude, mit der wir unseren Sport trieben. Wir waren glücklich, wenn man uns nicht Schwierigkeiten machte, und dankbar, wenn unsere Probleme in der Tagespresse nicht behandelt wurden. Deshalb lehnten wir Bensemann ab mit seinen viel zu frühen Spielen zusammengeholter Mannschaften aus England und Frankreich, die nur Kritik in der Presse auslösen konnten. Erst wollten wir im eigenen Haus Ordnung haben."[50] Nach der Nazi-Machtergreifung mußte Bensemann in die Schweiz flüchten.

Fußball entwickelte sich in Deutschland also zunächst als Schulspiel an den höheren Schulen, wobei sowohl ein gefördertes wie ein „wildes" existierten. Unter den höheren Schulen profilierten sich wiederum insbesondere solche als Brutstätten des deutschen Fußballs, die neusprachliche und naturwissenschaftliche Zweige führten und damit den Interessen des modernen Bürgertums am ehesten entsprachen. Daß sich die Gegner seiner Einführung und Ausbreitung nicht durchsetzen konnten, lag vor allem daran, daß viele junge Menschen das neue Spiel als Alternative zum altmodischen und drillmäßigen Turnen und als Angebot zur Selbstentfaltung empfanden. Allgemeine gesellschaftliche Anerkennung errang das Spiel allerdings erst in den Jahren vor Ausbruch des 1. Weltkriegs, als sich führende Vertreter verschiedener deutscher Dynastien öffentlich zu ihm bekannten. Zu nennen sind diesbezüglich vor allem der Bruder Kaiser Wilhelms II., Prinz Heinrich von Preußen, wie des Kaisers Söhne Kronprinz Wilhelm, der auch als Stifter eines begehrten Fußball-Wanderpokals (des *Kronprinzen-Pokals*) in den Annalen des deutschen Fußballs geführt wird, und Prinz Friedrich Karl von Preußen, der gar selbst – im Trikot des *SC Charlottenburg* – dem Ball nachjagte. Daß der Fußball seit der Jahrhundertwende auch beim Heer, vor allem aber bei der Marine gespielt wurde, ist ebenfalls als Beleg für seine wachsende gesellschaftliche Akzeptanz zu werten. Der preußische Militarismus förderte die Entwicklung des Fußballsports allerdings auch in ganz praktischer Hinsicht: Nicht selten dienten die lokalen Exerzierplätze auch als Fußballfelder. Und sicherlich ist dies mit eine Erklärung dafür, warum sich Berlin zum ersten deutschen Fußball-Mekka entwickeln konnte.[51]

Noch bis in die 1890er Jahre hinein blieb der Fußball in Deutschland ein nahezu reines Schulspiel. Die ersten Fußballmannschaften waren Schülermannschaften, weshalb sich der Spielbetrieb zunächst auf die Schulen beschränkte. Auch 20 Jahre nach seiner Einführung durch Konrad Koch hatte das Spiel dieses Milieu noch kaum verlassen. Zwar existierten auf deutschem Boden bereits seit einiger Zeit eigenständige Fußballvereine, doch waren diese englische Klubs, gegründet von in Deutschland lebenden englischen Schülern, Kaufleuten und

Ingenieuren. Erst in den 1880er Jahren kam es zur Gründung der ersten deutschen Fußballklubs. In einer Reihe von deutschen Vereinen waren es englische Vereinsmitglieder, die die Aufnahme eines Fußballspielbetriebs bewirkten. So heißt es z.B. über die frühen Jahre des *SC Germania Hamburg,* der in den 90er Jahren des vorherigen Jahrhunderts mit *Altona 93* um die Fußballvorherrschaft in Hamburg-Altona rang, einer der großen Pioniere des deutschen Fußballs war und später mit dem aus Schülern bestehendem *Fußballclub 1888* zum *Hamburger SV* fusionierte: „Dieser Verein widmete sich zunächst der Leichtathletik, vor allem Laufdisziplinen. Erst mit dem Eintritt der Engländer Hilton, Webb, Bergl, Bolder, Humphries und Cotteril im Jahre 1891 wurde das Interesse am Fußballsport geweckt."[52]

Die englische Herkunft des Spiels und der englische Einfluß auf den deutschen Konstituierungsprozeß blieben noch für einige Zeit sichtbar. Davon zeugen beispielsweise Vereinsnamen wie *Football-Club Dresden, Thorball- und Fußball-Club Britannia 1892, Berlin* (später umbenannt in *BSV 92,* ein noch heute existierender Berliner Großverein) und *The English Football Club Berlin.* Dabei bedeuten die englischen Bezeichnungen keineswegs, daß diese Mannschaften stets allein von Engländern gestellt wurden – auch viele deutsche Mannschaften legten sich englische Titel zu. In Süddeutschland war mit Archibald S. White der erste Präsident der dortigen *Süddeutschen Fußball-Union* ein englischer Geistlicher.

Auch in Österreich war der englische Einfluß zunächst unübersehbar. Es war die Wiener englische Kolonie, die mit dem Spiel begann. 1894 wurden mit dem *Vienna Cricket and Football Club* und dem *First Vienna Football Club* (der noch heute als *FC Vienna* existiert) die ersten Wiener und österreichischen Fußballklubs gegründet. Die Initiatoren der beiden Vereine mit den englischen Titeln waren englische Gärtner des Rothschild-Gartens sowie Arbeiter und Angestellte diverser englischer Unternehmen in Wien (Clayton, Thomas Cook, Shuttleworth, Underwood etc.). Ein Engländer namens Nicholson amtierte zeitweise als Präsident der *Österreichischen Fußball-Union,* dem Vorläufer des späteren *Österreichischen Fußball-Bundes (ÖFB).* So war es nur logisch, daß die ersten Vereinsgründungen vor allem in Handels- und

Universitätsstädten erfolgten, dort, wo englischer Einfluß sowie Bürgertum und Akademikertum zu Hause waren.

Die meisten der frühen Fußballklubs gingen aus Schülervereinen hervor. So wurde z.B. ein Vorläufer des Hamburger SV – der bereits erwähnte Fußballclub 1888 – von Schülern des Wilhelm-Gymnasiums gegründet. Der *1. FC Nürnberg* ging aus einer Initiative von Mittelschülern hervor, während der *VfB Leipzig,* der 1903 die erste deutsche Fußballmeisterschaft errang, von Schülern, Studenten und Kaufleuten ins Leben gerufen wurde. Außer dem Hamburger SV stammen von den heutigen Vereinen im bezahlten Fußball noch aus den Gründerjahren *Werder Bremen, VfB Stuttgart, Eintracht Frankfurt, Fortuna Düsseldorf* und *Eintracht Braunschweig.* Dabei ist allerdings zu beachten, daß diese Vereine ihre heutigen Namen erst durch spätere Fusionen erhielten.

Die Fußballer waren zunächst im 1891 gegründeten *Deutschen Fußball- und Cricket-Bund* organisiert, und nicht wenige Fußballvereine vertrieben sich in den Sommermonaten die Zeit mit Cricketspielen. Als publizistisches Organ existierte die *„Deutsche Ballspiel-Zeitung",* die die Interessen der Cricket-, Croquet-, Bocki-, Fußball- und Tennisvereine vertrat. Die enge Bindung an das Cricketspiel dokumentiert, wo der Fußball damals gesellschaftlich aufgehoben war. 1894 erschien dann erstmals eine eigenständige Fußballzeitung mit dem Titel *„Der Fußball".* Da der Deutsche Fußball- und Cricket-Bund sich wiederholt gegen die Aufnahme neuer Vereine sperrte, kam es im September 1897 in Berlin zur Gründung eines Konkurrenzverbandes mit dem Namen *Verband Deutscher Ballspielvereine (VBB,* ein Vorläufer des heutigen *Berliner Fußball-Verbands – BFV).* Am 28. Januar 1900 wurde im Leipziger Mariengarten schließlich in Anwesenheit von 36 Vertretern, die 86 Vereine repräsentierten, die Gründung des DFB vollzogen, dem wenig später auch der Berliner Verband als Regionalverband beitrat. Die Trennung des Fußballs vom Cricket änderte allerdings zunächst nichts an seinem sozialen Charakter. Ein Verein wie der bereits genannte Berliner Thorball- und Fußball-Club Britannia 1892, der von Schülern des berühmten Friedrich-Wilhelm-Gymnasiums gegründet wurde, nahm beispielsweise noch bis 1918 nur Mitglieder mit höherer Schulbildung auf.[53]

Fußballpioniere in Westfalen: der Hammer Spielverein 04 im Jahre 1909

Das gesellschaftliche Milieu, in dem der deutsche Fußball zunächst zuhause war, wird vielleicht am besten durch die Person Georg Leux repräsentiert. Diesen Pionier des Fußballs in der damaligen Reichshauptstadt Berlin schildert K.-H. Jens in seiner „Nationalen Fußball-Historie" (Zeitschrift „11") als einen „Bohèmien seiner Zeit (...). Maler, Bildhauer und Sänger in einer Person und auch im Sport ein Allroundman, zunächst Turner, dann begeisterter Fußballer, daneben aber auch Radfahrer, Ringer und Leichtathlet." Leux gründete im Mai 1885 als einen der ersten deutschen Kickervereine den *„Berliner Fußballclub Frankfurt"* (Leux stammte aus Frankfurt) und 1890 den *„Bund Deutscher Fußballspieler",* den ersten regionalen Fußballverband in Deutschland. Leux gehörte zu jenem liberalen und modern geprägten Bürgertum, das es sich offensichtlich leisten konnte, diversen sportlichen und schöngeistigen Tätigkeiten nachzugehen und mit den preußisch-stocksteifen Gesellschaftskonventionen nichts am Hut hatte. Freilich auch nicht mit der proletarischen Balltreterei, die alsbald den Fußball dominierte.

Auch in Deutschland blieb der Fußball nicht dauerhaft ein exklusives Freizeitvergnügen von Angehörigen des bürgerlichen Milieus, sondern wurde von der Arbeiterschaft begierig aufgegriffen. Nicht von ungefähr war es das schwerindustrielle Ruhrgebiet, das sich nach dem Ersten Weltkrieg zum Schwerpunkt der sozialen Ausbreitung des Fußballs entwickelte, und nicht von ungefähr wurde der WSV zum wesentlichen Träger seines Aufstiegs. Vor dem Ersten Weltkrieg war der leistungsstärkste Verein des Ruhrgebiets der *Duisburger Spielverein,* der 1913 auch als erste Ruhrgebietsmannschaft das Finale um die deutsche Meisterschaft erreichte (1:3 gegen den VfB Leipzig). Zwischen 1904 und 1927 gewannen die Duisburger nicht weniger als zehnmal den Titel des Meisters des Westdeutschen Spielverbandes. Der Duisburger SV war aus einer Abspaltung des *Duisburger Turnvereins von 1848* hervorgegangen. Seine hauptsächlichen Konkurrenten waren der bereits erwähnte ETB Schwarz-Weiß Essen und der Lokalrivale *Duisburger Sport-Club Preußen.*

In allen drei Vereinen spielten Arbeiter bestenfalls eine marginale Rolle. Die Duisburger Preußen gestatteten laut ihrer Satzung gar nur solchen Personen die Mitgliedschaft, die mindestens das „Einjährige" (d.h. das Zeugnis der Obersekundarreife) vorweisen konnten. „Das Rekrutierungsfeld des Essener Turnerbundes war...das bürgerlich-mittelständisch geprägte Umfeld der Dreilindenstraße in Essen, das des Duisburger Spielvereins die Duisburger Altstadt, deren Wohnbevölkerung in jenen Jahren auch nur einen sehr geringen Arbeiteranteil aufwies. Im höheren Maße als der Duisburger SV galt im Ruhrgebiet allerdings der Essener Turnerbund als der Klub der gehobenen gesellschaftlichen Kreise, ein Ruf, der dem Verein fast bis in die Gegenwart haften geblieben ist."[54] Auch heute noch ist das elitäre Image von ETB Schwarz-Weiß der soziale Kern der Rivalität mit den Anhängern des anderen bedeutenderen Fußballklubs der Stadt, *Rot-Weiß Essen.*

Wie im Falle Englands, so war auch in Deutschland die Arbeitszeitverkürzung die wichtigste Voraussetzung und der hauptsächliche Katalysator der Ausbreitung des Fußballsports unter der Arbeiterschaft. Im November 1918 ordnete das Reichsamt für wirtschaftliche Demobilmachung an, daß die reguläre tägliche Arbeitszeit (ausschließlich der Pausen) acht Stunden nicht überschreiten dürfe. Mit der Arbeitszeitverordnung vom 21. Dezember 1923 fand der Achtstundentag auch Einzug in die ordentliche Gesetzgebung. Welche Bedeutung die Einführung des Achtstundentags für den Sport hatte, davon zeugen die folgenden, 1919 geschriebenen Sätze des Sportjournalisten Hans Heiling: „...Wir wollen kühn und nüchtern sondieren, welche Vorteile der freie Spätnachmittag dem Sport gebracht hat. Und da ist zuerst das Erziehungsmittel zum guten Resultat, das Training, zu erwähnen, dessen tägliches Pensum früher in kargen Abendstunden durchgepeitscht wurde, ohne daß auf eine systematische Einzelausbildung Wert gelegt werden konnte. Die Hauptbedingung für die harte und eiserne Übungszeit im Wettkampf ist Regelmäßigkeit, sei es regelmäßige Erholung, regelmäßiger Schlaf oder Regelmäßigkeit der täglichen Übung. Früher konnte dieser Regelmäßigkeit nur huldigen, denen Freizeit genug neben dem Hauptberuf gegeben war... Jetzt bleibt eine viel größere Menge täglicher Zeit zum Training..., und der geschickte Sportlehrer, den heute jeder Verein von gutem Klang haben müßte, wird aus der Masse der Sporttreibenden mehr herausholen können, als es früher der Fall war. Um alle Möglichkeiten zu erwähnen, die der Achtstundentag nutzdienlich der Heraufentwicklung bringen kann, dazu ist der Rahmen dieser Ausführungen zu klein. Erfassung größerer Massen für die Sportidee, regelmäßiges Training, Durchbildung weiter Volksschichten, das sind in der Hauptsache die Angelpunkte des freien Nachmittags..."[55] Neben der Verkürzung der Arbeitszeit war aber auch noch das vielfältige System der Förderung des Sports durch die öffentliche Hand von Bedeutung, das sich bis Mitte der 20er Jahre durchsetzte. Diese Förderung manifestierte sich insbesondere in der Ausweitung des Sportstättenbaus.

Die Verbreitung des Fußballs unter der Arbeiterschaft spiegelt sich auch in der Mitgliederstatistik des DFB wieder. 1904 waren erst 194 reine Fußballvereine mit 9.317 Mitgliedern im DFB vertreten. 1913 zählte der Verband immerhin schon 161.613 Mitglieder. Nach dem Ersten Weltkrieg stieg die Mitgliederzahl rapide an: 1920 hatte der DFB 756.703 Mitglieder und 1925 823.425, d.h. mehr als fünfmal so viele wie vor dem Krieg.[56] Auch hinsichtlich der Leistungen und Erfolge wurden die bürgerlichen Vereine von den Arbeitervereinen mehr und mehr verdrängt, obwohl der Duisburger SV noch bis 1927 den westdeutschen Fußball dominierte. Auf nationaler Ebene gaben bis Anfang der 30er Jahre Vereine wie die bereits erwähnten VfB Leipzig, 1. FC Nürnberg und Hamburger SV sowie *Spielvereinigung Fürth, Eintracht Frankfurt, Bayern München* und *Hertha BSC Berlin* den Ton an. Aber 20 Jahre nachdem der Fußball seinen Siegeszug in der Arbeiterschaft begonnen und sich zur populärsten Freizeitbeschäftigung entwickelt hatte, war Schwarz-Weiß Essen unter den zwölf Ruhrgebietsvereinen, die in der Saison 1939/40 den Gauligen (der damals höchsten Ligaform) „Westfalen" und „Niederrhein" angehörten, der einzige, der eindeutig dem bürgerlich-mittelständischen Milieu zuzuordnen war. Hingegen entstammten sieben Vereine dem proletarischen Milieu, nämlich neben Schalke 04 noch *Arminia Marten, Spielvereinigung Röhlinghausen* und *Spielverein Hamborn 07*, die alle mit der Bergarbeiterschaft verbunden waren, sowie die vornehmlich aus Metallarbeitern bestehenden *Gelsenguß Gelsenkirchen, Fußballverein Duisburg 08* und *Ballverein Borussia 09 Dortmund*.

Warum sich der Fußball in der Arbeiterschaft so schnell und in einem so „extremen" Ausmaße ausbreitete, warum er von ihr so enthusiastisch aufgenommen wurde und zu einem wesentlichen, wenn nicht gar dem wesentlichsten Bestandteil ihrer Kultur avancierte, wurde bereits erläutert. Im Falle des Ruhrgebiets gesellte sich jedoch zu den genannten Gründen noch ein weiterer, nämlich die Existenz von geschlossenen Arbeiterkolonien, die zu Geburtsstätten und Schulen ganzer Spielergenerationen wurden. Das Ruhrgebiet war keine historisch gewachsene Einheit, sondern „das Ergebnis des durch eine rasche Industrialisierung ausgelösten siedlungsstrukturellen Verschmelzungsprozesses von Gemeinden und Städten im Bereich zwischen den Flüssen Ruhr, Emscher und Lippe."[57]

Die Expansion der Eisen- und Stahlproduktion verursachte Ende des 19. Jahrhunderts eine gewaltige Steigerung der Nachfrage nach Kohle bzw. Koks. 1800 waren in der Region zwischen Ruhr und Emscher noch ca. 230.000 Tonnen von ca. 1.500 Bergleuten gefördert worden. 1850 betrug die Tonnenzahl schon 1,7 Millionen und die Belegschaft ca. 13.000 Mann. Bis zur Reichsgründung von 1871 stiegen Fördermenge und Belegschaftsgröße gar auf ca. 12 Millionen Tonnen und ca. 52.000 Bergleute an, wofür vor allem die Einführung privatkapitalistischer Prinzipien verantwortlich war. Bevor 1873 die Weltwirtschaftkrise einsetzte, wuchs die Belegschaft weiter um ca. 30.000 Mann, während die Fördermenge nun bei 16 Millionen Tonnen lag. Eine zweite, 1881 einsetzende Expansionswelle führte zur erneuten Ausweitung der Belegschaft um weitere 20.000 Mann und ließ die Förderung auf 28,3 Millionen Tonnen anschnellen. Nach kurzen Krisen erlebte der Ruhrbergbau ab 1890 eine weitere Wachstumsphase, so daß sich bis zum Ausbruch des 1. Weltkrieges die Belegschaft um 280.000 Arbeiter und die Förderung auf 110 Millionen Tonnen vergrößerten. Aufgrund seiner Kohlevorkommen bot sich das Ruhrgebiet nicht nur als Schwerpunkt der Kohleausbeutung an. Der bei der Eisenverhüttung hohe Koks-Kohle-Einsatz pro Tonne Roheisen, die hohen Transportkostenanteile bei der Beförderung des schwarzen Gesteins und der hohe Gewichtsverlust der Kohle bei der Eisenerzeugung machten das Ruhrgebiet auch zum ökonomisch interessanten Hüttenstandort. Um Kohle, Eisen und Stahl herum kam es dann zwangsläufig noch zu einer Massierung der weiterverarbeitenden Industrie. So avancierte eine ehemals agrarisch geprägte und als rückständig verrufene Region innerhalb weniger Jahrzehnte zum bedeutendsten Industriegebiet Europas.

Die gewaltige Industrialisierungswelle löste in den letzten beiden Jahrzehnten des 19. Jahrhunderts eine regelrechte Völkerwanderung in das Ruhrgebiet und hier insbesondere in die Emscherregion aus. Die Einwanderer kamen aus Holland, Österreich und Rußland, vor allem aber aus Polen und aus den deutschen Ostgebieten, wo die begrenzte Arbeitskapazität der Landwirtschaft (bedingt durch die Struktur der Grundbesitzverteilung bzw. die Dominanz der Großgrundbesitzer) einem „Bevölkerungsüberschuß" gegenüberstand. Im Zeitraum 1816-1871 hatte sich die Einwohnerzahl Preußens von 10,35 Millionen auf 24,64 Millionen verdoppelt, wofür die enormen „Geburtenüberschüsse" in den agrarischen ostpreußischen Gebieten verantwortlich zeichneten. Die kargen Lebensbedingungen in der Heimat einerseits, und andererseits die Aussicht auf höhere Löhne, bessere Wohnverhältnisse, kürzere Arbeitszeiten, geringere körperliche Anstrengung, größeres soziales Prestige, eine bessere Zukunft für die Kinder sowie der Mythos vom Stadtleben veranlaßten Hunderttausende zur Emigration in die Region zwischen Ruhr, Emscher und Lippe. Der einseitige Industrialisierungsprozeß Deutschlands, der zur räumlichen Konzentration der Industrie in Oberschlesien, Mittel- und Westdeutschland führte, initiierte eine gigantische Landflucht und Binnenwanderung, deren rechtliche Voraussetzungen zwischen 1805 und 1850 mit der Auflösung der überlieferten Grundherrschaft, der Befreiung aus Erbuntertänigkeit, der Ablösung der gutsherrschaftlichen Berechtigung und schließlich mit der seit 1867 gesetzlich verbrieften Freizügigkeit im Norddeutschen Bund (vom Reich 1871 übernommen) und dem Fortfall des Zuzugsgeldes der Preußischen Städte geschaffen wurden.

Außerdem bedeutete die Konstituierung des Norddeutschen Bundes und später des Reiches die Etablierung eines großflächigen Staats- und Wirtschaftraumes mit vereinheitlichtem Recht und vereinheitlichter Währung und einem engmaschigen, die verschiedenen Landesteile verbindenden Verkehrsnetz, was die Bevölkerungsmobilität erhöhte. Lebten 1820 erst knapp 275.000 Menschen im Ruhrgebiet, so wurden 1925 fast 3,8 Millionen gezählt. Weitere 35 Jahre später sollte die Region mit gar 5,7 Millionen Einwohnern ihren Bevölkerungshöhepunkt erreichen. 1861 wurden in den Provinzen Rheinland und Westfalen insgesamt nur 16 Polen von der Statistik erfaßt, die alle im Regierungsbezirk Düsseldorf lebten. Bis zum Ausbruch des Ersten Weltkriegs wuchs ihre Zahl jedoch auf ca. 500.000. Aus Ostpreußen emigrierten allein von 1885 bis 1900 ca. 450.000 Menschen ins Ruhrgebiet, was ca. 75% der damaligen ostpreußischen Bevölkerung entsprach. Im Gegensatz zu der ersten Generation der Arbeitsimmigranten wurde die zweite Generation an Ruhr und

Emscher seßhaft. Eine Reihe von Ruhrgebietsstädten erfuhr im Zuge der Immigrationswelle eine Vervielfachung ihrer Einwohnerzahl. Das in der Emscherregion gelegene Gelsenkirchen, Heimat des FC Schalke 04, wurde zeitweise zur Verteilerstelle der Immigranten. Gelsenkirchen war ursprünglich nicht mehr als ein Kirchdorf, das Mitte des 19. Jahrhunderts ca. 600 Einwohner zählte. Schalke selbst, das später nach Gelsenkirchen eingemeindet wurde, war zu dieser Zeit eine völlig unbedeutende Ansiedlung von vielleicht 400 Einwohnern. Dies änderte sich jedoch mit der Abteufung der Schachtanlage *Consolidation* (1863). Consolidation wurde zum Motor der Schalker Entwicklung und Schalke zum industriellen Herzstück Gelsenkirchens. Der Kohle folgten der Stahl und die Metallverarbeitung und schließlich die Glas- und Chemieindustrie. Und die Zeche sorgte nicht nur für Arbeit und Brot, sondern betätigte sich auch als Bauherr von Wohnungen, Straßen, Kirchen und sozialen Einrichtungen. Es entstanden die ersten Wohnkolonien für die zahlreichen Arbeitsimmigranten aus dem Osten. Schalke wurde so zum Arbeiterwohnort Gelsenkirchens, das sich nun selbst zur Kernstadt der Emscherzone, dem Herzstück des Reviers entwickelte. 1858 wohnten 1.597 Menschen in Gelsenkirchen, 1872 waren es bereits 7.825. 1875 überschritt Gelsenkirchen die 10.000-Einwohnermarke und erhielt die Stadtrechte. Die Eingemeindung von Schalke und weiterer Arbeiterwohnorte führte dann 1903 zur Erhöhung der Einwohnerzahl von 37.040 auf 138.048. Wie groß die Zahl der Immigranten war, verdeutlicht die Volkszählung von 1890. Diese ergab, daß 81,8% der Einwohner Gelsenkirchens polnischer und masurischer Herkunft waren. Noch 1927 waren 21% der im Gelsenkirchener Adreßbuch geführten Namen slawischer Art. Dabei ist noch zu berücksichtigen, daß zwischen 1885 und 1935 im Ruhrgebiet ca. 30.000 Namensänderungen vorgenommen wurden. Einschließlich der Familienangehörigen bedeutete dies, daß ca. 200.000 Namen eingedeutscht wurden.

Die Immigranten verdingten sich vor allem im Bergbau. Eine Statistik aus dem Jahre 1907 zeigt, daß damals auf vielen Schachtanlagen die Anzahl der Bergarbeiter ostdeutscher und polnischer Herkunft mehr als 50% betrug.[58] In den großen Zeiten von

Schalke 04 wimmelte es in der Mannschaft nur so von Spielern, die polnischer Abstammung waren, was eine polnische Zeitung dazu veranlaßte, die Königsblauen zu einem polnischen Verein zu erklären und seinen Ruhm an die Brust der polnischen Nation zu heften. Vielen der Schreihälse, die heute in den Stadien „Ausländer raus" skandieren, sobald ein türkischer oder farbiger Spieler das Spielfeld betritt, dürfte kaum bewußt sein, daß das Ruhrvolk ursprünglich zu einem nicht unerheblichen Teil ein „Polakkenvolk" war und ohne diese „Polacken" das Ruhrgebiet wohl kaum zu jenem Fußballmekka geworden wäre, von dessen Vergangenheit es noch heute zehrt. „Deutsch" war das Ruhrgebiet bestenfalls zu jener Zeit, als es noch rückständig und unbedeutend war.

Auch die „Polacken" kamen zunächst als Fremde und stießen bei vielen Pohlbürgern auf Ablehnung. Die „Polacken" sahen sich somit einer doppelten Deklassierung ausgesetzt – als Fremde wie als Angehörige einer „niedrigen" Gesellschaftsgruppe. Sie galten als Lohndrücker und Streikbrecher und somit als Konkurrenten um Arbeit und Lohn. Doch der sportliche Aufstieg der Schalker ließ die Barrieren zwischen den Pohlbürgern und den Zuwanderern mehr und mehr verschwinden. Schalke 04 war wohl der bedeutendste kulturelle und soziale Beitrag zur Integration der polnischen und masurischen Arbeitsimmigranten. Allerdings unterschieden sich die damaligen „Polacken" von den heutigen Arbeitsimmigranten durch ihre gänzlich andere Rechtsstellung. Die Polen im Ruhrgebiet galten nicht als Ausländer, sondern als polnische Preußen und besaßen folglich die deutsche Staatsbürgerschaft. Obgleich sie zahlreichen Schikanen und Diskriminierungen ausgesetzt waren, war ihre Rechtsstellung doch deutlich besser als die ihrer türkischen, griechischen, spanischen etc. Nachfolger. So konnten sie beispielsweise im Falle unbequemen Verhaltens nicht in ihre ehemalige Heimat abgeschoben werden. Gemeinsam haben die damaligen und heutigen Immigranten allerdings, daß ihnen gewöhnlich die dreckigsten und am schlechtesten entlohnten Arbeiten vorbehalten blieben.

Der siedlungsstrukturelle Entwicklungsprozeß des Ruhrgebiets wurde weitgehend von der Produktionsseite her geprägt. So entstanden die neuen Siedlungskerne zumeist nach dem folgen-

„Auf Schalke": Das Vereinslokal „Kaiserhalle" am Schalker Markt

den Muster: „Eine Bergwerksgesellschaft teuft Schächte ab, wo reiche Kohlevorkommen günstig befördert werden können. In Betriebsnähe werden ’Kolonien’ mit Werkswohnungen errichtet. Ladengeschäfte, Kneipen, ’Schnapskasinos’ entstehen in bunter Anordnung im nächsten Dorf oder eigenständig in der Nähe des Zechentors. Der erforderliche Neubau von Kirchen und Schulen wird in der Regel von der Zechengesellschaft bezuschußt. Häufig ist auch ein großer rechteckiger Marktplatz zu finden. (...) Siedlungskerne, bestehend aus der Dreiheit Zeche, Bergarbeitersiedlung und Vorortzentrum, entstanden zwischen 1850 und 1914 im Ruhrgebiet zu Hunderten. In weit stärkerem Maße als die Zentren der Großstädte konnten sie bis in die Gegenwart ihre unverwechselbare Identität bewahren. Zwischen Kolonie und Kneipe, Büdchen und Schrebergarten, Zechengelände und Sportplatz findet man heute noch am ehesten die Welt des ’Kumpel Anton’, des ’Taubenvatters’, des Ruhrgebietsfußballs."[59] Noch heute dominieren im Ruhrgebiet, im Gegensatz zu anderen Ballungsgebieten in der Bundesrepublik, die auf Großbetriebe ausgerichteten Wohnsiedlungen.

Die werkseigenen Siedlungen wurden ursprünglich entworfen, um die Heranziehung von Arbeitskräften zu effektivieren, diese an bestimmte Fabriken zu binden sowie ihre Kontrolle und Disziplinierung zu garantieren. Die Kolonien wurden so gebaut, daß sie im Falle von Unruhen bzw. Notstandssituationen vollkommen abgeriegelt werden konnten. Innerhalb der Siedlung betätigten sich sogenannte „Hausverwalter" (besser: Blockwarte) als Werkspolizisten, Hausspione und politische Spitzel. Die vermeintlich gute und großzügige Tat der Bereitstellung werkseigenen Wohnraums sollte die Arbeiter zu einem subalternen und paternalistischen Denken anhalten.

Das Ergebnis derartiger sozial- und repressionstechnischer Überlegungen fiel jedoch eher zweischneidig aus, da die Kolonien zur selben Zeit nicht unwesentlich zur Herausbildung eines kollektiven, klassenmäßigen Selbstverständnisses beitrugen, das an die Stelle der ehemals primär landsmannschaftlichen Orientierung der Arbeitsimmigranten trat. „In den Kolonien war die Gemeinsamkeit der Lebens- und Klassenlage noch sinnlich anschaulich erfahrbar und wurde überdies unbeabsichtigt noch dadurch unterstützt, daß die sogenannten 'Werksbeamten', die Aufsichtspersonen, Meister, Steiger usw., in besonderen Straßen, in relativ besseren Häusern und Wohnungen angesiedelt wurden. Darüber hinaus aber bewirkte die Anlage der Kolonien in unmittelbarer Nähe der Zeche, also der Produktionsstätte, daß sich dort ein genuin proletarischer Lebenszusammenhang herausbilden konnte. Genuin deshalb, weil in ihm Arbeit, Wohnen und Freizeit eine kulturelle Einheit bildeten und sich die in der Produktionssphäre herausbildenden sozialen Beziehungen bruchlos in die Reproduktions- und Freizeitsphäre verlängern konnte. Die räumliche Lage und die soziale Homogenität erwiesen sich als wichtige Hebel, die zunächst herkunftsspezifische, vorindustrielle Lebensform mit ihrer traditionell verankerten hohen Wertschätzung gegenseitiger Hilfe und dörflicher Gemeinschaft zugleich zu erhalten und in einer der industriekapitalistischen Wirklichkeit angemessenen Weise zu transformieren."[60]

Das dichte soziale Beziehungsgeflecht, das sich in den Kolonien etablierte, äußerte sich bei den Jugendlichen im Vorzug für solche Spiele, bei denen alle mitmachen konnten und niemand abseits stehen mußte. Dies war beim Fußballspiel der Fall, das als „wildes" Spiel eine praktisch unbegrenzte Zahl von Spielern verkraften kann. Gleichzeitig existierte zwischen den Kolonien eines Stadtviertels gewöhnlich eine erhebliche Konkurrenz, die von den Jugendlichen in der Form von Fußballwettkämpfen ausgetragen wurde. Nicht nur im Falle Schalkes beförderte der Wettstreit der Kolonien die Qualität des lokalen Fußballspiels. Eine weitere Begünstigung erfuhr das Fußballspiel in der Arbeiterkolonie durch deren Anlage. „Die Arbeiterkolonien waren meistens abseits der städtischen Zentren mit ihren Geschäfts-, Verwaltungs- und Vergnügungsvierteln in regelloser Streulage erbaut. Eine solche Randlage bedeutete, daß sie von dem motorisierten Straßenverkehr weitgehend verschont blieben, ein Umstand, der an sich schon für Spiele im Freien der hier wohnenden Halbwüchsigen günstige Voraussetzungen darstellte. Sofern die Kolonien im Stile großer Wohnblöcke angelegt waren, bildeten die geräumigen Innenhöfe für Kinder geradezu ideale Spielplätze, die selbst größeren Spielcliquen ausreichend Platz für Spiele wie das Fußballspiel boten. Aber auch in den Kolonien, die aus Kleinhäusern bestanden und wo die Häuser nicht um solche Innenhöfe zentriert waren, sondern in lockerer Reihung standen, gab es dazu gute Möglichkeiten."[61]

Die Bedeutung, die die Innenhöfe der Kolonien für die fußballerische Schulung des proletarischen Ruhrgebietskickers bis in die 70er Jahre hinein hatte, kommt auch in den folgenden Passagen aus einem Interview mit dem Vater des ehemaligen Schalker „Flankengottes" Rüdiger Abramczik zum Ausdruck: „Hier bei uns auf dem Hof, da ist praktisch ein Rasen, fast ein Fußballplatz. Die Häuser, die sind im Quadrat um den Fußballplatz, kann man sagen, herumgebaut. Und dann haben die Kinder damals hier untereinander gespielt. Die durften hier spielen, das war nicht so wie heute in verschiedenen Gegenden, daß da steht: 'Betreten des Rasens verboten.' Also hier konnte man noch echt Fußball spielen. Und dann hat das hier so mit dem Fußball angefangen. (...) Das ist ja eine Siedlung, die dem Pütt gehört. Und Fußball gehört hier zum Leben dazu. Das ging automatisch, die Kinder hatten keine Langeweile, die hatten Platz gehabt, und automatisch wurde dann hier Fußball gespielt. Das ist hier nicht anders wie überall im Ruhrgebiet. (...) Die trainieren ja jeden Tag. Wenn auch nicht unter Aufsicht, trainieren aber jeden Tag. Und wenn die hier gepöhlt haben, dann war das ja immer wieder, erstmal hatten die eine gute Kondition, zweitens waren sie jeden Tag am Ball. Und ein Trick, den man denen mal gezeigt hatte, den haben die hier erst geübt. Der Trick wurde auf dem Hof praktisch zur Vollendung gebracht und erst später im Verein gespielt. (...) Was er in Schalke nicht machen konnte, das konnte er hier auf dem Hof machen. Und hier auf dem Hof hat er, glaube ich, manchmal mehr gelernt, als bei Schalke, übertrieben gesagt. Die Spiele hier auf dem Hof, die waren praktisch eine Vorübung für die großen Spiele draußen."[62] Auch war der Straßenfußball in den Kolonien eine Möglichkeit des Ausbruchs aus einer bedrängten Wohnsituation. Straßen und Plätze wurden von den proletarischen Jugendlichen als Orte ihrer authentischen Gegenöffentlichkeit angeeignet. Von daher wohnte dem Straßenfußball stets etwas Subversives inne, was sich auch mitunter in der Spielanlage („schlitzohrig", „gewitzt") manifestierte.

Schalke 04 ist bis heute der legendärste aller deutschen Arbeitervereine. Die Schalker sind des weiteren bis heute der einzige deutsche Profiverein, der mit einer Berufsbezeichnung – „die Knappen" – belegt wurde und wird, wenngleich diese längst nicht mehr der Realität entspricht. Schalke 04 war zunächst nicht mehr als eine Straßenmannschaft, deren Mitglieder zum größten Teil Jungbergarbeiter und zum kleineren Teil Handwerkslehrlinge waren, die in der Schalker Hauergasse und deren näherer Umgebung wohnten. Dieser Status Schalkes war alles andere als ungewöhnlich, da Straßenmannschaften zu dieser Zeit die vorherrschende Organisationsform der fußballspielenden Ruhrgebietsjugend waren. Oft formierten sich diese entlang landsmannschaftlicher Zugehörigkeit, weshalb Fußball auch als Mittel der gegenseitigen Gruppenabgrenzung innerhalb der Arbeiterschaft erschien. Dem Ruhrgebietsfußball wohnte somit bereits in frühen Jahren ein gehöriges Maß an Rivalität inne, das bis heute überlebt hat, wenngleich landsmannschaftliche Hintergründe dabei keine Rolle mehr spielen. Aber die sektiererischen Rivalitäten etwa zwischen den Anhängern gleichen sozialen Status von Schalke 04 und Borussia Dortmund, Schalke 04 und Rot-Weiß Essen, oder Rot-Weiß Essen und dem MSV Duisburg etc. sind bis heute berüchtigt und lassen die städtischen Polizeieinsatzleiter

noch immer erzittern. In gewisser Hinsicht erinnert die Frühphase des Fußballs im Ruhrgebiet an die fußballerische Entwicklungsgeschichte im Mutterland England, die ebenfalls zunächst
von wilden, keinen expliziten Regeln folgenden Fußballkämpfen
zwischen rivalisierenden Dörfern geprägt wurde.

Doch zurück zu der Straßenmannschaft aus der Schalker Hauergasse. Zuvor war bereits ein anderer Fußballverein in Schalke
gegründet worden, allerdings mit deutlich differierendem sozialen Hintergrund. Dieser Verein nannte sich *Sport und Spiel Schalke,*
und seine Gründer waren kaufmännische Angestellte und Berg-
beamte. Von dieser Vereinsgründung liegt auch noch ein ordentliches Gründungsdokument vor, welches man im Falle von
Schalke 04 vergeblich sucht. Als offizielles Gründungsdatum
wird gemeinhin der Mai 1904 genannt, was allerdings nicht
unumstritten ist. Dem halbwüchsigen Charakter der Straßenmannschaft entsprechend zählte der 1. Vorsitzende genau 14
Lenze. Die Truppe nannte sich zunächst *Westfalia Schalke.* Für die
Teilnahme an der Wettspielordnung war die Mitgliedschaft im
WSV Voraussetzung, aber der bürgerliche Verband beschied das
Schalker Aufnahmebegehren abschlägig. Ohne ordnungsmäßige
Satzung und reputierliche Bürgen hatte der Verein keine Chance.
Erst acht Jahre später wurde Schalke 04 zu einem anerkannten,
offiziell geführten Verein, und dies auch nur auf Umwegen. Im
Februar 1912 trat der bis dato „wilde" Verein dem *Schalker Turnverein von 1877* bei, der bereits beim WSV eingetragen war. Die
ehemalige Westfalia wurde so zur Fußballabteilung des Turnvereins. Der Erste Weltkrieg forderte schon bald eine Unterbre-
chung, da die meisten Spieler jenen Jahrgängen angehörten, die
eingezogen wurden. Doch diese Zwangspause war nur kurz. Die
Fußballabteilung beim TV wurde zwar aufgelöst, aber noch im
gleichen Jahr (1914) kam es zur Gründung eines neuen Fußballklubs, der sich nun wieder Westfalia Schalke nannte. Dieses
Ereignis wird auch als die „zweite Gründung" Schalkes bezeichnet. 1919 fusionierte Westfalia mit dem Turnverein zum *Turn-
und Sportverein Schalke.* Der hauptsächliche Grund für diese
Zweckehe war Schalkes Platzproblem. Westfalia besaß kein eigenes Gelände, weshalb man auf den Platz des Turnvereins auswei-
chen mußte. Dies führte jedoch zu ständigem Zwist über die

Frage der Benutzung, und eine Fusion beider Vereine erschien den Verantwortlichen als die beste Möglichkeit, die Probleme beizulegen. Der neue Verein gehörte mit seinen mehreren hundert Mitgliedern zu den größten im WSV.

Erst 1924, 20 Jahre nach seiner Gründung durch einen Haufen Halbwüchsiger, hatte die Odyssee der ehemaligen Straßenmannschaft ein Ende, und kam Schalke zu seinem Namen Schalke 04. Die DT hatte mal wieder zur puristischen, konservativen Offensive gegen die konkurrierenden Sportarten ausgeholt und forderte eine „reinliche Scheidung" des Turnens von diesen. Die DT-Führung entschied, daß Mitglieder ihrer Vereine nicht gleichzeitig auch anderen Sportverbänden angehören dürften. Der Schalker Turn- und Sportverein blieb nicht der einzige, der nun – bedingt durch die bornierte Politik der DT – auseinanderfiel. Anderen Vereinen, die ebenfalls sowohl das Turnen wie auch konkurrierende Sportarten gepflegt hatten, erging es nicht anders. Am 5. Januar konstituierte sich schließlich der *Fußball-Club Schalke 04*.

1925 wurde Schalke Meister der Emscherkreisliga, was den Aufstieg in die Bezirksklasse – die höchste Leistungsklasse des WSV – bedeutete. 1927 gewannen die Schalker die Ruhrbezirksmeisterschaft und wurden anschließend auch noch westdeutscher Vizemeister. 1929 hieß der westdeutsche Meister erstmals Schalke 04. Im darauffolgenden Jahr gelang den Blau-Weißen die Verteidigung des Titels. Mit der Sperre der 1. Mannschaft (s.o.) erfuhr der kometenhafte Aufstieg des Arbeitervereins einen kurzzeitigen Rückschlag. Zu diesem Zeitpunkt war Schalke bereits ein Lokal- und Regionalmatador, während der Vorstoß in die nationale Leistungsspitze noch ausstand. Die nationale Ebene dominierten noch andere Klubs. Trotzdem hatten sich die Schalker bereits einen Namen auch über das Ruhrgebiet hinaus gemacht, wozu neben ihrer sozialen Herkunft vor allem ihre vergleichsweise technische Brillanz beitrug. Diese sollte später als „Schalker Kreisel" berühmt werden, ein Spielkonzept, dem das schottische Flach- und Kurzpaßspiel zugrunde lag. Der „Kreisel" bestand im wesentlichen „in einem System von Kurzpaßkombinationen, in das möglichst viele Feldspieler einbezogen wurden und in dem der Ball gleich einem Kreisel über das Spielfeld tanzte.

Zuschauerandrang in der Glückauf-Kampfbahn zu den Spielen von Schalke 04 (in den 30er Jahren)

Eine solche Spielweise stellte vor allem an die geistige Beweglichkeit und Reaktionsfähigkeit der Spieler hohe Anforderungen, weil sich die gesamte Mannschaft in ständiger Bewegung befindet, die Spieler durch dauerndes Freilaufen immer anspielbar und in dem jeweiligen Kombinationsraum stets in der Überzahl sein mußten. Dieses System der verwirrenden Positionswechsel hatte allerdings auch eine Achillesferse. Sie bestand darin, daß eine solche Spielweise zwar sehr schön anzuschauen, aber nicht (...) unbedingt zweckmäßig und erfolgreich im Abschluß war. Ein Gegner, der sich auf das komplizierte Filigranspiel der Schalker nicht einließ und, gestützt auf eine hart und kompromißlos spielende Abwehrreihe, einen geradlinigen, von schnellen Stürmern getragenen Tempofußball bevorzugte, ...konnte die Schalker, wie es manchmal anzüglich hieß, 'in Schönheit sterben lassen.'"[63]

Angesichts der sportlichen Erfolge der „Knappen" konnten Versuche ihrer bürgerlichen Vereinnahmung kaum ausbleiben. Noch 1925, als der DFB sein 25jähriges Jubiläum beging, wurde Schalke 04 in einem Artikel über „30 Jahre Gelsenkirchener Fußball" schlichtweg totgeschwiegen.[64] Die offizielle Geschichte des Gelsenkirchener Fußballs schrieb nach wie vor der bürgerliche Spiel und Sport Schalke 1896. Dies änderte sich allerdings mit dem Gewinn der ersten Westdeutschen Meisterschaft. Die Gelsenkirchener Stadtverwaltung wurde nun bei dem Arbeiterverein mit der Bitte vorstellig, sich in *FC Gelsenkirchen-Schalke 04* umzubenennen. Die Schalker waren einverstanden, und der einstmals von den bürgerlichen Kreisen der Stadt mit Naserümpfen und schiefen Blicken bedachte „Proleten- und Polackenverein" wurde so zum städtischen Repräsentanten gekürt. Außerdem trat die Stadt Gelsenkirchen als Gläubiger in Erscheinung, als der Verein sich durch den Bau der Glückauf-Kampfbahn hoch verschuldete. Die Werksführung von Consolidation, deren Belegschaft in ihrer Mehrheit Mitglied im Verein war, erkannte den potentiellen integrativen Nutzen der Fußballtruppe und stellte den Blau-Weißen das für den Stadionbau erforderliche Gelände von 20 Morgen pachtweise zur Verfügung. Desweiteren unterstützte sie das Unternehmen mit Material und Arbeitskräften, und Spieler wie der legendäre Ernst Kuzorra, ein Sohn masurischer Einwanderer, waren zwar bei der Zeche offiziell beschäftigt, aber faktisch für den Fußball freigestellt. Wer auf „Consolidation" arbeitete und für Schalke spielte, mußte sich nicht mehr unter Tage plagen.[65] Dieses Muster der Unterstützung eines Bergarbeitervereins durch die Führung der lokalen Schachtanlage wurde an anderen Orten im Ruhrgebiet kopiert.

Schalke 04 war insofern ein „bürgerlicher Arbeiterverein", als sich seine Mitgliedschaft zwar einerseits überwiegend aus der Arbeiterschaft rekrutierte, der Klub aber andererseits im bürgerlichen Verband spielte (und Kleinbürger und Angestellte sich an seiner Führung beteiligten). Schalke war der erste von Arbeitern gegründete und aus Arbeitern bestehende Verein, der sich innerhalb der bürgerlichen Verbände DFB und WSV durchsetzte und Ruhm erlangte. Für viele Anhänger war Schalke deshalb nicht nur Repräsentant ihrer proletarischen Kultur, sondern zugleich auch Symbol „eines imaginären Sieges der Arbeiterklasse, hier innerhalb des bürgerlichen Sportbetriebs".[66] Schalke bedeutete die Bestätigung ihrer Fähigkeiten als Klasse und war Balsam für den sozialen Minderwertigkeitskomplex der sozial Deklassierten.

Es stellt sich die Frage, warum sich der Arbeiterverein Schalke 04 unter bürgerlicher Ägide begab, anstatt sich der von den Linksparteien der Weimarer Republik – der SPD und KPD – protegierten Arbeitersportbewegung anzuschließen. Im Gegensatz zu England, wo den Arbeitervereinen gar nichts anderes übrig blieb, als sich dem offiziellen Verband anzuschließen, existierte in Deutschland eine starke und organisierte Arbeitersportbewegung, die 1930 ca. eine Millionen Mitglieder zählte.[67] Schalke war freilich alles andere als eine Ausnahme, sondern eher eine

Ernst Kuzorra und Fritz Szepan

Bestätigung der Regel. So errechnete Siegfried Gehrmann, daß 1932 von der Gesamtheit der fußballspielenden Arbeiter in Hamborn ca. 88%, in Gelsenkirchen ca. 72% und in Essen ca. 82% in Vereinen organisiert waren, die dem WSV und dem DFB (und in geringerer Zahl der katholischen *Deutschen Jugendkraft/DJK*) angehörten.[68] Auch die Zahl der WSV- und DFB-Vereine überstieg in den genannten Gebieten die der Arbeitersportbewegungsvereine deutlich, obwohl das Ruhrgebietsproletariat seinerzeit – wie auch die Wahlergebnisse der Weimarer Linksparteien im von Gehrmann behandelten Zeitraum belegen – ausgesprochen „rot" gesinnt war. Die bürgerlichen Vereine besaßen „trotz der katholischen bzw. deutschnationalen Ausrichtung ihrer Verbände eine Anziehungskraft, die offenbar bis tief in das proletarisch-sozialistische Sozialmilieu hineinreichte."[69] So bleibt die Frage, warum die bürgerlichen Fußballverbände in diesem milieufremden Umfeld so unumstritten dominieren konnten, warum sich – nicht nur im Ruhrgebiet, sondern auch in anderen proletarischen Gegenden Deutschlands – ungleich mehr fußballspielende Arbeiter im DFB bzw. WSV als in den Organisationen der Arbeitersportbewegung einfanden. Dem soll im folgenden Kapitel nachgegangen werden.

PROLETARISCHES FAIR PLAY

ARBEITERSPORTBEWEGUNG UND FUSSBALL

Der DFB zählte wie die Deutsche Turnerschaft zu den bürgerlichen Sportverbänden in Deutschland, die jedoch – im Gegensatz zu heute – aufgrund der Existenz des *Arbeiter-Turnerbunds (ATB, später: Arbeiter-Turn- und Sportbund/ATSB)* keineswegs konkurrenzlos waren. Wie die DT gab sich auch der DFB vaterländisch. Aber im Unterschied zur DT spielte im DFB-Vereinsleben das politisch-ideologische Element eine weitaus geringere Rolle. Stattdessen existierten im DFB und seinen Untergliederungen starke Kräfte, die dem Prinzip des unpolitischen Fachverbands huldigten. Erst recht galt dies für die Balltreter selbst, die gemeinhin den Fußball als unpolitisches Freizeitvergnügen verstanden. Während sich also der Fußballalltag erheblich unpolitischer (und unpatriotischer) als der Alltag der Turner gestaltete, kann die nationalkonservative Orientierung der DFB-Führung trotzdem schwerlich geleugnet werden. Ohnehin waren die Differenzen zwischen den Führungen der Turner und der Fußballer erheblich geringer, als dies die geschilderte Kontroverse zwischen Turnvätern und Balltretern vermuten läßt. 1911 trat der DFB dem paramilitärischen und nationalistischen *Jungdeutschlandbund* bei.

Für den ATB war dies endlich Anlaß genug, sein bis dahin abstinentes bis offen ablehnendes Verhalten gegenüber dem Fußball erneut zu überdenken. Der ATB war im Mai 1893 als Antwort auf den zunehmend nationalistischeren Kurs der DT gegründet worden. Innerhalb der Arbeiterkulturbewegung, deren Organisationen sich im November 1912 mit der *Zentralkommission für Arbeitersport und Körperpflege* einen gemeinsamen Dachverband gaben, stellte der ATB den stärksten Verband. Gegen eine frühzeitige Einführung des Fußballs stand beim von Arbeiterturnern aufgebauten ATB dessen turntechnische Tradition. Die Vorbehalte der ATB-Turner gegenüber den Fußballern waren denen der DT-Turner durchaus ähnlich. Selbst nationale Borniertheit war den ATB'lern nicht fremd, die wie die deutschnationalen Turner das Fußballspiel als Auswuchs des englischen

92

Sportgedankens denunzierten. So schrieb etwa der spätere Bundesspielwart Koppisch 1901 in der *Arbeiter-Turn-Zeitung (ATZ)*, dem Organ des ATB: „Wenn uns die Engländer darin als Muster hingestellt werden, so sei darauf hingewiesen, daß auch dort die Auswüchse des Sports und des Spielens sich in krassester Weise breitgemacht haben, daß Rohheit und Rücksichtslosigkeit, die Grundzüge des englischen Nationalcharakters (...) nicht zum wenigsten durch die Übertreibungen und das Aufdiespitzetreiben dieser Leibesübungen verschuldet und großgezogen werden."[70] Diese – einer mit internationalistischem Anspruch angetretenen Arbeitersportbewegung eigentlich zutiefst unwürdigen – anti-englische Argumentation vermengte sich mit einer „linken" Kritik, die den Fußballsport der Verbreitung fundamentaler Prinzipien der bürgerlich-kapitalistischen Gesellschaft in der Arbeiterschaft beschuldigte. Das Spiel fördere durch seinen Wettkampfcharakter und hohen physischen Einsatz kompromißloses Konkurrenzdenken, und die Hervorhebung einzelner, besonders guter Akteure leiste dem Egoismus Vorschub. Auch das „unzivilisierte" Verhalten der Zuschauer gefiel den turnenden Arbeitersportlern überhaupt nicht. Genau besehen war die ATB-Kritik deutschtümlerisch, turnborniert, konservativ und spießig. Im Gegensatz zum Turnen war Fußball immerhin ein Mannschaftssport und kannte keine antiquierten Disziplinierungsrituale. Der Fußball war von seiner ganzen Anlage her weit weniger autoritär und militaristisch als das Turnen und forderte doch zugleich das Kollektiv. Und was das „ungebührliche" Verhalten der Zuschauer betraf, so handelte es sich zunächst einmal um von den herrschenden sozialen Klassen aufgestellte Normen, gegen die verstoßen wurde. Was immer konkret unter einem „englischen Nationalcharakter" zu verstehen war: In einem Land, wo der Sport deutschtümlerisch besetzt war, konnten „fremde Einflüsse", gleich welcher Art, nur den positiven Effekt einer Internationalisierung und ideologischen Öffnung haben (wenngleich es der DFB-Führung gelang, das „englische Spiel" zu verdeutschen). Der Fußball war zumindest in seiner Anfangsphase ein subversives Element wider die Deutschtümelei, den deutschen Militarismus und die deutsche Autoritätsfixiertheit. Die langjährige Abstinenz des ATB gegenüber dem Fußball – zugunsten des Turnens – war symptomatisch für den kulturellen Konservativismus der Organisationen der deutschen Arbeiterbewegung überhaupt. Das Sektierertum des ATB in Sachen Fußball war weniger links als schlicht und einfach deutsch.

Der Fußball war zweifellos emanzipatorischer, „linker" als das Turnen, somit ein authentischerer und spontanerer Ausdruck von Arbeiterkultur und Arbeiterbewußtsein. Trotzdem soll nicht geleugnet werden, daß sich im Fußball auch oftmals *sectarianism* und Lokalborniertheit – also ideologische Fehlströmungen innerhalb der Arbeiterschaft – manifestierten. Es waren die negative Nebenprodukte einer durch Spiel und Vereinsleben geförderten Identifikation mit Nation, Region oder auch nur Wohnviertel.[71] Der Fußball war jedoch hierfür kaum die Ursache, sondern lediglich ein Austragungsforum. In einigen Fällen mag der Fußball die Spaltung zwischen den Arbeitern unterschiedlicher ethnischer Herkunft, Produktionsbereiche, verschiedener Orte, Wohnkolonien etc. auch verstärkt haben, aber in der Regel wurde der Fußball von Arbeitern nicht in erster Linie aufgegriffen, um darüber ethnische, religiöse oder lokale Borniertheiten zu transportieren. Die Gründe für die Verbreitung des Fußballsports innerhalb der Arbeiterschaft waren, wie bereits referiert, gänzlich anderer Natur.

Als Wettkampfspiel war dem Fußball sozusagen von Natur her der bürgerliche Konkurrenzgedanke immanent. Andererseits war der Fußball als Wettkampf keineswegs eine bürgerliche Erfindung, da er dies bereits in seiner wilden, volkstümlichen Frühphase war. Aber Turnen und Radfahren waren weit weniger wettbewerbsorientiert, was dem ATB die ideologische Begründung ihrer Bevorzugung erleichterte. Man konnte in einer Gruppe und ohne Wettkampfcharakter miteinander turnen oder radfahren, aber es gab schwerlich einen Sinn, eine unbestimmte Anzahl von Leuten mit ebensoviel Bällen ein Spielfeld auf- und abrennen zu lassen. Doch auch beim Turnen und Radfahren setzte sich mit der Zeit der Wettkampfgedanke durch, was indes auch hier nicht allein auf bürgerliche Einflüsse zurückzuführen war. Trotzdem gilt auch noch heute: Fußball ist nur als Konkurrenzkampf – gleich ob um Tabellenränge und Prämien, als belanglose Freundschaftsbegegnung oder als spontanes „drei gegen drei" auf dem Schulhof – zu spielen, während Turnen und Radfahren auch individuell betrieben werden können. Beim Fußball benötigt man stets einen Gegner. Selbst beim Training kommt der Fußballspieler kaum ohne Gegenspieler aus. Wir werden noch sehen, welche Bemühungen der ATB anstellte, um den Konkurrenzcharakter des Fußballs zu zähmen.

Neben ideologischen Argumenten machte der ATB aber auch gesundheitliche Vorbehalte gegen die Balltreterei geltend. Diese würde den Körper zu einseitig ausbilden und belasten, und die Länge der Spielzeit würde Herz und Lunge zu hohen Anforderungen aussetzen. Dieser Einwand ist zwar medizinisch kaum von der Hand zu weisen, aber es drängt sich der Verdacht auf, daß seine Strapazierung primär ideologisch motiviert war. Zum einen diente der medizinische Einwand offenkundig der Verabsolutierung der „allseitig ausbildenden" Turnerei, zum anderen zeugte er vom Vorliegen einer fragwürdigen totalitären Vorstellung vom „gesunden und perfekten Körper" bzw. „gesunden Menschen", wie sie auch in der nationalkonservativen DT anzutreffen war und vom Faschismus in rassistischer und ausgrenzender Weise weiterentwickelt wurde.

Der Beitritt des DFB zum paramilitärischen Jungdeutschlandbund war mehr der letzte Anlaß als der entscheidende Grund, warum sich der ATB nun der Balltreterei ernsthafter und vorurteilsfreier widmete. Vor allem drohte die Ignoranz und Selbstbeschränkung der organisierten Arbeitersportbewegung in Sachen Fußball ihr den Zugang zu großen Teilen der Arbeiterjugend zu verbauen, die, der ATB-Position zum Trotze, dem Spiel mit Enthusiasmus frönten und es als willkommene Alternative zum autoritären und stumpfsinnigen Turnen begrüßten. 1911 gestand die *Arbeiter-Turn-Zeitung* schließlich den Bankrott der Anti-Fußball-Kampagne des ATB ein. „Wir dürfen uns eben nicht der Tatsache verschließen, daß die Jugend vor allem für das Fußballspielen schwärmt. Wir können uns dem nicht entgegenstemmen, sondern müssen in unserem Interesse und dem der Arbeiterschaft im allgemeinen, das Spiel einführen."[72] Wie sehr der ATB der realen Entwicklung und den realen Interessen der Arbeiterjugend hinterher hinkte, verdeutlichen die folgenden Feststellungen der „Arbeiter-Turn-Zeitung", wobei man nun schon immerhin das Jahr 1914 schrieb: „Der Fußballsport hat im Laufe seines zwei Jahrzehnte langen Bestehens eine ungeahnte Verbreitung gefunden... Gegenwärtig sind dem Deutschen Fußballbund über 2.000 Vereine mit 188.507 Mitgliedern angeschlossen, so daß sich derselbe bald mit den größten der Arbeitersportorganisationen messen kann. Den überwiegenden Teil der Fußballfreunde stellt die Arbeiterschaft und ihre Jugend. Wir greifen nicht zu hoch, wenn wir konstatieren, daß 80% der Mitglieder Arbeiterkreisen entstammen... Die bedauerliche Tatsache ist nur die, daß die Arbeiterjugend, die organisierte Arbeiterschaft, das größte Kontingent der im Deutschen Fußballbund organisierten Fußballspieler darstellt."[73] Treffen diese Zeilen zu, dann handelte es sich bei den unter bürgerlicher Ägide kickenden Arbeitern nicht nur um unpolitische Zeitgenossen, sondern gerade auch um Arbeiter, die zum organisierten und bewußteren Teil der Arbeiterschaft zählten.

Die dominante Stellung des Turnens wurde erst mit dem 1. Weltkrieg stärker relativiert. Viele der Vorturner und Turnwarte gehörten zu den Jahrgängen, die zum Frontdienst einberufen wurden. Ihre aufsichtslos gewordenen Zöglinge nutzten die Gelegenheit, um das Fußballspiel in Eigeninitiative und gemäß ihren eigenen Vorstellungen zu organisieren. Als nach Ende des Krieges das Turnen wieder eingeführt werden sollte, mußte mancher der heimgekehrten Vorturner feststellen, daß die Jugendlichen die Turnausrüstung verscherbelt hatten, um dafür Fußbälle anzuschaffen. Die Zahl der Fußballmannschaften im ATB stieg nun sprunghaft an, da die Jugendlichen sich weigerten, das Rad der Entwicklung zurückzudrehen. Um die Gründung eines eigenständigen Arbeiterfußballbundes zu verhindern und um die in den DFB-Vereinen kickenden Arbeiterjugendlichen für die Arbeitersportbewegung zu interessieren, gestattete der 12. Bundestag des ATB 1919 auf Bezirks- und Kreisebene die Trennung des Fußballspiels von den übrigen Turnspielen. Die veränderte Haltung gegenüber dem Fußballsport fand auch in der Umbenennung des ATB zum ATSB seinen Ausdruck. Des weiteren wurde die Herausgabe einer weiteren, weniger turnfixierten Zeitschrift mit dem Titel *Freie Sportwoche – Zeitschrift für Fußball, Leichtathletik und Turnspiele (FSW)* beschlossen. Auf dem 13. Bun-

Die „Freie Sportwoche" des ATSB verhalf dem Fußball zu mehr Anerkennung innerhalb der Arbeitersportbewegung. Diese Ausgabe vom Juli 1927 berichtete über ein „Länderspiel" zwischen russischen und deutschen Arbeiterfußballern.

destag 1921 erfolgte schließlich die Anerkennung des Fußballspiels als gleichberechtigte Sparte im ATSB.

Die Querelen zwischen den Turnpuristen und Fußballern
waren damit jedoch noch nicht beendet. Die Turner verlangten,
daß die Fußballer nach wie vor regelmäßig an Turnübungen teilzunehmen hätten, um eine allseitige körperliche Ausbildung zu
garantieren. Durchsetzen konnten sie sich mit ihrem Begehren
indes nicht, weshalb im Alltag der Arbeitersportbewegung schon
bald der abschätzige Begriff des „Nurfußballers" kursierte. Wie
die Turner die Fußballer noch immer sahen, dokumentieren die
folgenden Zeilen aus dem Jahre 1922: „Während der Turner in
stolzer Haltung mit gehobener Brust daherschreitet, kommt der
'Nurfußballer' mit gesenktem Kopf, die Brust tief eingedrückt,

die Arme wie unnötige Anhängsel mit sich führend, daher geschlendert. Die Beine sind stets in Offensivstellung gehalten, und wehe der leeren Wichsdose oder anderen 'schußfähigen' Gegenständen, die dreist genug sind, sich ihnen in den Weg zu legen... In genau derselben Haltung liefern sie ein Wett- und Gesellschaftsspiel auf dem Sportplatze. Beine und Lunge werden zu größter Tätigkeit angespornt, während die Brust zwischen den schlaff herabhängenden Armen eingepfercht wird... Eine solche einseitige Betätigung muß den Menschen unbedingt mit der Zeit in seiner Gesundheit schädigen. Viele Fußballer haben schon die Richtigkeit dieser Logik erkannt und beteiligen sich auch nebenbei am Hallensport... Ein großer Teil der Fußballer aber steht dem Geräteturnen noch interesselos gegenüber. Es ist dies leider zu bedauern, doch hoffen wir, daß auch sie zur Einsicht kommen und recht bald erkennen, was für ihr körperliches Wohl nottut... Also ihr Fußballer, strampelt euch heraus aus eurer sportlichen Lethargie, laßt euch wenigstens einmal in der Woche in der Turnhalle sehen."[74] Diese Ausführungen hätten ebensogut aus der Feder des bereits zitierten konservativen DT-Turnführers Karl Planck stammen können, dessen Generalattacke gegen das „Stauchballspiel" zu diesem Zeitpunkt allerdings bereits mehr als 20 Jahre zurücklag.

Mit dem Ausbau der Fußballsparte sollte sich die Zahl der im ATSB kickenden Arbeiter innerhalb von drei Jahren vervielfachen. 1919 wurden erst 26.053 Kicker gezählt, 1922 waren es hingegen bereits 100.893, und bis zum 31.12.1932 wuchs die Mitgliederstärke der Fußballsparte auf 136.787. Damit zeichnete die Fußballdisziplin für ca. 30% der ATSB-Mitgliederzahl verantwortlich. Auffallend ist das äußerst schnelle Wachstum der Fußballsparte in den ersten Jahren ihrer Existenz, das dann aber deutlich abflacht. Von 1919-1922 erfährt die Sparte ein Wachstum von nahezu 400%, während für die dann folgenden zehn Jahre nur noch 35% zu verzeichnen sind. Das rasante Wachstum der ersten Jahre dürfte schlicht auf einen angestauten Nachholbedarf zurückzuführen sein.

Die nachholende Entwicklung blieb jedoch beschränkt, was sich in der drastischen Verlangsamung des Wachstumstempos ausdrückte. Jetzt wirkte sich aus, daß der DFB bereits zwei Jahr-

1932 fand das letzte deutsche Meisterschaftsfinale des Arbeiterfußballs statt, zwischen den Mannschaften von Nürnberg-Ost und Cottbus 93. Vorne beim Einlaufen Cottbus' Torjäger „Barry" Schulz.

zehnte früher mit der Organisierung der fußballspielenden Jugend begonnen hatte. Der „Fußballermarkt" war bereits weitgehend abgegrast war und befand sich unter bürgerlicher Kontrolle. Dem zu spät gekommenen ATSB gelang es kaum, dem bürgerlichen Verband Aktive abspenstig zu machen. Hier rächte sich die unselige puristische, konservative fußballfeindliche Tradition der organisierten Arbeitersportbewegung, mit der nicht nur zu spät, sondern genau betrachtet auch niemals wirklich vollständig gebrochen wurde.

Die Hochburgen der Fußballbewegung im ATSB waren Rheinland-Westfalen (wozu auch das Ruhrgebiet zählte), der Freistaat Sachsen, Thüringen, die Provinz Sachsen, Anhalt, Braunschweig, Berlin und Brandenburg. Acht der neun von 1920 bis 1928 ausgetragenen Bundesmeisterschaften gingen an Vereine aus diesen Räumen, wobei sich vor allem *Leipzig-Stötteritz* (dreifacher Meister) und der *DSV 1910 Dresden* (vierfacher Meister) hervortaten. Von 1929 bis 1932 dominierten hingegen die Mannschaften von *Lorbeer 1906 Hamburg* und *Nürnberg-Ost*, die je zweimal Meister wurden.

Nachdem es auf dem 16. Bundestag des ATSB 1928 zum Ausschluß der KPD-orientierten Funktionäre und Vereine gekommen war, wurden der 1. Kreis (Berlin-Brandenburg) und der 6. Kreis (Rheinland-Westfalen) zu Schwerpunkten der KPD-Fußballer, die sich mit den anderen kommunistischen Sportlern in den Organisationen *Interessengemeinschaft zur Wiederherstellung der Einheit im Arbeitersport (IG)* und der *Kampfgemeinschaft für Rote Sporteinheit (KG)* einfanden. In Essen etwa gehörten Ende 1932 von den 24 Arbeitersportvereinen mit einer Fußballabteilung 15 der KG an. In anderen Ruhrgebietsstätten waren die Mehrheitsverhältnisse ähnlich wie in Essen. Die kommunistischen Hochburgen blieben jedoch in der Regel lokal oder regional beschränkt. Im gesamten 6. Kreis blieb die Mehrheit der Vereine mit einer Fußballabteilung dem ATSB treu. Lediglich im 1. Kreis dominierten die kommunistischen Fußballer auch auf der Kreisebene. Im gesamten Deutschen Reich dürfte das Verhältnis IG/KG-Mannschaften zu ATSB-Mannschaften ca. 1:8 betragen haben. Trotzdem legen die das Ruhrgebiet und Berlin betreffenden Daten die Vermutung nahe, daß die kommunistischen Sportorganisationen und deren Aktive weit weniger turnfixiert waren und sich offener gegenüber dem Fußball verhielten.

Die IG bot ATSB-Vereinen immer wieder sogenannte Solidaritätsspiele an. Aufgrund der Popularität des Fußballs sah die IG hier am ehesten die Möglichkeit, ATSB-Sportler für die kommunistische Arbeitersportbewegung abzuwerben und auch ihre Karten innerhalb des ATSB zu verbessern. Doch der Bundesvorstand des ATSB schloß Vereine, die in solche Begegnungen einwilligten, rigoros aus. Den Vereinen blieb dann – wollten sie ihren Spielbetrieb fortsetzen – nichts anderes übrig, als sich der IG oder aber dem bürgerlichen DFB anzuschließen. Der ruhmreiche DSV 1910 Dresden spaltete sich über die Frage der Solidaritätsspiele. Eine Zeitlang existierten zwei Vereine mit dem gleichen Namen, bis das Landgericht Dresden die Rechtsnachfolge und das gesamte Vereinsvermögen dem bundestreuen DSV-Flügel zusprach.

Der ATSB unternahm diverse Bemühungen, um das „bürgerliche" Spiel seiner „bürgerlichen Auswüchse" zu entledigen und den Idealen des Arbeitersports anzupassen. Im Vordergrund standen dabei die Sorge um die Fairneß und die Bändigung des fußballimmanenten „bürgerlichen" Konkurrenzprinzips. Die radikalsten Überlegungen forderten den vollständigen Verzicht auf die Jagd um Tore, Punkte und Meisterschaften zugunsten reiner Freundschaftsspiele („Gesellschaftsspiele", wie es damals hieß). Hätten sich diese Überlegungen durchgesetzt, so hätte wohl kaum ein Arbeiterfußballer den Weg in den ATSB gefunden. Als ebensowenig realitätstüchtig erwies sich die moderatere Alternative, Meisterschaften zwar zuzulassen, aber das Wertungssystem aus Toren und Punkten dergestalt zu ergänzen, daß auch unsportliche Vorkommnisse von ihm erfaßt würden. Was hiervon blieb, war, daß relativ häufig Freundschaftsspiele durchgeführt wurden. Unter diesen „Gesellschaftsspielen" wurde den Begegnungen regionaler Auswahlmannschaften besondere Bedeutung beigemessen, da sie den Gedanken der Zusammengehörigkeit aller Vereinsmannschaften fördern sollten. Man erwartete von den regionalen Auswahlmannschaften, zur Überwindung lokal- und vereinsbornierter Sichtweisen bzw. des „sectarianism" in der Arbeiterschaft beizutragen, in der Hoffnung, daß die Spieler in den Meisterschaftsbegegnungen auf unnötige Härte verzichten würden.

In der Berichterstattung verzichtete die Arbeitersportpresse zunächst auf die Namensnennung von Spielern, um so die Entwicklung eines Starkults zu vermeiden. Stattdessen beschränkte man sich auf die Nennung der einzelnen Spielerpositionen („der Mittelläufer", „der rechte Verteidiger", „der Mittelstürmer" etc.). Ab 1924 änderte sich dies jedoch. Fortan war es durchaus üblich, zu Länderspielen und wichtigen Städtevergleichen die Mannschaftsaufstellungen komplett aufzuführen. Die Bemühungen der Arbeitersportbewegung, das Wettkampfspiel zu zähmen, erwecken den Eindruck einer gewissen Nähe zur bürgerlich-aristokratischen „Fair-Play"-Ideologie. Es hat den Anschein, als habe die Arbeitersportbewegung – bewußt oder unbewußt – versucht, diese Ideologie, die nach Auffassung der herrschenden Schichten nur von Angehörigen ihrer Klasse und Amateuren praktiziert werden konnte, aus ihrer klassenmäßigen Exklusivität zu lösen, um sie nicht nur zu einem gesellschaftlichen Gemeingut, sondern gar zu einem proletarischen Spezifikum zu machen.

Es stellt sich die Frage, inwieweit die unumstößliche Tatsache, daß eine Sportart nur in der Form des Wettkampfspiels einen

Sinn ergibt, schon ausreicht, um diese als „bürgerlich" zu denunzieren. Wie schon dargestellt, war der Fußball bereits vor seiner Verbürgerlichung ein Wettkampfspiel, das zudem oftmals mit äußerster Härte ausgetragen wurde. Der Wettkampf ist nicht per se bürgerlich, aber es existieren bürgerliche Austragungsformen, und er birgt zweifellos stets die Gefahr des Abgleitens in die bürgerliche Konkurrenz in sich. Den Wettkampf als solchen bereits als bürgerlich zu qualifizieren, ist aber allein schon deshalb unzulässig, weil es immer wieder vorkommt, daß sportliche Auseinandersetzungen vom Publikum – mehr oder weniger bewußt – auch als Klassenauseinandersetzungen rezipiert werden, was im übrigen in den 20er Jahren noch erheblich häufiger der Fall gewesen sein dürfte als heute. So schreiben Dunning/Sheard beispielsweise bezüglich der sportlichen Klassenkonfrontation in England: „Eine Zeitlang konnten die Angehörigen der verschiedenen Klassen und, was zunehmend dasselbe meinte, nämlich Profis und Amateure, noch gemeinsam Sport betreiben. Allerdings waren die Angehörigen der oberen Klassen immer weniger in der Lage, sportliche Niederlagen von denen hinzunehmen, die als sozial tieferstehend und zunehmend auch als feindselig angesehen wurden. Eine Niederlage auf dem Rasen wurde ein Symbol dafür, was man gesellschaftlich am meisten fürchtete: die politische und ökonomische Vernichtung durch die sich erhebende Arbeiterklasse."[75] Auch die organisierten Arbeitersportler waren selbstverständlich daran interessiert und erfüllte es mit Stolz, bürgerliche Sportler im direkten Aufeinandertreffen zu schlagen, um auf diese Weise proletarische und politisch-ideologische Überlegenheit zu demonstrieren. Und wenn heute der *FC St. Pauli* und *Bayern München* aufeinander treffen, wird dies von einem Teil der St.-Pauli-Anhängerschaft als eine Konfrontation zwischen einem „kleinen Arbeiterverein" bzw. „Stadtteilklub" (was St. Pauli allerdings auch nur im Vergleich zu den Bayern ist...) und einem „Bonzenklub" betrachtet.

Der ATSB bemühte sich des weiteren intensiv um die Anhebung des Leistungsniveaus und den Ausbau des „Technikerwesens". Aber auch hier gelang es kaum, vom bürgerlichen Fußballbetrieb und seinen Ausbildungsinhalten divergierende Wege zu beschreiten. „Hinsichtlich Technik, Training und Taktik (Spielsystem) vertraten die Arbeiterfußballer keine abweichenden Konzeptionen gegenüber dem bürgerlichen Fußballsport, sondern versuchten, die dort entwickelten Spielsysteme zu kopieren."[76] Die Konkurrenzsituation, in der sich der ATSB mit dem DFB wähnte, führte letztendlich dazu, daß sich der Fußballbetrieb der Arbeitersportbewegung von dem des bürgerlichen Verbands immer weniger unterschied. Um im DFB organisierten Arbeitern den Übertritt in den ATSB zu erleichtern und eine Abwanderung der eigenen Fußballer zum DFB zu verhindern, sah sich der ATSB genötigt, die bürgerlichen Prinzipien von Konkurrenz und Leistung zu übernehmen.

Allerdings erleichterte dies auch Überläufe in die bürgerliche Richtung. 1920 wechselten beispielsweise sieben oder acht Spieler des damaligen und ersten Bundesmeisters *Turn- und Spielverein Fürth* zu bürgerlichen Vereinen. 1927 sorgte der Übertritt eines Arbeiterfußballers vom *FT Gerresheim* zu Fortuna Düsseldorf für Schlagzeilen. Der prominenteste aller „Überläufer" war aber wohl Erwin Seeler, ATSB-Auswahlspieler und Vater der späteren Fußball-Legende „Uns Uwe", der zunächst zum bürgerlichen *SC Viktoria* wechselte und sich dann dem Hamburger SV anschloß. In der Regel bedeuteten derartige Übertritte jedoch nicht, daß sich die Akteure auch von den Idealen der sozialdemokratischen oder kommunistischen Arbeiterbewegung abwandten. Vielmehr verhielt es sich einfach so, daß die bürgerlichen Vereine einen entwickelteren Wettkampfbetrieb und bessere Trainingsmöglichkeiten anbieten konnten. In einer Reihe von Fällen waren dies allerdings nicht die einzigen und wichtigsten Gründe: So gelang es DFB-Vereinen immer wieder, leistungsstarke Arbeiterfußballer mit der Aussicht auf einen Arbeitsplatz zu ködern. Daß viele der von DFB-Vereinen Angesprochenen dieser Verlockung nicht widerstehen konnten, ist in Anbetracht der damaligen Arbeitsplatzsituation kaum verwunderlich.

Letztendlich kann nur in einem äußerst eingeschränkten Maße davon die Rede sein, daß es der Arbeitersportbewegung gelungen wäre, eine „sozialistische Fußballethik" und eine „sozialistische Spielkultur" zu entwickeln. Dafür näherte sich die Arbeitersportbewegung dem Fußball zu spät und gestaltete sich die Herausforderung – Transformation eines relativ harten Wettkampfspiels zu einer Angelegenheit unbedingter Fairneß und Solidarität – zu schwierig. Zwar war es durchaus zutreffend, wenn die *Freie Sportwoche* behauptete, Fußball sei „Kollektivismus in spielerischer Form"[77], aber dies konnte selbstverständlich nur immer für eine Mannschaft, kaum aber im Verhältnis zweier Mannschaften zueinander gelten. Das Dilemma des Fußballs war und ist, daß seinem Charakter als kollektives Mannschaftsspiel zweifellos „linke" Momente immanent sind, daß er von seiner Austragung her – als konkurrenzförderndes Wettkampfspiel – aber *auch* ein Abbild der bürgerlichen Gesellschaft und ihrer Prinzipien ist.

Aus heutiger Sicht erscheint die Fußball-Kritik des ATSB in vielerlei Hinsicht als puristisch, kleinkariert und dogmatisch, und die seitens der sozialdemokratischen Sportideologen ausgemachten „bürgerlichen Auswüchse" des Fußballs wirken verglichen mit den aktuellen Problemen des Spiels als geradezu lächerlich. Trotzdem sollen nicht sämtliche Bemühungen des ATSB um eine „sozialistische Fußballethik" und „sozialistische Spielkultur" als unsinnig und wertlos verworfen werden. Heute, wo die negativen Folgen übertriebener Konkurrenz, wie sie sich u.a. in der anhaltenden Brutalisierung des Spiels niederschlagen, unübersehbar sind, und ein unkontrollierter Kommerzialisierungsschub den Fußball bis an den Rand seiner Existenz treibt, würde eine Beschäftigung mit den alten ATSB-Debatten durchaus lohnen.

Außerdem sollten auch die Bemühungen der organisierten Arbeiterfußballer im internationalen Kontext, d.h. im Kampf gegen Nationalismus und Chauvinismus und für Völkerverständigung und Internationalismus, nicht vergessen werden. Die Anzahl internationaler Begegnungen, die unter dem Vorzeichen der internationalen Solidarität und der Überwindung nationaler Schranken ausgetragen wurden, stieg von Jahr zu Jahr stetig an. Zeitweise konnte man den Eindruck gewinnen, als sei die internationale Arbeitersportbewegung überwiegend eine Fußballbewegung.

Allerdings sah man sich auch hier bald mit der Frage konfrontiert, wie der Wettkampfcharakter und Leistungsgedanke zu zügeln sei. 1932/33 wurden erstmals Europameisterschaften ausgetragen, was möglicherweise eine Antwort auf die 1930 von der *Fédération International de Football Association (FIFA)* erstmals veranstaltete Fußballweltmeisterschaft war. Auch auf der internationalen Ebene sahen sich die Arbeiterfußballer nun genötigt, eine Wettkampfordnung einzuführen, um gegenüber dem bürgerlichen Fußballbetrieb nicht an Attraktivität zu verlieren und weiter ins Hintertreffen zu geraten.

Aber dem ATSB gelang es nicht annähernd, die Dominanz bürgerlicher Vereinszugehörigkeit innerhalb der fußballspielenden Arbeiterschaft zu durchbrechen. Die jahrelange Ignoranz, die der ATSB gegenüber der bei den Arbeitern populärsten Sportart an den Tag legte, ist hierfür nur eine, möglicherweise nicht mal die wichtigste Erklärung. Denn das Primat des bürgerlichen Sports innerhalb der Arbeiterschaft galt auch für andere vom ATSB aufgegriffene Sportarten. So darf eine kritische Auseinandersetzung mit der Ideologie und Praxis der Arbeitersportbewegung nicht unterschlagen, daß deren Startbedingungen zunächst äußerst ungünstig waren, da sie im Kaiserreich der staatlichen Repression ausgesetzt war. Diese verschaffte dem bürgerlichen Sport von vornherein einen erheblichen Konkurrenzvorsprung, auch bezüglich proletarischer Sportenthusiasten. Denn die Mehrheit der Arbeiterschaft dürfte kaum danach gelüstet haben, auch noch in ihrer freien Zeit bzw. bei der Reproduktion ihrer Arbeitskraft die Konfrontation mit dem bürgerlichen Staat zu suchen. Von Repression und politischer Auseinandersetzung unbehelligt ließ sich Sport aber nur im bürgerlichen Verein betreiben. Die Folgen der Benachteiligung der Arbeitersportbewegung in den Jahren des Kaiserreichs wirkten bis in die 20er Jahre hinein.

Außerdem konnten die bürgerlichen Vereine häufig auf die materielle Unterstützung seitens industrieller Unternehmen zurückgreifen, was auch und gerade für die „bürgerlichen Arbeitervereine" galt (siehe das Beispiel des FC Schalke 04). Die bürgerlichen Vereine konnten ihren Aktiven ungleich bessere Voraussetzungen (Bereitstellung von Sportplätzen, Sportgeräten, Sportkleidung, in einigen Fällen gar soziale Absicherung durch befreundete Industrieunternehmen) offerieren als die Arbeitersportbewegung.

Vor allem aber verstand die Mehrzahl der sporttreibenden Arbeiter den Sport als einen „Freiraum oder Schonbezirk jenseits jedes parteipolitisch-weltanschaulich begründeten Engagements."[78] Charakteristisch für dieses Verständnis vom Sport bzw. Fußball ist das folgende Zitat des legendären Schalker Altinternationalen Ernst Kuzzora: „Wir wollten Fußball spielen, mit was anderm wollten wir nichts zu schaffen haben. Politik und Religion spielten bei uns im Verein überhaupt keine Rolle."[79] Die DFB-Führung war zwar zutiefst rechtsbürgerlich und in diesem Sinne natürlich sehr wohl politisch, aber im Vereinsalltag gaben sich die bürgerlichen Vereine bewußt unpolitisch. Von daher war es für einen Arbeiter weitaus einfacher, in einem DFB-Verein dem Ball nachzujagen, als sich im ATSB zu engagieren, wo ihm zusätzlich zum Balltreten auch noch der politische Diskurs abverlangt wurde. War er in einem bürgerlichen Arbeiterverein, also in einem Verein, der zwar dem bürgerlichen Verband angehörte und möglicherweise auch bürgerlich geführt wurde, in dem aber seinesgleichen die klare Mehrheit der Aktiven stellte, war dies auch in sozialer Hinsicht völlig unproblematisch. Die Arbeitersportpresse verdammte diese Haltung als „kurzsichtig", „disziplinlos", Ausdruck „politischer Trägheit" und eines „Mangels an Klassenstolz", womit sie der Realität des proletarischen Alltags mit all seinen Problemen und Bedürfnissen jedoch nicht gerecht wurde.

Für die fußballspielenden Arbeiter war die Balltreterei ein Ausgleich zu den Härten des Alltags, zu denen sicherlich nicht nur die Arbeit selbst, sondern auch die Ängste, Nöte und politischen Auseinandersetzungen der damaligen Zeit zu zählen waren. Nur eine idealistische Sichtweise von der Arbeiterschaft kann behaupten, daß diese sich in ihrer Gesamtheit voller Enthusiasmus in den sozialen und politischen Kampf gestürzt habe. Richtiger ist wohl, daß dieser Kampf ihr vom Staat aufgenötigt wurde, und die Mehrheit der Arbeiterschaft es vorgezogen hätte, ihn zu vermeiden. Man mag dies als kleinbürgerliche Haltung denunzieren, dennoch war sie menschlich absolut verständlich, so wie auch das Bedürfnis nach einer Enklave, wo man von sämtlichen Härten des Alltags – der Arbeit wie den politischen und sozialen Auseinandersetzungen – verschont blieb, absolut legitim war. Und schließlich haben auch die Siege der vermeintlich unpolitischen bürgerlichen Arbeitervereine nicht unwesentlich zur Förderung proletarischen Selbstbewußtscins beigetragen.

Die bereits erörterte Diskrepanz zwischen dem roten Wahlverhalten in Arbeiterbezirken und der Präferenz für bürgerliche Sportvereine belegt aber auch, daß „das proletarisch-sozialistische Lager ... gegenüber bürgerlichen Kräften und Strömungen in seiner Massenbasis auf's Ganze gesehen, keineswegs die innere Festigkeit und Überzeugungstreue (besaß), wie die relativ hohen Wahlerfolge seiner Parteien (gemeint sind die SPD und die KPD, Anmerk. dsm) und Gewerkschaften und die doktrinäre Starre und kämpferische Selbstdarstellung seiner diversen Formationen auf den ersten Blick vermuten lassen."[80] Vor diesem Hintergrund war es kaum verwunderlich, daß sich ein nicht unerheblicher Teil der Arbeiterschaft in das nationalsozialistische System integrieren ließ.

FUSSBALL UNTER DEM HAKENKREUZ

Was den Sport allgemein anbelangt, so diente er den Nazis als Mittel nationaler Selbstdarstellung und Überhöhung sowie zur totalen Durchmilitarisierung der Gesellschaft, wofür die militaristische Tradition des deutschen Sportbetriebs genügend Anknüpfungspunkte bot. Des weiteren entwickelte der Nationalsozialismus die massenintegrative und disziplinierende Funktion des Sports weiter. Dies war zwar auch schon zu Weimarer Zeiten Gegenstand staatlicher Sportpolitik gewesen, jedoch aufgrund der Existenz der Arbeitersportbewegung an gewisse Grenzen gestoßen.

Was den Fußball betrifft, so bewirkte der Nationalsozialismus vor allem zweierlei: das Ende des „wilden" Straßenfußballs und die Schaffung einer Monopolstellung für den DFB. Aus der Sicht des totalitären Staates erschienen Straßenmannschaften, die sich außerhalb jeder offiziellen Kontrolle bewegten und auch gesellschaftliche Außenseiter integrieren konnten, als eine Bedrohung für das staatliche Gefüge. Gleiches galt im übrigen auch für die Bergarbeiterkolonien mit ihren gewachsenen Strukturen und ihrem entwickelten Eigenleben. Vereine besaßen im Gegensatz zu den „wilden" Straßenmannschaften Satzungen und greifbare Vorstände, waren relativ problemlos gleichzuschalten und kontrollierbar. Allerdings sollte es den Nazis nicht gelingen, der wilden Balltreterei der Arbeiterjugend vollends den Garaus zu machen.

Während die Organisationsform des Vereins erheblich aufgewertet wurde, nahm die Zahl der Vereine und der in ihnen aktiven Fußballspieler in einer proletarischen Region wie dem Ruhrgebiet deutlich ab. 1940 entsprach die Zahl der aktiven und in Vereinen organisierten Fußballer aus der Arbeiterschaft nicht einmal dem Niveau des Jahres 1923. 1932 existierten in Hamborn 34 Vereine mit einer Fußballabteilung. 1940 waren es nur noch 10. In Gelsenkirchen und Essen kam es im selben Zeitraum zu Reduzierungen von 58 auf 24 bzw. von 89 auf 35.[81] Hierfür waren vor allem die staatliche Repressions- und Verbotspolitik gegenüber Verbänden und Vereinen, die in politisch-ideologischer Gegnerschaft zum NS-Regime standen, und der Aufbau von NS-Konkurrenzorganisationen verantwortlich. Zwar ließen sich – wie wir am Beispiel von Schalke 04 noch sehen werden – fußballspielende Arbeiter von der Nazi-Propaganda instrumentalisieren, aber gleichzeitig legt die drastisch abnehmende Zahl proletarischer Kicker im Ruhrgebiet in den Jahren der nationalsozialistischen Herrschaft die Vermutung nahe, daß viele von ihnen sich gegenüber dem Regime ablehnend verhielten. Aber auch von den Arbeitervereinen, die wie Schalke 04 und der *VfL Altenbögge* unter den Nazis ihre sportlichen Sternstunden erlebten, kann nicht umstandslos behauptet werden, es habe sich bei ihnen um „Nazi-Vereine" gehandelt. Allerdings kann die bemerkenswerte Erfolgsbilanz, die diese beiden Bergarbeitervereine für die NS-Jahre vorzuweisen haben, nicht losgelöst von den damaligen politischen Verhältnissen bewertet werden. Die Schalker und Altenbögger Erfolge korrespondierten sicherlich nicht zufällig mit einer recht privilegierten Stellung der Bergarbeiterschaft, die auf der strategischen Bedeutung basierte, die die Nazis in ihren Autarkiebestrebungen und Kriegsvorbereitungsplänen der heimischen Energieerzeugung einräumten.

1936 erklärten der nationale Sportdachverband „*Deutscher Reichsausschuß für Leibesübungen*" *(DRA)* und die in ihm zusammengeschlossenen Sportvereine ihren Verzicht auf eine eigene Jugenderziehung, um stattdessen die Sportjugend in die *HJ* zu überführen. Während bei den Zehn- bis Vierzehnjährigen die gesamte sportliche Betreuung einschließlich des Wettkampfwesens vom „*Jungvolk*" übernommen wurde, durften die Vierzehn- bis Achtzehnjährigen in ihren Vereinen bleiben, sofern sie der HJ und den HJ-Gruppen innerhalb der Sportvereine angehörten. Wer nicht Mitglied der HJ oder einer anderen NS-Organisation war, blieb von Liga-Wettkämpfen ausgeschlossen. Im Falle des Ruhrpottvereins SV Sodingen hatte dies zur Folge, daß dessen Ende der 30er/Anfang der 40er Jahre sehr erfolgreiche Jugendmannschaft in der Endrunde um die Westfalenmeisterschaft auf eine Reihe von Stammspielern verzichten mußte. „Einer hatte 'nem Hitlerjugend-Führer eine vor die Schnauze gehauen, andere waren nicht in der HJ usw. Wir mußten damals ja alle in die HJ hinein, um überhaupt spielen zu dürfen. Dann gab es da einen Vermerk in den Spielerpaß, daß du in der Hitlerjugend warst, und wenn Du den nicht hattest, dann war auch nichts mit Fußball spielen."[82] Der spätere Starspieler des STV Horst-Emscher, Heinz Zielinski, wurde bereits im Alter von 17 Jahren zum Senior erklärt, da er nicht in der HJ organisiert war und deshalb nicht in der Jugendelf spielen durfte.

Die Organisationen der sozialdemokratischen und kommunistischen Arbeitersportbewegung wurden noch 1933 verboten. Als erste traf es die KG. Am 28.2.1933 wurden sämtliche Büros der kommunistischen Arbeitersportbewegung geschlossen, wobei sich das Regime auf die Reichstagsbrandverordnung „Zum Schutze von Volk und Staat" berief. Bis Ende April war seitens der verschiedenen Länderregierungen die Illegalisierung sämtlicher KG-Aktivitäten erfolgt. Viele KG-Funktionäre wurden verhaftet und in Konzentrationslager gesperrt, darunter Ernst Grube, der Leiter der KG und Sekretär für Sportarbeit im ZK der KPD, und die bekannten Arbeiterfußballer Fritz Dressler, bayerischer Landtagsabgeordneter der KPD und Münchener Parteifunktionär, und Willi Franz, der die Münchener Vertriebsstelle der „Arbeiter-Illustrierten-Zeitung" leitete. Am 23.3.1933 wurde die Leipziger Bundesschule des ATSB besetzt. Außerdem wurden die Konten der Organisation gesperrt und eine Reihe von Funktionären verhaftet und verhört. Am 30.4.1933 wurde die sozialdemokratische Arbeitersportbewegung schließlich offiziell verboten.

Mit zeitlicher Verzögerung wurden 1935 dann auch die konfessionellen Verbände aufgelöst, deren bedeutendster die zu Weimarer Zeiten dem Zentrum nahestehende katholische Deutsche Jugendkraft (DJK) war (bei den anderen konfessionellen Verbänden handelte es sich um den evangelischen „Eichenkreuz" und den jüdischen „Makkabi"). Die DJK hatte sich zunächst noch auf das am 20.7.1933 zwischen dem Vatikan und dem NS-Regime vereinbarte Konkordat zurückziehen können. Doch schon im Juni 1934 wurden das Jugendhaus und die DJK-Zentrale in Düsseldorf von der Gestapo durchsucht. Einen Tag später wurde der damalige Reichsführer der katholischen Sportbewegung, Adalbert Probst, von den Nazis „auf der Flucht erschossen". Dabei hatte sich die DJK in den letzten Jahren vor der Machtergreifung dem Zeitgeist folgend zu einem ausgesprochen vaterländischen Verband entwickelt. So heißt es etwa in einer DJK-Schrift über das 3. Reichstreffen der katholischen Sportbewegung im Juli 1932 in Dortmund: „Wirft man einen Blick auf die Programmfolge, so war es für die 15.000 Sportler und Zuschauer sehr 'vaterländisch' ausgerichtet. Das Absingen des Deutschlandliedes – damals übrigens bei derartigen Veranstaltungen eine Selbstverständlichkeit – und das Thema des Festspiels 'Junges Feuer' sind hierfür genauso Beweise wie die Rede von Generalpräses Ludwig Wolker zum Thema 'Die Sendung Deutscher Jugendkraft im Dienste des Vaterlandes'. (...) Pünktlich um 0.01 setzte sich der Schweigemarsch ('Flammenmarsch') in Bewegung, unterwegs an einigen Stellen von 'braunen Horden' der Nazis mißtrauisch beobachtet. Im Stadion Rote Erde folgten eine 'Totenehrung', eine 'glühende' Ansprache des Dortmunder Kreisvorsitzenden Dr. Nattermann und der Große Zapfenstreich."[83]

Im Auflösungsbeschluß der konfessionellen Verbände hieß es: „Allen konfessionellen Jugendverbänden, auch den für den Einzelfall gebildeten, ist jede Betätigung, die nicht reinkirchlich religiöser Art ist, insbesondere eine solche politischer, sportlicher und volkssportlicher Art untersagt."[84] Die Gleichsetzung von politischer und sportlicher Betätigung dokumentiert die große Bedeutung, die das NS-Regime dem Sport beimaß. Das Regime wollte verhindern, daß sich der Sport zu einer autonomen Nische im totalitären Staat entwickelte, in der – wie unpolitisch auch immer – ein oppositioneller Diskurs hätte gepflegt werden können. Stattdessen galt es, über den Sport eine möglichst große Masse von Menschen in die nationalsozialistische Politik einzubinden.

Im Gegensatz zu den Sportorganisationen der Arbeiterbewegung, aber auch den konfessionellen Verbänden blieb der DFB weitgehend unbehelligt. Der bürgerliche Fußballverband wurde lediglich „gleichgeschaltet" und war nun als *Fachamt Fußball* noch eine Unterabteilung im DRA. Die Gleichschaltung des DFB verkündete sein damaliger Verbandspräsident und SS-Obersturmbandführer Felix Linnemann mit den Worten: „Wir sind heute stolz (!) darauf, daß sich die Amtswalter des alten Deutschen Fußball-Bundes versammelten, um als erste (!) sportliche Organisation ihre Auflösung zu beschließen und sich mit allem 'lebenden und toten Inventar' in den eben gegründeten Reichsbund für Leibesübungen der NSDAP einzugliedern."[85] Im November 1933 veröffentlichte Linnemann gemeinsam mit dem NSDAP-Mitglied und Führer der *Deutschen Sportbehörde für Leichtathletik (DSB),* Dr. Ritter von Halt, einen Aufruf an alle Verbandsmitglieder, in dem bezüglich der bevorstehenden Reichstagswahlen zu lesen war: „In der Volksgemeinschaft des Dritten Reiches hat der Sport seine politische Mission erhalten. Er wird sie erfüllen, denn an nationaler Hingabe soll uns niemand übertreffen. 'Eisern hinter dem Kanzler.' Als Führer des DFB und des DSB haben wir dem Kanzler Treue und Gefolgschaft gelobt. Er war der Niederschlag dessen, was uns alle beseelte. Am 12. November werden wir aufs Neue unsere unerschütterliche Gefolgschaft beweisen."[86] Derartige Ergebenheitsadressen waren sicherlich häufig nicht zuletzt opportunistischer Natur, was sie allerdings keineswegs akzeptabler macht, und die DT trieb es diesbezüglich gar noch wüster als der DFB.[87]

Anpassung, nicht selten gar vorsorgliche willige Erfüllung möglicher zukünftiger Forderungen der Nazis sollten die eigene Haut retten und die totale Vereinnahmung und Unterwerfung durch das Regime verhindern. Andererseits waren ideologische Affinitäten zum Faschismus nicht nur bei der DT, sondern auch beim DFB bereits vor der Nazi-Machtergreifung ersichtlich. Hier ist insbesondere die von der DFB-Führung vertretene Ideologie von der Volksgemeinschaft aller Deutschen zu nennen, die die Existenz von unversöhnlichen sozialen Gegensätzen und konträren politischen Orientierungen negierte bzw. ablehnte und nur scheinbar unpolitischen und neutralen Charakter hatte. Der DFB definierte sich jenseits der sozialen Hierarchie der Gesellschaft und der politischen Aufsplitterung in miteinander konkurrierende Parteien und präsentierte sich und sein Vereinsleben als Keimzelle und Sammelbecken der von den Nazis und konservativen Kräften angestrebten „klassenlosen Volksgemeinschaft", die ihre inneren Widersprüche zugunsten der Konzentration aller Kräfte im außenpolitischen Kampf zurückzustellen hatte. Äußerungen wie „Wir wollen in einer Zeit der Aufspaltung unseres Volkes in Parteien und Interessenhaufen dafür eintreten, daß die Sportvereine Inseln bleiben, auf denen sich Deutsche aller Parteien und der verschiedenen religiösen Bekenntnisse als Menschen und Brüder zusammenfinden und schätzen lernen"[88] mögen auf den ersten Blick nur als unpolitisch und naiv erscheinen. Mancher mag in ihnen gar eine Bestätigung für den hehren verbindenden Charakter des Sports erblicken. Aber im damaligen politischen Kontext konnten sie ausschließlich als Aufforderung gelesen werden, das deutsche Volk gegen seine europäischen Nachbarn und alles „Undeutsche" zu formieren. Nationale Solidarität anstelle von Völkerverständigung hieß somit das vom DFB postulierte Gebot, wobei dies bedeuten mußte, die politischen und sozialen Begehren der Unterschichten zugunsten „höherer nationaler Interessen" notfalls auch gewaltsam zu unterdrücken. Daß der Appell an den verbindenden Charakter des Sports alles andere als unpolitisch und neutral war, verdeutlicht auch das folgende Zitat des Vorsitzenden des Baltischen Rasen- und Wintersportverbandes, einer DFB-Unterorganisation, Paul Bräuel. Er benennt klar die funktionale Verbindung zwischen herrschender Politik und Sport – hier dem Fußballsport: „Wer wahrhaft vaterländische Arbeit leisten will, muß sich frei machen von Parteiprogrammen. Ausgleich, Zusammenfassung ist vaterländische Arbeit und Arbeit im Sinne einer fortschreitenden Kultur, nicht Unterstützung der Gegensätze. Ausgleich der Gegensätze und Zusammenfassung der Kräfte heißt das Gebot der Stunde... Wir sind parteipolitisch neutral. Nach unserer Auffassung muß ein Boden geschaffen werden, auf dem sich wenigstens der größte Teil unserer Volksgenossen zu gemeinsamer Arbeit die Hände reicht, damit wir verhindern..., daß Volksteile ihre beste Kraft verbrauchen in den Versuchen zur Ausschaltung oder Vernichtung anderer Volksgenossen."[89]

Gegenüber den Arbeitersportlern schwang die nationalsozialistische Sportpolitik nicht nur den Knüppel der Repression, sondern ergänzte diesen durch Integrationsbemühungen. Zwar wurden ehemalige ATSB- und KG-Mitglieder in den neuen Sportvereinen nur akzeptiert, wenn sie sich zuvor einem entwürdigenden Abschwörungs- und Loyalitätsritus unterzogen.[90] Aber gleichzeitig wurde der Reichssportführer Hans von Tschammer und Osten nicht müde, zur „kameradschaftlichen Zusammenarbeit mit den von ihren Führern verlassenen Arbeitersportlern" aufzurufen.[91] Die Nazis beabsichtigten, sich die sportliche Potenz der Arbeitersportbewegung zunutze zu machen. Nachdem die Integrationspolitik angelaufen war, wies von Tschammer und Osten die Vereine mit ehemaligen Arbeitersportlern in ihren Reihen an, Mannschaftsaufstellungen nur nach sachlichen und nicht nach weltanschaulichen Gesichtspunkten vorzunehmen. Das Werben der Nazis galt vor allem den Fußballern. So berichtete etwa der prominente Arbeiterfußballer Barry Schulz, der für den letzten ATSB-Vizemeister *Cottbus* spielte: „An einem Sonntag, gegen Mittag, hielt ein Mercedes vor unserer Tür... Es stiegen vier höhere SS-Männer aus mit einem Zivilisten, alles schaute zu unserem Haus, nun, wer wird verhaftet??? Sie kamen sehr freundlich in unsere Wohnung und frugen mich, ob ich nicht im Millionärsverein (SSC Friesen Cottbus) weiterspielen will, oder ob ich mit 23 Jahren meine Sportlaufbahn beenden wollte. - Mein Vater war nicht dagegen. Wir fuhren sofort ins Bürgermeisteramt, wo diese Männer für mich bürgen mußten. Nachmittags spielten wir dann um 14 Uhr gegen Blau-Weiß Berlin und siegten 2:1, wobei ich beide Tore schoß."[92]

Hatten die ehemaligen Arbeitersportler den Übertritt erstmal vollzogen, so wurden sie in der Regel mit offenen Armen empfangen. Das Vorgehen des Regimes gegenüber den Arbeitersportlern entsprach den propagandistischen und strategischen Inhalten des NS-Sports: Zum einen sollte der Sport dazu dienen, germanische/arische Leistungsfähigkeit und Überlegenheit zu demonstrieren und die Identifikation der Bevölkerung mit dem Regime zu erhöhen. Zum anderen und zugleich wurde er – was die Übertritte von Arbeitersportlern erleichterte – bewußt entpolitisiert, um als Medium der Ablenkung und Zerstreuung zu dienen.

In dieser Hinsicht konnte der Nationalsozialismus wohl einen seiner größten Erfolge verzeichnen. Das Phänomen, daß noch heute große Teile der NS-Generation bezüglich der Jahre nach 1933 vor allem über die großen Erfolge der Schmelings, Rosemeyers, Caracciolas, Szepans und Kuzorras zu berichten wissen, ohne dabei zugleich auch die politischen Verhältnisse jener Zeit kritisch zu reflektieren, bestätigt dies nur.

Viele der Arbeiterkicker, die unter den Nazis in den Reihen eines bürgerlichen Vereins weiterspielten, verstanden dies ihrerseits als eine Chance, es dem politischen Gegner zu zeigen und die eigene Stärke unter Beweis zu stellen. Sie wußten, daß das Regime und seine Sportpolitiker bis zu einem gewissen Grade auf ihre Leistungskraft angewiesen waren, und die Zuschauer wußten, daß es sich bei diesem oder jenem herausragenden Akteur um einen stillen Regimegegner handelte. Von daher wäre es zu kurz gegriffen, jeden Arbeitersportler, der sich nach dem Verbot der Organisationen der Arbeitersportbewegung nicht zurückzog, sondern seinen Sport unter bürgerlich-faschistischer Ägide weiter betrieb, umstandslos als Opportunisten zu brandmarken. Die Balltreterei im totalitären Staat war eine der wenigen verbliebenen Möglichkeiten, dem Regime zu trotzen, ohne deshalb gleich im nächsten Zuchthaus zu verschwinden.

Als Massenphänomen ist der Fußball stets den Versuchungen von Herrschenden ausgesetzt, ihn für ihre politischen Interessen zu instrumentalisieren. Ein jüngeres Beispiel hierfür als das NS-Regime, das zugleich die Probleme und Sprengsätze aufzeigt, die derartigen politischen Instrumentalisierungsbemühungen innewohnen, liefert die Fußball-WM von Argentinien 1978. Es dokumentiert außerdem, daß nicht jede Form der Zusammenarbeit von Fußballern mit herrschenden Despoten gleich Kollaboration bedeuten muß. Die damalige argentinische Militärjunta General Videlas beabsichtigte mit der Austragung des Weltfußballfestes, ihr angeschlagenes Image in der internationalen Öffentlichkeit zu verbessern sowie gegenüber der eigenen Bevölkerung Volksnähe zu demonstrieren. Fußball schien hierfür im fußballverrückten Südamerika das denkbar beste Medium zu sein. Das Vorhaben war jedoch von vornherein mit erheblichen Risiken belastet und endete auch schließlich für die Junta mit einer Niederlage. Der Sieg der argentinischen Elf wurde mehr zu einem „Sieg des Volkes", das über die WM und das Abschneiden ihrer Mannschaft einen Teil der von den Herrschenden geraubten Selbstachtung und Menschenwürde zurückerobern konnte, denn daß von einem Propagandaerfolg der Junta gesprochen werden konnte. „Argentinien wird Weltmeister – Videla an die Wand", lautete einer der populärsten Schlachtrufe der Opposition in den Stadien. Der Trainer des Weltmeisters, der von der Junta mit erheblicher Machtfülle und einem für die damalige Zeit astronomischen Gehalt ausgestattete Cesar Luis Menotti, verweigerte beim offiziellen Empfang für die Mannschaft General Videla den Händedruck und geriet später auch durch offene Kritik am Regime in die Schlagzeilen. „Für mich sind diejenigen, die glauben, daß in Argentinien alles zum besten bestellt sei, weil jeder wenigstens genug zu essen hat, unserer Gesellschaft unwürdig. (...) Man wird versuchen, mich mit faschistischen Methoden als Mann der Linken oder gar als Kommunisten abzustempeln. Aber es gibt nichts, was ich bedauern müßte. Ich habe über eine Reihe von Problemen gesprochen, die wir alle erkennen und die wir, wie ich denke, auch lösen wollen. Ich rede als Argentinier, und ich glaube, daß ich das Recht habe, meine Meinung zu sagen. (...) Das Volk und die Geschichte werden diejenigen zu richten haben, die über das Gewissen der Argentinier hinweggehen; diejenigen, die in ihrer schrecklichen Gefühllosigkeit die Not der Bevölkerung nicht wahrnehmen."[93]

Jeder andere Argentinier wäre ob solch harscher Sätze verschleppt oder ermordet worden, ohne daß seine Kritik die gleiche Publizität wie bei Menotti erreicht hätte. Aber der Vater des argentinischen WM-Sieges wurde zu einem Sprachrohr der Opposition, das die Junta wegen seiner immensen Popularität nie zum Verstummen bringen konnte und dessen öffentliche Äußerungen über die Mißstände im Land die Diktatoren immer wieder aufs Neue in helle Aufregung versetzten. Ohne die begrenzte (taktische) Zusammenarbeit Menottis mit der Junta in der Vorbereitungsphase der WM wäre dies alles kaum möglich gewesen. Den Vorwurf der Kollaboration wies Menotti entschieden von sich: „Ich arbeite mit der Junta so zusammen wie ein Bauer oder Stahlarbeiter. Generelle Arbeitsverweigerung ist keine Form der Bekämpfung einer Regierung. Würden die Mechaniker plötzlich ihre Autos schlecht reparieren oder ich meine Länderspiele verlieren, davon änderten sich die Verhältnisse nirgendwo."[94] Als sich das argentinische Volk fünf Jahre nach dem Gewinn der Weltmeisterschaft im Oktober 1983 endlich von der Diktatur befreien konnte, war dies vielleicht auch ein wenig das Verdienst Cesar Menottis.

Das berühmteste Beispiel für die Vereinnahmung von Spitzensportlern aus der Arbeiterschaft durch das Nazi-Regime ist sicherlich Schalke 04. Zwischen 1933 und 1944 gewannen die „Knappen" sämtliche elf Gaumeisterschaften. Die unglaubliche Dominanz Schalkes in der Gauliga Westfalen wird auch daraus ersichtlich, daß vier dieser Meistertitel mit lediglich einem Minuspunkt (in 18 Spielen) errungen wurden. Des weiteren fallen nicht weniger als sechs der insgesamt sieben von Schalke gewonnenen Deutschen Meisterschaften in die Zeit der nationalsozialistischen Herrschaft (1934, 1935, 1937, 1939, 1940, 1942), darunter auch die erste sogenannte Großdeutsche Fußballmeisterschaft von 1939 (9:0 Sieg gegen *Admira Wien* vor 100.000 Zuschauern in Berlin), die gemeinhin als größter Triumph der Königsblauen betrachtet wird. In welchem Ausmaß die zeitliche Parallelität von Schalker Erfolgsära und Nazi-Herrschaft Zufall und inwieweit sie ein Produkt bewußter sportpolitischer Intervention war, ob die Schalker Triumphe mehr eine von den Nazis propagandistisch funktionalisierte Gelegenheit oder aber diese Gelegenheit gar von ihnen selbst herbeigeführt wurde, läßt sich nicht mit letzter Sicherheit klären. Da sich der Schalker Aufstieg aber bereits einige Jahre vor der nationalsozialistischen Machtergreifung und in einem gänzlich anderen politischen Milieu abzuzeichnen begann, dürfte allemal falsch liegen, wer die Erfolgsära der „Knappen" ausschließlich als nationalsozialistisches Retortenprodukt interpretiert. Auch die Tatsache, daß die Schalker nach dem Zweiten Weltkrieg und dem Zusammenbruch des NS-Regimes ihre große Ära nicht mehr fortsetzen konnten, taugt kaum als Indiz für diese Interpretation, da dies mit allgemeineren sozial-geographischen Verschiebungen in der deutschen Fußballlandschaft zusammenhing.

Schalkes Charakter eines „bürgerlichen Arbeitervereins" hat seine Integration und Instrumentalisierung durch die Nazis zweifellos erleichtert. Aber auch der Schalker Spielstil bot durchaus Ansätze für die nationalsozialistische Vereinnahmungspolitik. Die Nazis benutzten Schalke, um ihr Bild vom deutschen

Arbeiter, das durch harten Einsatz in der Produktion und unbe-
dingtes Pflichtbewußtsein gegenüber der „Volksgemeinschaft"
gekennzeichnet war, zu transportieren und ihre Ertüchtigungsideologie und deren Erfolgsträchtigkeit zu propagieren. So wurden Repräsentanten einer bestimmten Klasse zu Repräsentanten
der herrschenden Macht umfunktioniert. In einem Fußballbuch
aus den 30er Jahren heißt es: „Man möchte überhaupt feststellen,
daß der Vollendung des Schalker Siegeszuges im Dritten Reich
geradezu symbolische Bedeutung zukommt. Denn hier, mit
Schalke, errang eine Mannschaft, die aus der Tiefe des Volkstums
emporsteigt und von einer Gemeinde und einer großen Gemeinschaft getragen wird, den goldenen Kranz des Sieges. Denn das
darf man sagen: Schalkes Leistung ist Leistung aus Verbundenheit mit dem Volke. Gerade die Mannen um Szepan und Kuzorra
haben gefühlt und erkannt, welche Kräfte in der Begeisterung
einer ganzen Gemeinschaft stecken. Sie haben sich aus diesen
Kräften immer wieder genährt und erfrischt. Und wie groß, ja,
man darf sagen, wie noch nie dagewesen ist die Begeisterung um
Schalke und für Schalke. Sie ist bestimmt nicht der letzte Faktor,
wenn man nach Faktoren fragt, die eine Mannschaft beschwin-
gen. Schließlich geht es auch dem Fußballspieler so wie dem
Künstler oder dem Redner, daß er aus dem Erlebnis des Publikums, das an seiner Leistung teilnimmt, aus dem Echo, das vielstimmig seinen Ruf zurücksendet, erneut Kraft gewinnt, um
über sich hinauszuwachsen. In all diesem Sinne hat die Schalker
Mannschaft eine besondere innige Beziehung zu den Voraussetzungen des Nationalsozialismus. Hier wird einfach Fußballsport
getrieben im Sinne der Bewegung. Aus der kleinen Schalker Fuß-
ball-Elf ist der Deutsche Fußballmeister geworden. Aus den jungen Dorfspielern Kuzorra und Szepan sind – das darf man heute
sagen – deutsche Fußballspieler geworden. (...) Schalke wurde
Deutschland. Irgendwie Deutschland!"[95]

Neben der propagandistischen Unterstützung kamen die
Schalker aber wohl auch zuweilen in den Genuß direkterer Hilfeleistungen durch das NS-Regime, obwohl hierüber wenig überliefert ist. So wurde im vierten Kriegsjahr der vom VfL Osna-
brück stammende Torwart Heinz Flotho von der Front zu den
„Knappen" beordert: „Die Kohlenpottler hatten 1942 im End-

Foto oben: Endspiel um die deutsche Fußballmeisterschaft 1938 zwischen Hannover 96 und Schalke 04. Foto unten: Reichssportführer Hans von Tschammer und Osten zeigt sich beim Endspiel 1939 (zwischen Admira Wien und Schalke 04) „volksverbunden".

spiel gegen Vienna Wien einen Mann zwischen den Pfosten stehen, der auf Befehl 'von oben' zu ihnen gestoßen war."[96] Wahrscheinlich wollten die Nazis nichts unversucht lassen, eine Wiederholung des Endspiel-Debakels vom Vorjahr zu verhindern, als *Rapid Wien* die Schalker unplanmäßig geschlagen hatte. Denn jeder Sieg einer österreichischen Mannschaft drohte den antipreußischen Nationalismus der Österreicher zu nähren und damit den Zusammenhalt des Reiches zu bedrohen.

Inwieweit die Spieler selbst dem NS-Regime und seiner Ideologie huldigten, oder sich ihre Vereinnahmung durch die Politik lediglich mehr oder weniger widerwillig gefallen ließen, kann nicht zur völligen Zufriedenheit geklärt werden. Die Bilder von einer den rechten Arm zum Hitlergruß gestreckten Schalker Mannschaft im von den Nazis erbauten monumentalen Berliner Olympiastadion reichen zur Beantwortung dieser Frage sicherlich nicht aus. In dem bereits erwähnten Fußballbuch aus dem Jahre 1936 wird das Schalker Idol Ernst Kuzorra mit einigen Sätzen zitiert, die die NS-Arbeiterideologie und ihre primitive Intellektuellenfeindlichkeit in inhaltlich und sprachlich reinster Form repetieren und überdies in einer geradezu unwiderstehlichen Weise eine organische Verbindung von Schalke, Fußball und Nationalsozialismus konstruieren: „Man hat manchmal gefragt, warum gerade eine Arbeitermannschaft in dem Industrieort Schalke den höchsten Ruhmestitel, den der deutsche Fußball zu vergeben hat, errang. Wir nehmen keinen Anstoß daran, daß man uns eine Arbeitermannschaft nennt, wenn auch nicht alle von uns Handarbeiter sind. Arbeiter aber, meine ich, ist ein stolzes Wort. Gerade hier im Gebiet, und Gott sei Dank heute überhaupt wieder in Deutschland!... Jeder Deutsche, der seine Pflicht tut, sei es an höchster, sei es an geringster Stelle, ist in dem neuen, weiten echten Sinne des Wortes ein 'Arbeiter'. (...) Der studierende Mensch ist noch zu sehr der fragende, um die antwortfrohe Entschlossenheit aufzubringen, auf die es im Sport, wie nebenbei auch auf anderen Gebieten, zum Beispiel der Politik – welchen Beweis liefert hier allein schon Adolf Hitler! – vielleicht zu allererst ankommt! Ich habe die Feststellung gemacht, daß bei den sogenannten Intelligenzvereinen, den gutbürgerlichen Sportvereinen mit dem Stich ins Vornehme, zwar die Schüler- und

Jugendmannschaften ihren Gegnern aus anderen Vereinen überlegen sind. Aber wenn es heißt, den Sprung in die erste Mannschaft zu tun und die entscheidene Probe zu bestehen, dann versagt allzuoft gerade dieser Nachwuchs."[97]

Der Schalke-Experte Hans Dieter Baroth erhebt allerdings arge Zweifel bezüglich der Authenzität dieser Sätze: „Der Sprachduktus und der klare Satzbau Ernst Kuzorras irritieren. Der sprach doch nie so. Die Essener Autoren praktizierten schon 1936 eine Arbeitsweise, die 50 Jahre später ein Franzose mit dem urdeutschen Namen Meyer bei Harald (Toni) Schuhmacher anwandte. Die Fußballstars von damals und heute erzählten Journalisten in langen Gesprächen ihr Leben, die Autoren gossen das Erzählte in eine journalistische Fassung. Auf Seite 65 des Nazi-Buchs von 1936 hieß es, daß man mit Ernst Kuzorra ausführlich gesprochen habe und die Autoren glaubten, wie sie schrieben, 'seine Gedanken nicht falsch zu deuten.' Da könnte Ernst Kuzorra einiges in den Mund gelegt worden sein."[98] Tatsächlich war Kuzorra nicht gerade als rhetorisches Genie bekannt. Des weiteren galt der Schalker als eher unpolitisch und dürfte die penetranten Vereinnahmungsbemühungen der Nazis deshalb eher als lästig und unangenehm empfunden haben. Dafür spricht auch Kuzorras ablehnende Haltung gegenüber dem damaligen Reichstrainer Dr. Otto Nerz. Letztlich dürfte es sich mit den Anhängern der Arbeitervereine und ihren Spielern so verhalten haben wie mit der Arbeiterschaft allgemein. „Die große Masse der Arbeiter ging weder in den Widerstand, noch ließ sie sich zu jener begeistert-gläubigen Gefolgschaft bewegen, die die NS-Propaganda herbeizureden suchte. Die meisten blieben in einer skeptischen Distanz, zogen sich auf Familie, Freundeskreise und ein betont unpolitisches Leben in der Nachbarschaft zurück."[99] Zu diesem Rückzug ins Unpolitische zählten auch bürgerliche Arbeitervereine wie Schalke 04.

Schlechter als dem deutschen Arbeiterverein Schalke 04 erging es dem österreichischen Fußball. Zum Zeitpunkt der Annexion Österreichs durch Hitler-Deutschland war der österreichische Fußball dem deutschen zumindest gleichwertig, bis Anfang der 30er Jahre gar weit überlegen (gleiches galt im übrigen auch für den ungarischen und tschechoslowakischen Fußball). Die besondere Qualität des österreichischen Fußballs in den 20er und frühen 30er Jahren wird gemeinhin auf die spezifischen sozialen Bedingungen einer tiefen Strukturkrise zurückgeführt: „Während in den westlichen Industrieländern nach der Überwindung von Inflations- und Stabilisierungskrisen unmittelbar nach dem ersten Weltkrieg bis zum Einsetzen der großen Wirtschaftskrise im Jahre 1929 Hochkonjunktur herrschte, durchlief Österreich die gesamten zwanziger Jahre hindurch eine Art 'chronischer' Krise. Der neuentstandene Kleinstaat konnte sich von der Zerschlagung des alten, großen Staats- und traditionellen Wirtschaftsgebietes der Habsburgermonarchie niemals richtig erholen; seit der Stabilisierung der Währung 1923 war das Problem einer strukturellen Arbeitslosigkeit hinzugekommen, die sich bis Anfang der dreißiger Jahre zu einer Massenarbeitslosigkeit von nie dagewesenen Dimensionen entwickelte. Welche anderen Perspektiven also hätten sich unter diesen Umständen für jene Arbeiter- und Arbeitslosenbuben eröffnet, die unter den Bedingungen der furchtbarsten Not der Nachkriegszeit in den Slumgebieten und Zinskasernenvierteln der Wiener Vorstädte aufwuchsen, als das gleichsam 'natürliche' Spiel ihrer Jugend zu ihrem eigentlichen Beruf zu machen, als in Massen zu den Vereinen zu strömen? Umsomehr, als der im Herbst 1924 eingeführte Profibetrieb für die Begabtesten unter ihnen Zugänge zu sozialem Aufstieg und relativem materiellen Wohlstand zu eröffnen schien. Je breiter die Basis, desto qualifizierter die Spitze."[100]

Österreich war das erste Land auf dem Kontinent (gefolgt von den anderen mitteleuropäischen Ländern Ungarn und der Tschechoslowakei, die bezeichnenderweise ebenfalls unter ökonomischen Dauerkrisen litten), das den Berufsfußball einführte, während man in Deutschland noch bis in die 50er Jahre hinein einem miefigen, konservativen Amateurismus frönte. Ende der 20er Jahre konnte ein Starspieler der Wiener *Austria* bereits auf eine Monatsgage von 300 Schilling kommen (bei 10 Schilling Startgeld und 10 Schilling Punkteprämie). Zu dieser Zeit bezahlte man für ein komplettes Menü im Gasthaus einen Schilling, und ein Paar Schuhe kosteten 15 Schilling. 1938 waren derartige Monatsgagen schon nahezu an der Regel. Allein für das Weiterkommen im *Mitropa-Cup* (s.u.) zahlte die Austria in den 30ern in den ersten Runden 400 Schilling, gefolgt von 500 Schilling im Semifinale und 1.000 Schilling für das Endspiel. Der durchschnittliche Wochenverdienst eines Arbeiters betrug zu dieser Zeit ca. 35 Schilling. Auch die soziale Ausbreitung des Fußballsports erfolgte in Österreich deutlich früher. Bereits in den 90er Jahren des vorherigen Jahrhunderts verlor er in Wien seine bürgerliche und akademische Exklusivität und gründeten sich erste Arbeitervereine. Auch war der österreichische Fußball viel kosmopolitaner orientiert und stellte sich früher und häufiger internationalen Gegnern als der deutsche. Wien gehörte mit Budapest und Prag zu den ersten kontinentalen Fußballmetropolen, und die Deutschen waren für die Österreicher zunächst nur „Jausengegner".

Österreichs Ex-Internationaler Karl „Vogerl" Geyer, Jahrgang 1899: „Soweit ich mich zurückerinnern kann, waren das anfangs keine Gegner. Daher gab es auch keine Aggressionen. Die waren damals noch nicht so gut, die hatten doch in den meisten Matches keine Chance gegen die Österreicher."[101] Und Ludwig Stecewicz, Jahrgang 1906, ehemaliger Pressereferent des ÖFB und aktiver Sportjournalist, über die Unterlegenheit der Deutschen und deren rückständigen Amateurismus: „Die waren einfach hintennach, der österreichische Fußballsport war mehr entwickkelt, in anderen Sportarten war's umgekehrt, aber beim Fußball waren wir vorn, Lehrspiele haben wir gegeben. Sicher ist das eine oder andere Spiel verloren gegangen, aber insgesamt waren wir überlegen. Österreich war das erste Land auf dem Kontinent, das den Professionalismus eingeführt hat, die Deutschen waren absolut dagegen und haben uns anfangs auch ein wenig boykottiert. Die Deutschen hatten noch den sogenannten Nachtmahlamateurismus. Hast 'kriegt ein Abendessen und zum Geburtstag einen Anzug. Sicher ist das mit Tricks umgangen worden, aber sie hatten noch kein eigentliches Profitum."[102]

Wie bedeutungslos die Deutschen für das österreichische Team waren, zeigt allein schon ein Blick auf die Länderspielstatistik des Jahrzehnts 1920-30. In 77 Länderspielen hieß Österreichs Gegner nur viermal Deutschland. Die hauptsächlichen Herausforderer waren hingegen Ungarn und die Tschechoslowakische Republik, gefolgt von dem Nachbarn Schweiz sowie Schweden und Italien.

Ihre größte Zeit hatte die österreichische Nationalelf in den Jahren 1931/32, die die Fußballannalen als die Jahre des *Wunderteams* ausweisen. Die Geburtsstunde des Wunderteams, sicherlich eines der besten Fußballteams, das die Welt jemals sah, war ein sensationeller 5:0 Sieg gegen Schottland im Mai 1931. Die Schotten zählten damals zu den europäischen Fußball-Lehrmeistern und waren bis zur Wiener Begegnung auf dem Kontinent noch ungeschlagen. Selbst die puristische und den „bürgerlichen" Profisport ablehnende *Arbeiterzeitung* geriet ins Schwärmen: „Elf Fußballer, elf Professionals – gewiß, es gibt noch wichtigere Dinge in der Welt, aber es ist schließlich doch ein Dokument wienerischen Schönheitssinnes, wienerischer Phantasie und wienerischer Begeisterung".[103]

Es folgten sechs weitere Siege – darunter ein 6:0 gegen Deutschland in Berlin und ein 5:0 gegen den gleichen Gegner in Wien – und zwei Unentschieden. Nach neun Spielen wies das Wunderteam ein Torverhältnis von sage und schreibe 39:7 auf. Ein 3:4 gegen das Fußball-Mutterland England beendete schließlich im Dezember 1933 in London die Erfolgsserie. Allerdings schlugen sich die österreichischen Fußballer auch in diesem Spiel mehr als achtbar. Die Presse berichtete anschließend von einem einmaligen Fußballfest, bei dem sich robuste Kollektivkämpfer (England) und individualistische Filigrantechniker (Österreich) gegenübergestanden hätten und beide Teams sich als Sieger fühlen durften. Einige englische Zeitungen gaben sogar zu, daß das bessere Team verloren habe. Vor Österreich hatten die Engländer nur zwei andere kontinentale Auswahlmannschaften für würdig befunden, auf englischem Boden zu empfangen. Belgien wurde mit 6:1 abgefertigt, während Spanien – mit der Legende Zamorra zwischen den Pfosten – gar mit 1:7 unterging.

Aber auch der österreichische Vereinsfußball sorgte international für Furore. Bis zur Annexion zählten die beiden führenden österreichischen Klubs, SK Rapid und FK Austria, zur Crème des europäischen Vereinsfußballs. 1927 war der Mitropa-Cup eingeführt worden, ein Wettbewerb der Meister und Cupsieger der zentraleuropäischen Länder Italien, Jugoslawien, CSSR, Ungarn,

Österreich. Es war der Vorläufer der heutigen Europacupwettbe-
werbe. Wer den Mitropa-Cup gewann, war die „Nr. 1" auf dem
Kontinent. Von den damaligen führenden Fußballnationen Europas nahmen nur England und Schottland nicht teil, die die „splen-
did isolation" vorzogen und für das kontinentale Gekicke nur ein
müdes Lächeln übrig hatten.[104] Rapid gewann die begehrte Trophäe 1930, Austria gar zweimal, 1933 und 1936.

Die Jahre 1934-1938 waren dann – auf der Ebene der Nationalmannschaften, weniger der der Klubmannschaften – von einer
leistungsmäßigen Angleichung zwischen dem österreichischen
und dem deutschen Fußball gekennzeichnet. Bei der Weltmeisterschaft 1934 in Italien gelang es den Deutschen, die Österreicher im Spiel um den 3. Platz mit 3:2 zu schlagen.

Ein letztes fußballerisches Glanzstück, dazu noch eines von
hoher politischer Brisanz, vollbrachten Österreichs Fußballer am
3. April 1938, kurz vor der sogenannten „Volksabstimmung" über
den sogenannten „Anschluß" an Nazi-Deutschland. Den Österreichern wurde ein letztes Mal die Gelegenheit gegeben, sich mit
einem eigenen Fußballteam zu präsentieren. Der Gegner hieß
Deutschland, und offiziell wurde das Spiel als „Deutschöster-
reich gegen Altreich" angesetzt. Die Sportführung des NS-Reichs
spekulierte auf eine Demonstration nationalsozialistischer und
preußischer Überlegenheit, doch es kam anders. 60.000
Zuschauer wurden in Wien Zeugen eines historischen 2:0-Sieges
ihres Teams. Das „Anschluß-Spiel" wurde zu einer anti-preußi-
schen/anti-deutschen Massenmanifestation, so daß Reichssportführer von Tschammer und Osten sich zur Halbzeit genötigt sah,
sein Befremden über diesen eigenartigen „Nationalismus" zu
bekunden. Österreich dominierte das Spiel, und der Sieg war
hochverdient.

Aber es blieb nicht bei diesem einen Eklat: In den folgenden
Jahren kam es immer wieder bei Spielen gegen Mannschaften aus
dem „Altreich" zu anti-preußischen/anti-deutschen Krawallen.
Überliefert sind vor allem die Zwischenfälle während und nach
dem Spiel Admira Wien gegen Schalke 04 im November 1940.
Der Schalker Mannschaftsbus wurde demoliert und sämtliche
Reifen der Karosse von Gauleiter Baldur von Schirach zerschnit-
ten. Für das NS-Regime wurden die Fußballkämpfe zwischen

Mannschaften aus der „Ostmark" und dem „Altreich" zu einem permanenten Ärgernis und provozierten gar einen Notenwechsel zwischen Hitler, Bormann und von Schirach, in dem „der Führer" forderte, daß „auch in Wien ein Gegensatz zwischen Altreich-Ostmark-Wien nicht mehr konstruiert werden dürfe."[105] Zeitweise wurde gar erwogen, „reichswichtige Spiele" nicht mehr in Wien auszutragen. Allerdings waren die Fußballkrawalle eher „in den diffusen Bereich ablehnender Denk- und Verhaltensweisen gegen das Dritte Reich einzuordnen. Wobei in erster Linie die mentalitätsfremden 'Preußen' die Zielscheibe waren. Ohne Zweifel waren seit der nationalsozialistischen Machtübernahme in Österreich bei Teilen der Bevölkerung Umdenk- und Orientierungsprozesse im Gange."[106] So warnte der SS-Mann Ernst Kaltenbrunner in seinen regelmäßigen Berichten nach Berlin vor gewissen „Österreich-Tendenzen", und Ernst Bloch konstatierte gar: „Übereinstimmend wird berichtet, Österreich sei nationaler als jeher. Preußenhaß eint... Das ist die neue Lage seit der Besetzung Österreichs, sie hat Österreich als nationale Einheit geschaffen."[107]

Die Hoffnung der NS-Sportführung, durch die Addition deutscher und österreichischer Fußballer ein „Superteam" für die WM 1938 zu erhalten, erfüllte sich nicht. Beide Länder hatten sich für das WM-Turnier qualifiziert, aber Ende März 1938 mußte der ÖFB dem Weltverband FIFA seine Liquidation mitteilen. Das „Superteam" wurde zum Desaster, da Österreich und Deutschland auch zwei unterschiedliche Fußballwelten waren. Die deutschen Kicker waren aus österreichischer Sicht mehr Leichtathleten als Fußballer, zwar konditions- und laufstark, aber am Ball eher unbeholfen. Die sogenannte *Wiener Schule* hingegen galt als schlampig, aber genial, dribbelstark und ballverliebt. „Die Wiener spielten einen pomadigen, technisch hochstehenden Fußball nach dem Uralt-System mit offensivem Mittelläufer, die Deutschen schnell offensiv, direkt mit weniger Raffinesse, aber mit dem moderneren WM-Schema. Erschwerend kam hinzu, daß sich die Kicker untereinander partout nicht riechen konnten, sie hielten sich gegenseitig für arrogant und borniert."[108] Bereits in der ersten Runde gegen die Schweiz kam das „Aus" für das neu formierte großdeutsche Team.

Die Annexion wurde zur Zäsur im österreichischen Fußball. Austria und Rapid spielten nach 1945 kaum mehr eine Rolle im europäischen Fußball. Alles, was der österreichische Vereinsfußball seit dem 2. Weltkrieg auf internationaler Ebene vorzuzeigen hat, sind zwei erfolglose Finalteilnahmen im Europapokal der Pokalsieger (1978 Austria und 1985 Rapid) sowie zwei Siege von Wacker Innsbruck (heute FC Tirol) im Mitropa-Cup (1975, 1976), der jedoch seit der Einführung der Europapokalwettbewerbe von seiner einstigen Bedeutung viel eingebüßt hat. Der österreichischen Nationalmannschaft gelang erst 1978 – nach acht Niederlagen und drei Unentschieden seit 1951 – wieder ein Sieg gegen Deutschland, das bis heute unvergessene 3:2 von Cordoba/Argentinien, mit dem der große Nachbar um seine letzte Chance gebracht wurde, den Weltmeistertitel zu verteidigen. Der zweifache österreichische Torschütze Hans Krankl („Wenn ich einen Deutschen sehe, werde ich zum lebendigen Rasenmäher") wurde von der deutschen Boulevardpresse zum Staatsfeind gekürt, nachdem er auf die Frage eines deutschen Journalisten, ob es ihm leid täte, daß Österreich, das im übrigen bereits vor dem Spiel keine Chance mehr auf ein Weiterkommen besaß, Deutschland aus der WM warf, diesen mit Recht nur verständnislos anblickte und antwortete: „Überhaupt net!"

Einer der beiden Torschützen beim 2:0 im „Anschlußspiel" von 1938 war Matthias Sindelar, die zentrale Figur im Wunderteam von 1931/32. Angeblich gab es vor dem Spiel eine Anweisung „von oben", die den Österreichern untersagte, Tore zu erzielen. In der ersten Hälfte vergab Sindelar offenbar bewußt eine Reihe von hundertprozentigen Torchancen, bevor es ihn in der zweiten Hälfte nicht mehr hielt und er einen Abpraller zum 1:0 verwandelte. Nach dem 2:0 durch seinen Freund „Schasti" Sesta zog Sindelar vor die von Nazigrößen okkupierte Ehrentribüne und führte wahre Freudentänze auf. Sindelar war ein Arbeiterkind aus dem Wiener Stadtteil Favoriten. Ende des 19. Jahrhunderts waren in Favoriten ausgedehnte Ziegeleien mit riesigen Barackenanlagen entstanden, in denen vorwiegend aus Böhmen und Ungarn stammende Arbeiter unter menschenunwürdigen Bedingungen hausten. Den Ziegeleien folgten weitere Fabrikansiedlungen, und auch noch heute ist der bevölkerungsreichste

Wiener Bezirk aufgrund seiner Randlage in steter Erweiterung begriffen, sowohl was Industrie als auch was die Errichtung großer Wohnkomplexe betrifft. Auch die Sindelars waren Zuwanderer, und das *Sport-Tageblatt* schrieb einmal über die Jugend des legendären Kickers: „Favoriten ist ein Bezirk der Sorgen, in dem es Kinder gibt, die nie das Vorrecht der Jugend, unbesorgt andere für sich sorgen zu lassen, in Anspruch nehmen dürfen. Sie wissen schon, was der Kampf ums Leben bedeutet, noch bevor sie wissen, was das Leben ist. Gar unser Sindelar, der aus einer Arbeiterfamilie stammt, dem der Weltkrieg den Ernährer geraubt hat."[109]

Sindelar, von Beruf zunächst Autoschlosser, bevor er diese Stellung „aus Mangel an Arbeit" verlor, war ein „Kunsttischler unter Holzfällern, ein David unter Goliaths, ein Slalomläufer zwischen Felsen, ein Virtuose, der Fußball zu einer geistvollen Kunst erhoben hatte."[110] Wegen seiner schmächtigen, dünnen Gestalt auch der „Papierene" genannt, galt er als „denkender Fußballer", der spielerische Intelligenz und Technik dem kraftvollen Einsatz vorzog. Eine andere Betrachtung versucht den sozialen und historischen Kontext der sogenannten Wiener Schule, die Sindelar wie kein anderer Kicker des Wunderteams verkörperte, zu ergründen: „Der infolge völlig unzureichender Ernährungsverhältnisse überaus schwächlich entwickelte 'Motzl' zeichnete sich bald durch außergewöhnliche Virtuosität im Umgang mit dem Laberl aus. Insbesondere seine Fähigkeit, vermittels gekonnter 'Ball'führung und vollendeter Dribblings körperlich bei weitem überlegene Gegner mit geradezu spielerischer Leichtigkeit aussteigen zu lassen, machte aus ihm einen wahren 'Gstettenstar', der die informelle 'Quellenstraßenauswahl' in die überaus beliebten Herausforderungsspiele gegen die Buben einer anderen Gasse führte. Spiele, in denen mit Begeisterung und Erbitterung um das 'symbolische Kapital der Ehre' der heimischen Gasse gekämpft wurde. Und es sind diese Auseinandersetzungen, in denen jene Spielauffassung entwickelt wird, die sich durch technisches Raffinement, 'Scheiberlspiel' und – notgedrungen – Körperlosigkeit auszeichnete. Eine Spielauffassung, die unter der Bezeichnung 'Wiener Schule' in den dreißiger Jahren Weltgeltung erlangen sollte und für die der Name Matthias Sindelar nachgerade zum Synonym wurde. Der alltägliche Hunger der

Matthias Sindelar, der „Papierene"

Nachkriegszeit und absoluter materieller Mangel stehen an ihrer Wiege. Hinzu tritt ein weiterer entscheidender Aspekt: Natürlich war das Spiel 'zwischen Randstein und Gaslatern' auf den Gassen und Plätzen behördlich verboten, und so lebten die Kinder in einem latenten und permanenten Konflikt mit der Polizei (der sogenannten 'Heh'), Hausmeistern, Parkwächtern etc. Sie bauten dabei ein spezifisch gegnerisches Verhältnis zu staatlichen und privaten Autoritäten auf, lernten gegen diese mit Schlauheit, List, Gewandtheit und 'Schmäh' zu bestehen. (...) Auch solche Erfahrungen übertrugen sich, ob bewußt oder unbewußt, auf ihre spätere Spielpraxis, konstituierten die besondere Form und den inneren Gehalt der hohen Wiener Fußballschule."[111]

In der berühmten Sindelar-Hymne des Schriftstellers Friedrich Torberg – „Auf den Tod eines Fußballspielers" – heißt es:

„Er spielte Fußball wie kein zweiter,
er stak voll Witz und Phantasie.
Er spielte lässig, leicht und heiter.
Er spielte stets, er kämpfte nie."[112]

Der „Papierene" war Spielmacher und Torjäger in einer Person.
Eher umspielte er die gegnerische Abwehr gleich zweimal, als
daß er sich mit „Abstaubertoren" begnügte. Zwischen 1926 und
1938 absolvierte er 44 Länderspiele, in denen er 27 Tore erzielte.
Sindelar gilt noch heute als einer der technisch versiertesten Spieler nicht nur der österreichischen Fußballgeschichte, sondern
auch der Weltfußballgeschichte. Sein internationaler Marktwert
soll damals nicht weniger als 40.000 Pfund bzw. 300.000 Schilling betragen haben. Selbst in Kreisen der organisierten Arbeitersportbewegung, wo Vergleiche mit Berufsfußballern gewöhnlich verpönt waren, galt das Prädikat, „wie der Sindelar" gespielt
zu haben, als höchstes Lob. So schrieb die Zeitschrift der Arbeiterfußballer, *Amateurfußball,* über Willi Krestian, den rechten
Verbindungsstürmer von *Horekan,* der Mannschaft der Hotelge-
werkschaft „Hotel, Restaurant, Kantine": „(Er) hat nicht nur
große äußerliche Ähnlichkeit mit Sindelar, sondern auch sein
Spiel ähnelt diesem in vielen Belangen. Er ist ungemein spieleif-
rig, hilft auch, wenn es notwendig ist, in der Läuferreihe aus. Leider ist, wie bei seinem Vorbild, ein bißchen zuviel Dribbelei in
seinen Aktionen. Aber das ist kein Unglück, sondern eben Künst-
lerlaune. Ein richtiger Künstler muß eben auch Launen
haben."[113] Ungewöhnliche Worte für eine ansonsten eher streng
proletarisch-puristisch argumentierende Zeitung, in der für Launen kaum Platz war.

Sindelars Stammklub war die Wiener Austria, und Austrias
Erfolge im Mitropa-Cup sind aufs engste mit dem Namen Sindelar verbunden. Der Vorläufer der Austria war der *Wiener Amateur-
Sportverein,* der sich 1911 vom *Vienna Cricket and Football-Club*
abgespalten hatte. Mit der Einführung des Profibetriebs nannten
sich die „Amateure" in FK Austria um. Die Amateure waren
zunächst ein Kaffeehausverein, mit dem Wiener Ring-Café als
Hauptquartier, und in keinem Wiener Stadtteil wirklich zuhause.
Amateure und Austria galten als typischer Vertreter des intellek-

tuellen Spiels. Der Vorläufer der Austria hatte gar zunächst in seinem Statut einen Paragraphen, wonach nur Intellektuelle als Mitglied Aufnahme fanden. Dieser wurde jedoch später gestrichen. Auch bei den „Amateuren" kickten nun mehr und mehr Arbeiter, was an der Spielweise indes kaum etwas änderte. Die Austria-Philosophie wird am besten durch den folgenden Satz des bereits vorgestellten österreichischen Alt-Internationalen, Karl „Vogerl" Geyer, der viele Jahre lang für die „Amateure" bzw. Austria kickte, wiedergegeben: „Zum Fußball gehört zuerst der Kopf und dann Kraft und Schnelligkeit."[114]

Die „Wiener Schule", deren Repräsentant die Austria war, beschrieb Geyer so: „Ein Mannschaftsspiel erfordert Kameradschaft unter den Spielern und das Eingehen auf die Ideen der anderen. Jede Aktion soll positiv abgeschlossen werden, das heißt, daß der Ballführende ihn einem seiner Mitspieler weitergeben kann oder zum Torschuß kommt. Dadurch entsteht eine gewisse Schnelligkeit im Spiel. Beim Zeitpunkt des Startes nach dem Ball oder in den leeren Raum muß das Hirn mitspielen. Das erfordert ein Vorausdenken auf kommende Situationen; Schnelligkeit bei der Ballannahme und -abgabe, Freilaufen, um angespielt werden zu können. (...) Wenn immer nur vom Spiel gesprochen wird, dann deswegen, weil Fußball auch 'Spielen' beinhaltet und im besonderen der Mentalität der österreichischen Fußballer entspricht. Nimmt man ihm das Spiel, dann beraubt man ihn seiner stärksten Waffe, seiner Überlegenheit anderen gegenüber. Fußball ist aber auch ein Kampfsport, und das Kampfmoment gehört in das Spielgeschehen. Kann man aber den Kampf umgehen, dann spart man Kraft und riskiert weniger Verletzungen."[114a]

Die Vermengung von proletarischen Elementen („Witz", „Subversivität", „Schlitzohrigkeit", „Kraft", „Ausdauer") mit bürgerlich-liberalen („Intellektualität") in der sportlichen und sonstigen Selbstdarstellung der Austria verweist auf ein zentrales Charakteristikum des Wiener Fußballs in den 20er und 30er Jahren: „In Wien, wo Literatur, Kunst, Musik, Philosophie und Geschäft ihre Heimstätte im Kaffeehaus hatten, speiste sich der Fußball nicht nur aus Quellen der Populär- und Massenkultur, sondern war auch mit Elementen der Bohème und der Kaffeehauskultur durchsetzt. Im besonderen traf dies auf die Wiener

Austria zu, diesem, wie es das *Illustrierte Sportblatt* 1927 aus-drückte, 'Team des Gagenfußballs', benebelt von 'stickigem Kaf-feehausdunst', was dasselbe Blatt aber nicht hinderte, die kombi-natorisch brillante und raffinierte Spielweise der Austria in höch-sten Tönen zu loben."[115]

Der österreichische Arbeiterfußball der Jahre des „Wunder-teams" war deutlich weniger „pur-proletarisch" und „industriell" als sein deutsches/preußisches Pendant. Noch 50 Jahre später urteilte der ehemalige Keeper der Amateure, Dr. Willy Meisl, über das Austria-Spiel: „Das Eigenartige ist, daß selbst heute noch, fast ein halbes Jahrhundert nach der Gründung der Ama-teure und nach Dutzenden Jahren Berufsfußball, die Austria der typische Vertreter des intellektuellen Spiels geblieben ist, daß der alte, schöne – wenn auch oft unfruchtbare – Stil Tradition gewor-den und geblieben ist durch viele Generationen."[116] Zu ihren pro-minentesten Fans zählte u.a. der berühmte Aggressionsforscher Friedrich Hacker, der sich am „lustvoll-spielerischen Element" der Austria ergötzte und über die „Violetten" urteilte: „In der Begeisterung künstlerisch, in der Verzweiflung dilettantisch."[117] Das Spiel der Austria war vor allem eines für individualistische Fußballer, weshalb einer wie Sindelar hier bestens aufgehoben war. Außerdem galt der Klub – trotz der sich entwickelnden Beziehung zum Stadtteil Favoriten – als „snobistisch". Noch ein-mal Karl „Vogerl" Geyer: „Ein bisserl Nobelklub war Austria immer. Wir waren immer der Gentleman-Klub."[118] „Bei der Aus-tria war immer der dunkle Anzug im Koffer, und es gab auch auf dem Rasen ein standesgemäßes Motto: Tore nie gewaltsam schie-ßen."[119]

Seitens der österreichischen Öffentlichkeit wurde Austria als „jüdischer" Verein betrachtet. Tatsächlich war sie ein österreichi-scher Verein mit starkem jüdischen Einfluß, auf der Funktionärs-ebene wie auf dem Spielfeld. Die Austria war, im Gegensatz zu Rapid, einem proletarischen Vorortverein, ein „City-Klub" ohne eigentliche Heimat. Die Mannschaft mußte von Stadion zu Sta-dion ziehen. Der Antisemit mag hier „typische jüdische Wurzel-losigkeit" gerochen haben. Noch heute wird die Austria von geg-nerischen Anhängern, insbesondere denen des Lokalrivalen Rapid, mit antisemitischen Schmähungen bedacht.[120]

Nach der Annexion mußte ihr jüdischer Klubpräsident, Dr. Emmanuel „Michl" Schwarz, sein Amt quittieren. Statt seiner übernahm ein von den Nazis eingesetzter und ihnen politisch genehmer sogenannter „Vereinsführer" die Leitung des traditionsreichen Fußballklubs. Aber der als anhänglich beschriebene Sindelar blieb seinem alten Präsidenten treu. In den Märztagen 1938 sagte Sindelar zu Dr. Emmanuel Schwarz: „Der neue Vereinsführer hat uns verboten, daß ma Ihna griaß'n. I, Herr Doktor, wer' Ihna oba immer griaß'n."[121] Ein weiterer Angriff der Nazis galt dem Namen des Vereins. Austria/Österreich kam in der großdeutschen Sprachregelung nicht vor, doch blieb die Umbenennung in „Ostmark" aufgrund des vehementen Einspruchs der Anhängerschaft nur von kurzer Dauer. Aber mit den Jubeljahren der Austria war es nun vorbei. Die Mannschaft fiel auseinander. Die Starspieler Walter Nausch, Akteur im Wunderteam und Austria-Kapitän, und Camillo Jerusalem emigrierten. Jerusalem, der Jude war, ging nach Frankreich. Nausch wechselte zu den Zürichern Grashoppers, nachdem er sich geweigert hatte, dem Rat der faschistischen Machthaber zu folgen, sich von seiner jüdischen Frau zu trennen. Dazu kam noch das tragische Schicksal des Fußballgenies Matthias Sindelar.

Der damalige „Reichstrainer" Sepp Herberger bemühte sich vergebens, Sindelar für seine großdeutsche Auswahl zu gewinnen. Der „Papierene" verwies auf sein Alter von bereits 35 Jahren, aber er galt noch immer als der beste Mittelstürmer Europas, weshalb Herberger zeitlebens politische Motive vermutete: „Ich brauchte einen Mann wie Sindelar wegen seiner Erfahrung, seiner Spielübersicht und seiner Autorität. Aber Sindelar wollte nicht, und zwar aus politischen Gründen. Er konnte sich mit dem Naziregime nicht identifizieren. Das gab er mir gegenüber freilich nicht zu."[122] Am 23. Januar 1939 schied Matthias Sindelar aus dem Leben. Im Polizeibericht war von „Tod durch Kohlenoxyd" die Rede. Der Abzug seines Ofens war verstopft gewesen, so daß das tödliche Gas nicht entweichen konnte. Mit Sindelar starb auch seine Lebensgefährtin. Die exakten Umstände des Todes des Fußballspielers und seiner Lebensgefährtin konnten nie geklärt werden, da die Polizeiakten in den Kriegswirren verschwanden. Eine Vermutung lautete, daß es sich nicht um einen

Unfall, sondern um einen politisch-persönlich motivierten Selbstmord gehandelt habe. Offensichtlich hegte auch Herberger diesen Verdacht: „Ohne daß ich es wußte, befand er sich damals schon in einer ausweglosen Situation."[123] Auch der bereits erwähnte Schriftsteller Friedrich Torberg, im übrigen ein eingefleischter Austria-Fan („ein Austria-Anhänger ist, wer es trotzdem bleibt"), unterstellte eine Verbindung zwischen der Nazi-Herrschaft und dem plötzlichen Tod des Wiener Fußballgenies:

„Bis eines Tages ein andrer Gegner,
ihm jählings in die Quere trat,
ein fremd und furchtbar Überlegner,
vor dem's nicht Regel gab noch Rat.

Von einem einzigen harten Tritte
fand sich der Spieler Sindelar
verstoßen aus des Planes Mitte,
weil es die neue Ordnung war.

Ein Weilchen stand er noch daneben,
bevor er abging und nach Haus.
Im Fußballspiel, ganz wie im Leben,
war's mit der Wiener Schule aus.

Er war gewohnt zu kombinieren,
er kombinierte manchen Tag.
Sein Überblick ließ ihn erspüren,
daß seine Chance im Gashahn lag.

Das Tor, durch das er dann geschritten,
lag stumm und dunkel ganz und gar.
Er war ein Kind aus Favoriten
und hieß Matthias Sindelar."[123]

Allerdings spricht einiges dafür, daß die Selbstmordthese ein Produkt jener Mythen- und Legendenbildung ist, von der alle frühzeitig verschiedenen Genies – „zumal in Wien" (Maderthaner) – verfolgt werden. Tatsache ist, daß das Favoritener Arbeiterkind, das im übrigen seine soziale Herkunft niemals verleugnete, zwar mit der Sozialdemokratie sympathisierte, aber sich nach außen hin völlig unpolitisch gab und dies wahrscheinlich auch mehr oder weniger war. Mit dem Faschismus, „insbesondere in dessen deutschpreußischer Ausprägung" (Maderthaner), wußte Sindelar nichts anzufangen. Seine Abneigung und Verachtung für das neue Regime waren indes ausschließlich passiver Natur und hinderten ihn nicht daran, im August 1938 ein arisiertes Café in Favoriten zu erwerben. „Wie so viele tausende andere Wiener hatte auch Sindelar die Gunst der Stunde ausgenutzt."[124] Zu seiner Entlastung sei angeführt, daß er dem ihm gut bekannten jüdischen Vorbesitzer Leopold Simon Dill die dem tatsächlichen Wert der Liegenschaft entsprechende Summe von RM 20.000 zahlte. Als seine Schwestern das Kaffeehaus nach seinem Tod weiterführen wollten, zögerte die Gauleitung der NSDAP zunächst. Sindelar sei als „sehr judenfreundlich" bekannt gewesen und seine Angehörigen würden wohl nicht anders eingestellt sein. Die Leitung des Kaffeehauses habe sich Sammlungen der Partei gegenüber „ziemlich ablehnend" verhalten, und Parteiplakate seien sehr widerwillig oder überhaupt nicht angebracht worden. Allerdings durften die Schwestern das Unternehmen dann doch weiterführen, „nicht zuletzt deshalb, weil Sindelar von den Nazis, die fürchteten, dessen Popularität könne nach seinem Tod gegen sie ausschlagen, vereinnahmt und zum 'bekanntesten Soldaten des Wiener Fußballs' stilisiert wurde."[125]

Anders als die Austria war der *SK Hakoah* (hebräisch für „Kraft") tatsächlich ein durch und durch jüdischer Verein. Nicht-Juden wurden in ihren Reihen nur als Trainer zugelassen. Hakoah, 1909 gegründet, war die logische und notwendige Antwort auf den Wiener Antisemitismus, der jüdischen Sportlern in vielen Vereinen das Leben unmöglich machte. Hakoah avancierte zum bedeutendsten Allround-Sportklub Österreichs, und „in der österreichischen Öffentlichkeit kam dem Verein eine Stelle zu wie wohl keiner anderen jüdischen Organisation."[126] Hakoah wurde der „am besten erkennbare Kristallisationspunkt jüdischen Selbstbewußtseins in Österreich."[127]

Während sich bei der Austria mehr das Element einfand, das sich nicht öffentlich als Juden deklarieren wollte oder nationaljüdische Zusammenschlüsse bewußt ablehnte, das sogenannte „integrierte" und „assimilierte Judentum", bekannte sich die

Hakoah offen zur Förderung des jüdischen Selbst- und National-
bewußtseins. Trotzdem hatten hier Juden, die nicht mehr beabsichtigten, als dem Antisemitismus in vielen der österreichischen
Vereine zu entgehen, genauso ihre Heimat wie überzeugte Zioni-
sten. Daran änderte sich auch nichts, als der Verein dem 1921
gegründeten internationalen jüdischen Sportverband *Makkabi*
beitrat, der sich als Teil der zionistischen Bewegung verstand, die
für die Schaffung einer nationalen Heimstätte der Juden in Palä-
stina eintrat. Vor allem die Fußballsparte der Hakoah glänzte
durch großartige Erfolge. Von 1920 bis 1928 spielte der Verein in
der höchsten Klasse, und 1925 gewannen die Kicker mit dem
Davidstern auf der Brust gar die österreichische Fußballmeisterschaft. Aber auch auf der internationalen Bühne konnten die

*Karikatur
zur Einführung
des Arier-
paragraphen
im Ersten
Wiener Turn-
verein 1887*

jüdischen Balltreter bestehen: Zu einer Zeit, als englische Klubmannschaften den kontinentalen als weit überlegen galten,
schlug Hakoah 1923 den Cup-Finalisten Westham United auf
dessen Londoner Gelände sensationell mit 5:0. Der *„Daily Mail"*
konstatierte anerkennend eine Vorführung „wissenschaftlichen
Fußballs": „Kein Kraftfußball, kein 'kick and rush', dafür hatten
sie nichts übrig. Dagegen kombinierten sie prächtig, ohne dem
hohen Spiel zu frönen."[128] Die sozialistische Bewegung und ihre
Sportorganisationen standen Hakoah eher skeptisch bis ablehnend gegenüber. Zum einen widersprachen sie dem Projekt einer
nationaljüdischen Identitätsbildung, zum anderen taten sie sich
mit dem Professionalismus schwer, denn die Hakoahaner zählten
zu den Pionieren des österreichischen Berufsfußballs.

137

Hakoah war Österreichs erster Profimeister. Der mit ungarischen Stars gespickte Klub, der bekannteste unter ihnen war der ehemalige MTK Budapest-Spieler Bela Guttmann, der später auch als Trainer große Erfolge verbuchte (u.a. führte er *Benfica Lissabon* 1961 und 1962 zum Gewinn des Europapokals der Landesmeister und wurde seither mit Trainergrößen wie Sepp Herberger und Helenio Herrera in einem Atemzug genannt), und die Austria unterhielten für einige Jahre die teuersten Mannschaften. Das Monatsbudget beider Mannschaften soll nicht weniger als 70 Millionen Kronen betragen haben.

Symptomatisch für den engstirnigen pseudo-proletarischen und pseudo-sozialistischen Amateurismus, der im konkreten Falle der Hakoahaner im übrigen noch von antisemitischen Untertönen begleitet wurde (der „wurzellose", „identitätslose", ausschließlich „materialistisch" denkende und „raffgierige" Jude), mögen die folgenden Sätze aus einem Artikel der „Arbeiterzeitung" (!) von 1926 sein, der sich mit der Abwanderung von Hakoah-Stars zu finanzstärkeren US-amerikanischen Profimannschaften beschäftigte: „Die Hakoah ist ausgezogen, um ausgerechnet mit einer Profimannschaft die geistige Einigung des Judentums herbeizuführen. Da kam der reiche Onkel aus Amerika und nahm ihr die gehätschelten Lieblinge fort. Ja, wenn man mit Geld eine Idee verkörpern will, da kann man eben durch einen schweren Dollarsack überwunden werden."[129]

In ihrer Absicht, den Antisemitismus durch sportliche Lorbeeren praktisch zu widerlegen, scheiterte die Hakoah allerdings. Ihre Erfolge, sofern sie von den Antisemiten überhaupt registriert wurden, dienten diesen lediglich als zusätzliche Belege für den gemeingefährlichen Charakter der jüdischen Herausforderung und beförderten den antisemitischen Minderwertigkeitskomplex. Zwei Drittel der ca. 180.000 österreichischen Juden wurde in die Emigration getrieben, ungefähr 60.000 fielen der nationalsozialistischen Mordmaschinerie zum Opfer. Trotzdem waren die Jahre der Hakoah nicht völlig umsonst. Den am Projekt Beteiligten blieb nicht nur die Erfahrung kollektiver Selbstbestätigung – die Erfolge eines Sportvereins, der offen als kollektives jüdisches Projekt agierte, hatten diesbezüglich sicherlich einen deutlich größeren Stellenwert als etwa die individuellen

Leistungen jüdischer Ärzte und Komponisten, bei denen es sich zudem zumeist um Assimilanten oder getaufte Juden handelte. Vor allem dürfte „die Erziehung und die Aktivierung, die die Hakoahner sich durch ihren Sport selbst zuteil werden ließen, sehr dazu beigetragen haben, daß der überwiegende Teil der Vereinsmitglieder sich der Vernichtungsmaschinerie Hitlers rechtzeitig durch Emigration entzog."[130]

Nach der Befreiung vom Hitler-Faschismus wurde die Hakoah am 10.6.1945 wiedergegründet. Doch der NS-Terror hatte die Bedingungen für einen jüdischen Sportklub völlig geändert. In Wien lebten nur noch 5.000 Juden, darunter nur sehr wenige Jugendliche. Die Fußballmannschaft, die als Halbprofis wie bereits vor 1938 separat vom Stammverein geführt wurde, stieg von der 2. in die 3. Liga ab und sah sich aufgrund von Personalmangel genötigt, auch Nicht-Juden aufzunehmen. „Das Hauptproblem war, daß wir zuwenig Jugendliche hatten, um Mannschaftssportarten aufrechtzuerhalten."[131] Platzprobleme und finanzielle Sorgen trugen ebenfalls dazu bei, daß die Fußballabteilung 1950 aufgelöst wurde.

Besser als der Austria und der Hakoah erging es nach der Annexion dem SK Rapid. Wie Schalke 04 war Rapid ein Arbeiterverein, der im roten Milieu groß geworden war. Aber wie im Falle Schalkes bedeutete dies auch im Falle Rapids für die Nazis kein Hindernis, den Verein zu begünstigen und für ihre Zwecke zu instrumentalisieren. Die Begünstigung Rapids stieß allerdings an ihre Grenzen, als die Wiener 1941 im Finale um die großdeutsche Meisterschaft auf Schalke 04 trafen. Im Halbfinale hatten die Wiener bereits den von den Nazis gehätschelten DSC Dresden ausgeschaltet. Die NS-Sportführung war voll und ganz auf einen Schalker Sieg abonniert; dessen man sich so sicher war, daß der Schalker Name bereits vor Spielbeginn auf der Meisterschale eingraviert war. Mit 100.000 Zuschauern war das Berliner Olympiastadion bis auf den letzten Platz gefüllt. Zur Pause führten die Schalker schon 2:0. Unmittelbar nach dem Wiederanpfiff erhöhten die Blau-Weißen gar auf 3:0, und Rapid schien geschlagen. Doch den Grün-Weißen gelang das scheinbar Unmögliche: Innerhalb von nur 18 Minuten schossen sie vier Tore und gewannen so mit 4:3. Das Nazi-Regime erwies sich als der erwartet schlechte Verlierer: Statt einer Jubelfeier gab es in Wien nur eine Erklärung der NS-Sportführung, „daß die bessere Mannschaft verloren habe".[132]

Nur wenig später folgte die Rache der Mächtigen für die Beleidigung und Demütigung, die sie durch die Wiener Kicker erlitten hatten: Rapids beste Spieler, darunter auch der dreifache Torschütze Franz „Bimbo" Binder, wurden an die Front beordert. Die zuvorkommende Behandlung, die die Schalker in Sachen Kriegsdienst erfuhren, galt für den SK Rapid Wien nicht.

Was lehrt uns die Geschichte des Fußballs unter nationalsozialistischer Ägide? Der Name Austria, die Bekundung einer von Deutschland separaten österreichischen Identität, war von Übel, aber offensichtlich nicht von gleich großem Übel wie ein jüdischer Vereinspräsident. Kickern aus der deutschen Arbeiterschaft erging es besser als ihren österreichischen „Klassenkollegen", und deutschen und österreichischen proletarischen Kickern weitaus besser als den eher bürgerlichen und akademischen jüdischen Balltretern. Ein jüdischer Sportklub wurde verboten und seine Mitglieder verfolgt, ein österreichischer Klub mit starkem jüdischen Einfluß wurde seiner jüdischen Mitglieder beraubt, ein österreichischer Arbeiterverein integriert, instrumentalisiert und begünstigt und ein deutscher Arbeiterverein noch mehr integriert, instrumentalisiert und begünstigt. Das Nazi-Regime bedeutete eben auch im Sport nicht nur brutale Klassenherrschaft, sondern auch – oder muß man gar sagen in erster Linie? – Rassen- bzw. Deutschenherrschaft.

DAS »WUNDER« VON BERN
UND DER EKLAT VON GÖTEBORG

DIE »GOLDENEN« FÜNFZIGER JAHRE

Für Norbert Seitz, den Autor einer der bemerkenswertesten Beiträge zum Thema „Fußball und Politik", beginnt die politische Geschichte des bundesdeutschen Fußballs eigentlich erst in Bern 1954, als die deutsche Nationalmannschaft beim WM-Turnier Ungarn im Endspiel mit 3:2 besiegte. „Als am 4. Juli 1954 Deutschland Fußball-Weltmeister wurde, gerieten deutsche Gemüter millionenfach in Ekstase, als wenn die Scharte des 8. Mai 1945 doch noch ausgewetzt worden sei. Die vordem beleidigten Mauerblümchen führten sich dabei nicht wie maßvolle Genießer, sondern wie revitalisierte Größenwahnsinnige auf."[133] Ähnliches Verhalten ließ sich 36 Jahre später erneut beobachten, als die Deutschen im Zeichen der bevorstehenden Wiedervereinigung ihren dritten WM-Titel gewannen. Der Titelgewinn von 1972 verblaßt von seinem politischen Gehalt her gegenüber den Triumphen von 1954 und 1990. „Eine Nation schien sich 1954 reinzuwaschen durch das Vorzeigen von grundanständigen und politisch unauffälligen Kickern, die nur 'ihr Bestes' geben wollten und sich artig daran hielten, daß der Bessere gewinnen möge und Fehlentscheidungen des Schiedsrichters unwidersprochen hinzunehmen seien. (...) Bern wurde zum Symbol unzerstörbarer deutscher Tugenden. Auf dem Spielfeld hieß das: 'Einsatz bis zum Letzten' – 'vorzügliche Kondition' – 'konsequente Bewachung'. (...) Das schnörkellose und präzise Direktspiel entsprach jener borniert Vitalität einer ebenso gedankenleeren wie geschichtsabtrünnigen Gesellschaft, in der gerne das 'klare und einfache Leben' beschworen wurde."[134]

Als die Deutschen 1958 zum WM-Turnier nach Schweden reisten, waren sie bereits längst nicht mehr der Weltkriegsverlierer, sondern – aufgrund ihrer Vergangenheit und ihrer Stehaufmännchenqualitäten – die verhaßte „Wir-sind-wieder-wer"-Nation. Von der taktisch motivierten Bescheidenheit, mit der man noch in das 54er-Turnier gegangen war, war vier Jahre später nicht mehr viel übrig geblieben. Im Halbfinale traf die bundesdeutsche Nationalmannschaft auf Gastgeber Schweden, und im ausverkauften Ullevi-Stadion zu Göteborg dominierten die Farben blau und gelb. Angetrieben von einer „fanatisierten" Menge siegten die Gastgeber mit 3:1 und zerstörten den deutschen Traum von der Titelverteidigung. Keine andere Niederlage in der Nachkriegsgeschichte des deutschen Fußballs erregte so das nationale Gemüt; nicht das unglückliche 2:4 von Wembley 1966 und auch nicht das 2:3 exakt zwanzig Jahre später gegen Österreich in Cordoba. Deutsche Restaurants strichen die kulinarische „Schweden-Platte" von ihren Speisekarten, und deutsche Geschäftsleute kündigten ihren schwedischen Partnern die Geschäftsbeziehungen. Schwedische Touristen in Deutschland wurden beschimpft und an Tankstellen nicht mehr bedient. Symptomatisch für die damalige Stimmung war der folgende Kommentar der „Saar-Zeitung": „Der instinktsichere 'kleine Mann' hat aus den fanatischen Heja-Rufen des aufgepeitschten schwedischen Zuschauerplebs den Grundton abgrundtiefer Gehässigkeit herausgehört, wenn nicht den Grundton eines Hasses, der sich nicht nur gegen die deutschen Fußballspieler richtet, sondern gegen die Deutschen schlechthin. Das offizielle Schweden hat hämisch genießend zugelassen, daß rund 40.000 Repräsentanten dieses mittelmäßigen Volkes, das sich nie über nationale oder völkische Durchschnittsleistungen erhoben hat, den Haß über uns auskübelte, der nur aus Minderwertigkeitskomplexen kommt. (...) Es ist der Haß eines Volkes, dem man das Schnapstrinken verbieten muß, weil es sonst zu einem Volk von maßlosen Säufern würde."[135]

Noch heute, 34 Jahre danach, wird die Niederlage von Göteborg als zutiefst ungerecht empfunden und werden die schwedischen Akteure übergroßer Härte bezichtigt. Ein Volk, das jegliches internationales Recht negierte und ganz Europa mit Krieg und Vernichtung überzog, gerierte sich 1958 wegen angeblich fragwürdiger Schiedsrichterentscheidungen und einiger blauer Flecken als Memme, ein reflexartiges Verhaltensmuster, das auch heute noch Gültigkeit besitzt (siehe z.B. die öffentliche Reaktion auf Frank Rijkaards „Speichel-Attentat" gegen Rudi Völler bei

Händeschütteln zwischen Fritz Herkenrath und Nakka Skeglund nach dem angeblichen „Skandalspiel", bei dem Torhüter Herkenrath keine Benachteiligung der deutschen Elf gesehen hatte und über die anti-schwedischen Ausschreitungen urteilte: „Leute, die so unbeherrscht reagieren, haben niemals im aktiven Geschehen gestanden."

der WM 1990, s.u.). Interessanterweise sahen die deutschen Spieler und ihr Trainer die Ereignisse ganz anders – nämlich erheblich abgeklärter – als ein Großteil der hiesigen Öffentlichkeit und der Schreibtisch-Hooligan der „Saar-Zeitung". Sepp Herberger, laut Walter Jens eine „liberale Figur", bescheinigte den Schweden große Klasse und verurteilte das Nachtreten seines Verteidigers Juskowiak, den der Schiedsrichter des Platzes verwies. Nichtsdestotrotz ist bezüglich dieser Schiedsrichter-Entscheidung noch heute in der von Karl-Heinz Huba herausgegebenen

„Fußball-Weltgeschichte" zu lesen: „Die Schweden wehrten sich, wie Heimmannschaften sich eben wehren: immer ein bißchen härter, immer ein bißchen näher am Rande der Legalität als die anderen. Schiedsrichter Zsolt aus Ungarn tolerierte es, ließ zu, daß Bergmark Rahn im Strafraum umsäbelte, daß Parling nicht nur nach dem Ball trat. (...) So kam, was kommen mußte (sic!): Juskowiak ließ sich von Hamrin provozieren, trat nach – und wurde des Feldes verwiesen."[136] Helmut Rahn, der die deutsche Elf 1954 zum Titelgewinn geschossen hatte und der auch in und gegen Schweden auf dem Platze war, schildert die Vorgeschichte des Juskowiak-Fouls völlig anders: „Die Schweden spielten hervorragend. Vor allem Hamrin, ihr glänzender Rechtsaußen, stellte Juskowiak an diesem Tag vor ein unlösbares Problem. Und weil Jus das selbst spürte, wurde er wütend und ließ er sich zu seiner berühmt gewordenen Affekthandlung hinreißen. (...) In einem derart wichtigen Spiel hätte so etwas nicht passieren dürfen. Aber auch wenn Jus auf dem Platz geblieben wäre, Hamrin hätte immer einen Weg an ihm vorbei gefunden."[137]

Fazit: Sowohl die Niederlage wie auch der Platzverweis waren vollauf berechtigt. Und: Auch ohne Juskowiaks unrühmlichen Abgang wären die Deutschen an diesem Tag nicht ins Finale eingezogen. Bleiben somit noch die „aufgepeitschten" schwedischen Massen und deren „Heja"-Rufe. Daß die Schweden das Spiel zu einem Politikum machten, soll nicht geleugnet werden. Indes: Die deutschen Spieler ertrugen die Atmosphäre mit ungleich größerer Gelassenheit als ihre Fans vor den Radios und Pantoffelkinos. Noch einmal Helmut Rahn: „Mir persönlich machte der Zirkus nichts aus. Mich ließ alles, was um mich herum geschah, eiskalt. Ich dachte nur an das Spiel, da konnte schreien und pfeifen wer wollte..."[138]

Die Nachkriegsjahre und die 50er gelten gemeinhin auch als die Jahre des großen Fußballbooms. Dieser manifestierte sich nicht nur in den oberen Klassen, sondern vor allem auch in den unteren Regionen des Ligenwesens bzw. den „Derby-Ligen". 3.000 Zuschauer und mehr bei einem viert- oder gar nur fünftklassigen Spiel waren im Ruhrgebiet durchaus keine Seltenheit. In diesen Ligen entwickelte sich eine „zweite" bzw. eigene Fußball-Kultur, und die addierten Zuschauerzahlen der Dritt- und Viertligisten einer Stadt/Region entsprachen nicht selten dem Zuschauer-schnitt eines Erstligisten oder lagen gar über diesem.[139]

Seither hat der Zuschauerzuspruch stetig abgenommen, was zugleich jedoch wieder relativiert werden muß. Denn der Zu-schauerrückgang betrifft – wie seinerzeit der Boom – in erster Li-nie die unteren Klassen, und außerdem muß jeder Vergleich mit den „goldenen Jahren" die besonderen ökonomischen, sozialen und kulturellen Umstände jener Zeit berücksichtigen, als der Fußball noch eine „fast einzigartige Position als erschwingliches Samstags- oder Sonntagsvergnügen der männlichen Bevölke-rung"[140] besaß. So zeigt z.B. eine Untersuchung über das engli-sche Zuschauerverhalten, daß der Zuspruch in den 60ern und 70-ern mit dem der 20er und 30er weitgehend identisch war.[141]

Während der Fußball damals – zumal in proletarischen Regio-nen – auf dem Freizeit- und Unterhaltungssektor nahezu kon-kurrenzlos dastand, ist dies heute völlig anders. Der Fußball sieht sich nicht nur mit einem umfangreichen Sport- und Freizeitange-bot konfrontiert, sondern auch mit einer generellen Veränderung im Freizeitverhalten. Viele potentielle Zuschauer wollen heute nur noch die besonderen Begegnungen live erleben, die „high-lights" der Saison. Der Zuschauerrückgang äußert sich deshalb vor allem zwischen den „highlights" und dem „normalen" Spiel-tag. Es gibt heute halt noch andere Möglichkeiten, um mit ande-ren Menschen das Wochenende zu verbringen, als bei strömen-dem Regen auf unüberdachten Stehterrassen das Duell des Sieb-ten gegen den Zwölften der Tabelle zu verfolgen. Die Frage lau-tet nicht mehr „Was kann ich tun?", sondern: „Kann ich den Gang zum Fußballplatz in meine sonstigen Pläne für das Wochenende integrieren?" Für den Fußball gilt heute nichts anderes als für den Kirchgang und den Kinobesuch, wobei Kirche und Kino noch weit mehr Fans verloren haben als der Fußball. Man frequentiert diese Orte nur noch, wenn dort etwas Besonderes geboten wird. Verstärkt wird dieser Trend noch durch die Veränderungen in den Geschlechterbeziehungen. Der junge Familienvater geht heute nicht auf den Fußballplatz, ohne zuvor zu sondieren, wie sich die übrigen Familienmitglieder die Wochenendgestaltung vorstellen. Deshalb auch die Überlegung, die Stadien um fami-lienfreundliche „Picknick-Areale" und Einkaufsmöglichkeiten zu „bereichern".

Mit der sukzessiven Einführung des Voll-Profitums sowie mit der Krise und Umstrukturierung im Bergbau, die der Bereitschaft der Zechenführungen zur finanziellen Förderung der örtlichen Fußballklubs Grenzen setzte, erfolgte Ende der 50er der Niedergang der traditionsreichen Bergarbeitervereine. Der erste Einbruch kam mit den Herausforderungen des Voll-Profitums, denen die Zechen im zunehmenden Maße nicht mehr gewachsen waren. Sie hatten die Vereine mit Arbeitsplätzen und Sportanlagen versorgen können, Bargeld spielte hingegen eine geringere Rolle. Hatten in Westfalen bis zum 24. Juli 1949, dem Tag, an dem auch im Westen und in Norddeutschland der Vertragsspieler eingeführt wurde, „die Vereine aus der Emscher-Zone, die Berg- und Stahlarbeiterklubs dominiert, so brachte die offizielle Bezahlung mit der neuen harten Währung eine Veränderung. Waren vorher Naturalien und Deputate gefragt, so zogen beispielsweise die Funktionäre des *SC Preußen Münster* begnadete Filigrantechniker aus dem Ruhrgebiet weg von ihren Arbeitsplätzen in den Großbetrieben zu neuen, mit weniger schwerer Arbeit und guter Entlohnung. Die erste, fast nur aus Revier-Spielern rekrutierte Angriffsreihe der Preußen ging in die Geschichte des offiziellen bezahlten Fußballs als der Hunderttausend-Mark-Sturm ein."[142] Doch die Domstädter lockten auch mit Existenzgründungen. Beispielhaft hierfür ist der Fall des Erkenschwickers „Sigi" Rachuba. Dem gelernten Anstreicher „wurde die Eröffnung eines Maler-Geschäftes offeriert. Erkenschwick konnte nur mit einem Job über Tage auf der damaligen Zeche Ewald-Fortsetzung gegenhalten. Vergeblich natürlich."[143] Trotzdem blieben die monostrukturierten, mit einem bestimmten Montanbetrieb assoziierten Klubs in der Oberliga West, der damals höchsten Spielklasse, die das gesamte Bundesland NRW abdeckte, auch weiterhin stark vertreten (z.B. Katernberg, Sodingen, Erkenschwick, Würselen, Hamborn), denn von „Zechensterben" war noch nicht die Rede. „Kohle, Koks und Stahl waren die Fundamente des noch immer anhaltenden Aufschwungs. Die Bundesrepublik im Montanglück, das Ruhrgebiet in einem anhaltenden Fußballrausch."[144] Dies änderte sich erst mit der Krise im Bergbau, die den zweiten Einbruch markierte. Auch das Lockmittel Arbeitsplatz stand nun nicht mehr länger unbeschränkt zur Verfügung. Nicht nur, weil deren Zahl drastisch abnahm, sondern auch aufgrund der durch die Zentralisierung bedingten Beschneidung der Macht der einzelnen Zechenfürsten. Der ehemalige Standortvorteil der Arbeitervereine verkehrte sich nun ins Gegenteil, da in ihrem Milieu für die alten Sponsoren oft kein Ersatz gefunden wurde. Viele der Bergarbeitervereine waren in Industriedörfern bzw. sogenannten Vororten beheimatet, wo die Zeche das industrielle und ökonomische Herzstück schlechthin war, es außer ihr nur noch kleinere Gewerbetreibende gab. Somit fehlten den Klubs die Voraussetzungen, beim Vormarsch der städtischen Repräsentationsvereine aus den Dienstleistungszentren mithalten zu können.

Mit dem Bedeutungsverlust des Bergbaus erfolgte so auch der sportliche und materielle Abstieg seiner Fußballvereine, und die einstige Einheit von Industrie, Arbeit, Wohnen und Freizeit (sprich Fußball) begann sich aufzulösen.[145] Die Vorortvereine unter den Arbeitervereinen traf die Entwicklung nicht nur aufgrund ihres zumeist monostrukturierten Charakters besonders hart. Denn mit der Einführung der offiziellen Bezahlung wurde auch die Teilung der Einnahmen zwischen Platzverein und Gast abgeschafft, was ein weiterer Grund war, warum Dortmund, Essen und auch Schalke nicht das gleiche Schicksal erlitten wie die *SpVg Erkenschwick* oder die *STV Horst-Emscher:* „Die STV Horst-Emscher zum Beispiel spielte im Stadion Rote Erde von Dortmund gegen die Borussia vor 40.000 Zuschauern. Beim Rückspiel hatten die Emscher-Husaren vielleicht 15.000 Besucher in der Fürstenberg-Kampfbahn. Eine ganz einfache Rechnung – Horst als Stadtteil war entschieden kleiner als die Großstadt Dortmund."[146] Somit entstand auch im Ruhrgebiet selbst ein erhebliches Finanzgefälle, und die oberen Amateurklassen wurden zur neuen Heimat für die traditionsreichen Vorortvereine, wenngleich der eine oder andere von ihnen sich zunächst noch immerhin in der Zweitklassigkeit halten konnte (z.B. *Hamborn 07* in den

Oberligafußball Anfang der 60er Jahre

60ern) oder aber für einige Jahre dorthin aufstiegen (z.B. SpVg Erkenschwick in den 70ern). Die sozial-geographischen Verschiebungen im Fußball verdeutlicht auch die karge sportliche Bilanz der Ruhrgebietsklubs seit Einführung der Bundesliga: Seit nunmehr 28 Jahren wartet das Ruhrgebiet auf eine Deutsche Meisterschaft. In den 16 Jahren von 1948 bis 1963 holte der Ruhrpott immerhin fünfmal den Titel (Rot-Weiß Essen 1955, Schalke 04 1958, Borussia Dortmund 1956, 1957, 1963), wenngleich sich hier bereits ein Bedeutungsverlust der klassischen „Knappenvereine" abzeichnete. Im Gegensatz zu den Schalkern waren die Essener und Dortmunder zwar ebenfalls mit dem Arbeitermilieu eng verbunden, aber weniger monostrukturiert. Aus Schalker Sicht galten die Dortmunder gar als etwas „vornehm". (Der klassische Bergarbeiterverein war in Dortmund der Vorortklub Arminia Marten.)

Den (weniger Finanzkraft und Kontinuität voraussetzenden) DFB-Pokal konnte der Ruhrpott seit Einführung der Bundesliga immerhin dreimal gewinnen (Borussia Dortmund 1965 und 1989, Schalke 04 1972). In den bislang 28 Bundesligajahren konnten Ruhrpottvereine nur fünfmal um die Deutsche Meisterschaft mitspielen, was in keinem Verhältnis zu ihrer „Masse" steht. In der ersten Bundesligasaison (1963/64) wurde der MSV Duisburg (damals noch Meidericher SV) Vizemeister, 1966 gelang dies Borussia Dortmund, 1972 und 1977 Schalke 04 und 1992 wiederum Dortmund. Das Ruhrgebiet blieb weiterhin berühmt für seine einmalige Dichte von Vereinen und Fußballspielern, aber Meistermannschaften wurden in den 70er und 80er Jahren an anderen Orten produziert: In München, Mönchen-Gladbach, Hamburg, Köln, Stuttgart und Bremen. Von den 17 Klubs aus dem Bundesland NRW, die in den Jahren 1963/64 bis 1991/92 mindestens eine Spielzeit im Oberhaus vertreten waren, kamen zwar sieben aus dem Ruhrpott, aber Meister wurden nur die Nicht-Ruhrpottklubs aus den Dienstleistungsstädten Köln (zweimal) und Mönchen-Gladbach (fünfmal).

Die Mehrzahl einstmals erfolgreicher Arbeitervereine aus dem Ruhrgebiet sind heute nur noch ein Schatten ihrer Vergangenheit: In der Saison 1990/91 spielten die Sportfreunde Katernberg und die SpVg Erkenschwick in der 3. Spielklasse, der SV Sodingen, Westfalia Herne und der STV Horst-Emscher in der 4. Spielklasse, der VfL Altenbögge – Nachfolger SpVg Bönen gar nur in der 6. Spielklasse. Dennoch kann nicht ausgeschlossen werden, daß es mittelfristig wieder zwei bis drei Ruhrpottvereinen gelingen könnte, an der Spitze im deutschen Fußball mitzuspielen. Dieses galt in der Saison 1991/92 bereits für die Dortmunder Borussia, die allerdings ohnehin mit einer viel geringeren Erblast beladen war als die ehemaligen Bergbauvereine und deren Stern sicherlich nicht zufällig just in dem Moment aufging, als der Schalkes und anderer „Knappenvereine" im Sinken begriffen war. Aber auch Schalke erfährt z.Zt. eine Renaissance, die sich sportlich im Wiederaufstieg in die 1. Liga (1990/91) und dem folgenden Klassenerhalt sowie in einem phantastischen Zuschauerzuspruch niederschlägt. Die Zuschauermassen in Schalke und Dortmund trugen erheblich dazu bei, daß die Liga 1991/92 ihren besten Zuschauerschnitt seit 1979/80 verzeichnen konnte.

Aufgrund ihres Charakters als städtischer Repräsentationsverein und ihrer großen Anhängerschaft sanken die Schalker nie so tief wie andere Bergarbeiter- und Vorortvereine. Voraussetzung für eine neue Erfolgsära ist in Dortmund wie in Schalke allerdings eine zumindest partielle Abkoppelung vom traditionellen Milieu, das mehr und mehr in eine folkloristische Statistenrolle gedrängt wird. Die Verbindungen des Vereins Schalke 04 zur lokalen Zeche, einst die wohl wichtigste Voraussetzung für blau-weiße Erfolge, sind längst gekappt, nicht nur seitens der Bergwerksdirektion, sondern auch vom Verein selbst. Der letzte legendäre Schalker Spieler, der als Berglehrling auf „Consolidation" begann, war Reinhard Libuda. Aber auch mit dem Stadtteil hat der Verein heute kaum mehr etwas zu tum. Die einzige Verbindung der Blau-Weißen zu Schalke besteht heute darin, daß sich dort nach wie vor das alte Vereinslokal und die Glückauf-Kampfbahn befinden. Letztere dient allerdings nur noch den Jugendmannschaften, und Vereinskneipe wie Kampfbahn sind heute mehr Fußballdenkmäler, als daß hier tatsächlich noch das Schalker Herz schlagen würde. Eine gewisse ideelle Ankopplung bleibt somit bestehen, als Teil einer Schalke-Folklore, auf die auch der eher mittelständische Schalke-Fan aus dem näheren und entfernteren Umland nicht verzichten will. Die Tradition des Vereins darf nicht vollständig suspendiert werden. Denn ohne diese Tradition und deren Ausstrahlungskraft würde das kommerzielle Projekt Schalke allzu farblos ausfallen und nicht funktionieren. Schalkes Schatzmeister Rüdiger Höffken, zugleich auch Boß des Sponsors „Alu-Rad": „...zweifellos trägt der Mythos Schalke und die Tatsache, daß der Klub trotz Zweitklassigkeit ständig im Gespräch ist, mit dazu bei, daß wir (gemeint ist nicht Schalke, sondern „Alu-Rad" – Anmerk. dsm) den Umsatz in den letzten Jahren von 15 Millionen auf 40 Millionen steigern konnten."[147] Selbst wenn beispielsweise der Wattenscheider Nachbar erfolgreicher wäre: Der SG 09 fehlen die Geschichte und die Aura, die Massen fasziniert und anzieht. Allein schon aus geschäftlichen Erwägungen muß deshalb eine ideelle Anbindung an „Schalke" gewahrt bleiben, während zugleich die ökonomische und soziale Anbindung weiter gefaßt wird. Materiell profitiert Schalke heute vom Stadtteil sowenig wie dieser vom Verein. In Schalke selbst gibt es für einen Profiverein nichts mehr zu holen, so daß nur noch der Name geblieben ist.

Mitte der 60er Jahre erlebte die einst blühende Schalker Industrie ihren Niedergang: Die Zeche Bismarck schloß, und es folgte die Stillegung der Glas- und Chemieindustrie. Tausende von Arbeitsplätzen gingen im Zuge der allgemeinen Umstrukturierung der Ruhrwirtschaft verloren, und viele wanderten ab. Die Zeche „Consolidation", mit ca. 4.400 Beschäftigten noch immer der größte Arbeitgeber im Stadtteil, ist heute nur noch ein Materialschacht. Des weiteren sind der Zeche noch Werkstätten für die Reparatur der unter Tage eingesetzten Maschinen und Lehrwerkstätten geblieben. Aber auch die Zeit von „Consolidation" läuft ab. Ein weiteres Relikt einstiger industrieller Blüte ist die Thyssen Drahtindustrie, deren Belegschaft von ehemals 1.500 auf 600 rationalisiert wurde. Schalkes Sozialstruktur ist heute durch Überalterung der deutschen Bevölkerung, einen hohen Ausländeranteil, niedriges Bildungsniveau, viele Alleinstehende und eine Arbeitslosigkeit von ca. 15 % gekennzeichnet.

Die ökonomische und soziale Abkoppelung von seiner Wiege und jahrzehntelangen Heimat symbolisierte der Verein bereits 1974 mit dem Umzug in das Parkstadion. Um zum Parkstadion zu gelangen, muß der Stadtteil Schalke nicht mehr durchquert werden. Das Stadion liegt wie eine Raststätte direkt an der Autobahn, so daß der auswärtige Schalke-Fan die Stadt Gelsenkirchen überhaupt nicht zu Gesicht bekommt. Die Mehrzahl der Schalker Zuschauer kommt heute aus dem näheren und weiteren Umland, aus den eher mittelständischen Regionen Münsterland, Sauerland und Soester Börde. Bergleute spielen heute als Vereinsmitglieder keine Rolle mehr, auch Schalker Bürger nicht. Über 6.000 der 7.700 Mitglieder waren 1990 nicht einmal Gelsenkirchener, der amtierende Präsident mit eingeschlossen. Im Verwaltungsrat des Klubs sitzt heute FDP-Wirschaftsminister Möllemann, von den Bergleuten im „Pott" als Totengräber ihres Industriezweigs betrachtet. Im November 1991 wurde im benachbarten Erkenschwick ein Oberligaspiel erst mit Verspätung angepfiffen, da zuvor 1.200 Bergleute im Stadion gegen die Möllemann'sche Kohlepolitik demonstrierten. Im Gelsenkirchener Parkstadion wurden die protestierenden „Knappen" mit ihren Transparenten indes am Eingang abgewiesen, von den Ordnern eines Vereins, der in seinem Vereinswappen unverändert das Symbol der Bergleute trägt. Und natürlich kommen auch die Sponsoren des Klubs – wie der bayerische Hauptsponsor „Müller Milch", ein berüchtigter Umweltverschmutzer und Bauernausbeuter – von außerhalb.

Der auf ein konsumfreundlicheres Mittelschichtspublikum zielenden Imageerneuerung Schalkes wurde im November 1990 gar ein Trainer geopfert. Sportlich gab es für die vorzeitige Entlassung von Peter Neururer nicht die geringste Erklärung, aber der Trainer stand in einem „scharfem Kontrast zu seinem Präsidenten Günter Eichberg. Hüben der Malocher, drüben der Mann von Welt".[148] Der „Zocker" Neururer verkörperte das Image vom typischen Ruhrgebietskind, rauh, aber herzlich und zutiefst ehrlich, die Sprache des Volkes sprechend. Sein Nachfolger, Eichbergs Wunschkandidat Aleksandar Ristic, stand hingegen für ein anderes gesellschaftliches Milieu. Dem weltmännischen Medienstar Ristic war es zuvor in Düsseldorf gelungen, die dortige „Fortuna" in der Düsseldorfer Gesellschaft und bei der örtlichen Wirtschaft wieder hoffähig zu machen. Mit Ristic wollte Eichberg nun „in eine neue Epoche starten".[149] Aus ähnlichen Überlegungen mußte auch Manager Helmut Kremers, ein ehemaliger Schalke-Spieler, dem medienwirksameren und im Umgang mit der Öffentlichkeit souveräneren Günter Netzer weichen.

Als Bundesligaaufsteiger Schalke in die Nähe der Abstiegszone geriet, ergriff Präsident Eichberg wohl die Panik, was angesichts der enormen Investitionen, die der Verein und er getätigt hatten, kaum verwunderlich war. Eichbergs Ziel, Schalke den launischen Charakter einer Fahrstuhlmannschaft auszutreiben, um den Klub stattdessen binnen weniger Jahre in der nationalen und europäischen Spitze zu etablieren, schien bereits im Ansatz in Gefahr. Auch Ristic mußte gehen; sein Nachfolger wurde der ehemalige Schalker Torjäger Klaus Fischer, bis dahin für die blauweißen Amateure zuständig. Im Vergleich zu Ristic war Fischer, eine eher bieder und proletarisch anmutende Erscheinung, ein Rückfall in die Ruhrpottmentalität. So war Eichberg wohl auch froh, als der DFB intervenierte und einen neuerlichen Trainerwechsel forderte. Der neue Mann heißt nun Udo Lattek, beim 1. FC Köln in der Funktion des „Technischen Direktors" zwar kläglich gescheitert, aber – als einer der erfolgreichsten Trainer der Welt – mit erheblich größerer Medienwirkung und Ausstrahlung ausgestattet als der fleißige Arbeiter Klaus Fischer.

Deutschland hatte 1963 als letztes Land seine zentrale Liga erhalten, und in den folgenden Jahren fielen sukzessive sämtliche

Beschränkungen in Sachen Profitum. Die wachsende Rolle des Geldes sollte schon bald mit den herkömmlichen, aber überkommenen personellen Strukturen vieler Vereinsführungen in Kollision geraten. Die Bundesliga wurde zu einem Showbetrieb, der ständig über seine Verhältnisse lebte. „An den Schalthebeln sitzen ehrbare Funktionäre, erfolgreich im Privatberuf – aber zumeist hilflos, wenn es gilt, das Prinzip Hoffnung im Profi-Fußball den Realitäten anzugleichen."[150] Folglich war auch der Bestechungsskandal der Saison 1970/71, bei dem ca. 1,3 Millionen DM Bestechungs- und ca. 700.000 DM Schweigegelder die Besitzer wechselten (das waren ca. 10 % des Gesamtumsatzes der Liga) und lediglich die Spieler von 4 der 18 Bundesligisten unbescholten blieben, alles andere als ein Betriebsunfall, „sondern die folgerichtige Konsequenz aus nichterfüllten Träumen und kapitalistischer Wirtschaftspraxis".[151] Und sicherlich war es auch kein Zufall, daß mit Schalke 04 ein traditionsreicher Arbeiterverein im Mittelpunkt des Geschehens stand, geführt von einem mit dem Ruhrgebietsproletariat und dem traditionellen Fußballmilieu eng verbundenen Getränkehändler namens Günther Siebert. In Schalke – wie aber auch an anderen Stätten traditionellen Arbeiterfußballs – schien sich der Fußball seit der Einführung des Voll-Profitums (gezwungenermaßen) immer wieder am Rande der Kriminalität zu bewegen. Heute hat sich dieses Phänomen bzw. das Problem, kapitalistische Realität und Fußballidealismus miteinander in Einklang zu bringen, mehr in die unteren Ligen des Berufsfußballs, der 2. Liga und den Oberligen, verlagert.

An einem Ort wie Schalke hat mittlerweile – nach langen internen Gefechten – ein moderneres Management die Dinge in die Hand genommen, das weniger idealistisch, aber dafür umso kommerzieller denkt und seine Sozialisation und Schulung – anders als Günther Siebert – fern vom proletarischen Milieu des Schalker Marktes erfuhr. Schalke wird heute mehr denn je wie ein Wirtschaftsunternehmen geführt. Trotzdem haben die jüngsten Entwicklungen in Schalke – der drohende erneute Abstieg, die Trainerwechsel etc. – gezeigt, daß sich Vereine in ihrem Charakter nicht so ohne weiteres ändern lassen. So muß beispielsweise bezweifelt werden, ob ein Günther Eichberg, Besitzer mehrerer Privatkliniken (kein unbedingt seriöses Geschäft), zuvor allerdings mit Spielautomaten pleite gegangen, beim benachbarten Rivalen Borussia Dortmund ebenfalls hätte aufsteigen können. Die Borussia war schon immer auf der Führungsebene „seriöser" als Schalke und wird aktuell nicht von ungefähr von einem Rechtsanwalt Dr. Niebaum geführt (Vorgänger: Rechtsanwalt Dr. Rauball). Eichberg ist zwar von einem anderen Kaliber als Günther Siebert (und auch kein Kind des Ruhrgebiets), aber doch zugleich nur eine zeitgemäße Fortschreibung dessen Person. Bestimmte Milieus ziehen bestimmte Leute an. Bei der Frankfurter Eintracht wird sich immer eine überproportionale Zahl von Spielern einfinden, die als brilliant aber launisch gelten, da sie wissen, daß sie dort gut aufgehoben sind; und die Münchener Bayern werden stets darauf achten, daß bei ihnen der moderne Angestelltentyp stark repräsentiert ist, während es die biederen, aber kämpferischen Typen auch in Zukunft zum Kaiserslauterer „Betzenberg" ziehen wird. Gleiches gilt eben auch für die Führungsebenen. Schalke bleibt „halbseiden" (Möllemann mit inbegriffen), Dortmund „sozialdemokratisch-seriös", Frankfurt „launisch" und „elitär", Bremen „sozialdemokratisch-hanseatisch" etc.

Mit dem überraschenden Meisterschaftsgewinn für den *1. FC Kaiserslautern* in der Saison 1990/91, die die auf den Titel abonnierten Münchener Bayern auf den 2. Platz verwiesen, begann die Renaissance der traditionsreichen Fußballstandorte, während sich der Fußball in den sogenannten Weltstädten Berlin, Hamburg, Frankfurt, Düsseldorf und München eher von seiner krisenhaften Seite zeigte. Für Berlin, Hamburg, Frankfurt und Düsseldorf war dies nichts Neues, wohl aber für München, das bis dahin eine Sonderstellung behauptet hatte. 1991/92 verpaßte Borussia Dortmund das Meisterstück nur aufgrund des schlechteren Torverhältnisses. Kaiserslautern, Nürnberg, Dortmund und Schalke erlebten einen Zuschauerboom, der sowohl ein authentischer Reflex auf den Münchener Angestelltenfußball, zugleich aber auch das Resultat eines gewieften Marketings ist. „Wie überall, so sind auch in Dortmund die Kicker längst nicht mehr die lokalen Helden der Arbeiterklasse. 'Mit dem habe ich früher auf der Straße gekickt', kann mittlerweile auch in Dortmund keiner mehr sagen. Die Ballartisten sind den Fans vielleicht nur noch nicht so entrückt wie in anderen Städten. Dortmund weiß die Diskrepanz besser zu kaschieren. Statt Cabrios wie in Stuttgart oder Frankfurt bestellt ein sensibler Manager Meier eben zwei einfache Laster mit offener Ladefläche als Showbühne. Darauf fahren die Spieler rund um den traditionellen Borsigplatz. 'Das paßt besser zu uns', so der Macher vom Vizemeister."[152]

Das erfolgreiche, aber langweilige und emotionslose Ange-stelltengekicke Bayern Münchens provozierte die Renaissance der traditionellen Fußballstandorte und schuf eine Marktlücke für ein – allerdings durchaus systemimmanentes – Kontrastpro-gramm sowie eine gewisse „Anglisierung" des Bundesligafuß-balls. Kaiserslautern war hierfür wie geschaffen – ein enges Fuß-ballstadion, das englische Atmosphäre verbreitet, eine Mann-schaft, die ihr Heil vor allem im Kampf sucht und dazu auch noch äußere Voraussetzungen, die an die „goldenen" 50er erinnern. Denn außer Fußball gibt es über Kaiserslautern nichts zu berich-ten, außer daß sich die Stadt in einem militärischen Ballungsge-biet befindet, womit sich jedoch schlecht Imagepflege betreiben läßt. Anders als in München, Hamburg oder Stuttgart muß der Fußball sich hier auf dem Freizeitsektor kaum mit Konkurrenz und neuen Herausforderungen herumschlagen. Kaiserslauterns Präsident Norbert Thines: „Daß wir Provinz sind, ist unser gro-ßes Plus."[153] Und Hans-Jochen Huberti, Leiter des örtlichen Am-tes für Wirtschaftsförderung: „Es gibt da einen, wohlgemerkt un-begründeten, Minderwertigkeitskomplex der Westpfälzer. Nir-gendwo läßt der sich besser kompensieren, als auf dem Betze. (...) Wenn der FCK abstiege, dann ginge hier alles den Bach runter. Dann – wären wir verloren."[154] Zum Image des FCK paßt auch das Vorgehen der Klub-Führung in Sachen Stadion-Modernisie-rung. Natürlich erhält auch der „Betze" VIP-Logen und VIP-Lounges, Kongreßräume etc., und man steht zwecks Finanzie-rung des Betzenberg-Umbaus mit der amerikanischen Firma „Leisure Managment International" in Kontakt. Der „Betze" soll ein „Super-Dome" nach amerikanischem Vorbild werden, zu-mindest aber mit den Anlagen europäischer Spitzenklubs wie *PSV Eindhoven* mithalten können. Ion Tiriac hat beim FCK-Prä-sidium bereits bezüglich Tennis-Großveranstaltungen vorgespro-chen, und Präsident Thines hat nichts dagegen.

In Kaiserslautern läuft also nichts anderes als an anderen Bundesligastandorten, nur daß sich der Präsident eine andere Begründung dafür einfallen läßt und dem Stehplatzpublikum ein Reservat erhalten will. Mit dem Geld, das Thines in den VIP-Logen – so wörtlich – „den Großkopferten aus dem Sack holen" will, möchte er „den einfachen Menschen das Spektakel sichern."[155] Thines droht gar an, gegen die Forderung des DFB, die Bundesligastadien in reine Sitzplatzarenen umzuwandeln, notfalls gerichtlich vorzugehen, „weil sich Rentner und Studenten mehr als Schickimickis mit uns identifizieren und der Fußball die Kultur des kleinen Mannes ist."[156] Im Umfeld des FCK sind solche Töne unbedingt angebracht, denn das konsumorientierte Publikum ist in der Pfalz viel zu klein, als daß man auf dieses allein setzen könnte. Außerdem weiß Thines nur zu gut, daß der FCK nicht mehr der FCK mit seiner gegenwärtigen Anziehungskraft wäre, würde man sein traditionelles Umfeld zu sehr vergraulen. So sieht man sich am „Betze" zum Spagat genötigt – Logen und Tennis ja, aber („englischer") Fußball und Stehplätze ebenfalls.

Während sich in Dortmund, Schalke und Nürnberg, weniger in Kaiserslautern, vieles bei näherer Betrachtung nur als Schein entpuppt, kam ein anderer Klub in der Saison 1991/92 dem 50er-Jahre-Milieu tatsächlich relativ nahe – nämlich der *MSV Duisburg*, der das Oberhaus jedoch nach einem nur einjährigen Gastspiel erneut verlassen mußte. Mit unglaublichem Engagement (Trainer Willibert Kremer: „Hier wird ehrliche Arbeit geleistet") waren die Stahlstädter zunächst in die Spitze der Liga vorgestürmt, bevor die arg überalterte Truppe die Kräfte verließen. Im Gegensatz zu Schalke und Dortmund standen hier zumindest einige waschechte „Ruhrpottler" auf dem Feld, und nicht weniger als sieben Spieler im Kader der „Zebras" gingen neben ihrer sportlichen Arbeit einem „zivilen" Beruf nach, was Torhüter Macherey dennoch als Vorteil betrachtete: „Wir sind durch den Beruf auf dem Feld ruhiger und gelassener."[157] Nicht die Dortmunder und Schalker und auch nicht die „Roten Teufel" vom Betzenberg, sondern der Absteiger aus Duisburg bildete somit in der Saison 1991/92 das deutlichste Kontrastprogramm zu den Münchener Bayern. Keine andere Bundesligamannschaft war so stark und fest in das lokale soziale Umfeld integriert wie die „Zebras".

»ICH SPIELE, UM GELD ZU VERDIENEN«

VERMARKTUNG UND TYPENWANDEL

Die fortschreitende marktwirtschaftliche Durchdringung vergrößert die Kluft zwischen reichen und armen Vereinen. In der Saison 1990/91 betrug der Etat Bayern Münchens nach eigenen Angaben 15 Millionen DM. Am Ende der Skala standen Vereine wie der FC St. Pauli (8,5 Millionen), der VfL Bochum (7,4 Millionen), Fortuna Düsseldorf (5,5 Millionen) und die SG Wattenscheid (3,5 Millionen).[158] Diese Entwicklung führt zu einer Einschränkung der sportlichen Konkurrenz.

Für die Finanzkraft der einzelnen Vereine ist nicht einmal in erster Linie die Zuschauerresonanz ausschlaggebend. In der Saison 1988/89 zählten die Bayern pro Spiel nur 8.000 Zuschauer mehr als der Newcomer *FC St. Pauli Hamburg,* aber ihre finanziellen Spielräume waren trotzdem ungleich größer. Die Bayern zählten bekanntlich auch nicht zu den beliebtesten Vereinen des deutschen Fußballs. So rangierte der erfolgsverwöhnte Klub in einer Umfrage der Wickert-Institute vom September 1989 (211 Befragte auf dem Gebiet der alten BRD) lediglich auf Platz 9 in der Beliebtheitsskala. Nur 45 % der Befragten erklärten die Bayern für sehr sympathisch. Für den Erst- und den Zweitplazierten in der Skala – Borussia Dortmund und Werder Bremen – lauteten die Werte hingegen 74 % bzw. 63 %. 34 % der Befragten erklärten die Bayern für „gar nicht" sympathisch, womit die Münchner den höchsten Negativwert unter den 18 Bundesligisten erzielten.[159] Noch krasser verhält es sich im Falle *Bayer Leverkusens,* in der Zuschauergunst zwar ganz unten angesiedelt, aber dennoch nach den Bayern mit dem größten Haushalt versehen. Leverkusen landete noch hinter dem FC Homburg auf dem letzten Platz: Nur 19 % bezeichneten den Konzern-Verein als „sehr sympathisch". 58 %, soviel wie bei keinem anderen der Bundesligaklubs, mochten sich über den gesichtslosen Verein kein Urteil bilden.[160] Der Anteil der Zuschauereinnahmen an den Gesamteinnahmen der Vereine ist in den letzten Jahren stetig gesunken. Statt-

dessen bekommen die Einnahmen aus dem Verkauf von Fernsehrechten, ökonomische Aktivitäten außerhalb des Spielfelds und
Sponsoren eine immer größere Bedeutung für das finanzielle Gebaren der Klubs. Anfang der 70er waren die Einnahmen eines
durchschnittlichen Bundesligaklubs aus Werbung und Fernsehen nicht ein Drittel dessen, was heute hier eingenommen wird.
In der Saison 1990/91 zählte Bayer Leverkusen beim UEFA-Cup-
Spiel gegen Kattowitz nur 8.500 Zuschauer, aber dank des Fern-
sehhonorars kassierte der Verein trotzdem eine Rekordeinnahme
von 1,2 Millionen DM. Die Eskalation der Spielergehälter, vor allem aber der Ablösesummen, treibt die Vereine dazu, sich ständig
neue Einnahmequellen zu erschließen. 1961 war Johnny Haynes
der bestbezahlte Profi in England. Sein Klub, der *FC Fulham*, benötigte 400 Zuschauer pro Spiel mehr, um sich Haynes leisten zu
können. Als der FC Liverpool 30 Jahre später den walisischen Nationalspieler Dean Saunders verpflichtete, hätten 1.200 Zuschauer pro Spiel mehr mobilisiert werden müssen, wären da nicht
noch andere Einnahmequellen gewesen. Die 2,9 Millionen
Pfund Ablöse für Saunders sind in dieser Rechnung nicht einmal
berücksichtigt.[161]

Das Fernsehen spaltet den Profifußball zusehends in eine
Zwei-Klassen-Gesellschaft und fördert den Egoismus der Spitzenklubs. Die Revolution erfolgte mit der Einführung des Privat-
bzw. Satellitenfernsehens und dem daraus resultierenden Konkurrenzkampf um Übertragungsrechte. Ermutigt von der Satel-
litengesellschaft BSkyB und von der FA kam es in England 1992
zur faktischen Auflösung der traditionsreichen Solidargemein-
schaft „The League", die alle englischen Profiklubs, ob reich oder
arm, ob in der 1. Division oder 4. Division, integrierte, und zur
Gründung einer „Premier League". Von der ursprünglichen Philosophie der League, den „Kleinen" unter den Profiklubs beizu-
stehen, im eigenen Interesse wie zum Wohle des Spiels, das ansonsten an Konkurrenzlosigkeit und Langeweile eingehen würde, ist nicht mehr viel geblieben. Die Premier League verspricht
den Spitzenklubs höhere Einnahmen aus dem Verkauf der Übertragungsrechte. Bis dahin wurden diese zwischen der 1. Division
und den folgenden drei Profiligen geteilt – 50 % für die erstklassigen Klubs, 50 % für die Klubs der Divisionen zwei, drei und vier.

Nun forderten die Premier League-Klubs 80 % vom größer gewordenen Kuchen. Die unteren Profiligen gehen harten Zeiten entgegen. Mit Aldershot warf bereits der erste Klub das Handtuch; weitere könnten schon bald folgen.

Auf europäischer Ebene finden dieses Abkoppelungstendenzen der „Großen" ihre Entsprechung im Projekt der Europaliga, für die sich insbesondere der *AC Milan*-Boss Berlusconi (s.u.) und *Olympique Marseille*-Präsident Tapie stark machen, die beide ihre geschäftlichen Interessen im Privatfernsehen haben und die Entwicklung eines europaweiten Satelliten-TVs protegieren. „Berlusconi besitzt heute schon starke Beteiligungen an spanischen und französischen Privatfernsehstationen. Er hat sich die internationalen Rechte der wichtigsten europäischen Ligameisterschaften gesichert und exklusive Vereinbarungen mit 70 ausländischen Mannschaften getroffen. Sollte es jemals zum vieldiskutierten Projekt einer Europa-Liga kommen, wäre Berlusconi jedenfalls bestens gerüstet. Und als Besitzer eines der attraktivsten europäischen Fußballklubs wäre er bei der Entscheidung über die Vergabe der Fernsehrechte auf beiden Seiten des Verhandlungstisches vertreten."[162] Das Berlusconi-Modell macht derweil Schule. Im Juli 1991 wurde der Pay-TV-Sender „Canal Plus" 49-prozentiger Mit-Eigentümer des Erstligisten *Paris Saint Germain*. „Canal Plus" garantiert dem Klub, drei Jahre pro Saison neun Millionen DM zu investieren. Das sportliche Ziel lautet, Paris für die Euro-Liga zu empfehlen. Des weiteren bemüht sich die neue Führung, auch in anderen Sportarten Top-Athleten unter dem St. Germain-Dach zu konzentrieren, wie es Real Madrid und CF Barcelona bereits seit längerer Zeit vormachen. So übernahm St. Germain die Basketball-Mannschaft Racing Paris und die Handballmannschaft von Paris-Asnieres. Des weiteren wurden ein Pool für professionelle Golfer gebildet und eine Boxstaffel aufgestellt. Mit den Top-Athleten erwirbt „Canal Plus" auch die Übertragungsrechte für deren Veranstaltungen, und es läßt sich dann leichter verhandeln.

Die Euro-Liga wäre in erster Linie eine Fernsehliga. Die Geschichte der europäischen Cup-Wettbewerbe, an deren Wiege die Suche der Klubs nach neuen Einnahmequellen stand und die ganz wesentlich zur Transformation des Fußballs zu einem Teil der Show- und Unterhaltungsbranche beitrugen, nähert sich somit ihrem Endpunkt. Das Fernsehen entdeckte den Unterhaltungswert des Fußballs, der mitten in der Woche gewaltige Einschaltquoten garantierte, während die Produktionskosten vergleichsweise billig ausfielen (hierin besteht auch heute noch der Reiz des Kaufs von Sportsendungen). Die Euro-Liga wird natürlich nicht das gesamte europäische Fußballspektrum repräsentieren, sondern – anders als die bisherigen europäischen Wettbewerbe – aus einer erlauchten und geschlossenen Gesellschaft bestehen. Bislang sind diesbezüglich neben dem AC Milan und Olympique Marseille noch Bayern München, Juventus Turin, CF Barcelona, Real Madrid, Rangers Glasgow, Arsenal London, FC Liverpool, PSV Eindhoven, Anderlecht Brüssel, IFK Göteborg und neuerdings Paris St. Germain im Gespräch. Die Macher Berlusconi, Tapie und Co. spekulieren bei ihrem Projekt auf die tatkräftige finanzielle Unterstützung von Fiat (Sponsor von Juventus Turin), Volvo (Sponsor von Göteborg, weshalb dieser Verein überhaupt nur in den Ligaplänen auftaucht) und Philips (PSV Eindhoven), womit die Euro-Liga einen Charakter erhalten würde, der dem der geklonten Liga in Japan (s.u.) durchaus ähnlich wäre. Viele andere nationale Repräsentanten werden ausgeschlossen bleiben, darunter wohl auch die Klubs aus dem ehemaligen Ostblock, die aufgrund der offensiven westeuropäischen Einkaufspolitik und ihrer schwachen wirtschaftlichen Basis weitgehend abgehalftert sind. Denn ansonsten würde das nationale Problem der zunehmenden Konkurrenzlosigkeit nur auf europäischer Ebene reproduziert werden, wenngleich auch die geschlossene Gesellschaft der vermeintlichen Besten schon bald – aufgrund ihrer nicht-existierenden Durchlässigkeit – Langeweile verbreiten dürfte. Denn der Fußball lebt auch und gerade von kometenhaften Auf- wie Abstiegen und sensationellen Siegen krasser Außenseiter.

Die Auswirkung der Euro-Liga auf die nationalen Konkurrenzen dürfte verheerend sein. So wird geschätzt, daß die jährlichen Einnahmen der beteiligten Klubs ca. 35 bis 45 Millionen DM betragen werden. Dies würde ihnen die Möglichkeit verleihen, den nationalen Spielermarkt zu plündern und ihre dominierende Position weiter auszubauen.

Der heutige Profiverein wird mehr und mehr zu einem Wirtschaftsunternehmen. Gelingt es ihm nicht, diese Entwicklung auch strukturell zu vollziehen, droht ihm mittelfristig ein Einbruch in der harten Konkurrenz des Profigeschäfts. Bayern Münchens Präsident Scherer prophezeit, daß „im Jahr 2000 das ehrenamtliche Element verschwunden sein wird, die Präsidien der Vereine werden hauptamtlich besetzt. Ein Präsident, ein Manager und ein Finanzmann stehen dann wahrscheinlich an der Spitze der Klubs. Der Präsident wird wie ein Vorstandsvorsitzender die Direktiven an die einzelnen Ressorts – zum Beispiel Sport, Finanzen, Marketing – weitergeben."[163]

Bislang ist der 1. FC Nürnberg der einzige Bundesligaverein, dessen Satzung die Bezahlung von Präsidiumsmitgliedern erlaubt. Sein ehemaliger Präsident, der Grundstücksmakler Gerd Schmelzer, verstand es zudem, seine eigenen finanziellen Interessen mit denen seines Vereins optimal zu verquicken. So gestattete er dem schwedischen Hotel-Konzern „Scandic Crown", einen gläsern glitzernden Hotel-Komplex auf dem Vereinsgelände zu errichten. Von der Pacht, die der Konzern für die nächsten 50 Jahre überweist, unterhält der Klub seine Vereinsanlage. Schmelzer selbst kassierte eine Provision von geschätzen 150.000 DM beim Hotelgeschäft.

Derweil plant Bayerns Manger Uli Hoeneß („Der einzige Unterschied zwischen Bayern und Milan heißt Berlusconi") bereits die Umwandlung des Vereins in eine Aktiengesellschaft. 75,1 % des Kapitals von 24 Millionen DM sollen die 15.000 Vereinsmitglieder als Stammaktien übernehmen. Die restlichen 24,9 % sollen als stimmrechtlose Vorzugsaktien zur Börse getragen werden. Bei einem erhofften Ausgabekurs von 500 DM würde dieses Modell 60 Millionen DM in die Bayern-Kasse bringen. Hoeneß hält sein Modell bei allen Bundesliga-Vereinen „für machbar".[164]

Mit ihren Börsenplänen sind die Bayern dem Rest der Bundesliga voraus. Die Entwicklung zu gehobenen mittelständischen Unternehmen wird noch immer durch die traditionellen Vereinsstrukturen gehemmt, an deren Spitze eben jene ehrenamtlichen Vorstände stehen, die von der Mitgliedschaft gewählt werden. Diese Vorstände setzen ehrenamtlich jährlich nicht weniger als 1,25 Milliarden DM um, versammeln wöchentlich um die

200.000 Kunden in den Bundesligastadien und unterhalten 15 Millionen Fernsehzuschauer. Allerdings hat sich die soziale Zusammensetzung der Vorstände mittlerweile verändert: Das mit dem Proletariat assoziierte Kleinbürgertum, das den neuen Herausforderungen, mit der die Führung eines Profivereins in den 90er Jahren verbunden ist, vermutlich nicht mehr gewachsen wäre, ist weitgehend verschwunden. Statt dessen geben renommierte Rechtsanwälte, mittelständische Unternehmer etc. mehr und mehr den Ton an. Ein Günther Siebert wäre für die Wirtschaftskreise, die ein Profiverein heute kontaktieren muß, wahrscheinlich auch gar nicht „seriös" genug. Aber es bleibt das Problem der formal demokratischen Entscheidungsstrukturen, die bei einem Verein wie Schalke 04 vor einigen Jahren zu einem „Rückschritt" führten, als das Votum einer Jahreshauptversammlung erneut Günther Siebert auf den Präsidententhron beorderte und seinem „seriöseren" und bezüglich der notwendigen wirtschaftlichen Sanierung für tauglicher erachteten Gegenkandidaten eine Absage erteilte. Solange dieses Moment der Unberechenbarkeit fortbesteht, solange es möglich ist, daß Volkes Wille „Amateure" anstelle von „Profis" mit der Führung eines Fußballunternehmens betraut, sind der Entwicklung von Fußballvereinen zu großen und normal funktionierenden mittelständischen Unternehmen gewisse Grenzen gesetzt. Das Führungsniveau der deutschen Erstligaklubs entspricht noch bei weitem nicht dem einiger italienischer oder mancher Klubs aus Spanien, Frankreich, England, Holland und Belgien. Noch immer ist es möglich, daß ein Fußball-Unternehmen von „Fritz, Harry, Fummel und ich" übernommen wird, alles liebe und ehrbare Fußballfreunde, die lediglich von Unternehmensführung keine Ahnung haben und deren „Fehler" es ist, daß sie für sich persönlich kein finanzielles Kapital aus dem Verein schlagen wollen.[165]

Aber auch der Spielertypus hat sich geändert. Der heutige Spieler ist ungleich mobiler als der der 50er und 60er Jahre. Loyalität ist für ihn kein Wert an sich. Der ehemalige deutsche Nationalmannschaftskapitän und Europameister (1980) Bernard Dietz, dessen Sozialisierung noch im Milieu des proletarischen Straßenfußballs erfolgte: „Zu unserer Zeit hatte man noch ein gewisses Verantwortungsgefühl gegenüber seinem Verein. Ich hatte zu

Duisburger Zeiten (Dietz spiele 12 Jahre für den MSV; Anmerk. dsm) die Chance, zu anderen Vereinen zu wechseln, sogar Cosmos New York hat mir ein Angebot gemacht. Hätte ich angenommen, hätte ich finanziell wahrscheinlich heute ausgesorgt. Aber damals hatte ich meinem Trainer in Duisburg versprochen, mit den jungen Leuten eine Mannschaft aufzubauen, damit wir nicht abstiegen. Und dieses Versprechen habe ich gehalten. Für mich war Duisburg meine sportliche Familie, zu ihr hatte ich meine Verbindungen. Wir haben die sportliche Seite in den Vordergrund gestellt und gesagt, wenn wir gut spielen, kommen wir auch finanziell besser zurecht. Heute heißt es bei den meisten Profifußballern: Wo ich am meisten Geld verdiene, da gehe ich hin."[166] Hingegen der heutige Profi und Nationalspieler Stefan Effenberg: „Ich spiele wie alle auch in erster Linie Fußball, um Geld zu verdienen. Was zählt, ist die Kohle. (...) Ich gehe immer gern. Das ist normal, denn woanders kann ich mehr Geld verdienen."[167]

Allerdings hat im gleichen Maße auch die Loyalität des Vereins gegenüber dem Spieler abgenommen. Spieler sind nur noch (austauschbare) Angestellte, die man verpflichtet und kündigt. Die Beziehung zwischen Verein und Spieler ist eine coole Zweckbeziehung. Begriffe wie „Loyalität" und „Vereinstreue" werden von den Vereinen auch nur dann strapaziert, wenn sich der Spieler gegen den Willen seines Arbeitgebers verändern will. Selbst das Nationaltrikot hat an symbolischem Wert eingebüßt, wie das Gefeilsche um WM-Prämien oder die Bemerkung eines Thomas Berthold, jeder Nationalspieler kicke zunächst mal nur für sich selbst, dokumentieren. Idealismus und Pathos treten zusehends in den Hintergrund und weichen knallharten kommerziellen Erwägungen. Das Tragen des Nationaltrikots erhöht das Interesse und den Marktwerkt, nicht mehr und nicht weniger. An die Stelle der „Elf Freunde" tritt mehr und mehr eine atomisierte Ellenbogengesellschaft, in der man sich schon mal im Training gegenseitig in die Knochen tritt und in der Presse übereinander herfällt. Der moderne Spieler versteht sich mehr als Einzelkämpfer und Akteur in einer großen kommerzialisierten Showbranche, der er seine Dienste meistbietend verkauft. Er verhält sich auf dem Fußballmarkt nicht anders als ein Thomas Gottschalk oder Günther Jauch im Spannungsfeld konkurrierender Fernsehanstalten.

Zudem hat der Anteil der Spieler mit nicht-proletarischem Hintergrund und höherer Schulbildung zugenommen. Zwar ist der Anteil der Spieler, die aus „kleinen Verhältnissen" kommen, im Vergleich zu vielen anderen Sportarten sicherlich noch immer überdurchschnittlich hoch, aber die Zeiten, wo man die Abiturienten und angehenden Akademiker in der Bundesliga an einer Hand aufzählen konnte (wer erinnert sich nicht noch: der Lehrer Gersdorff, der Zahnarzt Dr. Peter Kunter, die Studenten Breitner und Lienen, der Apotheker Kapellmann ...) sind auch vorbei. Zum einen dürfte dies eine logische Folge der Reform des Bildungswesens sein, die für Jugendliche aus den Unterschichten den Zugang zur höheren Schulbildung erleichterte. Zum anderen dürfte dies aber auch Ausdruck eines gewandelten Verhältnisses der mittleren und oberen Schichten gegenüber dem Fußball sein. Ein Bankierssohn Thomas Berthold hätte sich vor 20 Jahren vermutlich gegen eine Berufsspielerkarriere entschieden, um sich stattdessen von seinem Vater ins Bankgeschäft hieven zu lassen, welches mit einer größeren Sicherheit verbunden und wo für ihn finanziell mehr zu holen gewesen wäre.

Der materielle Anreiz für fußballerisch begabte Zöglinge aus der Mittel- und Oberschicht hat jedoch in den letzten Jahren deutlich zugenommen. Die Spitzenverdiener der Bundesliga beziehen Jahreseinkommen von 800.000 bis 1,3 Millionen DM, wobei ein Teil davon oft direkt von Sponsoren übernommen wird, da die Vereine aus eigener Kraft dafür nicht aufkommen können. Dazu kommen noch z.T. erhebliche Einnahmen aus der Vermarktung außerhalb des Spielfelds. Ein Indikator für die größere Akzeptanz des Fußballs bei den Besserverdienenden ist u.a. eine Zeitschrift wie „Sports", die sich in äußerlicher und inhaltlicher Aufmachung von den traditionellen Kickerblättern fundamental unterscheidet und sich an körper- und modebewußte, konsumfreundliche neue Mittelschichtler, den Yuppi wie den intellektuellen, moderat gesellschaftskritischen Leser wendet. Hierfür stehen auch die Anzeigen im Hochglanzblatt. Aber „Sports" widmet sich keineswegs nur den luxuriöseren Sportarten: Der Fußball nimmt in den Reportagen einen relativ breiten Raum ein, wird aber optisch wie inhaltlich anders aufbereitet als etwa im „Kicker" – eben in einer Form, die dem Zeitgeist und den Wertvorstellungen der neuen Besserverdienenden angepaßt ist. Vor 20 oder 30 Jahren wäre eine derartige Mixtur vermutlich schlecht an den Leser zu bringen gewesen, aber die heute größere soziale und kulturelle Hoffähigkeit des Profikickers macht es möglich.

Sofern der Kicker – und für ihre Mehrheit gilt dies noch immer – aus kleineren Verhältnissen kommt, erhebt ihn die Fußballindustrie zum Mittelständler, sozial wie kulturell, womit eine deutliche Distanz zu seinem Herkunftsmilieu entsteht. Der heutige Spitzenprofi endet nicht mit einer Eckkneipe, einer Lotto-Toto-Annahmestelle, einer Tankstelle oder einem Tabakladen. Auch die Zahl der tragischen Schicksale (Libuda, Best, Garrincha, Neeskens) wird in den führenden westeuropäischen Fußballstaaten bezeichnenderweise immer geringer, wofür nicht nur die höheren Einkünfte, sondern auch und gerade die andere Herkunft und/oder das andere gesellschaftliche Milieu, in dem sich der heutige Starfußballer bewegt, verantwortlich sind. Der Spitzenspieler von heute endet zumindest mit einem Tenniscenter oder verdingt sich nach Abschluß seiner Karriere als Manager in der Fußballindustrie. Dem mittelständischen Zuschauer stehen diese Spieler selbstverständlich erheblich näher als der traditionelle proletarische Spielertypus. Der neue Spielertypus wirkt im Umgang mit den Medien und der Öffentlichkeit gewandter und selbstbewußter, er wirkt weltoffener und suggeriert in keiner Weise mehr die Enge des proletarischen Viertels. Er ist eine ungleich vielseitigere Erscheinung. Man erlebt ihn nicht nur als Fußballer, sondern auch als Dressman, als erfolgreichen Geschäftsmann, als Gast in einer Fernsehshow, die mit Fußball gar nichts zu tun hat (was ihn indessen kaum irritiert), als Co-Kommentator bei Länder- oder Europapokalspielen, als Paten für einen karitativen Zweck. „The modern player is part footballer, part salesman."[168] Der moderne Star verdient außerhalb des Fußballstadions mitunter mehr Geld als durch sein Gekicke. Er verläßt seine Branche, und seine Werbefeldzüge beschränken sich nicht mehr auf Artikel, die mit seiner Arbeit als Fußballer in irgendeiner Weise zu tun haben, sondern sie richten sich gerade auch an solche Menschen, die nicht ins Stadion gehen. Sein

Marktwert außerhalb der Arena wird nicht allein durch seine fußballerischen Leistungen bestimmt. Ausstrahlungskraft, Aussehen, öffentliches Auftreten etc. spielen ebenfalls eine bedeutende Rolle.

Ein Weggang des Nationaltorhüters Bodo Illgner wäre vielleicht sportlich für den 1. FC Köln noch zu ersetzen – gute Torhüter bekommt man immer. Indes dürfte es ungleich schwerer fallen, einen Spieler zu verpflichten, dessen Name und Erscheinung eine mit Illgner vergleichbare Anziehungskraft auf Sponsoren besitzt. Zugleich ist der moderne Star als Angestelltentypus aber auch unendlich langweilig: „...die Spieler sind austauschbar geworden, keine kantigen, vertrackten Figuren mehr. Nichts als Mainstream, Einbauküchen- und Angestelltenflair. Die Sätze in den Interviews sind glatt geworden und beflissen, kaum einer mehr verspricht sich, die Frisuren stimmen und das Dressing, und wer mag solchen Milchbubis wie Andi Möller oder Thomas Helmer innovative Kraft zutrauen. Guterzogene Mittelschichtstypen, ohne Furchen im Gesicht oder Spuren von Erfahrung, Zockertypen wie jene US-amerikanischen Computerfreaks, die vor Kartoffelchips und Coca-Cola ihre Star-Wars-Programme austüfteln. Anpassung bis zur Selbstauflösung: das sind Fußballspieler von heute."[169] Die Emanzipation des Spielers und sein Selbstbewußtsein beschränken sich auf das Aushandeln von Verträgen mit Klub und Sponsoren (wobei es auch hier oft nicht ohne „Berater" geht).

Indes bleibt auf dem Spielfeld der Sprung von der Angestelltenkultur zum Spiel freier Unternehmer aus. Stattdessen fügt sich der Spieler brav in das vorgegebene taktische Konzept und verhält sich anpaßlerisch; von Spontaneität, Improvisationskunst und Draufgängertum keine Spur. Für das ehemalige Bundesliga-Original Willi „Ente" Lippens, der als einziger Kicker seiner Zeit das Stoppen des Balles auch mit dem Hinterteil beherrschte, sind die heutigen Spieler „total verdorben vom Geld".[170] Gängelung und Einordnung sind der Preis, den das Gros der Profis bereit ist, für den Wohlstand zu bezahlen. Weltmeister Jürgen Klinsmann: „Als Fußballspieler hat man in jungen Jahren schon relativ viel Geld, alles wird einem erleichtert – und das macht bequem und träge."[171]

Die taktischen Systeme und die allgegenwärtige Angestelltenkultur schleifen auch die letzten Straßenfußballer. Thomas Doll ist so einer, aber von seiner unkonventionellen Spielweise und seinem Offensivgeist, mit dem er vor noch gar nicht langer Zeit die Herzen der Bundesligafans eroberte, ist heute kaum noch etwas übriggeblieben. „'Ich spiele jetzt ökonomischer', sagt der nur 1,70 Meter große und 69 Kilogramm schwere Fußballer, schließlich müsse man ja auch 'an sich selbst denken'."[172] Der echte Profi kickt strikt rational, liefert nicht mehr ab, als unbedingt erforderlich. Die Verhätschelung und „Rundumversorgung" trägt ein übriges zur Angestelltenmentalität bei. Er spielt nicht mehr Fußball, sondern arbeitet Fußball bzw. verrichtet diesen, wie andere arbeiten. Daß sich sein Verhältnis zum gemeinen Publikum verändert hat, ist nicht allein seiner geringen Vereinsloyalität geschuldet, sondern reflektiert auch die gesunkene finanzielle Abhängkeit von den zahlenden Zuschauern. „Wir haben keine Verpflichtung gegenüber dem Publikum", formulierte der französische Fußballstar Eric Cantona während der Europameisterschaft 1992 naßforsch.[173] Nur 13,2 Millionen DM kamen bei der EM in Schweden aus dem Kartenverkauf, hingegen 27,5 Millionen vom Fernsehen, 17,6 Millionen aus der Bandenwerbung und 20 Millionen von Sponsoren.

Sport ist in Deutschland nicht erst seit heute primär eine Angelegenheit der Besserverdienenden. Die proletarische Enklave Fußball mag darüber hinweggetäuscht haben, daß „Personen mit hoher Schul- und Berufsbildung, überdurchschnittlichem Einkommen, vorwiegend geistiger Tätigkeit ... sportlich deutlich stärker aktiv (sind) als andere Bevölkerungsgruppen. Noch deutlicher ist diese Überrepräsentanz bei den Funktionsträgern des Sports. Erschreckend gering hingegen ist die Zahl der sportlich Aktiven in der Industriearbeiterschaft, bei den Behinderten, älteren Mitbürgern, Schichtarbeitern, Pendlern, Teilen der Landbevölkerung. Insgesamt bedeutet dies, daß Bevölkerungsgruppen mit geringer Teilnahmemöglichkeit am gesellschaftlich-kulturellen Leben sowie wenigem Einfluß auf das politische Geschehen auch in der Entfaltung sportlicher Handlungsmöglichkeiten einer scharfen negativen Auslese unterliegen. Im Sport wird also die soziale

Schichtung bestätigt, in manchen Bereichen vielleicht noch verschärft."[174] Diese Tendenz dürfte weiter zunehmen, zumal der
Sport immer teurer wird, der Fußballsport mit eingeschlossen.
Was sich im Fußballsport derzeit vollzieht, läßt sich objektiv
auch als bürgerlicher Versuch beschreiben, eine der letzten prole-
tarischeren Enklaven des Sports sozial zu verwässern, zu durch-
dringen und schließlich zu erobern. Nicht, daß das proletarische
Element gänzlich verdrängt werden soll. Aus Tradition gehört es
nun mal dazu, und als Tradition, aber eben ausschließlich in dieser Funktion, soll es auch konserviert werden. Proletarischer Fußball wird mehr zur Folklore, als daß es sich dabei noch um eine
Realität handeln würde. Ansonsten wird er in die unteren Ligen
abgedrängt.

An die Stelle des alten Mäzens ist der moderne Sponsor getreten, der die Fußballshow erheblich besser mit seinem ökonomischen Eigeninteresse zu verbinden versteht. Er handelt weniger
aus echter Leidenschaft, Verbundenheit oder sozial-patriarchali-
schem Bewußtsein als aus wohl kalkulierten kommerziellen Erwägungen. So heißt es etwa in einer Schrift des Sponsoren-Pools
des Oberligisten SC Preußen Münster, dessen Sponsorenpolitik
weithin als vorbildlich gilt: „Image-Transfer heißt die Formel,
nach der das positive Image erfolgreicher Clubs auf Produkte und
Leistungen von Sponsoren übertragen werden. 'Sponsoring', dieses neue Werbeinstrument ist ein Geschäft auf Gegenseitigkeit:
Es ermöglicht wichtige zusätzliche Einnahmen für den Club und
erfolgreiche Werbung mit einem Hauch von Mäzenatentum."[175]
Wohlgemerkt: Es geht nicht mehr um Mäzenatentum, sondern
nur noch um einen „Hauch" davon. Der Klub offeriert dem potentiellen Sponsor, sich als „Gönner" auszugeben, aber in Wirklichkeit geht es um ein „Geschäft auf Gegenseitigkeit". Das Sponsoring erstreckt sich längst nicht mehr nur auf den Sport, sondern
mittlerweile auch auf den kulturellen und sozialen/karitativen
Sektor. Nicht selten trifft man hier ein und dieselben Akteure an
– „Geldgeber" wie Marketingstrategen. Was alle drei Bereiche gemeinsam haben, ist, daß sie in der Vergangenheit in einem mehr
oder weniger starken Maße seitens der öffentlichen Hand (oder
von einigen wenigen Mäzenen) subventioniert wurden. Sponsoring ist somit auch Ausdruck der Privatisierung vormals öffentli-

chen Engagements bzw. der „Thatcherisierung" der hiesigen Gesellschaft. Sponsoring statt Subventionspolitik, und gesponsert wird nur, was dem Sponsor in Geld übersetzbaren Imagezuwachs verspricht. So schreiben die Münsteraner Marketingstrategen weiter: „Münster wirbt mit dem Slogan 'Standort intelligenter Produkte'. Der SC Preußen ist eines dieser intelligenten Produkte. Sponsoring beim SC Preußen ist ein Bekenntnis zu diesem Standort, eine Geste gegenüber der Region und ihren Menschen, Ansporn für Ihre Mitarbeiter und ein gutes Stück Imageprofilierung für Ihr Unternehmen. Nur eines ist Sponsoring nicht: Eine Einbahnstraße für Ihr Geld. Sie erhalten für jede Mark handfeste Werbeleistungen und voll abzugsfähige Rechnungen (...) Ganz egal, ob Sie bekannter oder sympathischer werden wollen, Ihr sportlich-aktives Image deutlicher ausprägen oder ganz konkrete Angebote publikumswirksam vorstellen wollen – mit Preußen Münster haben Sie immer einen spektakulären Auftritt."[176] Vom Spiel selbst ist in den Publikationen des Sponsorenpools nur am Rande die Rede.

Der moderne Sponsor ist weniger „bodenständig", sondern mobil genug, Verein oder gar Disziplin nach Belieben zu wechseln. Heute Tennis, morgen Fußball, heute Bayern München, morgen vielleicht irgendein ausländischer Verein, zusätzlich noch etwas Kultur oder eine karitative Kampagne – je nachdem, was gerade in der Gunst der Öffentlichkeit besonders weit vorne liegt und der Imagepflege am dienlichsten ist. Oft kommt es auch vor, daß der Sponsor seine Interessen gleich bei mehreren Vereinen oder gleich in mehreren Sportsparten wahrnimmt. Klassische Mäzene wie Jean Löring (Fortuna Köln), der sein Engagement für seinen Stadtteilverein noch mit sozial-patriarchalischen Ambitionen verbindet, oder Klaus Steilmann (SG Wattenscheid) nehmen sich gegenüber dem Typ des modernen Sponsors wie Museumsstücke aus. Die gewisse Selbstlosigkeit und Väterlichkeit, die den klassischen Mäzen oft auszeichnete, ist seinem Nachfolger weitgehend fremd.

Vor der WM in Italien gelang es Franz Beckenbauer (dem ersten deutschen Kicker, mit dem sich die hiesige Oberschicht – dank Anstandskursen, Klavierunterricht und manikürten Fingernägeln – gemeinsam zu Tisch setzte), den bislang größten

Deal einzufädeln, der an der Nahtstelle zwischen Politik, Fußball und Industrie getätigt wurde. Mit *Daimler-Benz* gewann Beckenbauer den gediegensten Sponsor, den der deutsche Fußball sich erträumen konnte. Der Konzern mit dem Stern rangiert heute an der Spitze des deutschen Sportsponsorentums. Es wird geschätzt, daß sich die direkten finanziellen Leistungen des Konzerns für den Sport auf jährlich ca. 20 Millionen DM belaufen. Dazu kommen nochmals mindestens 150 Millionen für den Motorsport sowie Sachleistungen (z.B. Autos für die Olympiastützpunkte) und Strukturhilfen in unbekannter, aber wohl beträchtlicher Höhe. 32 Hochleistungssportler stehen direkt auf der Konzern-Gehaltsliste. Daimler-Benz hat erheblich dazu beigetragen, daß Stuttgart und seine Umgebung heute Standort eines einmaligen „sport-politisch-industriellen Komplexes" („Die Zeit") sind. Der Daimler Benz-DFB-Deal markierte gleich in zweierlei Hinsicht eine neue historische Etappe: Da war zum einen sein Zustandekommen als gemeinsames Projekt von Fußball, Regierung und Wirtschaft. Die Untertürkheimer unterstützten 1990 die Italien-Expedition des DFB mit 1,5 Millionen DM. Abgedeckt wurde dieser Deal durch eine von mehreren Bonner Ministerien unterstützte Anti-Drogen-Kampagne, die dem Imagegewinn aller Beteiligten diente und der Ehe von Fußball, Politik und Wirtschaft einen Hauch von Idealismus verlieh.

So kannte der Deal gleich drei strahlende Sieger: Der DFB dürfte finanziell nicht nur unmittelbar, sondern auch mittel- und langfristig profitieren. Denn der berühmte Stern auf dem Trainingsanzug entledigt das Kicker-Gewerbe weiter seines traditionellen proletarischen Stallgeruchs, womit eventuell das Tor zu weiteren lukrativen Deals aufgestoßen wird. Dazu kommt die Anti-Drogen-Kampagne, die der Bevölkerung beweisen soll, daß es sich bei unseren Kickern keineswegs nur um brutale und herzlose Abzocker handelt (früher hatten sie Herz, waren aber nach Auffassung vieler Mittel- und Oberschichtler geistig wenig beschlagen), die die Probleme dieser Welt nicht weiter kümmern, solange nur der Kontostand stimmt. Es müssen freilich die richtigen Probleme sein – solche, die nicht von links „instrumentalisierbar" sind, und solche, über deren Lösungsmuster in der Bevölkerung weitestgehend Konsens besteht. Die Ächtung von Dro-

Nationalspieler als Werbehäschen: Beckenbauer & Co. mit Mercedes-Logo bei der WM in Italien

gen ist solch ein prächtiges vermarktungsfähiges Thema. Mercedes kann sich nicht nur als Sponsor des populären Volkssports Fußball präsentieren, sondern als „gemeinnütziger" Förderer der Anti-Drogen-Kampagne. Bleibt noch die Regierung, der die Anti-Drogen-Kampagne ermöglicht, sich direkt neben den Fußballhelden zu postieren, ohne daß dies allzu aufdringlich und abstoßend wirkt – wie etwa Kohls Umarmungen nach dem WM-Finale von 1986. Fußballer und Politiker posieren (scheinbar) nicht nebeneinander, weil die Politik sich im Kickerruhme sonnen will, sondern weil beide ein hehres gemeinsames Interesse verfolgen: eben „Kampf den Drogen".

Im Gegensatz zu Italien haftete dem Sponsorentum in der BRD in der Vergangenheit eher etwas Banales, Kleinbürgerliches an. Spieler wurden genötigt, für allerlei Allerweltsprodukte Reklame zu laufen: für Getränke, Shampoos, Schokoladenriegel und ähnliche Dinge mehr. Die Belletage der deutschen Wirtschaft hielt sich hingegen vornehm zurück, investierte in noblere und Individual-Sportarten (wie Reiten, Golf und Tennis) oder engagierte sich auf dem kulturellen Sektor. Hier ist zwar in den letzten Jahren eine gewisse Veränderung eingetreten (z.B. die Verbindung zwischen Bayern München und Opel), aber sofern sich nun Teile der Belletage engagierten, taten (und tun) sie dies bei weitem nicht in einem etwa mit Italien (Berlusconi, Agnelli) vergleichbaren Ausmaß. Der Medienmogul Silvio Berlusconi, Betreiber des größten Privatfernsehens in Europa, hat bislang weit über 60 Millionen DM (Stand 1990) in sein Unternehmen AC Mailand investiert. Der Jahresumsatz des Mailänder Fußballklubs beläuft sich auf ca. 80 Millionen DM. Berlusconi und der AC Mailand verkörpern „eine ideale kommerzielle Symbiose, die den Fußball mit seiner wichtigsten Vermarktungsbranche verschmilzt. Die Grenze zwischen Umfeld und Spielfeld ist – zumindest für die Geldströme – osmotisch geworden: die Gewinne aus der Fernsehwerbung wandern in ein Fußballteam, dessen erfolgreiches und attraktives Spiel neue Werbegelder anzieht."[177]

In der Saison 1989/90 gaben Italiens 18 Erstligisten insgesamt 270 Millionen DM für den Einkauf neuer Spieler aus. An Gehältern und Prämien wurden 410,9 Millionen DM gezahlt (Spieler und Trainer zusammen). Derartige Summen, gegen die sich die Bundesliga bescheiden ausnimmt, sind nur möglich, weil „nur in Italien Fußball so ungehemmt gesellschaftsfähig ist" und „wie selbstverständlich zum erweiterten Bereich der Kultur gehört. (...) Deshalb regen sich auch nicht viele über die verrückten Gehälter und Ablösesummen für Fußballspieler auf, die sich vernünftig so wenig begründen lassen wie die exzentrischen Honorare für andere Kulturschaffende: für Joseph Beuys, Mick Jagger oder Herbert von Karajan."[178] Der ehemalige Inter Mailand-Stürmer Jürgen Klinsmann über seine Italien-Erfahrungen: „Fußball ist hier mehr als Fußball, er ist Teil einer lebendigen Volkskultur. (...) Es ist eine Liga, die auf Pump lebt. Aber lebt sie deswegen über ihre Verhältnisse? Das glaube ich kaum, denn sie schaffen es immer wieder, den Kopf aus der Schlinge zu ziehen. Das hängt einfach mit dem Fußballenthusiasmus in diesem Land zusammen. Wenn bei uns jemand fünf Millionen in einen Club reinbuttert, heißt es überall: Der Typ spinnt. Doch hier gibt es Präsidenten, die 60 Millionen und mehr reinschießen – das ist eine Ehrensache, das sind wahre Volkshelden."[179] In der Bundesligasaison 1990/91 hießen die Spitzensponsoren Opel und Bayer, die Bayern München bzw. Bayer Leverkusen jeweils fünf Millionen DM gönnten. Hingegen war ein so renommierter Name wie die Hoechst AG noch immer nicht dazu bereit, der Frankfurter Eintracht mehr als 750.000 DM zuzugestehen. Der Hamburger SV wußte den Elektronikhersteller Sharp im Rücken, der in Europa vor allem dem englischen Traditionsklub Manchester United unter die Arme greift und den Hanseaten 2,5 Millionen DM zur Verfügung stellte. (Insgesamt flossen 1991 aus den Werbeetats der deutschen Wirtschaft 1,2 Milliarden DM in den Sport.)

Letztlich kann auch der Daimler Benz-DFB-Deal nicht darüber hinwegtäuschen, daß Deutschland in Sachen Sponsorentum und Kommerzialisierung des Fußballs noch immer hinter anderen westeuropäischen Ländern zurückfällt, obwohl die deutsche Nationalmannschaft mit drei Weltmeistertiteln, drei Vizeweltmeisterschaften und zwei Europameisterschaften die erfolgreichste der Welt ist. Nach dem berühmt-berüchtigten Spielervermittler Caliendo müßte Deutschland das Fußballand schlechthin sein. „Vom Potential her, könnte, ja müßte es eigentlich Deutschland sein."[180] Indessen: „... die Deutschen haben noch nicht erkannt, daß Fußball mehr als ein Spiel ist. Das Fußballbusiness ist Big Business. In Italien ist Fußball der fünftgrößte Unternehmensbereich, hier werden Milliardenbeträge umgesetzt. Das müßte den sonst so geschäftstüchtigen Deutschen doch klarmachen, daß Profifußball wie eine Firma geführt werden muß. Nicht wie ein alter, gemeinnütziger Verein – diese Zeiten sind längst vorbei."[181] In Deutschland wird der Siegeszug der Marktwirtschaft im Fußballsport nicht nur von seinen immanenten Widerstandskräften gebremst, sondern auch vom traditionellen Konservativismus der Sportfunktionäre. Frühe Beispiele waren die deutsche Amateurismusdebatte oder die verzögerte Einführung einer zentralen Liga. Konservative Ideale und typisch deutsche Vereinskrämerei kollidieren auch heute noch mit den Anforderungen eines faktisch immer marktwirtschaftlicher geprägten Fußballbetriebs. Die reale Entwicklung war und ist dem Funktionärsdenken stets um ein Stück voraus, wenngleich sich die Distanz in den letzten Jahren verringert hat.

Daß sich Sponsoren alles andere als uneigennützig engagieren, versteht sich von selbst. Da ist vor allem der Promotionseffekt des

Fußballs, gegen den sogar der des Tennissports verblaßt. Bevor Berlusconi den AC Milan übernahm, war er weitgehend unbekannt. Doch seither ist er nicht nur weltweit ein Begriff, sondern konnte auch seinen Geschäftsumsatz verfünffachen. Daimler Benz-Vorstandssprecher Kleinert philosophiert über den Sport als „Imageträger", dessen finanzielle Unterstützung „das Ansehen unseres Unternehmens zu stärken" habe.[182] Denn Daimler Benz ist in einer gewissen Bedrängnis, seitdem die Unterstützung des Konzerns für das südafrikanische Apartheidregime und sein Charakter als Rüstungskonzern öffentlich diskutiert wird. So antwortete Kleinert auf die Bemerkung eines Interviewers, daß es für das Konzern-Image natürlich besser sei, „wenn statt eines Kanonenrohrs ein strahlender Daimler-Sportler aus der Zeitung guckt": „Das Bild ist doch wunderbar. Ich darf doch nicht jenen das Feld überlassen, die heuchlerisch mit dem Finger auf uns zeigen, und sagen: Guck dir diesen Rüstungskonzern an."[183]

Opel wiederum widmet sich den „dynamischen Ballsportarten", um sich vom Image des spießigen Autos für Herren mit Hosenträgern und Hut zu befreien. Hans-Wilhelm Gäb, Vizepräsident von General Motors Europe: „Opel ist in all diesen Fällen (gemeint sind die von Opel gesponserten Bayern München, Steffi Graf, Michael Stich etc., Anmerk. dsm) assoziiert mit dem Tempo, der Kreativität und den Team-Elementen der Ballsportarten. (...) Wenn ein Unternehmen wie Opel plötzlich mit einem exklusiven Verein wie Bayern München oder der Spitzensportlerin Steffi Graf in Verbindung gebracht wird, dann realisieren die Leute eben viel eher, daß Opel ein kompetenter Industriekonzern ist und ebenfalls Leistung bringt, unternehmerische und technische Leistung eben."[184]

Wie das Fußball-Sponsorentum gewöhnlich konkret funktioniert, soll kurz anhand des Beispieles *Manchester United* skizziert werden, wo diese Politik bereits über eine längere Geschichte verfügt. Von 1982 bis 1990 erhielt Manchester United vom japanischen Elektronikhersteller Sharp ca. drei Millionen Pfund. Als Gegenleistung erschien das Sharp-Logo auf den Trikots und Trainingsanzügen Uniteds. Wie der Zufall es wollte, entsprach das Rot der United-Trikots exakt dem der Sharp-Farben. Zusätzlich erhielt Sharp regelmäßig zwei Seiten in den Programmheften zu den Heimspielen, eine davon war die Rückseite. Auf der Titelseite durfte das Sharp-Logo prangen. Ärger gab es mit dem Sponsor, als einmal auf der Programmtitelseite ein Foto von einem Spiel Uniteds gegen Arsenal erschien: Denn auf den Trikots der Arsenal-Spieler waren deutlich die Buchstaben „JVC" zu erkennen, der Name eines der härtesten Rivalen Sharps auf dem britischen Markt. Sharp-Werbung erschien ständig auf der elektronischen Anzeigentafel, und dem Elektronikhersteller wurden acht Werbeflächen reserviert, zwei außerhalb und sechs innerhalb des Stadions. Letztere waren so angebracht, daß sie besonders häufig von den Fernsehkameras erfaßt wurden: auf der Höhe der Mittellinie, an den Eckfahnen und hinter den Toren. Uniteds Spieler hatten ständig mit Sharp-Produkten zu posieren. Außerdem erhielt Sharp jedes Jahr Tickets im Werte von 100.000 Pfund, was über die Laufzeit von zehn Jahren bedeutete, daß der Konzern ein Drittel seiner „Spende" direkt zurückerhielt. Die Tickets waren u.a. für wichtige Gäste/Geschäftspartner des Konzerns vorgesehen, mit denen nach jedem Spiel zwei United-Spieler Drinks einzunehmen hatten und sich fotografieren lassen mußten. Von den Spielern wurde auch erwartet, regelmäßig Promotionausflüge zu den Sharp-Fabriken in Manchester und Wrexham zu unternehmen. Der japanische Konzern ist davon überzeugt, daß die Verbindung mit dem populärsten aller britischen Vereine in Großbritannien erheblich zum Bekanntheitsgrad Sharps und seiner Produkte beigetragen hat.[185]

Der skizzierte Typenwandel in den Bereichen Klub, Spieler, Mäzene/Sponsoren verläuft allerdings keineswegs reibungslos. Die totale „Vermarktwirtschaftlichung" des Fußballs, seine Herauslösung aus einem relativen Reservatsdasein in einer ansonsten von den Gesetzen des Kapitalismus regierten Umgebung und seine Unterwerfung unter die Spielregeln der Unterhaltungsindustrie werden entweder scheitern, was möglicherweise eine schwere ökonomische Krise des gegenwärtigen Fußballsystems zur Folge haben könnte, nicht aber das Ende des Fußballs als solchen; oder aber das Spiel wird zerstört. Versuche, die Klubs – wie kapitalistische Unternehmen – in Aktiengesellschaften zu verwandeln, stoßen auf das Problem, daß der Fußball schwer kalkulierbar ist. Ist der Ball aber nicht mehr rund bzw. der Erfolg planbar und voraussehbar, verliert das Spiel seine Faszinations- und Mobilisierungskraft und wird somit auch bezüglich seiner ökonomischen Ausbeutung uninteressant. Die Strategen der Vermarktwirtschaftlichung hätten sich dann selbst besiegt. Und umgekehrt: Bleibt der Ball rund, dann sind mitunter Ergebnisse möglich, die den Finanziers sportlicher Ereignisse – wie beim EM-Turnier in Schweden – nicht schmecken und eventuell ihren Rückzug provozieren.

Der Typus des Fußballers als Angestellten entspricht der Umwandlung des Klubs zum kapitalistischen Unternehmen. Indes: „In dem Maße, in dem der Fußball zur reinen Unterhaltung mutierte, wurde auch die emotionale Bindung der Angestellten an ihren Verein immer bedeutungsloser."[186] Das drastischste Beispiel hierfür ist die emotionslos daherkickende Startruppe Bayern Münchens, die 1991 im Kampf um den Titel vom 1.FC Kaiserslautern geschlagen wurde, dessen Mannschaft ohne große Namen auskommen mußte, die aber dafür umso engagierter spielte. Das Geheimnis des Pfälzer Überraschungserfolges lag u.a. in der Reaktivierung von 50er-Jahre-Vorstellungen („Elf Freunde müßt ihr sein"), der Integration der Mannschaft in das regionale Leben (während bei den Bayern das einzige Bindeglied zur Basis Klaus Augenthaler war) und einer für heutige Verhältnisse ungewöhnlich engen Beziehung zwischen Spielern, Verein und Publikum. Auch bei der EM 1992 wurde dem Angestelltenfußball seine Grenzen aufgezeigt: Die Dänen, denen von allen Teilnehmern am wenigsten eine Angestelltenhaltung anhaftete, stellten laut Bodo Illgner, dem deutschen Nationaltorwart, zumindest das „willensstärkste" Team. Der langweilige, emotionslose Angestelltenkick droht auf die Dauer die Zuschauer nicht nur aus den Stadien zu vertreiben, sondern auch noch von ihren Fernsehern.

Was das Sponsorentum anbelangt, so könnten seine Akteure schon bald mit dem Problem der Übersättigung konfrontiert werden, was heute bereits für die Sportartikelhersteller unter ihnen gilt: „Die Springflut der im Fernsehen übertragenen Wettkämpfe hebt den Effekt, den die Sportpromotion eigentlich haben soll, wieder auf. Die Verbraucher nehmen nach der Erfahrung der Marketingexperten kaum noch wahr, welcher Sportler in welchem Dreß auf dem Platz steht. 'Wir brauchen immer mehr Geld, um überhaupt wahrgenommen zu werden', kann zum Beispiel Franz Scheuner erzählen, der Geschäftsführer des österreichischen Skiherstellers Blizzard. 'Die Konsumenten sind von den zahlreichen Sportveranstaltungen bereits völlig überreizt und übersättigt', sagt er."[187] Dabei wurde das Problem der Übersättigung von den Medienmogulen und Sponsoren selbst geschaffen. Gleiches gilt auch für den Angestelltentypus und sein dröges Gekicke. Je mehr (finanziell) auf dem Spiel steht, desto weniger wird riskiert und stattdessen taktiert.

Für Keith Cooper, Manager der Schweizer Vermarktungsagentur ISL, die u.a. für die UEFA arbeitet, hatten „etliche Spiele der Weltmeisterschaft 1990 in Italien" geschäftsschädigenden Charakter. In Schweden durchlitt er weitere Enttäuschungen: „Viele 0:0-Matches gefährden die Reputation der Ware Fußball."[188] Shaun Pickering vom ISL-Partner Canon, dem japanischen Optik-Riesen, denkt bereits einen Schritt weiter: „Wenn immer mehr Leute sauer sind, kommt der Punkt, an dem sich ein Engagement nicht mehr lohnt."[189] Die ISL-Firma erlitt bei der EM 1992 Einnahmeausfälle in Millionenhöhe. Gefangen in ihrer eigenen Logik, die auf kurzfristige Profitmaximierung orientiert, und ahnungslos, was das Wesen des Fußballs ausmacht, kommt den Mediengesellschaften, Sponsoren und internationalen Fußballfunktionären nichts Besseres in den Sinn, als in das Regelwerk des Spiels einzugreifen. Neue Spielvorschriften sollen den Fußball zwecks besserer Vermarktung ummodeln.

Spätestens an diesem Punkt droht die gegenwärtige Entwicklung das Spiel zu zerstören, geht es doch nun nicht mehr um dessen „Umfeld", sondern um seine Substanz. „Die Beseitigung der Abseitsregel zum Beispiel – sie wird immer wieder gefordert, um dem Zuschauer mehr Tore zu bescheren – widerspricht durchaus dem historischen Sinn eines Spiels, das als Apotheose des Lebenskampfes ('struggle for life') seine Wurzeln im England des 19. Jahrhunderts hat. Die kleinen Weltverbesserer vergessen also, daß die Abseitsregel einen sehr vernünftigen Sinn hat. Nämlich den, zu verhindern, daß der Erfolg der angreifenden Mannschaft ohne Kampf und ohne spielerische Intelligenz erzielt werden könne. (...) Der Fußball ist nicht kaputtzukriegen – so lange noch auf der Straße gekickt wird, im Hinterhof oder am Strand. Er wird auch die Profis überleben, die heute die Hand aufhalten oder morgen. Hüten muß er sich nur vor den Weltverbesserern, die Regeln ändern wollen, ohne das 'große Spiel' überhaupt begriffen zu haben."[190] Ein weiterer unsinniger und zerstörerischer Eingriff in das Regelwerk, der ein torreicheres Spiel erzwingen soll, ist das Verbot für den Torwart, Rückgaben mit der Hand aufzunehmen. Einige „Experten" wollen gar die Tore vergrößert wissen.

Derartige Maßnahmen sorgen bestenfalls kurzfristig für mehr Unterhaltung, lösen aber mittelfristig – zumal man sich periodisch dazu genötigt sehen wird, weiter draufzusatteln – des Spiels eigenen Charakter auf. „Fußball ist das Spiel der wechselnden räumlichen Distanzen, obwohl das Spielfeld genau abgegrenzt ist. Dieses Spiel bewegt sich also innerhalb fester Markierungen nach einfachen Regeln – völlig frei. Würde man die Regeln komplizieren, wie es etwa die Amerikaner vorschlagen, weil ihnen Soccer im Grunde völlig fremd ist, der Fußball wäre tatsächlich bald innerhalb kürzester Frist wirklich tot. Solange allerdings der Fußball von der Masse 'begriffen' wird, solange wird ihm auch nicht beizukommen sein."[191]

Es besteht der Verdacht, daß am Regelwerk nicht zuletzt mit Blick auf die WM 1994 in den USA herumgepfuscht wird. Medienkonzerne und Funktionäre befürchten nämlich, daß das Spiel in den USA nicht angenommen wird, da das dortige Publikum den torreichen (aber ansonsten stumpfsinnigen) American Football gewohnt ist. Die „Weltverbesserer" verstehen nicht, daß auch ein 0:0 seinen Reiz haben kann (natürlich nicht in der Häufigkeit à la Schweden 1992), oder daß eine vermeintliche Topbegegnung wider Erwarten zu einer langweiligen Angelegenheit geraten kann.

Torreiche Spiele mögen vielleicht den kurzfristigen Interessen der Unterhaltungsindustrie Rechnung tragen. Aber wenn Torerfolge zur Selbstverständlichkeit werden, wenn etwa – aufgrund übergroßer Tore – jeder einigermaßen plazierte, aus 30 Metern abgezogene Ball mit an Sicherheit grenzender Wahrscheinlichkeit im Netz landet: Dann läuft sich die Sache tot, und man kann genauso gut zum Handball konvertieren. Was übrigbleiben wird, ist ein Spiel, dessen Eigentümlichkeiten im Verhältnis zu anderen sportlichen Spektakeln der Unterhaltungsindustrie kaum mehr erkennbar sind.

Die Erwartungen der Unterhaltungsindustrie an den Fußball werden auch von den Veränderungen im Alltag bestimmt. Der neue deutsche Leitsport ist Tennis, „denn im Tennis, da geht es genauso zu wie im Leben. Da ist der hektische Mehrwertalltag, die rationalisierte Profitmaximierung auf den Punkt gebracht. Man lechzt nach sofortiger Bedürfnisbefriedigung, nach dem schnellen Erfolg ohne lange Winkelzüge und Spielaufbau, der Punkt muß gleich da sein, nach dem Aufschlag gleich abgebucht werden, ohne Verzögerung, ohne luststeigernde Umwege. Das Ideal ist Aufschlag, As und Punkt, Input und Output, da bleibt keine Zeit mehr für ein 4-2-4- oder ein 4-3-3-System und ob man jetzt wirklich Bobby Charlton durch Franz Beckenbauer manndecken soll. (...) Es ist das Elend des deutschen Fußballs heute, daß die Nationalspieler alle kleine Tennisspieler sind."[192] Letzte Behauptung stimmt übrigens auch ganz praktisch: Vor der WM 1990 gaben nahezu alle deutschen Nationalspieler als ihr Hobby Tennis an. Rühmliche Ausnahme, nicht nur in dieser Beziehung, war Jürgen Klinsmann, der stattdessen „Musik, Lesen, mit Freunden diskutieren" nannte.[193] Spätestens seit Brian Laudrups Auftritt bei der EM 1992 weiß man, daß Klavierspielen ein weitaus besserer Ausgleichssport für den Fußballer ist als das an ein Videospiel erinnernde, unkreative Tennis.

Die Anpassung des Fußballs an die neue deutsche Leitsportart verdirbt das Spiel. „So versiert sie auch versuchen, mitzuziehen: an die Erfolgsquote des Einzelspielers im Tennis kommen sie nicht heran. Wenn schon, dann will man lieber das Original und nicht die Kopie. Das schematische Plus-Minus-Denken hat die Subversion des Fußballs, seine ästhetische Eigendynamik außer Kraft gesetzt. Die Entscheidungen im Fußball erfolgen logischerweise immer mehr durch Elfmeterschießen. (...) Das Elfmeterschießen aber führt den Fußball ad absurdum, er hat bereits die Tennis-Ästhetik. Es gibt keine Dialektik mehr, und es wird bald auch keinen Fußball mehr geben."[194]

DER NEUE ERZFEIND

DEUTSCH-HOLLÄNDISCHE FUSSBALLKONKURRENZ

In den 70er Jahren erwuchs dem deutschen Fußball auf internationalem Parkett mit Holland ein neuer Konkurrent, der bis dahin wenig zu bestellen hatte. Wie im Falle Österreichs, bezog diese Konkurrenz ihre Brisanz aus der politischen Geschichte beider Länder, aus den unterschiedlichen Spielweisen sowie aus kulturellen Differenzen. Die Holländer lösten gewissermaßen die Österreicher in der Rolle des Erzfeindes ab. Das legendäre 1:1 von Gijon 1982, als sich Deutsche und Österreicher zum Schaden des brillanten Teams aus dem Dritte-Welt-Land Algerien auf einen Nichtangriffspakt einigten, hatte die deutsch-österreichische Konkurrenz beendet. Zudem verlor der österreichische Fußball im internationalen Wettstreit weiter an Bedeutung und war somit kein ernsthafter Herausforderer mehr.

Die Niederlande verfügen über eine etwas längere Fußballtradition als Deuschland. Der erste Fußballverein – der *Fußball Club Haarlem* – wurde 1879 gegründet. Die prominenten Klubs *Ajax Amsterdam* und *Feyenoord Rotterdam* – gegründet 1900 bzw. 1908 – waren im übrigen ursprünglich Kaffeehaus-Vereine. 1898 wurde in Holland die erste nationale Meisterschaft ausgetragen (in Deutschland 1903). Profifußball wird seit der Saison 1954/55 gespielt, und die Einführung einer nationalen Liga erfolgte 1957. Die Holländer waren damit den Deutschen zwar meist um einige Jahre voraus, aber die Entwicklungsunterschiede fielen bei weitem nicht so kraß aus wie bis Ende der 30er Jahre zwischen Österreich und Deutschland. Heute kicken etwa eine Millionen Holländer unter den Fittichen des nationalen Verbandes *(KNVB)*, womit der Verbreitungsgrad des Fußballs etwa dem in Deutschland entspricht. Auffallend ist die gediegenere Infrastruktur Hollands – auch der kleinste Dorfklub verfügt in der Regel über zumindest einen gepflegten Rasenplatz.

1934 und 1938 konnten sich die Holländer für die Weltmeisterschaftsturniere in Italien und Frankreich qualifizieren, schieden jedoch bereits nach dem ersten Spiel aus. Danach herrschte international 30 Jahre lang Funkstille, bevor Ende der 60er Ajax Amsterdam und Feyenoord Rotterdam in die Spitze des europäischen Vereinsfußballs vorstießen. Von 1969/70 bis 1972/73 befand sich der Cup der Landesmeister fest in holländischen Händen. 1969/70 gewann Feyenoord die Krone unter den europäischen Trophäen, 1970/71, 71/72 und 72/73 war Ajax erfolgreich. Feyenoord und Ajax gewannen zudem 1970 bzw. 1972 den Weltpokal. Aber auch die Nationalmannschaft errang nun Meriten. Bei der WM 1974 unterlag eine technisch und spielerisch überlegene holländische Mannschaft erst im Finale Gastgeber Deutschland mit 1:2. Es war die Geburtsstunde der deutsch-holländischen Fußballkonkurrenz, denn bis dahin hieß der holländische Erzfeind Belgien, während Deutschland und Holland auf dem Spielfeld kaum aufeinandertrafen. In Argentinien 1978 wurde Holland wiederum Vizeweltmeister, erneut hinter dem Gastgeberland (1:3 n.V.). Gegen die Deutschen spielte man bei diesem Turnier 2:2. Die 70er waren das „goldene Jahrzehnt" des niederländischen Fußballs, das vor allem mit dem Namen Johan Cruyff verbunden war, der allerdings 1978 schon nicht mehr mitspielte.

Es folgten neun magere Jahre, in denen kaum jemand damit rechnete, daß es dem niederländischen Fußball noch einmal gelingen würde, auf internationalem Parkett ein Wörtchen mitzureden. Bei der Europameisterschaft 1980 unterlag man den Deutschen mit 2:3, zu den WM-Turnieren 1982 und 1986 konnte man sich nicht einmal qualifizieren. Trotzdem blieb das 86er Turnier in Mexiko von der deutsch-holländischen Konkurrenz nicht verschont. Als Lothar Matthäus im Spiel gegen Dänemark dem „Beinahe-Holländer" Frank Arnesen, damals in den Diensten von Ajax Amsterdam, eine rote Karte andrehte, reagierte Holland aufgebracht.

1988 wurde eine souverän und technisch bestechend aufspielende holländische Nationalmannschaft, neben der französischen Siegermannschaft von 1984 sicherlich das Beste, was Europa in dieser Dekade zu sehen bekam, ausgerechnet auf deutschem Boden Europameister. Der Gastgeber wurde im Halbfinale mit 2:1 geschlagen, wobei das Ergebnis die tatsächliche Überlegenheit der Holländer nicht widerspiegelte. Die Holländer waren für die Deutschen deutlich eine Nummer zu groß, und die neuen Stars, nicht nur des holländischen, sondern auch des europäischen und Weltfußballs, hießen Gullit, Rijkaard und van Basten und verdingten sich für die Berlusconi-Elf AC Mailand. Auch auf der Klubebene machte der holländische Fußball wieder von sich reden. PSV Eindhoven (PSV steht für Philips Sportvereinigung) gewann im gleichen Jahr den Europacup der Landesmeister. Ajax kam im Pokalsieger-Wettbewerb immerhin bis ins Endspiel, nachdem man im Vorjahr diesen Wettbewerb sogar gewonnen hatte.

Bei der Qualifikation zur WM in Italien 1990 trafen Deutschland und Holland erneut aufeinander. Beide Begegnungen endeten mit einem Unentschieden, und beide Teams durften zur WM reisen, wo den Deutschen mit einem 2:1-Sieg im Achtelfinale gegen einen durch Verletzungen und interne Querelen geschwächten Gegner die ersehnte Revanche gelang. Erneut wurde den Holländern das Ende einer Ära bescheinigt, erneut zu Unrecht. (Die gleiche Fehlprognose wurde im übrigen auch gegenüber den Dänen, dem „Danish Dynamite" der Jahre 1983-87 gestellt; offensichtlich haben die Deutschen Probleme damit, kleineren Völkern die Wiederholung großer Leistungen zuzutrauen...) Bei der EM 1992 spielten die Holländer das deutsche Team regelrecht an die Wand und siegten – ohne sich sonderlich zu verausgaben – klar mit 3:1. Obwohl die Holländer im Halbfinale den Dänen nach Elfmeterschießen unglücklich (aber nicht unverdient) unterlagen, waren sich die Experten darin einig, daß die „Oranjes" den technisch höchststehenden Fußball geboten hatten. Als einziges Teilnehmerland blieb Holland ungeschlagen, während Deutschland es trotz zweier Niederlagen zur Vizemeisterschaft brachte. Im gleichen Jahr gewann Ajax im übrigen den UEFA-Cup und zählt seitdem zu dem erlauchten Kreis jener Klubs, die alle drei europäischen Trophäen im Schrank stehen haben.

Daß – jedenfalls auf niederländischer Seite – die deutsche Besatzung während des 2. Weltkrieges ein wichtiger Bestimmungsfaktor für die Fußballkonkurrenz ist, wurde u.a. während des Halbfinales von 1988 offenkundig, als die niederländischen Fans in Anspielung auf die Beschlagnahmung von Fahrrädern durch die deutschen Wehrmacht-„hooligans" skandierten: „Oma, wir haben dein Fahrrad wiedergefunden." Rinus Michels, der holländische Teamchef, über die Reaktion auf den Sieg gegen Deutschland in seiner Heimat: „Vor allem ältere Menschen waren zum Weinen gerührt, das hatte sicher noch etwas mit dem Krieg zu tun."[195] Umgekehrt besteht die deutsche Vergangenheitsbewältigung vornehmlich darin, den Holländern – ähnlich wie den Juden/Israelis – den Status des aufmüpfigen, selbstbewußten Opfers, das sich nicht hat unterkriegen lassen, übel zu nehmen. (Mit anderen Worten: Die Deutschen verübeln den Holländern, daß diese von ihnen besetzt wurden...)

Die deutsch-holländische Fußballkonkurrenz basiert aber auch auf eklatanten „Mentalitätsunterschieden", die sich in der Spielweise beider Mannschaften wie aber auch im privaten Gebaren der Spieler und ihrer Fans manifestieren. Bernard Dietz, nach der Beendigung seiner Spielerkarriere fünf Jahre Trainer bei einem westfälischen Oberligisten, der nahe der deutsch-holländischen Grenze angesiedelt ist: „Bei den Holländern ist der Spaß am Fußball noch zu erkennen. Ich kann Vergleiche ziehen, weil ich in Schöppingen sehr viele holländische Spieler hatte. (...) Von der Bereitschaft und der Einstellung her waren sie immer sehr wertvoll, während viele Deutsche eher halbherzig dabei waren."[196] Einen Grund für die größere Spielfreudigkeit sieht Dietz in den geringeren Gagen in Holland, was allerdings bezüglich der Legionäre und „Megastars" Gullit, Rijkaard und van Basten nicht gelten kann.

Rinus Michels Rezept bestand all die Jahre darin, englische Kondition mit südamerikanischer Technik und mitteleuropäischer Taktik zu verbinden sowie die Balance zwischen taktischer Ordnung und spielerischem Freiraum zu bewahren, „unerläßlich für ein Team wie die Niederländer, die lockerer, individualistischer sind als die Deutschen."[197] Hingegen mochte das holländische *„Allgemeen Dagblad"* nach dem historischen Sieg über Deutschland (bei der EM 1988) auf des Gegners Seite nur „arme Arbeiter" ausmachen.[198]

Für den deutschen Fußball und seine Gefolgschaft war und ist der holländische Fußball eine permanente Herausforderung an den eigenen engstirnigen Provinzialismus. Ein Fußballästhet (anstatt eines Kraftmeiers) mit Rastalocken (anstatt eines strengen

Scheitels), souverän und locker in mehreren Fremdsprachen parlierend (anstatt ernst und mühsam nach Worten suchend) und zu allem Überfluß auch noch aus einem Land, daß „wir" mal platt gemacht haben und dessen Einwohnerzahl nicht mehr als ein Fünftel Deutschlands ausmacht, erzeugt hierzulande unweigerlich einen aggressiven Minderwertigkeitskomplex. Im Gegensatz zu vielen ihrer deutschen Kollegen benehmen sich die holländischen Spieler wie mündige und aufgeklärte Bürger und erweisen sich auch intellektuell als überlegen. Rinus Michels, selbst eigentlich ein äußerst autoritärer Knochen („der General"), der allerdings mit der Zeit lernte, den Willen seiner Spieler zu akzeptieren: „Holländer sind von ihrer gesellschaftlichen Erziehung her freier. Sie fühlen sich verantwortlich für das, was sie gerade machen."[199] Die Deutschen hingegen seien „sehr folgsame Menschen, denen man vorher sagen muß, was sie tun sollen."[200] Die holländischen Spieler ließen sich weder 1974 noch 1992 kasernieren, schossen wiederholt ihre Trainer ab, diskutierten vor der WM 1978, ob man am Turnier im Land der Diktatoren überhaupt teilnehmen solle, und verweigerten schließlich dem Oberdiktator den Handschlag. 1992 zwangen sie Rinus Michels ihr Offensivsystem auf. Noch einmal Michels: „Die Spieler sind überzeugt, daß ihr Weg der bessere ist. (...) Man kann heute kein Alleinherrscher mehr sein."[201]

Erst in den letzten Jahren ist das deutsch-niederländische Verhältnis über das für die Konkurrenz zweier fußballstarker Nachbarländer übliche Maß hinaus eskaliert. Nach dem Halbfinalspiel 1988 wischte sich der holländische Libero Koeman mit dem Trikot eines deutschen Gegenspielers demonstrativ über das Gesäß. In der Hamburger Innenstadt kam es anschließend zu schweren Ausschreitungen, bei denen rechtsradikale deutsche Fans federführend waren. Bei der WM 1990 kam es dann zu der berühmten „Spuck-Szene", als Frank Rijkaard in Rudi Völlers Lockenpracht rotzte (zuvor hatten beide wiederholt gegeneinander foul gespielt und waren deshalb des Feldes verwiesen worden). Rijkaard ist seither im deutschen Lager das Haßobjekt schlechthin, wobei gegen den dunkelhäutigen Spieler, dessen Frisur so gar nicht mit dem hiesigen Ordnungssinn korrespondiert, mit rassistischen Ausfällen nicht gespart wird. Rijkaards unbestreitbare Fußballkünste und seine spürbare Intelligenz machen dabei die Sache aus deutscher Sicht eher noch schlimmer. Nach der WM-Paarung kam es entlang der deutsch-niederländischen Grenze zur Randale. Dies war auch nach dem EM-Spiel 1992 der Fall. Zudem sorgten deutsche Fans vor dem Spiel in Göteborg für eine der schwersten Ausschreitungen, die das EM-Turnier erleiden mußte. Bezeichnend sicherlich auch die Äußerung des holländischen Keepers, Hans von Breukelen, nach dem Ausscheiden seines Teams gegen die Dänen: „Schade für den Fußball. Wir wären doch die einzigen gewesen, die die Deutschen hätten schlagen können."[202] Das klang fast so, als habe nicht so sehr das eigene Abschneiden im Vordergrund gestanden, sondern die Verhinderung eines deutschen Turniersieges. Beide Seiten empfinden eine Niederlage gegen den anderen als besondere Schmach, während im Falle eines Sieges besondere Genugtuung zu spüren ist. Für beide Seiten geht es offensichtlich um weit mehr als nur um Fußball. Bezeichnenderweise konnten die Deutschen 1992 mit der Endspielniederlage gegen den krassen Außenseiter und Fußballzwerg Dänemark leichter leben als mit dem 1:3 gegen den Titelfavoriten Holland in den Gruppenspielen.

Die Eskalation im deutsch-niederländischen Fußballverhältnis vollzieht sich vor dem Hintergrund einer allgemeinen Veränderung des politischen Klimas. Sie ist Ausdruck einer allgemein zunehmenden nationalistischen Rivalität in Europa, auch innerhalb der EG, wobei diese natürlich im Falle Deutschlands und Hollands zusätzlich durch die Geschichte belastet ist. Was die deutsche Seite anbelangt, so ist seit der Wiedervereinigung eine deutlich ruppigere Gangart in den Beziehungen zu den kleineren EG-Staaten festzustellen, deren Meinungsführer traditionell die Holländer sind (siehe z.B. die deutsch-holländische Kontroverse über die Jugoslawienpolitik der EG, in deren Verlauf – noch vor einigen Jahren undenkbar – der holländische Außenminister kurzerhand als „Idiot" bezeichnet wurde). Was die holländische Seite anbelangt, so ist ein gesteigertes Unbehagen gegenüber dem wiedervereinigten, mächtigen Deutschland unübersehbar.

Zum anderen – und mit der politischen Entwicklung einhergehend – sind aber auch die „Mentalitätsunterschiede" größer geworden. Die aktuelle deutsche Nationalmannschaft ist deutlich

„deutscher" als die Weltmeisterelf von 1974, die den ersten großen Kampf mit Holland bestritt und noch ein wenig vom Aufbruch und Zeitgeist der späten 60er/frühen 70er geprägt war.
Die deutschen Spieler rebellierten seinerzeit gegen ihre Kasernierung, pokerten – ganz unpatriotisch – mit dem Verband um die
Prämie, sodaß der angeekelte Helmut Schön schon abreisen wollte, und stellten die Mannschaft selbst auf. Die Nationalmannschaft von 1990 und 1992 bestand dagegen aus stromlinienförmi-
gen, kreuzbraven Milchbubis. Mit dem noch relativ jungen „dunkelhäutigen und schwarzen Element" im niederländischen Fußball (Gullit, Rijkaard, Roy, Winter und Spieler des erstarkten Feyenoord Rotterdam) existiert überdies heute eine zusätzliche
„kulturelle Angriffsfläche", die deutscherseits die komplexbela-
dene Ablehnung der liberaleren holländischen Mentalität nur
weiter verstärkt. Der neuerstarkte deutsche Rassismus kann sich
mit der spielerischen Überlegenheit farbiger Fußballer eben
nicht abfinden.

Trotzdem gibt es auch Ausnahmen, nämlich dort, wo holländische Intelligenz und Liberalität auf deutscher Seite eine Entsprechung finden. „Ruud Gullit und Jürgen Klinsmann besuchen ein-
ander in Mailand. ʻGibt es ein Gefängnis in den Niederlanden, wo
wir einen Vortrag organisieren können?ʻ fragt Jürgen seinen Bu-
senfreund, der sich auch sehr für Sozialarbeit einsetzt. Und Ruud
fragt: ʻKönnen wir nicht etwas gegen den Rassenhaß in Berlin
unternehmen, Jürgen?ʻ"[203] Der Insider weiß allerdings auch, daß
Klinsmann und seine deutschen Mitspieler Matthäus und Breh-
me in Mailand getrennte Wege gingen (Matthäus über Klinsmann: „Er denkt zuviel". Welch ein Vorwurf...).

DIE HEUTIGE WELTFUSSBALLORDNUNG

„Mir ist aufgefallen, daß eigentlich nichts aufgefallen ist." Während das deutsche Volk noch national taumelte, das Fähnchen schwang und sich auf die – wieder einmal unsäglich langweiligen – WM-Bildbände stürzte, benutzte sein Kaiser Franz Beckenbauer einen Auftritt in der Kölner Sporthochschule, um auf den Boden der Tatsachen zurückzukehren. Die Bundesrepublik Deutschland wurde in Italien 1990 Weltmeister, keineswegs unerwartet und auch nicht unverdient. Die bundesdeutsche Elf spielte nicht übel, allemal besser und ansehnlicher als in Spanien und Mexiko, und überließ das Ballhalten und Querspielen diesesmal anderen Mannschaften. Mit 155 Torschüssen und 15 Toren erwies sich das deutsche Team als das weitaus offensivste unter den 24 Endrunden-Teilnehmern. Zum Vergleich: Endspielpartner Argentinien schoß mit 72mal weniger als halb so oft auf das gegnerische Gehäuse.

Was im Siegesrausch indessen geflissentlich unterschlagen wurde: Noch nie war es für eine deutsche Mannschaft so leicht, den Weltmeistertitel zu erringen. Die FIFA-Kommission, deren Aufgabe es war, taktische und spielerische Neuerungen zu notieren, gab sich anschließend völlig ratlos. „Es triumphierte der phantasiearme, effektive Kraftfußball europäischer Prägung. (...) Die Tendenz zu einem reinen Mittelfeldspiel, arm an Torszenen und technischen Raffinessen, unterbrochen von durchschnittlich vierzig bis fünfzig Freistößen, schreitet unerbittlich fort."[204] Auch der „Offensivgeist" der deutschen Mannschaft vermochte diese Behauptung nicht zu widerlegen. Was in Italien von den Beckenbauer-Jüngern vorgetragen wurde, war lediglich eine immanente Fortentwicklung eines Spielsystems, phasenweise gar bis zu seiner Perfektionierung, das sich bei nächster Gelegenheit auch wieder im endlosen Querschlagen der Lederkugel erschöpfen kann. Nur die bombastische mediale Aufbereitung des Ereignisses wie sein Austragungsort, das Fußballand Italien, wo der Enthusiasmus bei aller Vermarktung doch noch etwas Authentisches hat, konnten über das sportliche Desaster hinwegtäuschen. Daß die nächste WM ausgerechnet in den USA stattfinden wird, verheißt nichts Gutes.

Der Fußball befindet sich in einer Sackgasse. Das Spiel, dessen Faszination in der Vergangenheit gerade in der Unberechenbarkeit lag, wird zusehends berechenbarer und verliert im gleichen Maße an Kreativität. Die englischen Wissenschaftler Mike Hughes und Tom Reilly von der Technischen Universität Liverpool ermittelten mittels einer Computeranalyse, daß heute ein Spieler zwar im Durchschnitt nicht weniger als zehn Kilometer während der 90 Minuten zurücklegt, aber lediglich 200 Meter davon mit dem eigentlichen Gegenstand des Spiels – dem Ball – am Fuß.[205] Hierzu paßt auch, daß die Mehrzahl der nur 115 WM-Tore durch einen direkten Schuß (34) oder per Kopfstoß (29) erzielt wurde. Beides sind Belege dafür, daß heute kaum noch Zeit für eine Ballannahme bleibt, und die Hauptkonzentration aller taktischen Erwägungen auf Deckungsaufgaben und die Verengung der Räume für den Gegner liegt und nicht mehr darauf, wie der Ball auch jenseits von Standardsituationen am besten ins gegnerische Tor zu treiben ist. Wer den „guten alten Zeiten" der Bekkenbauers, Netzers, Overaths oder Cruyffs nachtrauert, muß zugleich eingestehen, daß diese heute „keine Schnitte" mehr bekommen würden. Das Problem sind dabei weniger die Spieler selbst, als die taktischen Systeme, in die sie gezwängt werden und die sie prägen. Einen „Ente" Lippens würde heute kein Bundesligatrainer mehr nominieren. Nicht nur, weil der Fußball schneller und athletischer geworden ist, „Ente" aber bekanntlich nicht laufen konnte; sondern vor allem, weil „Ente" viel zu intuitiv und spontan spielte – eben spielte.

Ex-Profi Karl Allgöwer: „Das heutige Spiel ist viel mehr auf Zerstören angelegt. Entscheidend ist nicht, wer der bessere Fußballer ist, sondern wer sich durchsetzt. Der technische Fußball leidet natürlich sehr darunter."[206] Und Graeme Souness, Trainer des FC Liverpool: „Heute muß ein Spieler in erster Linie ein Athlet sein. Vor 15 Jahren mußte er ein Techniker sein."[206a]

Italien hat einmal mehr die Herausbildung einer Weltfußballordnung dokumentiert, die sich weitgehend analog zur Struktur der herrschenden Weltwirtschaftsordnung verhält. Auf dem

Spielfeld manifestiert sie sich in der Nivellierung bzw. Europäisierung vormals unterschiedlicher Spielstile. Bei nahezu allen WM-Teilnehmern war eine Defensivierung ihrer Spielanlage auszumachen bzw. eine Abnahme der Risikobereitschaft bei der eigenen Angriffsgestaltung. Ein stabiler Defensivblock ist heute das konzeptionelle Herzstück fast aller Mannschaften. Entsprechend gering fiel die durchschnittliche Torquote pro Spiel aus (2,1 pro 90 Minuten). Selbst als man im Achtelfinale zum k.o.-System überging, änderte sich hieran nichts. Vielmehr versuchten nun einige Teams, sich vom Anstoß an in ein Elfmeterschießen zu retten. Abweichungen vom gängigen Spielsystem demonstrierten lediglich die Republik Irland und Kamerun. Die Iren verzichteten weiterhin auf den Libero, während England, Schottland und Brasilien diese kontinentaleuropäische „Errungenschaft" erstmals adoptierten. Das irische Beharren auf die weithin als anachronistisch angesehene Viererkette hat laut Trainer Charlton allerdings vor allem damit zu tun, daß seine Mannen das kontinentale System schlichtweg nicht beherrschen (weil von ihren Vereinsmannschaften her nicht gewohnt). Ansonsten demonstrierten die Iren traditionellen „working class"-Fußball.

Eine positive Abweichung stellten zweifelsohne die Kameruner dar, aber wahrscheinlich war dies auch der Grund, warum die Afrikaner den Sprung unter die letzten Vier knapp verpaßten. In 37 von 44 Fällen ging die mit 1:0 in Führung gegangene Mannschaft später auch als Sieger vom Platz, sechsmal mußte noch der Ausgleich hingenommen werden, aber nur zweimal ging das Spiel noch verloren. Eines dieser zwei Spiele war das Kameruns gegen England. Den Afrikanern gelang es nicht, einen 2:1-Vorsprung über die Zeit zu retten; sie unterlagen nach 120 Minuten mit 2:3. Kameruns Schwächen lagen im taktischen Bereich wie im Defensivverhalten, was im übrigen mit eine Erklärung dafür ist, warum eine so technisch versierte und spielerisch brillante Elf am Ende des Turniers in der Foulstatistik auf dem ersten Platz rangierte.

Für Insider kam der Aufstieg der afrikanischen Fußballer keineswegs überraschend. Bereits bei der WM 1970 hinterließ das marokkanische Team einen guten Eindruck, 1982 schlug Algerien Deutschland mit 2:1, und der spätere Weltmeister Italien stand bei seinem 1:1 gegen Kamerun am Rande einer Niederlage. Dettmar Cramer, der für die FIFA in Asien und Afrika „missionierte", kam im Zuge seiner Arbeit zu der Überzeugung, „daß die Spieler Zentralafrikas die begabtesten der Welt sind. (...) Als Trainer des Westdeutschen Fußballverbandes fand ich unter 40 Jugendlichen zwei wirkliche Talente, also fünf Prozent. In Afrika liegt diese Quote stellenweise bei 50%."[207] Ein Grund hierfür dürfte wohl sein, daß in Afrika das Spiel noch vorwiegend „wild" – auf der Straße und am Strand – erlernt wird, was die Technik und die Kreativität fördert. Woran es dem afrikanischen Fußball indes noch mangelt, ist die systematische Ausbildung und die Organisation in Klubs und Verbänden – aber soll ihm dies tatsächlich gewünscht werden?

Die Zeiten, wo unterschiedliche Spielsysteme – Manifestationen von kulturell wie sozial unterschiedlichen Lebensumständen und -weisen – aufeinanderprallten, neigen sich dem Ende zu, was die Metropole Europa bevorteilt und die Langeweile befördert. Auch in Südamerika war (und ist) der Fußball primär eine Disziplin der Unterschichten. Dennoch unterschied er sich vom europäischen Arbeiterfußball à la Deutschland und England erheblich: Südamerikanischer Unterschichtfußball war mehr vorindustriell als industriell geprägt, weniger diszipliniert, spielerischer und phantasiereicher. Aber in Italien war es nur noch ein afrikanisches Team, eben Kamerun, das die „Vision vom Fußball als Kunst" wachhielt, „von den Sandfußballern und der proletarischen Verve, deren letzte europäische Verkörperung Michel Platini war, der an lothringischen Telegraphenmasten den Freistoß übte."[208]

Die Europäisierung des südamerikanischen Fußballs bedeutet sein Ende als subversiver Unterklassenfußball und authentische kulturelle und soziale Manifestation. Zumindest vom Spielstil her wird nun auch der südamerikanische Fußball immer mehr ein Angestelltengekicke.

Von den Teams aus Südamerika ließ Brasilien noch am ehesten frühere Individualität und Genialität erkennen, wenngleich auch hier bereits eine sehr fortgeschrittene Annäherung an das europäische System zu konstatieren war. 26 weitere Querpässe im Spiel gegen Schweden und lediglich vier Tore in 360 Spielminuten sprechen eine deutliche Sprache. Vom traditionsreichen risikofreudigen Angriffsspiel war kaum mehr etwas zu sehen. Auf der anderen Seite ließen die – ganz europäisch – aus einer stabilen Abwehr herausspielenden Brasilianer aber auch nur zwei Tore zu. Das „Aus" kam im Spiel gegen den Nachbarn und Rivalen Argentinien, der von den prominenteren Fußballstaaten der Dritten Welt am europäischsten aufspielte, was Helmut Böttiger in der „Zeit" zu dem Kommentar veranlaßte: „Argentinien ist die Selbstauslöschung Südamerikas mit modernster Technologie."[209] Argentinien mogelte sich in einer Weise ins Finale, wie man es bis dahin nur von der bundesdeutschen Mannschaft gewohnt war: zwei Siege, zwei Niederlagen und drei Unentschieden, also sozusagen ein ausgeglichenes Punktekonto, reichten Maradonas Truppe zur Vizeweltmeisterschaft.

Es gibt zwei wesentliche Gründe für die anhaltende Europäisierung des Weltfußballs: Zum einen hat sich das europäische System als vermeintlich überlegen – weil systematischer, rationaler und erfolgsorientierter – erwiesen. Der Streit um die Spielanlage ist auf dem Südkontinent im übrigen keineswegs neu, sondern in Brasilien beispielsweise mittlerweile gut 40 Jahre alt. Als Brasilien 1950 das WM-Endspiel im eigenen Land verlor, machten viele (der weißen Kompradorenklasse nahestehende) Kommentatoren den gemischtrassigen Charakter des Teams für die „nationale Katastrophe" verantwortlich: Der Mannschaft habe es an „europäischer Kraft und Stärke" gemangelt. Auch der Einsatz des damals 17jährigen Peles bei der WM 1958 war umstritten, aber der Titelgewinn sowie der Sieg vier Jahre später bei der WM in Chile beendeten die Debatte zunächst. Doch seit dem Debakel von 1966, das nicht zuletzt daraus resultierte, daß Pele von seinen europäischen Gegenspielern aufs Übelste zusammengetreten wurde, fuhr der Zug immer schneller in Richtung Europäisierung.[210]

Nach der WM 1990 erfuhr der brasilianische Fußball einen weiteren Europäisierungsschub. Der amtierende Nationaltrainer Paulo Roberto Falçao, einst Legionär beim AS Rom, kündigte vor der „Coppa America '91" an, das neue brasilianische Erfolgsrezept bestünde aus „Taktik, Disziplin und, wenn nötig, Härte sowie den Verzicht auf technische, aber unfruchtbare Kabinettstückchen."[211] Sehr zum Unwillen der Fans, für die Fußball ein „Samba-Festival" auf dem Rasen und den Rängen ist.

Zum anderen wird die Europäisierung allein schon dadurch erzwungen, daß mehr und mehr südamerikanische Kicker ihr Brot in westeuropäischen Ligen verdienen, weil ihre Heimatländer und Heimatvereine finanziell bankrott sind. „Der südamerikanische Flächenstaat, den 115 Milliarden Auslandsschulden drücken, ist auch fußballerisch verarmt. Den Ingenieuren, Ärzten, Akademikern, die vor der Hyperinflation – 3500 Prozent in den letzten fünf Jahren – geflohen sind, folgten die Fußballprofis."[212] So standen zum Zeitpunkt der WM nicht weniger als neun Spieler der brasilianischen Stammformation bei westeuropäischen Vereinen unter Vertrag. Über 200 Spieler sollen in den letzten Jahren allein nach Portugal ausgewandert sein. Uruguays Trainer Oscar Washington nahm die WM und das enttäuschende Abschneiden seines Landes zum Anlaß, den Massenexport junger und oft noch unfertiger uruguayischer Fußballer zu beklagen, der für den Niedergang des traditionsreichen „celeste" verantwortlich sei. Zwischen den 30er und 50er Jahren galt das Team Uruguays, das in dieser Zeitspanne zwei von vier Weltmeisterschaften gewann, als die Inkarnation von Spielwitz und Technik schlechthin. Über 200 uruguayische Kicker sollen derzeit im Ausland spielen, wo sie – wie auch die Spieler anderer südamerikanischer Länder – ihrer ursprünglichen Spielweise weitgehend beraubt und in das europäische System gepreßt werden.[213]

Zum südamerikanischen Subkontinent gesellt sich seit dem Zusammmenbruch des Warschauer Paktes und dessen marktwirtschaftlicher Eroberung noch der osteuropäische Hinterhof hinzu. Allein die Klubs der GUS-Staaten verloren bis zur EM 1992 370 Spieler an den Westen. „Wenn die Ballkunst für Mailand nicht ausreicht, darf es auch Tel Aviv oder St. Pölten sein. Der Ausverkauf des Personals sichert oft als einzige Devisenquelle den Fortbestand der Klubs."[214] Der Vorteil der Verpflichtung von Spielern aus der traditionellen Dritten Welt – neben den südamerikanischen Fußballstaaten Brasilien, Argentinien und Uruguay zählen mittlerweile auch einige afrikanische Staaten zu den Kickerexporteuren, eine Entwicklung, die sich nach dem guten Abschneiden Kameruns noch verstärken wird – und der neuen

Dritten Welt des ehemaligen Ostblocks besteht darin, daß sie ungleich billiger ausfallen als Spieler westeuropäischer Herkunft gleicher Qualität.[215] Nicht von ungefähr waren es in der deutschen Bundesliga zunächst Vereine aus der Abstiegszone und mit finanziellen Problemen – Homburg, der Hamburger SV und der FC St. Pauli – sowie eine Reihe von Zweitligisten, die sich auf den südamerikanischen, den afrikanischen und osteuropäischen Märkten bedienten. Die Verpflichtung von Spielern aus der alten und der neuen Dritten Welt verspricht dabei gleich zum doppelten Geschäft zu werden: Sie werden zu Dumpingpreisen erworben, um dann später innerhalb des westeuropäischen Marktes zum Vielfachen des Einkaufspreises weiterverkauft zu werden.

In welchem Ausmaß Weltwirtschaftsordnung und internationaler Fußball mittlerweile konform gehen, dokumentieren in drastischster Weise die Transfers des Brasilianer Romario und des Rumänen Lupescu. Romario wurde nach der Olympiade 1988, bei der er der erfolgreichste Torschütze war, vom holländischen Erstdivisionär und Europapokalsieger PSV Eindhoven erworben. Die Ablösesumme des brasilianischen Stürmerstars wurde mit dem brasilianischen Schuldendienst bei holländischen Banken verrechnet. Lupescu, einer der auffälligeren Akteure der WM, tritt seit Beginn der Saison 1990/91 für Bayer Leverkusen den Ball. Die Leverkusener überwiesen für den Rumänen die vergleichsweise bescheidene Summe von 900.000 Dollar plus Medikamente zum Großhandelspreis von 400.000 Dollar. Bei der Medikamentensammlung handelte es sich keineswegs um eine milde Gabe an das mit pharmazeutischen Produkten unterversorgte Rumänien, da sie den Bayer-Konzern in der Herstellung höchstens ein Viertel des Großhandelspreises kosteten.

Die Dominanz der Marktwirtschaft im Fußball führt zu seiner totalen Entwurzelung und entledigt ihn seiner sämtlichen Traditionen. Entsprechend kann heute eine Weltmeisterschaft auch dorthin vergeben werden, wo das Spiel über keine nationale Historie verfügt und auch kein Massenphänomen ist. Die Hochburgen des Spiels sind aufgrund des Einflusses der Medienindustrie und des großen Geldes scheinbar beliebig verlegbar. Nicht Afrika und auch nicht Südamerika mit seiner großen Fußballtradition und sieben Weltmeistertiteln konkurrieren mit Europa um die Austragung des Weltturnieres, sondern die USA und Japan. Die WM 1994 in den USA und Japans Kandidatur für 2002 stehen für das Herausreißen des zur seelenlosen Ware verkommenen Fußballs aus seiner ursprünglichen Identität, seiner Entwurzelung zwecks profitträchtigerer globaler Vermarktung. Der bereits zitierte Spielvermittler Caliendo über die Entscheidung der FIFA, die nächste WM ausgerechnet in den USA auszutragen: „Daß die WM 1994 in den USA stattfindet, ist kein Zufall. (...) Das ist ein Riesenmarkt, und im Jahre 2000 werden die USA die Fußballbühne schlechthin sein."[216] Caliendo sagt damit nichts anderes, als daß das WM-Turnier heute halt dorthin vergeben wird, wo mit ihm das größte Geld zu machen ist. In Italien 1990 korrespondierte die kommerzielle Ausbeutung des Wettbewerbs noch mit der traditionellen Fußballbegeisterung des Austragungslandes. Aber die USA sind in Sachen Fußball noch immer ein traditionsloses Entwicklungsland, nicht jedoch hinsichtlich der medialen Aufbereitung und kommerziellen Ausbeutung von Sportereignissen. Caliendo hält gar einen Ausverkauf der westeuropäischen Fußballmetropole an die USA für möglich: „...in ein paar Jahren werden die guten Spieler nach Amerika gehen. Das ist der Markt der Zukunft. Die Amis werden dann auch unser Reservoir leerkaufen."[217]

Was ansonsten noch vom WM-Turnier 1994 zu erwarten ist, darauf liefert ein Erfahrungsbericht des Kickeroriginals Willi „Ente" Lippens, der selbst für kurze Zeit in den USA spielte, einen Vorgeschmack: „Naja, das war mehr ein Abklatsch, da ich das mal kennenlernen wollte. Ich hab' dort auch meinen Fan-Club gehabt. Nur: Ich kann nicht vor einem Publikum spielen, das aus dem Fußballspiel ein Picknick macht und nur ab und an hinguckt. Das ist was für'n Arsch, da kommt man sich blöde vor. Da sind 20.000 Leute im Stadion und 10.000 davon rasen dauernd hin und her. Holen sich was zu fressen oder weiß der Teufel. Typisch amerikanisch eben. Da ist keine Atmosphäre und keine Zukunft."[218]

Nach dem Willen der Protégeure der Modernisierung der deutschen Fußballstadien bzw. ihrer Umwandlung in „konsumentenfreundliche" Sitzplatzarenen soll diese familiäre Picknick-Atmosphäre bald auch in den Bundesliga-Alltag Einzug halten (siehe auch gesonderten Beitrag in diesem Buch).

Für die WM 2002 bewirbt sich mit Japan ein weiteres Land, das in Sachen Fußball über keine Tradition verfügt, sondern „geklont" wird, aber eine gigantische Vermarktung des Ereignisses verspricht. Allein die Vorbereitung der WM-Kandidatur läßt sich das Land 56 Millionen DM kosten. Mit der Gründung einer Profiliga folgen die Japaner dem amerikanischen Weg der 70er und frühen 80er Jahre. Der bekannteste Klub war damals Beckenbauers *Cosmos New York,* sportliches Aushängeschild und Abschreibungsobjekt des Medien-Riesen „Warner Communications". Der Bankrott der aus dem Boden gestampften Liga und ihrer Klubs kam mit der löblichen Entscheidung der FIFA, die WM 1986 nach Mexiko anstatt in die USA zu vergeben. Auch in Japan heuerte man nun gezielt ausländische Fußballstars an, um die Liga, der nur Werkteams der feinsten Adressen der japanischen Wirtschaft angehören – die Autohersteller Nissan, Toyota, und Mitsubishi, Furikawa und Shimizu (Baumaschinen), Matsushita (Elektronik), Yomiuri (Entertainement), ANN (Fluggesellschaft), Sumitomo (Chemie) –, attraktiv zu machen. „Die Strategie, mit ausländischen Idolen eine neue Sportart in Japan zu etablieren, hat sich schon einmal bewährt. Nachdem schon vor dem Zweiten Weltkrieg Schau-Turniere amerikanischer Baseball-Teams ungewöhnliches Interesse fanden, wurden US-Stars wie Bon Horner, Frank Howard oder Dick Stuard importiert. Sie förderten den steilen Aufstieg dieses US-Spiels zum japanischen Volkssport."[219]

Und wie seinerzeit in den USA bemüht man sich dabei vorwiegend um solche Stars, deren internationale Karriere sich dem Ende zuneigt. In Japan können sie – trotz fortgeschrittenen Alters – sogar mehr erwarten als viele ihre jüngeren Kollegen in Italien. Gerry Linecker (31), bis vor kurzem Torjäger und Kapitän der englischen Nationalmannschaft, unterschrieb bei *Grand Pass Nagoya,* dem Werksverein Toyotas, einen Dreijahresvertrag, der ihm eine Netto-Jahresgage von zwei Millionen DM garantiert. Der Brasilianer Zico (38), der seine Karriere bereits beendet hatte, kickt für *Sumitomo Metals* für eineinhalb Millionen DM pro Jahr. Auf der Wunschliste der japanischen Liga stehen desweiteren u.a. die Deutschen Lothar Matthäus (31), Rudi Völler (31) und Pierre Littbarski (31). Auch mit der Verpflichtung Maradonas wird geliebäugelt. Schon grassiert in Europa die Angst vor der „gelben

Gefahr" – „ähnlich wie zu den Zeiten, als japanische Fernseher, Autos und Kameras den Kontinent überschwemmten, (...) obwohl die Japaner jetzt importieren werden."[220] Gleichzeitig ist man darauf bedacht, aus dem Scheitern der US-Liga zu lernen. Das Fehlen einer regionalen Verankerung und eines soliden Unterbaus war in den USA sicherlich mit ein Grund für den Niedergang der Profiliga. Deshalb war neben der Wirtschaftskraft der Bewerber für die *Japan Professional Football League* (kurz: „J-League") die Flächendeckung ein weiteres Auswahlkriterium. Einer der „geklonten" Klubs wurde kurzerhand in eine andere Stadt verschoben. Außerdem wurden nur drei Ausländer pro Klub gestattet; der Rest des Kaders soll aus der jeweiligen Region rekrutiert werden. Und damit die wirtschaftliche Verflechtung nicht allzu penetrant und abstoßend wirkt, sollen die Klubs ihre Beziehung zum Werk aus den Namen tilgen.

Den USA und Japan als Austragungsorte der Weltturniere kann man nur einen einzigen positiven Aspekt abgewinnen. Beide Länder bieten eine illusionslosere Umgebung für das Fußballspektakel als Italien. Auch dem größten Schönfärber müßte 1994 deutlich werden, in welch beklagenswertem Zustand sich das Spiel befindet und wer hierfür die Verantwortung trägt. In Italien konnten die dortige Fußballtradition und eine authentische Begeisterung des Publikums noch viel Übel kaschieren.

DER BALL BLEIBT RUND – VORERST

»DANISH DYNAMITE« RETTET DEN FUSSBALL

Der sensationelle Sieg Dänemarks bei der Europameisterschaft 1992 war ein Sieg für den Fußball und dessen Unkalkulierbarkeit, die für einen erheblichen Teil seiner Faszination aufkommt. Was wäre über die EM mit ihrer weitgehend armseligen Spielkultur („Ente" Lippens: „Totaler Kokolores, nichts als Geplänkel, schlicht zum Kotzen") schon zu berichten gewesen, hätte nicht am Ende der krasse Außenseiter triumphiert, sondern das biedere, im Perfektionismus und in Kraft erstickende deutsche Team? Im übrigen sehr zum Unwillen der Werbestrategen, die auf die großen fünf europäischen Wirtschaftsnationen (Deutschland, England, Frankreich, Italien, Spanien) und deren Märkte fixiert sind, in denen sie 85 % ihrer Umsätze abwickeln. UEFA-Generalsekretär Aigner: „Wenn in solchen Ländern das Publikumsinteresse nachläßt, wird auch das Interesse der Wirtschaft geringer."[221] „Kaiser Franz", der nach dem WM-Sieg von Rom in typisch deutscher Großmannssucht verkündet hatte, die deutsche Mannschaft sei „unschlagbar", weshalb es ihm für „den Rest der Welt" (!) leid tue, hatte seine Rechnung ohne den Ball gemacht, so wie sein Nachfolger Berti Vogts sein Versprechen gegenüber dem Kanzler, die Dänen für ihr Nein zu den Maastrichter EG-Verträgen abzustrafen, nicht einlösen konnte. Die deutsch-niederländische Fußballkonkurrenz erhält Zuwachs. „Deutschland, Deutschland, alles ist vorbei", sangen Zehntausende begeisterter Dänen in Kopenhagen. Es gibt doch noch etwas Gerechtigkeit auf dieser Welt – und sei es auch „nur" im Fußball. Die zweitbeste Meldung für den Fußball war sicherlich das frühzeitige Scheitern jener Teams, die die Ökonomie zur Maxime erhoben hatten – England, Frankreich und die GUS.

„Danish Dynamite" hatte schon einmal von sich reden gemacht. 1984 drangen die Dänen bei der EM in Frankreich bis ins Halbfinale vor, wo sie erst im Elfmeterschießen unterlagen. Zwei Jahre später, bei der WM in Mexiko, gelangten sie bis ins Achtelfinale, nachdem sie alle drei Gruppenspiele gewonnen hatten (u.a. 2:0 gegen den späteren Vizeweltmeister Deutschland). Hier fielen sie allerdings ihrem Hurra-Stil zum Opfer (1:5 gegen Spanien). Das Ausscheiden der spielfreudigen und offensiven Dänen, des begeisterndsten Teams der Vorrunde, wurde – abgesehen vom DFB, der die Popularität der vom Deutschen Josef Piontek trainierten Dänen und die hiermit implizierte Kritik am deutschen Fußball mißgelaunt beäugte – allgemein mit Bedauern quittiert und von einigen Beobachtern gar als Niederlage für den Fußball interpretiert. Guten Fußball spielten die Dänen allerdings schon vor 1984, nur nicht als Kollektiv. Man erinnere sich nur an die Gladbacher Le Fèvre, Simonsen und Jensen, die erheblich dazu beitrugen, daß damals in Mönchen-Gladbach der bis heute schönste und offensivste Fußball der Bundesliga gekickt wurde.

Die überwiegende Mehrzahl der Nationalspieler sind auch heute noch Legionäre, die sich bei ausländischen Klubs verdingen, da die heimische Liga aufgrund der geringen Bevölkerungsgröße Dänemarks (ca. fünf Millionen, womit Dänemark weniger Einwohner hat als der DFB Mitglieder!) für einen höheren Lebensunterhalt nicht aufkommen kann.

Zuschauerzahlen von über 5.000 sind die Ausnahme. 1978 wurde überhaupt erst der Professionalismus eingeführt, aber nur einige Klubs unterhalten tatsächlich „full time"-Profis. Spitzenkräfte – wie der großartige Kim Christofte – kommen über ein Jahressalär von 150.000 DM nicht hinaus, das verdient man in Deutschland bereits auf der Reservebank. Trotzdem hat sich auch in Dänemark selbst seit den Erfolgen der Nationalmannschaft der Jahre 1983-87 einiges geändert. So konnte *Brøndby Kopenhagen,* der professionellste und modernste aller dänischen Klubs, 1990/ 91 bis ins Halbfinale des UEFA-Cups vordringen, wo es den Dänen um ein Haar gelang, den *AS Rom* auszuschalten (zwei Minuten vor Schluß zerstörte Rudi Völler den dänischen Traum). Der dänische Fußball-Journalist Per Hoyer Hansen spricht von sechs bis acht Top-Klubs in Europa, die von ca. 50 anderen verfolgt und bedrängt würden. Zu dieser „Verfolgergruppe" zähle nun auch Brøndby Kopenhagen.[222]

Was das dänische Team von 1992 von dem der Jahre 1983-87 unterscheidet, das ist die Fähigkeit, auch verteidigen zu können.

Das müssen die afrikanischen Teams noch lernen, wollen sie, die technisch-spielerisch schon heute überlegen sind, den europäischen Fußballmetropolen die Führung streitig machen.

Der Sieg der Dänen bei der EM war ein Sieg der inneren Widerstandskräfte des Fußballs, die die intellektuellen Skeptiker (den Autor mit eingeschlossen) immer wieder überraschen. Sollte der Ball, trotz aller Schleiferei, doch rund bleiben? All jene, die meinten, der Erfolg sei wissenschaftlich herbeiführbar, und darüber vergaßen, daß ihr Perfektionismus die Kreativität des Spiels, Improvisationskunst und Spontaneität tötet, erlitten eine herbe Niederlage. Denn es siegte ein Team, das (als Ersatz für das kurzfristig ausgeladene Jugoslawien) ohne Vorbereitung in das Turnier ging, um dort umso fröhlicher und freier aufzuspielen. Keine Kasernierung, keine ständigen medizinischen Checks, keine strengen Ernährungspläne und Bio-Rythmen. Der Fußballer ist kein Leichtathlet, und wer Fußball spielen kann (und davon wird man bei den Teilnehmern einer Europameisterschaft ausgehen dürfen) benötigt möglicherweise gar kein so umfangreiches Vorbereitungsprogramm. „Kameradschaft statt Ernährungspläne also, Spaß statt Streß, Spielfreude statt Laktat-Messung? Fast scheint es so, nachdem die Dänen erst zehn Tage vor dem Eröffnungsspiel von ihrer Teilnahme in Kenntnis gesetzt worden waren, so daß sie frisch aus dem Urlaub oder vom Meisterschaftsstreß angereist kamen."[223] Die belgische Zeitung „Le Soir" brachte es auf den Punkt: „Der Triumph der Dänen ist eine belebende Hymne an die Tapferkeit, an die bunte Mischung und die Einfachheit. Und schließlich wirft er alle Theorien der Hexenmeister, der Berater in weißen Kitteln und der Trainer aus dem Laboratorium über den Haufen."[224] Michel Hidalgo, der das französische Team 1984 zum EM-Gewinn führte, empfahl die Dänen als „Beispiel für ganz Europa", da sie „wahren und authentischen Fußball" gespielt hätten.[225]

Deutschland und Dänemark, das waren in Schweden zwei Welten. Hier die Deutschen, die notorischen „Über-Planer", die sich so gewissenhaft und gründlich vorbereitet hatten wie kein anderes Team. Henry Kissinger behauptete einmal über die Deutschen, sie spielten Fußball „wie sie Krieg führen."[226] Nichts, aber auch gar nichts sollte in Schweden dem Zufall überlassen bleiben. Nur: Fußball ist kein Krieg, sondern ein Spiel und wird nicht zuletzt mit dem Kopf betrieben. Und im deutschen Kopf stimmte es hinten und vorne nicht. Wie kann man von Leuten, denen man vorschreibt, nach 21 Uhr nicht mehr das Haus zu verlassen, um ihre Ernährungs- und sonstige Lebensweise zu kontrollieren, verlangen, daß sie sich auf dem Spielfeld als emanzipierte und kreative Individuen bewegen? Brian Laudrup: „Wenn ein Spieler den Berti Vogts gefragt hätte, dürfen wir zu Mc Donalds gehen, wäre er nach Hause geschickt worden. Wir haben ganz einfach unseren Trainer gefragt und der sagte: 'Warum nicht, geht nur, wenn ihr wollt.'"[227]

Dort die Dänen, von ihrer Mentalität her den Holländern nicht unähnlich, nur daß sie bis zum Titelgewinn noch viel unschuldiger aufspielten. Nicht von ungefähr war die mitreißendste Partie einer ansonsten drögen EM die zwischen Dänemark und Holland. Für die Dänen, so Flemming Povlsen, „ist Fußball in erster Linie Spaß. (...) Man nehme alles nicht ganz so wichtig und bleibe locker, sagt Torben Piechnik, steigt in den Bus, küßt die Freundin und zündet sich erst einmal eine Zigarette an."[228] (Wohlgemerkt: diese Momentaufnahme enstand nach dem Spiel gegen Holland, also noch vor dem Ende des Turnieres.) Kein anderes Team ließ sich so wenig in ein enges taktisches Korsett zwängen wie die Dänen, die einfach – bisweilen gegen die Überzeugung ihres Trainers – das spielten, wozu sie Spaß hatten, geradeaus orientiertes Offensivspiel, in dem sogar noch riskante technische Kabinettstückchen (die die meisten Teams aus Sicherheitsgründen längst aus ihrem Repertoire gestrichen haben) ihren Platz hatten. Natürlich wurde auch bei den Dänen hart trainiert, aber außerhalb des Trainings bewegten sich die Spieler völlig frei und genossen das Leben. Lebendiger Fußball läßt sich nicht am Reißbrett und hinter verschlossenen Türen entwickeln, sondern benötigt die Nähe des Volkes und die Integration in den Alltag.

Nach dem Sieg der Dänen äußerte Berti Vogts bewundernd, das Spiel sei „toll anzusehen" gewesen, weil die Dänen „alle taktischen Anweisungen über den Haufen gerannt" hätten, was einer Bankrotterklärung an die eigene, so furchtbar deutsche Fußballphilosophie gleichkam.[229] In Bertis Team gab es keine Typen, die über das Selbstbewußtsein verfügten, den Ball einfach so zu spielen, wie sie es selbst für richtig hielten und es ihnen in den Sinn kam – alles brave Angestellte. Das dänische Phänomen belegt einmal mehr, welchen Einfluß der gesellschaftliche Kontext auf den Fußball hat. In Deutschland wird man einen Spielertypus wie Laudrup oder Povlsen, Gullit oder van Basten gegenwärtig nicht einfach aus dem Hut zaubern können. Solange der Typus des emanzipierten Spielers keine Luft zum Atmen hat, wird er sich nicht entwickeln können oder aber – wie seinerzeit Bernd Schuster – sein Heil im Ausland suchen müssen. Guter Fußball entwickelt sich entweder subversiv zu den herrschenden politischen und sozialen Verhältnissen, oder aber diese sind so liberal ausgeprägt, daß sie ihm den notwendigen Freiraum gewähren. Daß der beste Fußball hierzulande in den politischen „Umbruch"-Jahren 1969-72 zelebriert wurde, als die Nationalmannschaft in begeisternder Manier Europameister wurde und Borussia Mönchen-Gladbach seine ersten deutschen Meisterschaften errang, war gewiß kein Zufall. (Vgl. hierzu näher den Beitrag „Gullit, Gascoigne, Menotti...")

Effektiv und erfolgreich ist der deutsche Fußball auch heute noch. Doch der Raum für eine ästhetische Eigendynamik wird ihm für lange Zeit abgehen – dem „wilden", subversiven Straßenfußball fehlen die sozialen Voraussetzungen, einer weitreichenden Liberalisierung die politischen. So wird im deutschen Profifußball wohl auch weiterhin tumbe Kraft über spielerische Intelligenz dominieren.

Nicht auszuschließen ist hingegen eine Renaissance der „local teams" und der „local heroes" – zunächst in den unteren Ligen. Sie könnte ein Reflex sein auf die zunehmende Distanz zwischen normalen Fans und Spielern bzw. Klubs und die Vermarktung und Kommerzialisierung der großen Ereignisse, die diesen ihre Einmaligkeit nimmt und entfremdend wirkt. Die Regionalisierung der TV-Berichterstattung wird diesen Trend „back to the roots" möglicherweise befördern.

Im Zusammenhang mit dem Zuschauerboom der späten 40er und frühen 50er Jahre wurde bereits die These von der „eigenen Kultur" der unteren, nicht-professionellen Ligen entwickelt. Auch wenn diese Kultur stark gelitten und viel von ihrer einstigen sozialen Basis verloren hat, so ist sie doch nicht vollständig verschwunden. Geschichte mag sich nicht wiederholen, doch: Die Suche nach vergangenen Idealen, die sich derzeit auch in einer Flut nostalgischer Fußball-Literatur niederschlägt, mag dem lokalen Ereignis zu neuer Attraktivität verhelfen.

„Abseits von finanziellen und wirtschaftlichen Zielvorgaben, von Sportsponsoring und der Orientierung an Werbewirksamkeit lebt hier (in den unteren und regionalen Ligen, Anmerk. dsm) eine andere Welt des Sports weiter, die zum Teil an die ursprünglichen Traditionen der körperlichen Ertüchtigung, besonders an der einer Kultur des Fußballs, anknüpft. Auch wenn es in einer primär leistungsorientierten Gesellschaft anachronistisch anmutet: Die ausschließliche Orientierung des Spitzensports an Höchstleistungen und an finanziellen Ressourcen läßt so manches Interesse am Sport unbefriedigt. Bezieht der professionelle Sport seine Faszination einerseits aus der Perfektion der Darbietungen, andererseits aus der steten Möglichkeit der Sensation (...) und des überraschenden Ergebnisses, führt gerade dieser Umstand oft zum Abflauen des Interesses (in Österreich etwa nach der katastophalen Niederlage gegen den Fußballzwerg Faröer-Inseln). Die Lust am Besuch kleiner Veranstaltungen vermag andere Interessen zu befriedigen. Neben der Exklusivität steht hier etwa das Gefühl der persönlichen 'Betroffenheit', da die Leistungen der Akteure hier nachvollziehbar bleiben, das Geschehen als unmittelbar und nicht wiederholbar erlebt wird. Weniger der Sieg steht einzig im Mittelpunkt, sondern das Dabeisein: das schöne Spiel, die sozialen Kontakte."[230]

Der Autor hat bereits erste Konsequenzen für seine Stadienbesuche gezogen: in der Bundesliga nur noch die Dortmunder Borussen (aus alter Tradition), anläßlich der periodischen Hamburg-Besuche der FC St. Pauli, ab und zu ein Ausflug in das benachbarte Holland, ansonsten nur noch die örtlichen Bezirksklassenkikker – auch wenn deren Vorstellungen – von wegen „das schöne Spiel" – zuweilen echt grausig ausschauen.

Fußball-Fans: in den fünfziger Jahren in England, heute bei St. Pauli

ANMERKUNGEN

(1) Zur Geschichte des Fußballs als Volksspiel vgl.: N. Elias/E. Dunning: Folk Football in Medieval and Early Modern Britain, in: E. Dunning (Hg.), The Sociology of Sport, London 1971

(2) Dieses System der Schülerselbstverwaltung wurde als „Primaner-Fuchs System" bekannt und basierte wesentlich auf der Herrschaft der älteren und stärkeren über die jüngeren und schwächeren Schüler. Zu den Autoritätsproblemen an den Public Schools und zum „Primaner-Fuchs System" vgl.: E. Dunning, Die Entstehung des Fußballsports, in: W. Hopf, Fußball — Soziologie und Sozialgeschichte einer populären Sportart, Bensheim 1979

(3) Ebd.

(4) P. Weinberg, Als die Germanen noch Knochen warfen — Gesellschaftlichhistorische Entwicklungslinien des Sports, in: E. Lienen/J. Nording/G. Reinke-Dieter/H.-J. Pölking, Sport — Politik und Profit, Lust und Frust, Reinbek bei Hamburg, 1985

(5) E. Dunning, in: Hopf, a.a.O.

(6) R. Lindner, Von sportsmen und einfachen Leuten, in: ders. (Hg.), Der Satz „Der Ball ist rund" hat eine gewisse philosophische Tiefe, Berlin 1983

(7) Zit. nach B. Forester, Fußball in England, in: K.H. Huba (Hg.), Fußball-Weltgeschichte, München 1990

(8) R.F. Wheeler, Organisierter Sport und organisierte Arbeit, in: G.A. Ritter (Hg.), Arbeiterkultur, Königstein/Ts. 1979

(9) R. Lindner/H. Th. Breuer, „Sind doch nicht alles Beckenbauers", Frankfurt/M. 1987; zur Analogie-These vgl. auch G. Vinai, Fußballsport als Ideologie, Frankfurt/M. 1970 und ders., Sport in der Klassengesellschaft, Frankfurt/M. 1972

(10) R.F. Wheeler, a.a.O.

(11) Zit. nach A. Hopcraft, The Football Man, Harmondsworth 1971

(12) Zit. nach R. Lindner/H.Th. Breuer, a.a.O.

(13) Zit. nach R. Eitel, Fußball — Fußball, Stuttgart/Wien 1989

(14) Ein anschauliches Beispiel für die Instrumentalisierung des Sports für die Interessen der Industrie liefert das Wirken des Deutschen Instituts für Arbeitsschulung (DINTA). DINTA wurde 1925 von Industriellen gegründet. Peter C. Bäumer, der die Arbeit der DINTA publizistisch begleitete, nannte seinerzeit als Aufgabe der Einrichtung die Ausbildung des industriellen Nachwuchses unter dem Aspekt der „Befreiung des Arbeiters aus der Einsamkeit seiner isolierten Teilfunktion im Herstellungsprozeß", der „Überwindung der feindseligen Oppositionsstellung zwischen Arbeiter und Unternehmer" und der „Befriedigung und Befriedung des Arbeiters im gegenwärtigen Wirtschaftssystem." Bäumer thematisierte auch den Nutzen des Sports für die Steigerung der Arbeitsproduktivität: „Ein sportlich geschulter, beweglicher Kerl leistet im Betrieb wesentlich mehr, weil er die Arbeit ganz anders anpackt als ein schwerfälliger Mann, der seinen Körper nicht beherrscht." Zudem diene der Sport der Verringerung der Gefahr von Arbeitsunfällen: „...neben der körperlichen Ertüchtigung fördert der Sport auch die geistigen Fähigkeiten, und zwar gerade jene, die wir im praktischen Leben brauchen: Entschlußkraft und Geistesgegenwart. Denn es ist eine

durch zahlreiche Erfahrungen bewiesene Tatsache, daß ein Mensch, plötzlich vor eine komplizierte Aufgabe gestellt – und das ist ja die Verhütung des Unfalls – wegen mangelnder Reaktionsfähigkeit und wegen einer gewissen körperlichen Ungeschicklichkeit versagt hat. Darum ist gerade der Sport ein wirksames Mittel gegen die Unfälle im Betrieb" (P.C. Bäumer, Das Deutsche Institut für technische Arbeitsschulung, München/Leipzig 1930).

So verwundert es nicht, daß der Sport – und hier insbesondere der Fußballsport – im DINTA-Konzept eine hervorragende Rolle spielte. Die Arbeit der DINTA führte Ende der 20er/Anfang der 30er zu einer Gründungskonjunktur für werksgebundene Sportvereine, für deren materielle Ausstattung die Unternehmen aufkamen. „Von den Werken wurden Turnhallen, Sportplätze, Geräte und Sportkleidung kostenlos zur Verfügung gestellt. Trainer wurden angeworben – die Deutsche Hochschule für Leibesübungen in Berlin richtete für solche Sportlehrer eigens einen besonderen Ausbildungsgang ein –, Angehörige von Werkssportvereinen brauchten ferner, wenn überhaupt, nur geringe Beitragsgelder zu zahlen, die Kosten für die Fahrten zu den Wettkämpfen übernahmen in der Regel ebenfalls die Unternehmen, wie von diesen auch die Auslagen für gesellige Vereinsveranstaltungen getragen wurden. Angehörige eines Werkssportvereins vermochten ihren Sport somit ohne irgendwelche materielle Belastungen auszuüben" (S. Gehrmann, Fußball – Vereine – Politik. Zur Sportgeschichte des Reviers 1900-1940, Essen 1988)

(15) Zit. nach C.P. Korr, Der Fußballklub West Ham United, in: G.A. Ritter, a.a.O.

(16) Ebd.

(17) Zur Geschichte von Arsenal London vgl. u.a.: S. Tarras, Die großen Fußballvereine der Welt, München 1989

(18) Zur Geschichte von Manchester United vgl. u.a.: D. Hodgson, The Manchester United Story, London 1979; D. Meek/T. Tyrrell, Manchester United: An Official History, London 1988 und M. Crick/D.Smith, Manchester United. The Betrayal of a Legend, Harmondsworth 1989

(19) R.F. Wheeler, a.a.O.

(20) C. Graf von Krockow, Sport – Gesellschaft – Politik, München 1980

(21) Zit. nach Michael Krüger, Zur Geschichte und Bedeutung des Amateurismus, in: Sozial- und Zeitgeschichte des Sports, 2. Jahrgang, Heft 1/1988

(22) E. Dunning/K.G. Sheard, Die Entstehung des Amateurideals – dargestellt am Beispiel Rugbyfußball, in: W. Hopf, a.a.O.

(23) Zit. nach M. Krüger, a.a.O.

(24) R. Kirchner, Die Football Crowd, in: W. Hopf, a.a.O.

(24a) Zur Geschichte der „Football Association" vgl. B. Butler, The Official History of the Football Association, London 1991

(25) O. Bayer, Fußball und Kolonialismus, in: „ila – Zeitschrift der Informationsstelle Lateinamerika", Nr. 136

(26) Zur Geschichte des FC Liverpool vgl. u.a.: Pit Wuhrer, „God save our gracious team", in: „Wochenzeitung" (Schweiz) v. 2.3.1990; Tony Mason, The Blues and the Reds – Zur Geschichte von Liverpool und Everton, in: R. Horak/W.Reiter

(Hg.), Die Kanten des runden Leders. Beiträge zur europäischen Fußballkultur, Wien 1991 und P.J. Waller: Democracy and Sectarianism. A Political and Social History of Liverpool 1868 – 1939, Liverpool 1981

(27) U. Matheja, Soziale Aspekte des englischen Fußballs im 19. Jahrhundert, in: „Fußballweltzeitschrift – Zeitschrift für internationale Fußball-Geschichte und -Statistik", No. 7, 1987

(28) Zit. nach „A national industry", in: „The Footballer – The Journal of Soccer History and Statistics", Vol. 2, No. 3

(29) U. Matheja, a.a.O.

(30) R. Lindner, die Professionalisierung des Fußballs, in: ders. (Hg.), a.a.O.

(31) Ebd.

(32) R. Lindner/H.Th. Breuer, a.a.O.

(33) Zit. nach H. Ueberhorst, Hundert Jahre Deutscher Ruderverband 1883-1983. Eine historischkritische Würdigung, hrsg. vom Deutschen Ruderverband, 1983

(34) Zit. nach M. Krüger, a.a.O.

(35) § 3 der DFB-Satzung

(36) § 4 der DFB-Satzung

(37) Zit. nach R. Lindner, Die Professionalisierung des Fußballsports, in: ders. (Hg.), a.a.O.

(38) Zit. nach S. Gehrmann, a.a.O.

(39) „Buersche Zeitung" vom 27.8.1930, zitiert nach S. Gehrmann, Schalke 04 – ein „bürgerlicher Arbeiterverein", in: H.J. Teichler/G. Hauk, Illustrierte Geschichte des Arbeitersports, Bonn 1987

(40) T. Krein, Die blauweißen Fußballknappen. Der Weg des FC Schalke 04, Berlin/Bielefeld 1948

(41) U. Schröder, Fußball in Deutschland, in: K.-H. Huba (Hg.), a.a.O.

(42) R. Lindner, Die Professionalisierung des Fußballs, in: ders. (Hg.), a.a.O.

(43) Zit. nach Karl-Heinz Heimann, „Der Spieler muß einen guten Leumund haben", in: „Kicker"-Sonderheft, 25 Jahre Bundesliga, Nürnberg 1988

(44) Ebd.

(45) U. Schröder, a.a.O.

(46) Zur Person Friedrich Ludwig Jahns vgl. u.a.: D. Düding, Friedrich Ludwig Jahn und die Anfänge der deutschen Nationalbewegung, in: H. Ueberhorst (Hg.), Geschichte der Leibesübungen, Bd. 3/1, Berlin/München/Frankfurt a.M. 1980 und H.J. Teichler, Jahn – ein deutscher Revolutionär?, in: ders./ G. Hauk (Hg.), a.a.O.

(47) Karl Planck, Fußlümmelei. Über Stauchballspiel und englische Krankheit, Münster 1982 (Nachdruck der Ausgabe Stuttgart 1898)

(48) W. Hopf schreibt über Koch und dessen umfangreiches Werk „Die Erziehung zum Mute durch Turnen, Spiel und Sport, die geistige Seite der Leibesübungen" (Berlin 1990) u.a.: „Pointiert könnte man formulieren, Koch ging es bei der Einführung des Fußballs gar nicht um Fußball. (...) Es ist wichtig, den Titel (des oben genannten Werkes, Anmerk. dsm) in voller Länge zu lesen. Er zeigt an, daß es nicht um eine Diskussion des Werts oder Unwerts von Leibesübungen im physiologischen Sinne geht, sondern um etwas ganz anderes: um die 'geistige Seite' der Leibesübungen, die nichts mit der Bildung in der Bedeutung von 'Wissen' zu tun hat. Wissen allein setzt den Menschen nicht in die Lage zu handeln und das heißt auch tugendhaft zu sein. Dazu sind auch Willen und Selbstbeherrschung erforderlich, sie sind

dem Wissen gleichberechtigt" (W. Hopf, Wie konnte Fußball ein deutsches Spiel werden?, in: ders. (Hg.), a.a.O.)

(49) K. Koch, Wie kann Fußball ein deutsches Spiel werden?, in: „Deutsche Turnzeitung" 1894, 549-550

(50) Zit. nach U. Schroeder, a.a.O.

(51) Die historischen Beziehungen zwischen Militarismus und Sport wären zweifelsohne eine ausführlichere und eigene Erörterung wert. Auch der Fußball profitierte von der Wertschätzung, die der Sport als „Körperertüchtigung" im Vorfeld der Militärpflicht im Kaiserreich erfuhr, obwohl bei weitem nicht im gleichen Ausmaß wie etwa das Turnen. Das Militär war ein wichtiger Geburtshelfer des Sports in Deutschland. So wurde beispielsweise die erste Schwimmschule im engeren Sinne 1809 als Militärschwimmschule gegründet, und 1817 wurde von General von Pfuel die erste deutsche Schwimmanstalt in Berlin errichtet, womit die Basis für den Massenschwimmunterricht gelegt wurde. Die deutsche Sportbewegung fand die Unterstützung aufgeschlossener Militärs, die damit Konsequenzen aus den Erfahrungen des englischen Heeres zogen. Sport als Wehrertüchtigung hatte sich dort insbesondere bei den Kolonialtruppen bewährt.

Das Jahn'sche Verständnis vom Sport als bürgerliche Wehrertüchtigungsveranstaltung wurde bereits skizziert.

Wie sehr Sport und Militär auch heute noch miteinander verbunden sind, zeigt eine Aufschlüsselung der Sportausgaben des Bundes nach Ressorts. Dieser zufolge zeichnete im Zeitraum 1982-1986 nicht das Bundesministerium des Inneren, sondern das Bundesministerium für Verteidigung für die höchsten Sportausgaben verantwortlich (118,2 Mio. DM – das Innenministerium folgt mit 96,2 Mio.; die Sportausgaben des Bundesministeriums für Jugend, Familie und Gesundheit betrugen lediglich 12,5 Mio. DM, also etwas mehr als 10% der des Verteidigungsministeriums).

Zum Verhältnis von Sport und Militär/Militarismus vgl. u.a.: Martin Krauß, Wehrertüchtigung – Massenintegration – Vermarktung, in: „Antimilitarismus Information", Heft 8/1988

(52) Die Meisterschaften von Hamburg-Altona (1895-1900), in: „LIBERO – Deutsche Fußballzeitschrift", Ausgabe Nr. 5, April-Juni 1990

(53) Zur Geschichte dieses frühen Berliner Vereins wie anderer Berliner Fußballklubs der fußballerischen Gründerzeit in Deutschland vgl. die Beiträge von Carl-Heinz Pfannenschmidt, Eberhard Wensky und Gerhard Kolbe ebd.

(54) S. Gehrmann, a.a.O.

(55) Zit. nach ebd.

(56) Zur Entwicklung des Mitgliederbestands des DFB vgl. „25 Jahre Deutscher Fußball-Bund". Aus Anlaß des silbernen DFB-Jubiläums im Auftrag des Vorstandes, hrsg. vom Jahrbuch- und Presse-Ausschuß, Düsseldorf 1925 und C. Koppehel, Geschichte des Deutschen Fußballsports, hrsg. in Zusammenarbeit mit dem Deutschen Fußballbund, Frankfurt/M. 1954

(57) P. Klemmer, Strukturwandel in Wirtschaft und Industrie, in: A. Lau (Hg.), Meine Heimat Ruhrgebiet, Bielefeld

(58) Zur polnischen und ostdeutschen Immigration in das Ruhrgebiet vgl.: W. Brepohl, Der Aufbau des Ruhrvolkes im Zuge der Ost-

West-Wanderung, Recklinghausen 1948; H.-U. Wehler, Die Polen im Ruhrgebiet bis 1918, in: ders. (Hg.), Moderne deutsche Sozialgeschichte, Köln/Berlin 1970; U. Herbert, Geschichte der Ausländerbeschäftigung in Deutschland 1880 bis 1980, Berlin/Bonn 1986; Christoph Kleßmann, Kaiser Wilhelms Gastarbeiter, in: L. Niethammer/B. Hombach/T. Fichter/U. Bosdorf (Hg.), „Die Menschen machen ihre Geschichte nicht aus freien Stücken, aber sie machen sie selbst" – Einladung zu einer Geschichte des Volkes in NRW, Berlin/Bonn 1984

(59) Thomas Parent, Das Ruhrgebiet – Kultur und Geschichte im 'Revier' zwischen Ruhr und Lippe, Köln 1984

(60) R. Lindner/H.Th. Breuer, a.a.O.

(61) S. Gehrmann, a.a.O.

(62) Zit. nach R. Lindner/H.Th. Breuer, a.a.O.
Rüdiger Abramczik spielte bis 1988 in der Bundesliga, bevor er in die Türkei wechselte. Er absolvierte 316 Bundesligaspiele (für Schalke 04, Borussia Dortmund und den 1. FC Nürnberg), in denen er 77 Tore schoß. Abramczik erfuhr noch jene Fußballsozialisation, die für Generationen von Arbeiterkindern im Ruhrgebiet typisch war, die heute jedoch – jedenfalls in den höheren Spielklassen – zusehends seltener anzutreffen ist.

(63) S. Gehrmann, a.a.O.
Die Einführung von schottischen und englischen Elementen in das Schalker Spiel erfolgte bereits Anfang der 20er Jahre. Verantwortlich waren hierfür die Gebrüder Fred und Hans Ballmann, beide gebürtige Dortmunder und von Beruf Fabrikarbeiter. Vor dem Ersten Weltkrieg waren sie mit ihren Eltern nach England emigriert, wo sie in englischen Klubs spielten und mit den englischen und schottischen Spielweisen vertraut wurden. Als der Krieg ausbrach, wurden die Ballmanns als Deutsche in Internierungshaft genommen. Im Internierungslager kamen sie mit dem Schalker Fred Kühne in Kontakt, der sie nach Kriegsende – als die Ballmanns aus England abgeschoben wurden – zum Schalker Turn- und Sportverein vermittelte. Zu den Stilelementen, die die Gebrüder Ballmann importierten, gehörten außer dem Flach- und Kurzpaßspiel auch noch der sogenannte Rückzieher (der Ball wird mit dem Spann rückwärts über den eigenen Kopf gespielt) und der sogenannte Doppelschlag (ein Vorläufer des Dropkicks). Die Entstehungsgeschichte des schottischen Flach- und Kurzpaßspiels ist eng mit den feuchten Wetterlagen auf der britischen Insel verknüpft. Nasse Rasen erlauben keine lang und steil geschlagenen Pässe, da der Ball ansonsten „zu schnell" und somit für den angespielten Spieler unerreichbar wird.

(64) Vgl. „25 Jahre Deutscher Fußball-Bund", a.a.O.

(65) Zur Geschichte des FC Schalke 04 vgl.: H.D. Baroth, Bilder vom alten Meister, in: ders., „Jungens, Euch gehört der Himmel!" Die Geschichte der Oberliga West 1947-1963, Essen 1988; W. Bernsmann, Vom Fußballsport in Gelsenkirchen, in: Gelsenkirchen in alter und neuer Zeit. Ein Heimatbuch, hrsg. vom Heimatbund Gelsenkirchen, Band I, Jg. 1948; H. Breuer/R. Lindner, a.a.O.; S. Gehrmann, a.a.O., ders., Fußball in einer Industrieregion. Das Beispiel Schalke 04, in: J. Reulecke/Wolfhard Weber (Hg.), Fa-

brik Familie Feierabend. Beiträge zur Sozialgeschichte des Alltags im Industriezeitalter, Wuppertal 1978; ders., Schalke 04 – ein „bürgerlicher Arbeiterverein", in: H.J. Teichler, a.a.O.; T. Krein, a.a.O.; W.H. Koch, Die Königsblauen. Das Phänomen Schalke 04, Düsseldorf 1974

(66) H. Breuer/R. Lindner, a.a.O.

(67) Bezüglich der Mitgliederzahlen der organisierten Arbeitersportbewegung scheint eine gewisse Konfusion zu existieren. Gehrmann (a.a.O.) spricht von 750.000 Mitgliedern im Jahre 1930. Dabei geht es allerdings nur um den sozialdemokratisch geführten Arbeiter-Turn- und Sportbund (ATSB), während die Zahl der Mitglieder in der kommunistischen Roten Sportinternationale (RSI) nicht genannt wird. Wheeler behauptet für das Jahr 1929 eine ATSB-Mitgliederzahl von 1,2 Millionen und beziffert die Größe der RSI auf 250.000 Arbeiter und Arbeiterinnen.

(68) S. Gehrmann, a.a.O.

(69) Ebd.

(70) „Arbeiter-Turn-Zeitung" v. 1.11.1901, zit. n. F. Filter, Fußballsport in der Arbeiter-Turn- und Sportbewegung, in: „Sozial- und Zeitgeschichte des Sports", 2. Jahrgang, Heft 1/1988

(71) Der hier verwendete englische Begriff sectarianism hat eine andere Bedeutung als seine deutsche Übersetzung (Sektierertum). Er beschreibt Spaltungen innerhalb ein- und derselben sozialen Klasse entlang von religiösen, kulturellen, ethnischen etc. Trennlinien, die die gemeinsame Klassenzugehörigkeit und ein gemeinsames Klasseninteresse in den Hintergrund treten lassen. Beispiele hierfür sind die Spannungen zwischen katholischen und protestantischen Arbeitern in Nord-

irland oder der „Glasgower Fußballkrieg" zwischen katholischen (und oftmals irischstämmigen) Celtic- und protestantischen Rangers-Anhängern. Als sectarianism im weiteren Sinne könnte hierzulande klassifiziert werden, wenn sich bei einem Revierderby soziale underdogs aus Schalke und Dortmund gegenseitig die Köpfe einschlagen.

(72) „Arbeiter-Turn-Zeitung" v. 1.8.1911, zit. nach F. Filter, Fußballsport in der Arbeiter Turn- und Sportbewegung, in: a.a.O.

(73) „Arbeiter-Turn-Zeitung" v. 2.8.1914, zit. nach G. Hauk, Fußball – eine „proletarische Sportart" im Arbeiter-Turn- und Sportbund?, in: H.J. Teichler/G. Hauk, a.a.O.

(74) „Volkssport" v. 1.3.1922, zit. nach G. Hauk, a.a.O., in: H.J. Teichler/G. Hauk, a.a.O.

(75) E. Dunning/K. Sheard, a.a.O.

(76) F. Filter, a.a.O.

(77) „Freie Sportwoche" v. 3.8.1927

(78) S. Gehrmann, a.a.O.

(79) Zit. nach ebd.

(80) Ebd. In diesem Zusammenhang sei auch auf die berühmte Studie Erich Fromms hingewiesen, die auf einer zwischen 1929 und 1931 am Frankfurter Institut für Sozialforschung durchgeführten Erhebung über die psychische Struktur der deutschen Arbeiter und Angestellten basiert. Die Veröffentlichung der Ergebnisse der Studie wurde zunächst von Max Horkheimer und anderen Institutsmitgliedern verhindert, um die deutsche Linke in ihren Bemühungen wider den aufziehenden Faschismus nicht zu demoralisieren. Fromm kam nämlich zu der Einschätzung, daß die Anhängerschaft der Linksparteien SPD und KPD nur zu einem sehr geringen Teil von etwa 15% aus voll engagierten, aktiven und auch

zu Opfern für ihre Überzeugung bereiten Sozialisten bestand (Erich Fromm, Arbeiter und Angestellte am Vorabend des Dritten Reichs. Eine sozialpsychologische Untersuchung. Bearbeitet und herausgegeben von Wolfgang Bonss, Stuttgart 1980).

(81) S. Gehrmann, Dokumentation zur Geschichte der Fußballvereine Hamborns, Gelsenkirchens und Essens 1900-1940 – Standort, Mannschaftsstärke, Sozialprofil, Essen 1987

(82) Zit. nach R. Lindner/H.Th. Breuer, a.a.O.

(83) Bundesverbandsvorstand der DJK (Hg.), Das 3. Reichstreffen der DJK vom 21. bis 24.7.1932 in Dortmund, Düsseldorf 1989

(84) Zit. nach H.-E. Rösch, DJK Sport in Düsseldorf, Düsseldorf 1990.

Die DJK wurde 1920 anläßlich des Würzburger Katholikentages als Reichsverband für Leibesübungen in katholischen Vereinen gegründet. Ihr erster Vorsitzender war Carl Mosterts, Generalpräses des Verbandes Katholischer Jünglingsvereinigungen Deutschlands. Bis zu seinem Verbot zählte der DJK-Reichsverband 230.000 aktive Mitglieder in 4.481 Vereinen und Gemeinschaften, die in einem eigenständigen Spiel- und Wettkampfbetrieb die DJK-Meister ermittelten.

Die Fachschaft Fußball war die weitaus stärkste in der DJK. Überliefert ist u.a. ein Länderkampf gegen Holland im Rahmen des 3. DJK-Reichstreffens 1932, den die deutsche Auswahl vor über 40.000 Zuschauern im Dortmunder Stadion „Rote Erde" für sich entschied. Es war der erste Sieg der DJK gegen die holländische Mannschaft, die damals als die beste in der katholischen Sportinternationale galt.

Zur Geschichte der DJK siehe: K. Bischops, 3. DJK-Reichstreffen in Dortmund 1932, Düsseldorf 1989; W. Schwank, Vorgeschichte und Gründung des katholischen Sportverbandes „Deutsche Jugendkraft", Düsseldorf 1990 und H.-E. Rösch, s.o.

(85) Zit. nach J.-O. Freudenreich, Die Sport-Show – Ein Sportjournalist berichtet, Reinbek bei Hamburg 1983

(86) Zit. nach S. Gehrmann, a.a.O.

(87) So schrieb beispielsweise der damalige Führer der DT Edmund Neuendorff im Juni 1933 an Hitler: „Mit ungeheurem Jubel ist von der gesamten Deutschen Turnerschaft der Sieg der deutschen Freiheitsbewegung und die Ergreifung der Macht durch Sie, mein Führer, begrüßt worden. Die Deutsche Turnerschaft hat sich sofort der nationalen Regierung zur Verfügung gestellt... Die verhältnismäßig wenigen Marxisten und Juden, die sich in der Turnerschaft befanden, haben sie verlassen müssen... Der Führergedanke ist durchgeführt, das Wehrturnen, das wir seit Jahr und Tag in der Turnerschaft gepflegt haben, ...wird straff und in eigener Gleichtracht betrieben... Das alles, hochzuverehrender Herr Reichskanzler, mein Führer, gibt mir den Mut, Ihnen anzubieten, daß die Deutsche Turnerschaft sich unter Ihrer Führung Seite an Seite neben der SA und Stahlhelm stellt und daß sie unter Ihrer Führung Schulter an Schulter mit der SA und dem Stahlhelm den Vormarsch in das Dritte Reich antritt" (zit. nach S. Gehrmann, a.a.O.).

(88) So der langjährige WSV-Vorsitzende Paul Klose auf dem Verbandstag seiner Organisation im

März 1919 (zit. nach Dr. W. Erbach, 65 Jahre Westdeutscher Fußball-Verband e.V., Duisburg 1965)

(89) Zit. nach S. Gehrmann, a.a.O.

(90) Dieser Abschwörungs- und Loyalitätsritus bestand aus einer eidesstattlichen Erklärung, in keinerlei Beziehung mehr zum „Marxismus" zu stehen, einem polizeilichen Führungszeugnis wie in der Bürgschaft zweier Vereinsmitglieder, die schon vor dem 30.1.1933 einem „nationalen Verband" (d.h. einer Organisation der NSDAP und des Stahlhelms) angehörten.

(91) H.J. Teichler, „Wir brauchten einfach den Kontakt zueinander". Arbeitersport und Arbeitersportler im „Dritten Reich", in: H.J. Teichler/G. Hauk, a.a.O.

(92) Zit. nach H.J. Teichler, Ende des Arbeitersports 1933?, in: ders., Arbeiterkultur und Arbeitersport, Clausthal-Zellerfeld 1985

(93) Zit. nach L. Schulze, Trainer: die großen Fußballstrategen, München 1989

(94) Ebd.

(95) H. Berns/H. Wiersch, Das Buch vom Deutschen Fußballmeister. Die Geschichte zweier Mannen und einer Mannschaft, Wattenscheid 1936

(96) II.D. Baroth, a.a.O.

(97) H. Berns/H. Wiersch, a.a.O. Kuzorras langjähriger Mitspieler Fritz Szepan wird von den gleichen Autoren mit folgenden Eindrücken über seine Teilnahme an der Fußballweltmeisterschaft im faschistischen Italien zitiert: „Für uns, ganz besonders für mich, kam nun ein unvergeßlicher Augenblick: Ich stand vor Mussolini. Auge in Auge mit dem Duce, oben wehen die Farben des Reiches. Das Deutschland- und Horst-Wessel-Lied schwingt über den Platz. In dieser Stunde...!

Versteht ihr, daß das ans Herz geht? Aus der Hand des Duce nahm ich den Pokal für Deutschland, die Erinnerungsmedaille und kurze kräftige Glückwünsche. Man muß sich an alles erst gewöhnen: Da stand ich 'kleiner' Schalker, der Mann aus dem 'Kohlenpott' auf einmal vor Italiens Regierungschef, um eine Ehrung für Deutschland zu empfangen, eine Ehrung, die schließlich Adolf Hitler zukam, aus dessen Geist wir gespielt haben und immer besser spielen werden."

(98) H.D. Baroth, a.a.O.

(99) D. Peukert, Arbeiterschaft und Nationalsozialismus, in: L. Niethammer u.a. (Hg.), a.a.O.

(100) W. Maderthaner, Der papierene Tänzer – Matthias Sindelar, ein Wiener Fußballmythos, in: R. Horak/W. Reiter (Hg.), a.a.O.

(101) Zit. nach M. John, „Wenn ich einen Deutschen sehe, werde ich zum lebendigen Rasenmäher". Deutsche und Österreicher im Fußballsport, Zur Genese einer Erzfeindschaft, in: O. Rathkolb/G. Schmid/G. Heiß (Hg.), Österreich und Deutschlands Größe, Salzburg 1990

(102) Ebd.

(103) „Arbeiterzeitung" v. 11.5.1931, zit. nach W. Maderthaner, a.a.O.

(104) England trat der 1904 gegründeten FIFA erst 1906 bei, ein Jahr nach Österreich und Deutschland. Das Verhältnis Englands zum Weltfußball und seinem Verband gestaltete sich bis 1950 äußerst kompliziert. 1920 verließ England mit den übrigen britischen Verbänden die FIFA, nachdem der Weltfußballverband einen englischen Antrag, Deutschland, Österreich und Ungarn wegen ihrer Verantwortung für den 1. Weltkrieg auszuschließen, abgelehnt hatte. 1924 erfolgte

die Rückkehr in die FIFA, allerdings nur für vier Jahre. Ein Streit über Lohnausfallzahlungen an Amateure auf dem Kontinent beendete erneut die Mitgliedschaft im Weltfußballverband. Die WM von 1950 war überhaupt die erste, an der England – Sieger der Olympiaturniere von 1908 und 1912 – teilnahm. Das Turnier wurde für das „Mutterland des Fußballs" mit Niederlagen gegen Spanien und die USA (!) zum Desaster, da die Entwicklungen im Weltfußball am englischen Spiel offensichtlich vorbeigegangen waren und das englische Team kaum internationale Turnier-Erfahrungen besaß. Der Isolationismus des englischen/britischen Fußballs war nicht allein eine Folge bestimmter politischer Ereignisse und FIFA-interner Zerwürfnisse, sondern auch Ausdruck der im britischen Fußball bis in die 50er Jahre hinein vorherrschenden Auffassung, das eigene Spiel sei ohnehin das beste der Welt, weshalb der Kontinent getrost zu vernachlässigen sei. Siege über kontinentale Mannschaften und 1938 (als Italien zum zweiten Male den WM-Titel gewann) und 1947 über Europa-Auswahlen bestätigten die Briten in ihrem arroganten Glauben, dem Rest der Welt haushoch überlegen zu sein. Die Ernüchterung kam endgültig, als England 1953 in Wembley gegen Ungarn mit 3:6 verlor, die erste Heimniederlage der englischen Nationalmannschaft überhaupt, die einer nationalen Katastrophe gleichkam und den Nimbus der Unbesiegbarkeit auf dem heiligen Wembley-Rasen beendete. Der dünkelhafte Kolonialismus manifestierte sich somit auch und gerade im sportlichen Bereich (und hier insbesondere den Fußball betref-

fend). Sportliche Progressivität und der sportliche Führungsanspruch wurden von manchen gar als Basis der englischen Souveränität erachtet.

(105) Zit. nach M. Oberländer, Die „Verpreußung" Österreichs nach dem „Anschluß", Wien 1980 (Diplomarbeit)

(106) M. John, a.a.O.

(107) Zit. nach ebd.

(108) „Sepp Herberger – Der Weise von der Bergstraße", in: L. Schulze, a.a.O.

(109) Zit. nach J. Huber, Das neue Austria-Buch, Wien

(110) Matthias Sindelar: Der mysteriöse Tod eines Fußballgenies, in: Die größten Fußballspieler aller Zeiten, Weinheim

(111) W. Maderthaner, a.a.O.

(112) Die vollständige Fassung des Gedichts befindet sich u.a. in: J. Huber, Österreich. Faszination des Fußballs, Wien 1979

(113) „Amateurfußball" v. 25.2. 1927 (1. Jg., Nr. 8)

(114) Zit. nach J. Huber, a.a.O.

(114a) Erinnerungen von Karl „Vogerl" Geyer (Teil 3), in: „Die Wiener Violetten" (offizielles Organ des FK Austria Memphis), Ausgabe 3/1991

(115) W. Maderthaner, a.a.O.

(116) Zit. nach J. Huber, a.a.O.

(117) Zit. nach D. Chmelar, Ballett in Violett – 75 Jahre Fußballklub Austria, Wien 1986

(118) Zit. nach J. Huber, a.a.O.

(119) Zit. nach D. Chmelar, a.a.O.

(120) Die Frage des Autors nach dem heutigen Charakter der Austria beantwortete Dr. Michael John (Institut für Sozial- und Wirtschaftsgeschichte/Johannes Kepler Universität Linz), ein ausgezeichneter Kenner der österreichischen Fußballandschaft, wie folgt: „...ein

prominenter Textil- und Großhändler namens Leopold Böhm (Firma Schöps) finanzierte bis zum heutigen Tag an der Austria mit, jetzt jedoch nicht mehr in tragender Weise. (Leopold Böhm ist Jude, die Firma Schoeps gilt als jüdisches Unternehmen, Anmerk. dsm) Eine Weile war der Ex-Internationale und Ex-Teamchef Karl Stotz Austria-Trainer; er war gleichzeitig Böhm-Manager. Die alten bürgerlichen Wiener Juden, von denen es nur mehr einige Dutzend gibt, haben Austria-Ehrenkarten. Im Magazin der Kultusgemeinde wird manches Mal über Austria berichtet, natürlich auch zum „Geburtstag" (Anmerk. dsm: Austria Wien feierte 1991 ihren 80. Geburtstag – und den Gewinn der österreichischen Meisterschaft. Per Fußnote: Herzlichen Glückwunsch!!!), über Rapid jedoch nie. Ein Finanzier war lange Zeit der Industrielle Mautner-Markhofer, ursprünglich jüdischer Herkunft und ziemlich assimiliert (jetzt gibt es allerdings einen Sproß in der Familie, der sogar Wirtschaftssprecher der nationalen Haider-FPÖ geworden ist). Chef der Austria ist der Autogroßhändler Joschi Walter, Nichtjude. Mittlerweile kann man sagen Austria ist kein 'jüdischer' Verein; es gibt die Tradition – aber die Spitzenpositionen sind mit Leuten aus der Politik und Wirtschaft besetzt, keine Juden; Anhängerschaft ist auch sehr gemischt, auch großteils Unterschichten; die SPÖ mischt auch bei der Austria kräftig mit; Trainer Prohaska ist von der Herkunft lupenreiner Proletarier (sein Vater war gar bei der KPÖ); der Verein der ÖVP – wenn man das so bezeichnen kann – in Wien ist die Vienna mit ihrem Kommerzialrat Walter Nettig, der

Elektro- und Photogroßunternehmer und Wiener ÖVP-Wirtschaftssprecher ist." (Brief v. 22.7.1991)

(121) Zit. nach Fußball in Österreich, Wien 1980

(122) Zit. nach ebd.

(123) Ebd.

(124) W. Maderthaner, a.a.O.

(125) Ders., a.a.O.

(126) J. Bunzl (Hg.), Hoppauf Hakoah, Wien 1987

(127) Ebd.

(128) Zit. nach ebd.

(129) Zit. nach ebd.

(130) Ebd.

(131) Interview mit Erich Sinai, ehemaliger Präsident der Hakoah, in: J. Bunzl, a.a.O.

(132) Zit. nach: „Die großen europäischen Fußballklubs", Ausgabe Nr. 5 (Juni/Juli/August 1990), Wiesbaden 1990

(133) N. Seitz, Bananenrepublik und Gurkentruppe – Die nahtlose Übereinstimmung von Fußball und Politik 1954 - 1987, Frankfurt/M. 1987

(134) Ebd.

(135) Zit. nach ebd.

(136) K.H. Huba, a.a.O.

(137) Helmut Rahn, Mein Hobby – Tore schießen, München 1959, zit. nach N. Seitz, a.a.O.

(138) Ebd.

(139) Die These von der „zweiten" bzw. eigenen Kultur der lokaler orientierten Ligen wurde für Österreich empirisch von M. Marschik entwickelt (bislang unveröffentlichtes Manuskript mit dem Titel „Das Zuschauerpotential"). Für den deutschen Fußball fehlt bislang eine vergleichbare Untersuchung.

(140) M. Marschik, a.a.O.

(141) R. Titford, No Requiem for the Masses, in: „When Saturday Comes" - Special No.2, London 1990 Für England beschreibt Titford die

Stimmung in den Nachkriegsjahren, bedingt durch die besonderen sozialen und ökonomischen Umstände, mit dem folgenden Zitat: „I've just won the bloody war so you're not stopping me from seeing every Doncaster match. And Barnsley too."

(142) H.D. Baroth, a.a.O.

(143) Ebd.

(144) Ebd.

(145) Eine ausführliche Darstellung des Aufstiegs und Niedergangs von Bergarbeitervereinen enthält D. Schulze-Marmeling, „Für Fußball hättest Du mich nachts wecken können – Zur Geschichte von Arbeit und Sport in der Region Hamm", Hamm/Göttingen 1992

(146) H.D. Baroth, a.a.O.

(147) Interview mit Rüdiger Höffken in „Revier Sport" (Extra-Ausgabe „Schalke 04 – Liebe im Revier")

(148) W. Sprenger, „Eichberg saß am längeren Hebel", in: „Westfälische Nachrichten" v. 14.11.1990

(149) Ebd.

(150) H. Blödorn, Wie ein Sport zur Show verkam, in: E. Lienen u.a. (Hrsg.), Oh!lympia – Sport, Politik, Lust, Frust, Berlin 1983

(151) ebenda

(152) T. Haselbauer, „Katzenjammer im Ruhrgebiet", in: „Sportkritik" 2/1992

(153) „Spiegel" 16/1991

(154) „Die Zeit" v. 14.06.1991

(155) „Spiegel" 16/1991

(156) „Stern"

(157) „Frankfurter Rundschau" v. 31.10.1991

(158) „Kicker" v. 06.08.1990

(159) „Fußball: Die Umfrage", in: „TEMPO" 10/1989

(160) Ebd.

(161) Informationen nach „Observer" v. 28.07.1991

(162) N. Kadritzke, „Ist der Ball noch rund? Ansichten vom Fußball", Manuskript einer SFB-Sendung v. 26.10.1989

(163) „Kicker"-Sonderheft Bundesliga 1990/91

(164) „Bild" v. 24.04.1990

(165) 1990 erklärte Hamburgs Fußballidol Uwe Seeler: „Fritz, Harry, Fummel und ich" würden den dahinsiechenden HSV schon wieder zu einem „knallharten kommerziellen Unternehmen" trimmen. Mit „Fritz", „Harry" und „Fummel" waren die Seeler-Freunde Fritz Klein (ein passionierter HSV-Fan und Sportjournalist der alten Garde, für den „Spiegel" allerdings „einschläfernd langweilig") und die ehemaligen HSV-Spieler Harry Bähre und Bernd Fummel (mit Seeler in der HSV-Altligaelf aktiv) gemeint. Das Quartett erfreute sich zwar beim HSV-Anhang großer Popularität, seine wirtschaftlichen Fähigkeiten werden jedoch von Insidern als äußerst gering erachtet. Trotzdem wurden die Chancen des Quartetts, die Führung zu übernehmen, als nicht schlecht eingeschätzt. Der damalige HSV-Präsident Becker: „Wenn Uwe aufsteht und sagt, Fritz soll es werden, wird er es auch." Doch Uwe blieb sitzen, und neuer Präses wurde ein für seine Schlepperkolonnen berüchtigter Versicherungskaufmann namens Jürgen Hunke, der seine Kandiatur mit Hilfe einer Werbeagentur vorbereiten ließ („Ein wahnsinnig spontaner Mensch"). Nach seiner Wahl wirtschaftete Hunke den Traditionsklub mittels eines dubiosen Aktienmodells an den Rand des Ruins.

(166) „Westfälische Nachrichten" v. 06.06.1992

(167) „Was zählt, ist die Kohle", Interview mit Stefan Effenberg in „Spiegel" 32/1991

(168) P. Barclay, „Doing the business, 1991 style", in: „Observer" v. 28.07.1991

(169) H. Böttiger, „Emma macht sich nicht mehr frei", in: „Frankfurter Rundschau" v. 20.06.1992

(170) „Tageszeitung" v. 19.06.1992

(171) „Ich fühle mich sauwohl", Interview mit Jürgen Klinsmann in „Sports" 5/1991

(172) ,'Ich bin Millionär, kein Thema'. Der wendige Mecklenburger Thomas Doll paßt sich verblüffend gut jeder neuen Umgebung an", in: „Spiegel" 25/1992

(173) „Frankfurter Rundschau" v. 26.06.1992

(174) H.-J. Schulke, Ein Schmetterschlag für die Gesellschaft – Die gesellschaftliche Funktion des Sports, in: E. Lienen u.a., a.a.O.

(175) SC Preußen Münster – Sponsoren Pool: Mit Siegern siegen, Münster 1992

(176) dies.: Ein weites Feld – Werbung mit dem SC Preußen, Münster 1992

(177) N. Kadritzke, a.a.O.

(178) Ebd.

(179) Interview mit Jürgen Klinsmann, a.a.O.

(180) „Abkassierer haben keine Existenzberechtigung", Interview mit Antonio Caliendo in: „Sports" 7/1990

(181) Ebd.

(182) „Von Nix kommt Nix", Interview mit dem Daimler-Benz-Vorstandssprecher Matthias Kleinert in: „Sports" 12/1990

(183) Ebd.

(184) „Für Opel am Ball", Interview mit dem General Motors Europe-Vizepräsidenten Hans Wilhelm Gäb in: „Die Zeit" v. 03.07.1992

(185) Zur Kommerzialisierung Manchester Uniteds vgl. M. Crick/ D. Smith, a.a.O.

(186) „Der Ball muß ins Tor", in: „Spiegel" 44/1991

(187) „Die Zeit" v. 26.06.1992

(188) „Spiegel" 27/1992

(189) ebenda

(190) Dr. G. Seehase, Fußball das große Spiel, in: K.-H. Huba, a.a.O.

(191) ebenda

(192) H. Böttiger, a.a.O.

(193) „Kicker"-Sonderheft WM 1990

(194) H. Böttiger, a.a.O.

(195) L. Schulze, Rinus Michels – Der General aus Holland, in: ders., a.a.O.

(196) „Westfälische Nachrichten" v. 06.06.1992

(197) L. Schulze, a.a.O.

(198) zit. nach J. Altweg, Europameisterschaft 1988, in: K.-H. Huba, a.a.O.

(199) L. Schulze a.a.O.

(200) ebenda

(201) „Frankfurter Rundschau" v. 24.06.1992

(202) ebenda

(203) J. Mulder, „Ein klarer Fall von gegenseitigem Unverständnis", in: „Sports" 6/1992

(204) M. Lieske, „Der Fußball am Scheideweg", in:„Tageszeitung" v. 09.07.1990

(205) „Leitende Angestellte statt Stars – Die Weltmeisterschaft in Italien belegt die Stagnation des Fußballs", in: „Spiegel" 26/1990

(206) „Der VfB hat mit falschen Karten gespielt", Interview mit Karl Allgöwer, in: „Kicker" v. 17.6.1991

(206a) „Daily Telegraph" v. 25.8.1992

(207) J.Viellvoye / M.Hughes, Fußball über Kontinente, in: K.-H. Huba, a.a.O.

(208) H. Böttiger, Der Spaß, am Ball zu sein, in: „Die Zeit" v. 19.07.1990

(209) ebenda

(210) Zur Geschichte des brasilianischen Fußballs vgl. T. Fatheuer, „Himmelhochjauchzend – zu Tode betrübt", in: „ila", a.a.O.

(211) „Westfälischer Anzeiger" v. 18.07.1991

(212) „Tote Party – Die besten Fußballer des dreifachen Weltmeisters sind ausgewandert: Die Nationalmannschaft pflegt einen multikulturellen Stil", in: „Spiegel" 26/1990

(213) Zur Geschichte und den aktuellen Problemen des uruguayischen Fußballs vgl. K.-L. Hübener, Tore gegen Schulden – verhängnisvoller Tausch, in: „ila", a.a.O.

(214) „Herrenloser Haufen", in: „Spiegel" 24/1992

(215) Der Spielervermittler Caliendo bezüglich des Zusammenhangs von politischer Entwicklung in Osteuropa und des Ausverkaufs der dortigen Fußballklubs durch die ungleich kapitalkräftigere westeuropäische Konkurrenz: „Mitarbeiter von mir schauen sich in Polen und Rumänien Spieler an. Im Augenblick prüfen wir auch ein paar Talente aus der Sowjetunion – im Osten gibt es Riesenfußballer. Das ist ein Reservoir, das wir dank Perestroika jetzt voll ausnützen können" (Interview Caliendo, a.a.O.)

(216) Ebd.

(217) Ebd.

(218) U. Bornemeier, Willi Lippens und das gewisse „Leck-mich-am-Arsch-Gefühl", in: ders. (Hrsg), Lob der Bundesliga – Bekenntnisse und Ansichten über die wichtigste Sache der Welt, Essen 1988

(219) „Einige Knalleffekte", in: „Spiegel" 5/1992

(220) Ebd.

(221) „Spiegel" 27/1992

(222) Zur Entwicklung des dänischen Fußballs bis zur EM 1992 vgl.

A. Jackson, There is nothing like a Dane, in: „When Saturday Comes" – Special No. 3, London 1991

(223) T. Kilchenstein, „Im Bus kreiste das Bier und blühte der Flachs", in: „Frankfurter Rundschau" v. 24.06.1992

(224) Zit. nach „Frankfurter Rundschau" v. 29.06.1992

(225) „Spiegel" 27/1992

(226) „Sports" 7/1992

(227) „Zuviel Kraft, wenig Spaß", Interview mit Brian Laudrup in „Frankfurter Rundschau" v. 24.06.1992

(228) „Frankfurter Rundschau" v. 24.06.1992

(229) „Spiegel" 28/1992

(230) M. Marschik, a.a.O.

Teil 2

Zur Krise des modernen Profifußballs

FANS, VIP'S UND FINANZHAIE

WEM GEHÖREN DIE STADIEN?

„Das ist in meinen Augen völliger Quatsch. Da kann man ja gleich in die Oper oder ins Theater gehen. Fußball kann erst zum Freudenhaus werden, wenn es Stehplätze gibt." (Horst Wohlers, ehemaliger Trainer des FC St.Pauli Hamburg, über die Pläne des DFB, alle Bundesligastadien in reine Sitzplatzarenen umzuwandeln)

„Wollen sie dem Fußball das Herz ausreißen?" (Ottokar Wüst, Präsident des VfL Bochum, zum gleichen Thema)

Ende Januar 1990 veröffentlichte Lord Justice Taylor seinen 109 Seiten starken und von der britischen Öffentlichkeit mit Spannung erwarteten Report über das sogenannte „Hillsborough-Desaster." Zur Erinnerung: Am 15. April 1989 sollte im Sheffielder Stadion „Hillsborough" das Pokalhalbfinale zwischen dem FC Liverpool und Nottingham Forest stattfinden. Die Paarung mußte jedoch nach wenigen Minuten abgebrochen werden, als auf einer überfüllten Stehtribüne 95 Liverpool-Fans zu Tode getrampelt wurden. Die Fans wurden Opfer einer law and order-Politik, die das Problem von Fußballunruhen dadurch einzudämmen suchte, daß sie rund um die Spielfelder hohe Gitterzäune errichtete. „Man hat uns behandelt wie Tiere", lautete das bittere, aber zutreffende Resümee der Liverpool-Fans.

Die Fans wurden aber auch Opfer eines Mangels an Komfort, wie er für die Mehrzahl der britischen Liga-Stadien typisch ist. Zwar entstanden in den letzten Jahren vielerorts sogenannte „executive boxes", bewirtete Logenplätze in beheizten Glaskästen, die den Sponsoren der Vereine und anderen Großverdienern vorbehalten bleiben. Wer Geld hat, der kann auf der britischen Insel heute einem Fußballspiel unter erheblich komfortableren Umständen beiwohnen, als dies früher der Fall war. Aber für die Stehterrassen, wo sich das proletarische Publikum versammelt, wurde kaum etwas getan. Viele dieser Terrassen sind baufällig, bieten eine schlechte Sicht, und ihre sanitären Anlagen spotten jeder Beschreibung. Selbstverständlich beeinflussen derartige Zustände auch das Verhalten von Fans. Wie kann man von Menschen, die ein Fußballspiel unter unwürdigen Bedingungen verfolgen müssen, ernsthaft verlangen, sich in würdiger Weise zu benehmen? So macht es mitunter keinen Unterschied, ob man zwecks Erledigung des kleinen Geschäfts das Pissoir aufsucht, oder aber gleich seinem Vordermann in die Hosentasche uriniert. Die rechte Boulevardpresse, allen voran einmal mehr die „SUN", die noch einige Jahre zuvor die Errichtung der „Schutz"-Zäune mit der Schlagzeile „Sperrt die Biester in Käfige" gefordert hatte, und die Polizei machten zunächst die Fans für die Katastrophe verantwortlich. Liverpool-Fans hätten Liverpool-Fans mutwillig zu Tode getrampelt, um sie anschließend auszurauben. Zur Hilfe eilende Polizisten seien von alkoholisierten Fans anuriniert worden etc. Doch die Story überlebte keine 48 Stunden. Während die Fans zunächst bleich und fassungslos ob solch dreister Lügen reagierten, widersprachen neutrale Augenzeugen – Stadionanwohner, Busfahrer und Pubbesitzer – der Schmutzpresse aufs heftigste. Ein Arzt, der zu den ersten zählte, die medizinische Hilfe leisteten, pries gar die Disziplin und Hilfsbereitschaft der Fans.

Die Story von den mordenden, raubenden und urinierenden Horden war nichts weiter als ein infamer Versuch der Fußballoberen, der Polizeiführung und rechter, elitärer law and order-Politiker, von der eigenen Verantwortung für das Geschehene abzulenken. Schon bald stellte sich nämlich heraus, daß die Katastrophe durch schlechte Organisation, eine diskriminierende Vergabe der Tickets zum Nachteil der zahlenmäßig deutlich überlegenen Liverpool-Fans sowie vor allem durch die besagten „Schutz"-Zäune verursacht worden war.

Auf Fußball-Fans – namentlich Liverpool-Fans – herumzutrampeln, ist im thatcheristischen Großbritannien längst zu einer beliebten Übung geworden. Die rechten Boulevardblätter haben in den letzten Jahren die Kriminalisierung und Entmenschlichung von Fußballfans systematisch vorangetrieben. Die gleichen Blätter, die selbst die brutalsten britischen Kriegsverbrechen während des Falklandkrieges als „Heldentaten" rühmten, wie das Versenken von hunderten argentinischer Soldaten außerhalb der Kriegszone und das Durchtrennen der Kehlen von argentinischen Kriegsgefangenen, und anschließend gar noch nach „Zugabe" schrieen, bezichtigen Fußballfans bei weit geringfügigeren Vergehen des animalischen Verhaltens. „Fußballfans werden entmenschlicht, in einer Weise, die der Entmenschlichung bestimmter nationaler oder rassischer Gruppen durch die Medien ähnlich ist: auf daß ihre Behandlung als Menschen zweiter Klasse als 'gerechtfertigt' erscheint"[1], schreibt der profilierte linke irische Journalist und passionierte Fußballfan Eamonn McCann.

Tatsächlich wissen Sportjournalisten über das, was Fußballfans denken und tun, oftmals überhaupt nichts. So wenig wie die Zunft der Sozialpädagogen und Sozialarbeiter, die sich ihrer ungebetenerweise annimmt. Der gewöhnliche Sportjournalist kommt mit dem Stehplatzpublikum niemals in Kontakt. Er betritt das Stadion durch einen gesonderten Eingang, um sich schnurstracks auf seinen komfortablen Pressesitz zu begeben. Weitab vom Stehplatzpublikum, das von hier aus nur als amorphe Masse erscheint. In seiner Berichterstattung sind Fans in der Regel nur Objekte, die zu einem zitierfähigen, halbwegs intelligenten Gedanken nicht in der Lage sind. Begibt er sich einmal herab in das Stehplatzpublikum, so ähnelt das journalistische Resultat eher einer Abenteuerreportage, die vom tapferen Schreiber erzählt, der sich unter die anonyme animalische Masse begab, aber dank einer Mischung aus Glück und Können unversehrt in seine warme Redaktionsstube zurückkehren durfte. Die elitäre Arroganz der Medien gilt eben nicht nur den „hooligans" (im übrigen alles andere als ein Zufallsprodukt des Thatcherismus und diesem in vielerlei Hinsicht verwandt). Sie gilt auch dem gewöhnlichen, singenden und seinen Schal schwingenden, höchstens ab und an eher zufällig in spontane Auseinandersetzungen geratenden proletarischen Zuschauer und hat dazu geführt, daß in Großbritannien seit einigen Jahren von Fankollektiven selbst produzierte „Untergrundmagazine" nur so sprießen (mittlerweile sind es um die 200). Viele dieser sogenannten „Fanzines" sind kritisch und nicht ohne Selbstironie geschrieben. Vor allem sind sie allemal aufregender als die biederen und servilen Kicker-illustrierten.

Das Bekannteste unter ihnen ist „When Saturday Comes" (WSC), das mittlerweile in einer monatlichen Auflage von ca. 40.000 vertrieben wird. Im Untertitel bezeichnet sich WSC als „halbanständiges Fußball-Magazin". „Wir akzeptieren keine Klischees und keinen faulen Journalismus, keine Plattheiten, keine Weißwäscherei, keine lahmen Entschuldigungen, keine unsinnigen Statistiken und keine kleinkarierten Rivalitäten", hieß es in der ersten WSC-Ausgabe bezüglich des eigenen Selbstverständnisses. Die anderen Fanzines sind in der Regel an einen bestimmten Verein gebunden, weshalb ihre Auflagen deutlich geringer ausfallen. Hier nur eine kleine Auswahl ihrer oft recht originellen Titel: „When Skies Are Grey" („Wenn alle Himmel grau sind", FC Everton), „Waiting for the Great Leap Forward" („Warten auf den großen Sprung nach vorn", Motherwell), „It's Half Past Four und We're 2:0 down" („Es ist halb fünf, und wir liegen 2:0 zurück", Dundee), „Through Wind and Rain" („Durch Wind und Regen", FC Liverpool).

Viele der Fanzines sind in ihrer Tendenz fortschrittlich, was vor allem bedeutet: gegen den konservativen Autoritarismus und antirassistisch. Aber natürlich gibt es auch andere. Die Fanzines sind nur ein Ausdruck des gestiegenen Selbstbewußtseins von Teilen des Stehpublikums, die es leid sind, teure Eintrittspreise zu entrichten, auf baufälligen Stehterrassen sich den Regen ins Gesicht peitschen zu lassen, in überschwemmten Toiletten zu waten, schale Fast-Food-Kost zu konsumieren und obendrein noch von der Polizei schikaniert und von den Clubs ignoriert zu werden. So gründete sich 1985 in Liverpool die *„Football Supporters Association"* – „eine militante Mischung aus Verbraucherorganisation und Gewerkschaft. Die FSA (der praktisch alle Fanzine-Journalisten angehören) räumte mit dem gängigen Klischee des passiven, unkritischen, einfältigen Fußball-Fans auf, der sich widerstandslos auf verregnete Ränge stellt. Die Fan-Organisation (mittlerweile 30.000 Mitglieder stark) fordert seit Jahren eine Demokratisierung des Spiels, Mitspracherecht der Fans auf Club-, Verbands- und UEFA-Ebene, ziviles Verhalten der Polizei, Beseitigung aller Zäune und die Beibehaltung der

Stehplätze in den Stadien. Mit den Fanzines hat die FSA ein publizistisches Forum, das vielstimmig verkündet, daß der Fußball nicht etwa dem Fernsehen, den Spieleragenten, den Aktionären oder den Sponsoren gehört – sondern vielmehr den Fans. Diese wollen ihr Spiel zurück."[2]

Daß die Fanzines viel Intelligentes zu sagen haben, demonstrierte gerade „Hillsborough". So waren bereits im Februar 1989, also zwei Monate vor der Katastrophe im Sheffielder Stadion, in einer dieser unkonventionellen Eigenproduktionen – „Off the Ball" – u.a. die folgenden Sätze zu lesen: „Möglicherweise mag das Abbauen der Zäune dazu führen, daß mehr Invasionen auf das Fußballfeld stattfinden und Schlägereien, was schlecht für das Ansehen des Fußballs ist. Aber normalerweise sind daran nur Leute beteiligt, die auch daran beteiligt sein wollen. Die Zäune sind hingegen für alle gefährlich, die diese angeblich schützen sollen: die unschuldigen und die friedlichen Fußballfans."[3] Exakt dies sollte sich am 15. April 1989 in Sheffield bestätigen. Aber wer läßt sich schon vom Stehplatzpublikum Ratschläge erteilen?

Auch in Deutschland gibt es mittlerweile eine Reihe von Fanzines. Das profilierteste und fortschrittlichste unter ihnen ist der „Millerntor Roar", als dessen Herausgeber der „korrekte Teil der St. Pauli-Fans" zeichnet, was auf die Existenz gewisser Widersprüche in der Fan-Gemeinde schließen läßt. Die Erscheinungsweise des Blattes: „Unregelmäßig, je nach Lust, Laune und Alkoholkonsum..., wie gehabt." Ganz der Störtebecker-Tradition verpflichtet (erkennbar auch an den Totenkopf-Fahnen im St.Pauli-Stadion, die allerdings mittlerweile auch in anderen Stehkurven auftauchen), haben die Herausgeber den Geldsäcken der Liga den Kampf angesagt, die den Fußball und seine traditionelle (Gegen) Kultur mehr und mehr zerstören. Der Hauptfeind heißt dabei – wen wundert's – Bayern München. In einer Rubrik mit dem Titel „Die meistgehaßten Personen der Liga" werden Figuren wie Manfred Ommer (Spielermakler) und Bayern-Manager Uli Hoeneß porträtiert. Der meiste Platz wird aber einem anderen Thema gewidmet: dem Rassismus und Rechtsradikalismus auf den Rängen. Die Schreiber des „Roars" registrieren sehr genau, wieviele Reichskriegsfahnen in welchen Stadien hängen. Und wenn es erforderlich ist, dann macht der „Roar" auch vor

„Nestbeschmutzung" nicht halt. Als der farbige Ballvirtuose Sou-
leyman Sane, damals noch in den Diensten des 1. FC Nürnberg,
bei seinem Auftritt am „Millerntor" von einigen Fans mit
„Urwaldgeräuschen" (oder was diese dafür hielten) bedacht
wurde, war dies dem „Roar" gleich zwei ausführliche und har-
sche Artikel wert. Des weiteren inszenierten die „Roar"-Macher
einen Aufruf gegen Rassismus, den die Unterschriften zahlrei-
cher St. Pauli-Akteure zierten.

Das Verhältnis des Fanzines zur Vereinsführung ist nicht
unkompliziert. Die Entstehungsgeschichte des „Roars" als eigenständiges, vom Verein unabhängiges Fan-Organ geht auf einen
Disput mit dem damaligen Manager Volkert zurück. Der Berliner Oberligist Türkiyemspor hatte den FC St. Pauli zu einem
Freundschaftsspiel eingeladen. Das Spiel war als Höhepunkt
eines Stadionfestes in Berlin-Kreuzberg gedacht, das dazu beitra-
gen sollte, Menschen unterschiedlicher Nationalität näher zuein-
anderzubringen und Vorurteile abzubauen. Gleichzeitig sollte für
einen menschennahen und toleranten Fußballsport geworben
werden, in dem Ausländerfeindlichkeit und Rassismus keinen
Platz haben. So hieß es in der Einladung: „Wir haben ein großes
Interesse daran, Euch für ein solches Spiel gewinnen zu können,
da wir glauben, daß in St. Pauli ähnliche Probleme existieren wie
bei uns in Kreuzberg, und daß der Verein FC St. Pauli wie wir für
ein friedliches Zusammenleben der Völker eintritt."[4] Doch Volkert antwortete: „In Ihrem Schreiben hat es den Anschein, daß
diese Veranstaltung als Politikum ausgetragen wird. Aus diesem
Grund werden wir von einem Termin für ein Spiel Abstand nehmen."[5] Die späteren „Roar"-Macher waren empört, und in der
„Nullnummer" des Fanzines war zu lesen: „Die Begründung für
diese Absage ist nicht nur verdammt peinlich, sondern zeigt auch
ein falsches Verständnis davon, wie und wo sich unser Verein
öffentlich engagieren sollte. Gerade im Profi-Fußball ist es wichtig, den Gedanken der Völkerverständigung hochzuhalten. Der
FC St. Pauli nimmt für sich das Recht in Anspruch, in der alltäglichen Vereinsarbeit keine Vorurteile gegen Ausländer zu haben.
40% der jugendlichen Vereinsmitglieder sind schließlich Ausländer, und es stimmt, wenn es in der Vereinschronik heißt, daß sich
die Frage nach Herkunft, Hautfarbe und Religion bei St. Pauli

nicht stellt. Für uns als Fans, die nur zum Teil in die Vereinsarbeit eingebunden sind, ist es eine ganz entscheidende Sache, daß auch mit der Profi-Abteilung ein Zeichen für Völkerverständigung gesetzt wird. Wir machen ständig die Erfahrung, daß die Bundesliga auf den Rängen zum Kotzen deutschnational ausgerichtet ist. Wenn wir daran etwas ändern wollen, kann so eine Veranstaltung, wie jetzt in Kreuzberg geplant, den Leuten zeigen, daß man nicht Türkenhasser und Republikaner-Fan sein muß, um ein echter Fußballfan zu sein. Antifaschismus, Völkerverständigung und Solidarität sind für uns die Basis jeden sportlichen Wettstreits."[6]

Antifaschismus und Antirassismus bilden das eine Standbein des „Roar"-Projekts. Das zweite Standbein ist der Kampf für den Erhalt des „Millerntor"-Stadions und der Stehplatzränge – oder allgemeiner: der Kampf gegen die Verdrängung und Enteignung des traditionellen Fußballpublikums.

TAYLOR UND ANDERE REPORTS

Taylors von der Thatcher-Regierung in Auftrag gegebene Studie hatte zur unmittelbaren Folge, daß die Einführung der sogenannten „ID-cards" zunächst einmal auf Eis gelegt wurde. Hierbei handelte es sich um ein persönliches Steckenpferd der erzkonservativen Ex-Premierministerin: Thatcher wollte den britischen Profiklubs ein Ausweissystem aufnötigen, das nur noch registrierten und von an den Eingängen installierten Polizeicomputern gecheckten Anhängern den Zutritt zu den Stadien gewähren sollte. Doch Taylor kam in seinem Report zu dem Schluß, daß das „ID-cards"-System zu den bereits existierenden Gefahren für die physische Integrität der Zuschauer nur noch eine weitere addieren würde. So könnte es im Falle nicht oder zu langsam arbeitender Computer zu einem gefährlichen Gedränge vor den Stadiontoren kommen.

Taylors Bedenken gegenüber den „ID-cards" sind primär technischer Natur; über den totalitären und repressiven Charakter der Idee verlor der Lord in seinem Report hingegen kein Wort. Und daß die Regierung ihre „ID-cards"-Pläne umgehend zurückzog, geschah wohl vor allem deshalb, weil sie mit den restlichen Empfehlungen Taylors bestens leben konnte. Diese liefen in ihrer

Konsequenz exakt auf das hinaus, was den neu-rechten Ideologen und Profiteuren des Thatcherismus, die das Fußballspiel und die Fußballkultur einer elitären Klassenkritik unterziehen, bereits seit Jahren ein Herzensanliegen ist: die Zerstörung eines – ohnehin schon im Prozeß der Atomisierung befindlichen – proletarischen Milieus und seiner kulturellen Institution Fußball zugunsten einer konsequent konsumorientierten Konzeption der Fußballindustrie bzw. deren Unterwerfung unter die brutalen ökonomischen Spielregeln des Thatcherismus. Einem echten Neo-Konservativen ist der Anblick der proletarischen Massen, die sich Samstag für Samstag zu Hunderttausenden in den englischen und schottischen Ligastadien versammeln und sich nicht seinem Verhaltenskatalog entsprechend benehmen, ebenso zuwider, wie es für ihn unakzeptabel ist, daß es noch Plätze im Großbritannien der Thatcher-Revolution geben soll, die von seiner Kultur und seinem Ordnungsdenken noch nicht durchdrungen sind. Die Tory-Philosophie duldet keine autonomen Nischen und Fluchtburgen. Dies betrifft nicht mehr nur die Fans auf den Rängen, sondern mittlerweile auch das Geschehen auf dem Spielfeld selbst. 1987 mußten sich nach einem Celtic-Rangers-Derby erstmals auch Spieler wegen „schlechten Benehmens" vor einem ordentlichen Gericht verantworten. Britischer Konservativismus, das ist Verstaatlichung und Deregulierung zugleich. Während der Staat in Sachen „law and order" so massiv in die Welt des Fußballs interveniert wie nie zuvor, betreibt er zugleich dessen Abkoppelung von den staatlichen Subventionstöpfen.

Der Taylor-Report folgte einer schon traditionellen Unsitte: Unterschiedliche Ereignisse und Probleme werden in unzulässiger Weise miteinander vermengt, damit das Ergebnis der Untersuchung die strategischen Absichten der Regierung bestätigt. Eine erheblich aufschlußreichere, für die herrschende Politik allerdings unbequemere Einschätzung der Mißstände in den Stadien lieferte Ian Taylor, nicht identisch mit dem bereits vorgestellten Lord, sondern seines Zeichens Soziologe und Gastprofessor am Institut für Kriminologie an der Universität Cambridge. Ian Taylor untersuchte die „Bradford-Katastrophe", bei der 1985 beim Brand einer alten hölzernen Stadiontribüne 57 Menschen ums Leben gekommen waren. Er verwies auf die Tatsache, daß das Stadion von Bradford im wesentlichen aus einer baufälligen Tribünenkonstruktion besteht, „die in einer hauptsächlich von Arbeitern bewohnten Gegend errichtet und als solche im Laufe der Jahre nur einigen unsystematischen Inspektionen unterzogen und mit bedeutungslosen Verordnungen belegt wurde."[7] Die Zustände im Stadion von Bradford seien ein präzises Beispiel dafür, „was ich an anderer Stelle als 'generelle Einstellung der herrschenden Klasse in Großbritannien' beschrieben habe, 'die es zugelassen hat, daß der Staat die Arbeiter – selbst im Rausch des Wiederaufbaus nach dem Krieg – in verwahrlosten und unsicheren Häuserblocks einquartiert hat, deren Abstieg zum Ghetto bereits abzusehen war. Dieselbe Gleichgültigkeit hatte zur Folge, daß die Sicherheitsbestimmungen in den britischen Fabriken der Nachkriegszeit nach wie vor uneffektiv sind. Auch der Abstieg des National Health Service zu einem überlasteten und unterfinanzierten, sich vor allem (auf uneffektivste Weise) mit den Armen beschäftigenden, bürokratischen Alptraum geht auf das Konto dieser Gleichgültigkeit.' Das Jahr 1987 brachte für diese Gleichgültigkeit gegenüber der Sicherheit und der Lebensqualität breiter Schichten der Bevölkerung eine Reihe weiterer Beispiele: die Praxis der Überladung von Kanalfähren, die durch die Enthüllungen nach dem Untergang der 'Herald Free Enterprise' im Hafen von Zeebrügge ans Tageslicht kam, oder die Enthüllungen über Abfallberge in der Londoner U-Bahn, denen durch den Brand in der Station King's Cross im November desselben Jahres (bei dem 35 Menschen ums Leben kamen) für kurze Zeit das Interesse der Medien zuteil wurde. Solche gefährlichen, auf Verharmlosung zurückzuführenden Bedingungen sind charakteristisch für viele Sportstadien, aber auch für die anliegenden Wohngebiete der Arbeiterklasse und einen immer größeren Anteil des öffentlichen Raumes in Großbritannien."[8]

Auch das „Hillsborough-Desaster" hatte einen Klassencharakter. So wußte der „Guardian" zu berichten, die Fußballfirmen hätten zwar an den Stätten ihrer Vergnügungsindustrie die teuersten Überwachungsanlagen installiert, aber die simpelsten Rettungsgeräte wären in Sheffield nicht vorhanden gewesen. „Wie passend, daß man statt der fehlenden Tragbahren auf Reklametafeln zurückgreifen mußte", lautete das bittere Fazit der Zeitung.

Doch zurück zu Taylor, dem Lord. Die zentrale Forderung seines Reports bestand in dem Umbau aller Stadien in Großbritannien, in denen professioneller Ligafußball gespielt wird, zu reinen Sitzplatzarenen. Alle Vereine der englischen 1. und 2. Liga und der schottischen 1. Liga haben diesen Umbau bis zum Start der Saison 1994/95 zu vollziehen. Bis dahin wird ihnen eine jährliche Reduzierung ihrer Stehplatzkapazitäten von 20% abverlangt. Dem Rest der Vereine – insgesamt handelt es sich um ca. 100 – wird bis 1999 Zeit gelassen. Folglich beträgt für sie die jährliche Reduzierungsrate nur 10%. So berühmte und traditionsreiche Stehplatztribünen wie „The Kop" („Anfield Road"/FC Liverpool) und „The Jungle" („Celtic Park"/Glasgow Celtic), Bühnen lokaler Sozialgeschichte und Arbeiterkultur, werden in einigen Jahren der Vergangenheit angehören.

Taylor kritisierte ausführlichst die unakzeptablen Standards in Englands und Schottlands Stadien, welche „schlechtes" und „unwürdiges" Benehmen fördern würden. Der miserable Zustand vieler, zumeist völlig veralteter Stadien soll so wenig bestritten werden wie die prinzipielle Notwendigkeit, diesem abzuhelfen. Und angesichts der gigantischen Umsätze, die die Fußballindustrie verzeichnet, wie der gigantischen Summen, die für den Kauf und die Bezahlung von Spielern ausgegeben werden, ist die Forderung, die Vereine sollten mehr für den Komfort der Zuschauer tun, nur allzu berechtigt. Eine Klassenspaltung existierte in den Stadien – in der Form der Einteilung in Stehterrassen und Sitztribünen – bereits vor dem Bau der ersten „executive boxes", wenn auch nicht so kraß und mit einem gewissen Grad an Durchlässigkeit. Aber die Modernisierung der Stadien sollte allen Fußballbegeisterten zugute kommen und nicht nur denen, die sich einen Sitzplatz auf der Haupttribüne oder gar eine „executive box" leisten können.

Doch Taylors Kritik intendierte etwas anderes: Zum einen suggerierte sie, daß die Katastrophe von Sheffield eben doch etwas mit „hooliganism" zu tun gehabt hätte. Sitzplatzstadien sollen angeblich weniger anfällig für Ausschreitungen sein. Diese Behauptung ergibt nur einen Sinn, wenn man mit der Sitzschale

Überfüllte Stehplatztribüne im Stadion „Stamford Bridge", beim Freundschaftsspiel zwischen Chelsea und Dynamo Moskau (1945)

Fan-Kampagne in der Bundesliga gegen die Umbaupläne der Vereine (1991)

auch ein anderes Publikum verbindet. Denn auf Sitzplätzen läßt sich genauso randalieren wie auf Stehplätzen. Und wenn die Randale losgeht, dann wird es auf Sitztribünen für Unbeteiligte ungleich gefährlicher als auf Stehterrassen, die wenigstens noch Fluchtmöglichkeiten bieten. Das Sicherheitsargument dient lediglich als Vorwand, um elitäre Interessen zu kaschieren, die sozial und politisch nicht problemlos vermittelbar und durchsetzbar sind. So schreibt die Zeitschrift „Sports" bezüglich der deutschen Stadionmodernisierung ganz richtig: „Die neuen Stadien sollen nicht nur sicher sein, sondern auch ein ganz neues Publikum anziehen – und störende Teile des alten ausschließen. Auf den modernen Sitzplatztribünen sollen Familien in freundlicher Picknick-Atmosphäre ihren freien Tag verbringen. In verglasten Luxuskabinen sollen sich auch die wohlfühlen, denen der proletarische Geruch des Fußballs bisher unangenehm in der Nase stach. (...) Der ehemalige Sport der Arbeiter möchte sich heute seine Zuschauer aussuchen und endlich in die Luxuslogen aufsteigen."[10]

Es geht bei den Sitzplatzstadien somit weder um die Verdrängung der kleinen, aber wohlorganisierten „hooligan"-Gruppen, noch darum, für das proletarische Publikum würdigere Verhältnisse in den Stadien zu schaffen. Vielmehr befand sich die Zielrichtung des Taylor-Reports voll und ganz im Einklang mit den Ansichten und Absichten der elitären und profitsüchtigen neokonservativen Kritiker der Fußballkultur, die die Modernisierung der Stadien mit der Durchsetzung konsumentenfreundlicher Marktverhältnisse verknüpft wissen wollen und einen „reinigenden" Konzentrationsprozeß im Ligabetrieb und die Umwidmung des sozialen und kulturellen Milieus und Fußballs propagieren.

Schätzungen zufolge wird der Umbau der Ligastadien insgesamt ca. 420 Millionen Pfund verschlingen. Der Umbau wird nicht zuletzt deshalb so kostspielig, weil Sitzplätze – im Gegensatz zu Stehplätzen – einer Überdachung bedürfen. Für eine Reihe von Klubs wird die Sitzplatzforderung das „Aus" bedeuten, da sie die für den Umbau notwendigen finanziellen Mittel nicht werden aufbringen können. Es ist kaum anzunehmen, daß die Regierung das Modernisierungsprogramm im größeren Maße subventionieren wird. Denn dies widerspräche der Philosophie des Thatcherismus und dem Sinn der „Operation Sitzplatz". Bereits im Mai 1985 schrieb die „Sunday Times" zur Frage der Modernisierung der Stadien: „Den Klubs sollte tatsächlich nur eine minimale Umstellungszeit zugestanden werden, um den geforderten Sicherheitsstandards zu entsprechen. Jene Vereine, die das nicht schaffen, sollten aufgelöst werden. Da die erforderlichen Verbesserungen wahrscheinlich eine Menge Geld kosten, werden lediglich die attraktiven Klubs, die große Zuschauermengen anziehen können, in der Lage sein, sich dies auch leisten zu können. Der Rest wird verschwinden. Dies wäre allerdings keine schlechte Sache: Ein Großteil der 92 erstklassigen Klubs der englischen Ligen ist bestenfalls drittklassig. Die Fußballigen müssen ausgesiebt werden."[11]

Das Modernisierungsprogramm wird die Vereine – wollen sie es überleben – zu weiteren Kommerzialisierungsmaßnahmen nötigen. Nichts anderes ist bezweckt: Die Vereine, „parasitäre" Fremdkörper in der Landschaft des Thatcherismus, institutionelle und kulturelle Relikte des alten „Labour-Sozialismus", sollen zur totalen Unterwerfung unter die Gesetze des kapitalistischen Marktes genötigt werden und wie jedes andere kapitalistische Unternehmen arbeiten. Sind sie zu einer derartigen Transformation nicht in der Lage, so mögen sie halt untergehen.

Bei vielen der englischen Stadien handelt es sich um Stadtstadien, die deshalb für Grundstücksspekulanten und andere Profiteure hinsichtlich ihrer kommerziellen Umgestaltung oder aber als Bauland von großem Interesse sind. Einer Reihe von Vereinen wird nichts anderes übrig bleiben, als ihre Stadtstadien zu verkaufen und an der Peripherie ein neues, kleineres und von der Unterhaltung her billigeres Stadion zu errichten. Denn der Neubau dürfte kostengünstiger sein als der Umbau, und durch den Verkauf des alten Geländes kann ein Teil des hierfür notwendigen Geldes aufgebracht werden. Aus der Sicht der Thatcheristen ist die Verlagerung der Fußballarenen an die Peripherie nur zu begrüßen: Zum einen verschwindet damit das Fußballpublikum als physischer, sozialer und optischer Störfaktor aus dem Innenstadtbereich, und zum anderen werden für die kommerzielle Nutzung interessante Flächen frei.

Hierzu weiß Nils Kadritzke die folgende, fast schon skuril anmutende Episode aus der Welt von Fußball und Kapitalismus zu berichten: „David Bulstrode steht der Immobilienfirma Merler Estates'vor. Zusammen mit Robert Turner, dem Manager der Tochterfirma SB Property, bildet er auch nebenberuflich ein eingespieltes Team. Bulstrode ist Präsident, Turner technischer Direktor des Londoner Erst-Liga-Clubs Queens Park Rangers. Kaum gewählt, kam den beiden die hintergründige Idee, dem Nachbarklub FC Fulham eine Fusion anzubieten. Angeblich, um einen dritten Londoner Großverein auf die Beine zu stellen. Aber natürlich braucht ein Verein keine zwei Stadien. Der Fulham Football Ground wäre also überflüssig geworden. Und die Firma SB Property hätte ein Filetstück des Londoner Grundstücksmarktes endlich seiner marktwirtschaftlichen Zweckbestimmung zuführen können. Der Plan scheiterte allerdings an den Fulham-Anhängern, die ihre Vereinsführung zwangen, den Stadion-Spekulanten eine Absage zu erteilen. Aber die Queens-Park-Rangers-Bosse haben nicht aufgegeben. Mit Auslaufen des Pachtvertrages haben sie sich die Verfügung über das Fulham-Gelände gesichert. Ihrer SB Property ist es außerdem gelungen, den Grund und Boden unter Kontrolle zu bekommen, auf dem das Stadion des FC Chelsea steht. Um den Abriß zu verhindern, haben die Chelsea-Manager folgende Abwehrstrategie entwickelt: Sie wollen das Gelände selber kaufen und in eigener Regie teilweise kommerziell überbauen. Das erfordert freilich eine Aufstockung des Vereinskapitals. Um nicht von den Immobilienhaien geschluckt zu werden, muß der FC Chelsea also selbst unter die Bauspekulanten gehen."[12]

Fest in den Händen von Grundstücksspekulanten befindet sich Erstdivisionär Luton Town: Luton wird von Leuten regiert, die am Fußball bestenfalls ein peripheres Interesse hegen. Klubchef David Kohler kümmerte sich erst um den Klub, nachdem er das finanzielle Potential des Stadtstadions „Kenilworth Road" ausgemacht hatte. Statt das verrottete Stadion abzureißen, um es an gleicher Stelle neu zu errichten, erwägt Kohler nun, den Klub an den Stadtrand umzusiedeln, da sich hiermit noch ein persönlicher Gewinn erzielen ließe. Die Umsiedlungspläne stoßen jedoch auf Probleme, denn das hierfür ins Auge gefaßte Gelände liegt inmitten einer besseren Wohngegend bzw. eines Grüngürtels. „Fußballstadien, nachgemachte Tudor-Häuser und Golf-Plätze – das läßt sich nicht miteinander vereinbaren."[13]

In den letzten Jahren wurden in England immer mehr Klubs von Leuten übernommen, denen es primär um persönliche Bereicherung geht. Der Klub-Direktor als Mäzen, der dem Verein finanziell unter die Arme greift, ihm Spielerkäufe ermöglicht etc. gehört zusehends der Vergangenheit an. Der neue Direktor-Typus ist eher dazu bereit, Spieler und Klubeigentum zu verscherbeln, auch wenn dies die Existenz des Vereins auslöscht, als daß er sich mit einem unprofitablen Unternehmen belastet.

DAS STADION ALS KONSUMPALAST

Der Umbau der Stadien zu Stätten des Kommerzes und Konsums ist kein rein britisches Phänomen. Italien und Spanien und deren Spitzenvereine sind oft schon deutlich weiter. In England hat diese Entwicklung nur noch stärker als andernorts den Charakter eines Angriffs auf das traditionelle Fußballpublikum und einer Klassenauseinandersetzung um kulturelle Hegemonie.

Was die Vereine anbelangt, so liegt die Triebfeder dieser Entwicklung in dem immer teurer werdenden Unterhalt von guten Mannschaften begründet. Den Spielregeln der liberalen Marktwirtschaft ausgesetzt, benötigen sie immer mehr Einnahmequellen, um im Fußballkapitalismus überleben und konkurrieren zu können. Mit dem traditionellen Zuschauermilieu allein läßt sich heute keine Profimannschaft mehr finanzieren. Den neokonservativen Ideologen, die nicht nur in England zu Hause sind, geht es um die Eroberung und Auflösung der letzten autonomen Reservate proletarischen Milieus und Gegenkultur. Zumindest darf es keine proletarischen „no go areas" mehr geben. Zwar soll dieses Milieu nicht unbedingt völlig aus den Stadien verbannt werden, aber doch marginalisiert und auf ein eher folkloristisches Niveau gestutzt werden.

Gesucht wird somit ein neues Publikum, das mehr Geld und ein anderes Milieu in die Stadien bringt. Reine Sitzplatzstadien werden dieses neue Publikum, das sich in der Vergangenheit nicht in die Stadien traute, weil ihnen dort erstens zu viele „Prolis" herumliefen und zweitens nicht genug Komfort geboten wurde, zweifellos eher anziehen als das karge traditionelle „working class"-Stadion. Das Stadion der Zukunft soll zudem „multifunktional" sein, um seine optimale Auslastung (= Einnahmen) zu garantieren, und sich in den Händen privater Gesellschaften befinden, statt im Besitz der öffentlichen Hand. Der Deregulierungsprozeß in den bürgerlichen Gesellschaften macht somit auch vor dem Fußball nicht halt.

Viele der englischen und schottischen Stadien sind Relikte aus einer Zeit, als der Fußball für den kleinen Mann auf der Straße noch die einzige Form der Abwechslung und Unterhaltung bot. Seinen größten Boom erlebte der Zuschauersport Fußball in den Nachkriegsjahren 1947-52. Auch in den 60er und 70er Jahren fanden noch mehr Menschen den Weg in die Stadien, als dies heute der Fall ist. So liegt das Fassungsvermögen vieler englischer und schottischer Fußballstätten deutlich über dem heutigen Zuschauerdurchschnitt. Ein geradezu klassisches Beispiel ist „Celtic Park", die Heimat Glasgow Celtics. Optisch wirkt Celtic Park genauso trist wie seine graue, deprimierende Umgebung, das vor allem von Arbeitern, darunter vielen Nachfahren irischer Immigranten, bewohnte Glasgower East End. Das Fassungsvermögen des Stadions beträgt 61.700 Plätze: 52.700 Stehplätze und 9.000 Sitzplätze. Gefüllt ist das Stadion allerdings gewöhnlich nur, wenn es gegen den ewigen Rivalen Glasgow Rangers geht. Zu den übrigen Liga- und Pokalspielen finden sich höchstens noch 35.000 Zuschauer ein. Das Gegenstück zum Celtic Park ist das Rangers-Stadion „Ibrox Park". 1939 verzeichnete Ibrox Park beim Derby Rangers-Celtic mit 118.567 Zuschauern Rekordbesuch. Heute beträgt das Fassungsvermögen nach diversen Umbauten nur noch 44.096. Mit 31.186 sind nahezu 80% der Plätze im Stadion Sitzplätze.

Der Umbau von „Celtic Park" gemäß den im Taylor-Report formulierten Anforderungen würde die astronomische Summe von ca. 40 Millionen Pfund verschlingen, die ein eher traditionell geführter und sich weitgehend aufs Sportliche reduzierender Verein niemals aus eigener Kraft aufbringen kann. Der Glasgower Immobilienbesitzer und Geschäftsmann Brian Dempsey, ein langjähriger Celtic-Fan und Sohn des mittlerweile verstorbenen Labour-Unterhausabgeordneten James Dempsey, unterbreitete deshalb dem Klub den Vorschlag, an anderer Stelle einen neuen Celtic Park zu bauen. Um das Stadion und den Profibetrieb zu finanzieren, sollte das Stadion mit einem Unternehmenspark, einem Bürokomplex, Mietwohnungen und Geschäften verkoppelt werden. Jeder Penny Profit aus diesen Projekten, beschwor Dempsey, würde in die Vereins-Kassen gehen. Dempsey, nicht unbedingt der Prototyp des Immobilienhais und bei den Celtic-Fans wohlgelitten, scheiterte jedoch zunächst am strukturellen Konservativismus des Familienunternehmens Celtic.

Dempsey's Ideen reflektieren lediglich einen allgemeineren Trend: Bei den Glasgower Rangers, die als einer der ersten britischen Klubs und erheblich früher als Celtic die Zeichen der Zeit erkannten, stammt nur noch ca. ein Drittel der Gesamteinnahmen aus den Taschen der Fans. Das Gros der Rangers-Einnahmen kommt aus allerlei Geschäften außerhalb des Spielfelds sowie aus dem Verkauf von Fernsehrechten und von Sponsoren. Damit werden die Möglichkeiten des gemeinen Volks auf den Rängen, auf die Politik ihrer Vereine und das Spiel Einfluß auszuüben, immer geringer, da ihre ökonomische Macht und ihr diesbezügliches Druckpotential stetig abnimmt. Aber auch auf den Rängen selbst findet eine Machtumschichtung statt. Eine kleine Zahl von Besitzern oder Mietern von „executive boxes" gewinnt gegenüber den Massen auf den Stehplätzen und billigeren Sitzplätzen mehr und mehr an Einfluß. Eine „executive box" im Celtic Park bringt pro Saison 25.000 Pfund in die Vereinskasse. So war es auch nicht verwunderlich, daß sich Celtics Vereinsführung gegenüber Brian Dempsey bemüht zeigte, den Disput über die Zukunft von Verein und Stadion herunterzukochen. Schließlich ist Dempsey Besitzer von vier „executive boxes", die er an Geschäftspartner vermietet hat. Dempsey versprach, seine mit der Vereinspolitik ebenfalls unzufriedenen Kunden zumindest bis zum Saisonende zum Stillhalten zu bewegen. Umso überraschter war die Öffentlichkeit, als das Celtic-Direktorium im April 1992 seine Pläne für ein neues „Paradise", das „beste Stadion in der Welt für die besten Fans der Welt" offenlegte, die im großen und ganzen Dempsey's Vorstellungen folgten bzw. übertrumpften. Absurder ließ sich der vielfach geäußerte Vorwurf, der Klub sei unfähig, kommerziell zu denken, kaum kontern. Auf einem brachliegenden Industriegelände, nur wenige Autominuten vom Celtic Park entfernt, soll ein multifunktionales Sitzplatzstadion (mit hydraulischer Bühne, möglicherweise gar mit Schiebedach) entstehen, das 52.000 Zuschauern Platz bietet; außerdem diverse Sport- und Freizeiteinrichtungen, ein Hotel (200 Betten), Fast-Food-Restaurants, Büro- und Geschäftsräume sowie eine Tankstelle. Celtic wäre nicht Celtic, würde das Direktorium das ehrgeizige 100 Millionen Pfund Projekt, das im britischen Fußball seinesgleichen sucht, nicht mit sozialem Engagement begründen. Ein Fußballstadion als Katalysator für soziale und ökonomische Entwicklung im runtergekommenen East End: „Celtics neues Stadion wird Arbeitsplätze in dieser Gegend schaffen."[14] Von daher stünde das neue Stadion, dessen Planung bei nicht wenigen Fans allergrößtes Unbehagen auslöste, in der Tradition des Klubs. „Wenn eine Gegend Investitionen und Wohlstand verdient, dann ist es das East End von Glasgow. Celtic möchte sich an der Regeneration dieser Gegend beteiligen, in der wir unsere Wurzeln haben."[15]

ZERSTÖRUNG PROLETARISCHER ÖFFENTLICHKEIT

Die Verringerung des Fassungsvermögens in den Stadien wird die Tendenz befördern, bei sogenannten Topspielen auch Toppreise zu erheben, die sich viele einfache Zuschauer kaum leisten können. Ihnen wird als kleiner Trost der Fernsehschirm bleiben, mit seinem stetig expandierenden Sportprogramm. Es darf somit gleich zweimal verdient werden: an erhöhten Eintrittspreisen wie an erhöhten Einschaltquoten bzw. dem Preis für die Übertragungsrechte.

Die Anwesenheit im Stadion selbst besitzt soziale Exklusivität und kann auf jene Atmosphäre verzichten, die eigentlich Teil der proletarischen Fußballkultur ist. Die Errichtung von Stehplatzterrassen war im viktorianischen England seinerzeit eine bewußte Entscheidung, die mit dem Klassencharakter des Publikums zu tun hatte. Stehplätze machten den Besuch eines Spiels für große

Massen von Arbeitern räumlich möglich und finanziell erschwinglich. Des weiteren erlauben Stehplatzränge ein ungleich höheres Maß an Kommunikation. Auf Sitzplatzrängen können sich keine größeren Gruppen spontan zusammenfinden. Der Stehplatz gibt den Fans „die Freiheit, die sie suchen. Sie können nach Freunden Ausschau halten und ohne Platzkarte mit ihnen zusammenstehen. Nur so wird Fußball zum Gemeinschaftserlebnis. Man braucht eben Platz für seine Gefühle. Wer mitsiegt und mitverliert, muß sich mitbewegen dürfen."[16] Noch 1984 begründete ein Direktor Glasgow Celtics die Beibehaltung großer Stehplatzkapazitäten deshalb wie folgt: „Wir werden keine neuen Sitzplätze errichten. Wir denken, daß bei soviel Arbeitslosigkeit sowie angesichts der Tatsache, daß Fußball in hohem Maße ein Arbeitersport ist, die Eintrittspreise so niedrig wie möglich gehalten werden sollten. Es kostet unsere Fans ein Pfund mehr, ein Celtic-Rangers-Derby im Ibrox-Park anstatt im Celtic-Park zu sehen. Aber unsere Fans haben kundgetan, daß sie nicht wollen, daß unser Stadion ein reines Sitzplatzstadion wird."[17]

Allerdings sollte man den proletarischen Charakter des Stehplatzes auch nicht unzulässig verklären, weil dies auf die Konservierung unwürdiger und unakzeptabler Zustände hinauslaufen könnte. Bürger aus der Unterschicht haben ein Recht auf Komfort und nicht selten auch den Wunsch danach. So dürfte jener Celtic-Fan, der dem Celtic-Direktor in einem Leserbrief in der Glasgower Lokalpresse entgegnete, seine Äußerungen erinnerten ihn an Tory-Politiker aus den 30ern, nicht ganz falsch liegen. Damals lehnten konservative Politiker den Einbau von Bädern in die städtischen Wohnungen der Arbeiter mit der Begründung ab, deren Bewohner würden den neuen Komfort nicht zu schätzen wissen, sondern stattdessen dort ihre Kohlen deponieren. „Komfort für alle zu erschwinglichen Preisen bei Beibehaltung der Stehterrassen", was wäre gegen eine Modernisierung solcher Art ernsthaft einzuwenden? Der Pferdefuß der Modernisierung der Stadien ist, daß sie meist einhergeht mit einer elitären Denunzierung und Zurückdrängung des proletarischen zugunsten eines konsumfähigeren und in Sachen Komfort anspruchsvolleren Publikums.

Wie die Fußballarena der Zukunft aussehen wird, läßt sich schon heute am Beispiel des Philips-Vereins PSV Eindhoven studieren: „Das Stadion ist zu einem Freizeitareal mit Boutiquen, Restaurants und Gesellschaftsräumen umgestaltet. Sein Clou ist der Logentrakt, der freilich den Sponsorenfirmen vorbehalten ist. Hier wird den besseren Gästen nicht nur das Feinste aus Küche und Keller, sondern auch ein besonderer akustischer Cocktail serviert. 'In einem speziellen Raum wird der an verschiedenen Orten der Arena aufgenommene Ton gemischt, so daß der Zuschauer in den Logen die Zurufe der Spieler, den Schlag gegen den Ball sowie die Stimmung auf den Rängen mit einer Authentizität vernimmt, die kaum noch zu übertreffen ist.' Die Schilderung der 'Neuen Züricher Zeitung' macht es ganz klar: Hier wird das Erlebnisbedürfnis des Stadionbesuchers mit allen Bequemlichkeiten zu einer neuen Fußballwahrnehmung synthetisiert: das high-tech gesteuerte life-event als exklusive Wahrnehmungsform der Reichen."[18]

Solch hemmungslose Vermarktung führt unweigerlich zu Interessenskollisionen zwischen Klubführung und traditionellem Publikum. Beispiele hierfür gibt es bereits zur Genüge. Eines hiervon ist der Londoner Erstligist Tottenham Hotspurs, der als Aktiengesellschaft an der Börse gehandelt wird. Zunächst zerstörte die Vereinsführung die populären Stehplatztribünen, um sie zu Logenplätze für ihre Geschäftspartner umzubauen. Dann bemühte sich ein Tochterunternehmen der AG um den Auftrag für die Installierung der Technik des bei den Fans verhaßten „ID-Card"-Systems. Des weiteren erwarb die AG ein Gebäude in der Nähe des Hotspurs-Stadions „White Hart Lane", in dem der Fan-Club des Vereins seit vielen Jahren residiert. Die AG will es abreißen lassen, um Platz für eine kommerziellere Nutzung zu haben.

BAYERN VORN, SCHALKE KOMMT AUF

„Alltag an einem Bundesligaspiel: Die Fans steigen aus der überfüllten Straßenbahn, mit Fanfaren in den Händen, bunten Schals um den Hals laufen sie zum Stadion. Eile ist angesagt, will man noch eine gute Karte ergattern. Während Otto-Normal-Fan kurz vor dem Anpfiff noch eine Bratwurst in den Senf auf dem Pappteller tunkt und hastig verspeist oder an einem Bier nippt, wird für einen anderen Besucher der rote Teppich ausgerollt. Er darf seinen Jaguar, Daimler oder Porsche direkt vor der Arena parken. Er hat's nicht eilig, denn auf der Ehrenloge ist der beste Platz für ihn reserviert. Mit Armstützen und gepolsterter Sitzfläche. In einem separaten Raum hinter der Tribüne warten auf den Edel-Fan Köstlichkeiten vom Feinsten. Parma-Schinken auf Melone, Schnittchen mit Graved-Lachs, jede Menge Gaumenfreuden für Gourmets. Neben den Häppchen prickelnder Champagner oder auch ein kühles Pils. Alles, was das Herz eines VIP – einer 'very important person', zu deutsch: einer sehr wichtigen Person – begehrt."[19]

So begann der „Kicker" einen Artikel über die Fußball-Bundesliga als „Champagner-Liga". Auch in Deutschland macht die marktwirtschaftliche Modernisierung der Stadien Fortschritte und schlägt ein immer schärferes Tempo ein. Die Voraussetzungen hierfür sind allerdings anders als in England: Zum einen handelt es sich bei den deutschen Klubs nicht um GmbHs oder Aktiengesellschaften, und zum anderen befinden sich die deutschen Liga-Stadien gewöhnlich nicht in Klub-Besitz (in der 1. Liga ist Kaiserslautern die einzige Ausnahme).

Spitzenreiter in Sachen Modernisierung ist – noch! – der FC Bayern München mit seinem Hauptsponsor Opel. Wer zu „Opel Lounge" Zutritt hat, darüber entscheidet die Werbeabteilung des Automobilkonzerns. 2.500 bis 3.000 DM kostet die VIP-Saisonkarte. Dafür gibt es einen Parkplatz in Stadionnähe, kaltes Büffet, Getränke und die Möglichkeit zum Plausch mit den Bayern-Stars und ihrem Trainer. Die Zweiklassengesellschaft in der Bundesliga spiegelt sich auch im Angebot der einzelnen Klubs wider: Ist bei den Bayern das bereitgestellte Futter auf den verfeinerten Geschmack hochgezüchteter Mägen ausgerichtet, bietet der Karlsruher SC nur Kaffee, Kuchen und Schnittchen. Beim FC St. Pauli ist nur von einem „Imbiß mit Getränken" die Rede, und ähnlich karg gestaltet sich auch das Angebot des 1. FC Kaiserslautern. Folglich dürfte sich in den VIP-Bereichen des „Wildpark-Stadions", „Millerntors" und „Betzenbergs" auch nicht die gleiche Crème einfinden wie bei den Bayern.

Die Betonschüsseln, die im Vorfeld der WM 1974 in einigen deutschen Städten gebaut wurden, entsprachen in ihrer Zweckmäßigkeit dem damals populären Bau von Trabantenstädten; die neuen, nach Möglichkeit multifunktionalen Sitzplatzstadien korrespondieren mit dem Trend zu luxuriösen Einkaufszentren. Die Bayern drohen im Modernisierungswettlauf ins Hintertreffen zu geraten. Das riesige Olympia-Stadion, seinerzeit bewußt als „Volksstadion" konzipiert, erweist sich plötzlich als Ballast. „...absichtlich fehlt der Klimbim von Sonderzonen und Extrawürsten für Privilegierte. Will Manager Hoeneß sich nicht als Banause blamieren, muß er akzeptieren, daß Veränderungen am ästhetisch anspruchvollsten Stadion Deutschlands in ein Gesamtkunstwerk eingreifen. Diese Frage geht aber eher die Denkmalpfleger als die Fußballer an. Die anvisierte Renovierung dürfte zudem schnell ein 100-Millionen-Brocken werden."[20] (Tatsächlich werden mittlerweile 135 Millionen für den Umbau veranschlagt.)

Nürnberg, Bremen, Kaiserslautern und weitere Bundesligastädte ziehen derweil an den Bayern vorbei. Dabei bedeutet die Stadionmodernisierung auch in Deutschland mehr Geld bei geringerer Kapazität. Vor seiner Modernisierung faßte das Nürnberger Stadion 56.000 Zuschauer, die 600.000 DM an den Kassenhäuschen hinterlegten. Das neue Stadion bietet nur noch 52.500 Fans Platz, die allerdings 950.000 DM bezahlen. Im alten Stadion bestand nur ein Drittel des Fassungsvermögens aus Sitzplätzen, im neuen sind es zwei Drittel. Hinzu kommt der Oberring mit seinen Logenplätzen, mit dessen Hilfe der 2,4-Millionen-Eckstein-Transfer von Eintracht Frankfurt getätigt wurde. Der Schatzmeister des 1.FC Nürnberg: „Ich will nicht behaupten, daß Eckstein ohne den Oberring heute nicht in Nürnberg spielen würde, doch es wäre erheblich schwieriger geworden, ihn zurückzuholen."[21] In Bremen bedeutet der Bau von Logen, daß 0,8% der Zuschauer für 20% der Eintrittseinnahmen aufkommen. Auch in Deutschland wird der „normale" Zuschauer mehr und mehr entmachtet. Seine Einflußmöglichkeiten auf die Vereinspolitik sinken, während seine Distanz zum Geschehen wächst. Und auch die Spieler wissen, wer für das Gros ihres Gehaltes aufkommt – das Fernsehen und die Sponsoren.

Den Vogel im gegenwärtigen Modernisierungsprozeß schießt allerdings Schalke 04 ab, wobei das Gelsenkirchener Vorhaben bis in Details hinein dem Glasgower Modell ähnelt. Für 300 Millionen DM, die größte Investition in der Geschichte der Bundesliga, soll 1.000 Meter über den Stollen der Zeche „Hugo" ein neues Stadion entstehen, das in Europa seinesgleichen eben nur in Glasgow finden würde. Per Knopfdruck wäre die Arena, Fassungsvermögen 50.000, zu überdachen. Das Stadion würde zwar hauptsächlich von Schalke 04 genutzt werden, aber – wie das neue „Paradise" – für Rockkonzerte, Kongresse, Ausstellungen etc. zur Verfügung stehen. So soll vermieden werden, daß das teure Spielzeug unter der Woche oder an fußballfreien Wochenenden brachliegt. Zwei Ebenen der Haupttribüne sollen eine Sponsoren-, zehn Business- und 32 VIP-Logen beherbergen. Die Jahresmiete für die besten Plätze wird mit 300.000 DM angegeben, wobei dieser Preis sämtliche Veranstaltungen einschließt. Allein aus dem Logen-Geschäft sollen jährlich 30 Millionen fließen. Des weiteren sind 2.165 Business-Seats geplant. Betreiber des Projektes wird im übrigen nicht der Verein sein, sondern die in Houston/Texas beheimatete „Leisure Management International" (LSI), die den Standort Schalke mit Bedacht gewählt hat. Denn Schalke bzw. Gelsenkirchen bietet gleich in mehrerer Hinsicht Vorteile: Im Radius von 50 Kilometern um den Bauplatz wohnen nicht weniger als acht Millionen Menschen. Die notwendige Infrastruktur – Parkplätze plus verkehrstechnische Anbindung – ist bereits vorhanden. Mit seinem großen und treuen Publikum garantiert Schalke 04 für eine kontinuierlich fließende Grundeinnahme. Außerdem haben die Investoren es mit einer Stadtverwaltung zu tun, deren Willfährigkeit das marode Milieu Gelsenkirchens widerspiegelt, welches für große Versprechungen anfällig macht. „Der lokale Minderwertigkeitskomplex giert nach Höherem, weshalb für eine angemessene Debatte über Sinn und Unsinn des monströsen Plans keine Zeit blieb."[22] Die Stadt beteiligt sich nicht nur mit rund 30 Millionen DM (durch Bereitstellung von 136.000 Quadratmetern Land), sondern übergibt zudem noch das benachbarte, mit Steuermillionen errichtete Parkstadion (Fassungsvermögen 70.000) an die Betreiberfirma. Gelsenkirchen erhofft sich von dem Projekt eine

Verbesserung des eigenen Images. „Nichts wünscht die graue Maus des Reviers sehnsüchtiger, als den Geruch loszuwerden, tief im Ruß-Land der Kohleschlote zu liegen. Dieses Klischee muß die neue Arena der Sensationen mit ihrem Duft der großen, weiten Show-Welt erst mal vertreiben."[23]

Vertraut man einer Umfrage des „Wickert-Instituts", dann plädiert die Mehrheit des hiesigen Fußballpublikums zwar für eine Modernisierung der Stadien, aber für eine, die den Interessen aller Stadionbesucher dient. 67% sind für familienfreundlichere Verhältnisse in den Arenen, was übersetzt bedeutet: mehr Sicherheit und mehr Komfort als aktuell gegeben. Aber zugleich äußern sich 71% gegen die VIP-Logen und ähnlichen bourgeoisen Schnickschnack.

Es ist fraglich, ob solche Meinungen des „gewöhnlichen" Publikums noch Gewicht haben. Es ist weitgehend entmachtet. In der Zukunft sollen ihm nicht mehr die Stadien gehören, sondern nur noch der Platz vor dem Fernseher.

ANMERKUNGEN

(1) „Magill", Nr. 5/89
(2) Pit Wuhrer, „Es ist halb fünf, und wir liegen 2:0 zurück", in: „Diskus", Frankfurter Studentenzeitung
(3) zit. nach „Magill", a.a.O.
(4) „Millerntor Roar", Nullnummer
(5) Ebd.
(6) Ebd.
(7) Ian Taylor, „A Slum Sport watched by Slum People" – Fußball und Gewalt in der Ära Thatcher, in: Horak/Reiter/Stocker (Hg.), „Ein Spiel dauert länger als 90 Minuten" – Fußball und Gewalt in Europa, Hamburg 1989
(8) Ebd.
(9) zit. nach Nils Kadritzke, Ist der Ball noch rund? Ansichten vom Fußball, Sendung des SFB vom 26.10.89
(10) C. Biermann, „Theater der Träume", in: „Sports", Nr. 10/91
(11) zit. nach Taylor, a.a.O.
(12) Kadritzke, a.a.O.
(13) N. Fox, „Just staying alive is hard work for Luton", in: „The Independent", 19.4.92
(14) „Celtic View", 15.4.92
(15) Ebd.
(16) C. Biermann, a.a.O.
(17) T. Campbell / T. Woods, „The Glory and the Dream – The History of Celtic F.C. 1887-1986", Edinburgh 1986
(18) Kadritzke, a.a.O.
(19) „Kicker"
(20) J. Schreiber, „Logenplätze im Revier", in: „Sports", Nr. 11/91
(21) zit. nach „Kicker"
(22) J. Schreiber, a.a.O.
(23) Ebd.

MARTIN KRAUSS

FUSSBALL UND GEWALT

ÜBER »NORMALOS«, »KUTTEN« UND »HOOLS«

Vor einiger Zeit bemühten sich Fußballprofis und -Manager in einer Umfrage um Antworten zum Thema „Wem gehört die Bundesliga?" Die Stellungnahmen sind aufschlußreich. Stefan Effenberg sagte: „Sie gehört den achtzehn Vereinen." Uwe Seeler meinte, sie „sollte den Vereinen und den Fans gehören, aber da wir den kommerziellen Fußball haben, ist es natürlich so, daß eine gewichtige Rolle auch die Sponsoren inzwischen spielen", und Bruno Labbadia sagt eindeutig: „Den Zuschauern." Ähnlich wie Labbadia äußern sich auch Thomas von Heesen („Dem Zuschauer, dem Volk"), Benno Möhlmann („Den Zuschauern") und Bodo Illgner („Allen Fußballfreunden"). Effenbergs Ansicht („den Vereinen") wird eher von Hans Kindermann geteilt: „Die Frage verstehe ich nicht so recht ... Die Bundesliga ist eine Vereinseinrichtung des Deutschen Fußball-Bundes." Oder von Willi Lemke: „Die Frage ist so nicht zulässig. Die Bundesliga besteht aus achtzehn Bundesliga- plus den Zweitligavereinen ... ich laß mich da auf keine Provokation ein bei der Fragestellung."[1]

Es ist offensichtlich etwas in Bewegung. Einerseits scheint nicht mehr sicher, daß den Eintritt-zahlenden, die Kulisse abgebenden und damit den Profisport erst konstituierenden Fans der Fußball als der ihrige zugesprochen wird. Andererseits aber werden die Fans in wachsendem Maße als Problemfälle hinsichtlich ihrer Unterbringung bei Auswärtsspielen, ihrer Anreise, ihres Alkoholkonsums, ihrer Neigung zu Gewalttätigkeiten, ihrer Gesänge, ihres Erscheinungsbildes, kurz: als Unsicherheitsfaktoren wahrgenommen. Nach der Fußballweltmeisterschaft 1990 in Italien stöhnte sogar ein besonnener Spieler wie Dietmar Beiersdorfer (Werder Bremen) im St. Pauli Fan-Magazin „Millerntor Roar": „Es war erschreckend mitanzusehen, was sich dort auf den Straßen teilweise abgespielt hat. Ich muß ganz ehrlich sagen, manches hat mich echt an die Reichskristallnacht erinnert. Ich war wirklich geschockt."

Der Fan, dem der Fußball gehören sollte, als Problemfall, als Mysterium? Sicher muß differenziert werden. Eine grobe Bestandsaufnahme zeigt eine Dreiteilung der Fangemeinde: die „Normalos", die „Kutten" und die „Hools".

Den *„Normalos"* wird nachgesagt, sie wollten nur das Spiel sehen, wünschten sich, daß der Bessere gewinne, erfreuten sich an schönen Kombinationen, egal von welcher Mannschaft, und es wird gesagt, die „Normalos" würden in wachsendem Maße von den anderen Zuschauergruppen („Kutten" und „Hools") vom Besuch des Stadions abgeschreckt. Dieses Bild stimmt weniger mit der Realität als mit dem Wunschdenken der Verantwortlichen überein – „eines der zähesten und langlebigsten Vorurteile" über den Zuschauer.[2]

Allen Idealisierungen zum Trotz findet sich bei den „Normalos" eine hohe emotionale Anteilnahme am Fußballspiel, die sich im Stadion am deutlichsten artikulieren kann, aber auch beim Fußball-Fernsehabend in einer Kneipe und natürlich auch im heimischen Wohnzimmer mit einem herzlichen „Nun schieß doch, Du Arschloch" zeigt. Im Stadion ist dies am stärksten, weil hier eine Interaktion möglich ist: das „Publikum als 12. Mann". Hohe emotionale Anteilnahme also, aber auch das Ausleben eines gewissen Freiraums. Der Aussage „Im Fußballstadion kann man vieles machen, was einem draußen viel Ärger einbringen kann" stimmt etwa ein Drittel der Stadionbesucher aus allen genannten Zuschauergruppen zu; das Stadion, wie auch die anderen Kulissen, vor denen Profifußball inszeniert wird (Kneipe, Wohnzimmer) stellt somit einen „sozialen Freiraum" und in gewisser Weise einen „rechtsfreien Raum" dar.[3]

Die emotionale Anteilnahme, die sich so artikuliert, wächst mit der erklärten Identifikation mit einem Verein. Diese wird verkörpert durch die *„Kutten"*, die traditionellen Fußballfans. Ausgerüstet mit Jeansjacken ohne Ärmel, darauf unzählige Aufnäher mit Vereins- („Es lebe") und Anti-Vereins-Signets („Tod dem"), mit Bierdose und Vereinsschal. Die „Kutten" sind zu einem großen Teil in Fan-Clubs organisiert, gehen regelmäßig ins Stadion und fahren meist auch zu Auswärtsspielen mit, im Sonderzug-Abteil, im gecharterten Reisebus oder im PKW. In den Stadien finden sie sich meistens in den Kurven wieder, auf den Stehplätzen.[4]

Diese für Verbands-Offizielle, Sicherheitskräfte und „Normalos" gleichermaßen fremde und abschreckende Welt hat ein Eigenleben, eine Eigendynamik, die weit über sporadische Spieler- oder Schiedsrichterbeschimpfung hinausreicht. Ganz wesentlich sind Formen der Selbstinszenierung mit Gesängen, Fahnen, Konfetti-Regen, „bengalischen Feuern" etc.. Jubel und Trauer, die sich aus den Spielszenen ergeben, können sich in „Gewalt" ergehen. Solche Fanblöcke, in denen die „Kutten" aufgrund ihres Äußeren die augenfälligsten sind, erscheinen als gewalttätige Masse, als Bedrohung. Dies scheint, schaut man sich die Entwicklung der letzten Jahre an, ein neues Phänomen zu sein, dem seit Mitte der 70er mit besonderen stadionbaulichen und polizeilichen Maßnahmen begegnet wird. Fußballfangewalt aber existiert in Wahrheit so lange wie der Fußball selbst. „Die Geschichte des Fußballs (...) ist bei genauerer Betrachtung eine Geschichte des Aufruhrs, der Ausschreitungen, der 'Unordnung', kurz des 'abweichenden Verhaltens'"[5]. Schon die allerersten Anfänge des Ball-Tretens galten der jeweiligen Obrigkeit als ahndungswürdiges Fehlverhalten, und die Entwicklung des Fußballs zum Zuschauersport Ende des letzten Jahrhunderts war von Zuschauerausschreitungen begleitet. Darauf wurde jedoch kaum mit Polizei- und Militäreinsatz reagiert, genausowenig wie die Randale zu einem massenmedial verbreiteten „Problem" wurde. Zu einem gesellschaftlich und staatlich erörterten Problem wurden die Ausschreitungen in England erst ab den späten 60er, in anderen Ländern ab Mitte der 70er Jahre. Dies freilich geschah nicht durch eine qualitative Veränderung der Ausschreitungen, sondern durch eine neue Sichtweise darauf.[6] Es war die Zeit der ersten ernsthaften Bemühungen, aus dem „Proletariersport" Fußball ein mediengerechtes Spektakel zu machen, das zum vorläufigen Schluß sogar unter den guten Stern aus Stuttgart gestellt werden konnte. Randalierende Fanhorden konnten da nur stören (vgl. den Beitrag „Fans, VIP's und Finanzhaie").

Dennoch hat sich seit kurzem die Wahrnehmung der „Kutten" wieder nachhaltig verschoben. Neuerdings gelten sie als die

„wahren Fans", harmlos, schrullig und irgendwie, wenn auch anachronistisch, zum Inventar gehörend, „die letzten Mohikaner einer tendenziell vom Zeitgeist überholten Fußballfolklore, die die
von einem Cola-Werbespot in Mexiko inspirierte La-Olá-Welle
für ihre eigene Kreation halten und das riesige Transparent des jeweiligen Werbepartners über ihren Häuptern und der ganzen
Kurve ausrollen, um darunter zu verschwinden und sich begraben zu lassen."[7] Dieser Sachverhalt läßt sich aber auch anders aus-
drücken: „Die Subkultur der Fans stellt demonstrativ Unter-
schicht-Verhalten zur Schau – jedenfalls das, was man sich darunter vorstellt. (...) Statt um gegenwärtige Verhaltensweisen und
Werthaltungen handelt es sich um traditionell der Unterschicht
zugeschriebene, die heute weitgehend keine öffentliche Realität
besitzen; sie werden für die besonderen Gelegenheiten großer
Fußballereignisse wiederbelebt."[8] Die Fußball-Fan-Szene, inklusive der Fußball-Gewalt also als Relikte proletarischer Öffentlichkeit, mutatis mutandis transportiert in die Gegenwart und als
– wie es scheint: hilflose – Protestformen gegen die Verbannung
von den Orten, in denen sich diese Öffentlichkeit artikulieren
kann, den Stehplätzen. Und dieser Prozeß hält eine Heterogeni-
sierung bereit: Es ist partiell eine Umgestaltung, partiell eine Auflösung, partiell eine Ablösung proletarischer Öffentlichkeit.

Der Wandel der „Kutten" vom gefürchteten Randaletrupp
zum nostalgisch-folkloristischen Beiwerk wurde befördert durch
das Auftreten einer neuen „Fan"-Variante, den *„Hools"* oder *„Hooligans".* Äußerlich kaum zu identifizieren und auch nicht regelmäßig in den Stadien anzutreffen, ranken sich Mythen um die
„Hools", sowohl was ihre Selbstsicht angeht, als auch was die
Sicht der Öffentlichkeit auf sie angeht.

Die Selbstsicht produziert den Mythos der Ritterlichkeit, vom
ehrlichen Kampf Mann gegen Mann, ohne Waffen und nach ungeschriebenen Regeln, einem „Ehrenkodex", ausgetragen. Die
Polizei solle außen vorbleiben, der Kampf zweier „Hool"-Grup-
pen gegeneinander sei deren und nur deren Angelegenheit. Dies
ist zumeist nur ein Mythos: Es geht oft sehr wohl gegen Unbeteiligte, und es geht sehr oft mit Waffen ab (zumindest nicht nur
mit Fäusten: die „Waffen" sind zumeist entsprechend herumlie-
gende und umfunktionalisierte Wurfgegenstände, wie Steine,

Baustellenmaterial etc.). Aufrechterhalten wird der Mythos noch durch die These, Überschreitungen des Ehrenkodex seien Aktivitäten des wildgewordenen Nachwuchses; man müsse unterscheiden zwischen den älteren „Hools" mit ritterlichen Idealen und den jüngeren, die glaubten, höhere Anerkennung ließe sich mit höherem Gewalteinsatz erzielen. Es gäbe folglich richtige und sogenannte Hooligans.

Zur Selbstsicht zählt auch die These der Unabhängigkeit vom Fußball: Hooligans betreiben einen eigenständigen Wettkampf, quasi ein Städteturnier, das mit dem Fußball nur noch die Orts- und Terminwahl gemein habe. Doch allein der Umstand, daß die „Hools", die sich biographisch zumeist aus Ex-„Kutten" zusammensetzen, sich rund um das Fußballgeschehen orientieren, verrät eine enge – doch oft frustrierte – Bindung an den Fußball und den Verein.

Das paßt auch historisch. Mit Zunahme der Fan-Gewalt und Zunahme der Polizeipräsenz (plus allem, was dazu gehört: Drahtkäfige, Videokontrollen etc.) wurden die eher gewaltbereiten Fans aus den Stadien in die Innenstädte abgeschoben, mit der Folge, daß dort die Zerstörungsbereitschaft enorm anwuchs und mit der Folge, daß sich die so entstandenen „Hools", um doch ins Stadion zu gelangen, ihrer Vereinssymbolik entledigten und neuerdings „nicht mehr auffallen": Der moderne „Hool" pflegt ein nobles outfit.[9]

Die gepflegte Erscheinung, die eine Doppelexistenz verrät – werktags einer geregelten Arbeit nachgehen, am Wochenende rund ums Stadion Randale veranstalten –, gibt Anlaß zu neuen Mythen, diesmal aber aus der Fremdwahrnehmung, der öffentlichen Rezeption.

Kern der überwiegenden Wahrnehmung von Hooligans ist ihr Nicht-Wahrhaben-Wollen, ihr Ausgeschaltet-Sehen-Möchten. „Hools" stören und gefährden: das Stadtbild, das Ansehen Deutschlands in der Welt, den guten Ruf der „wahren" Fans, die Verhandlungen mit dem Vereinssponsor, der ein positives Image erwartet, kurz: den Fußball als solchen. Endgültige Antworten werden gefordert, so daß der Spruch „Hier ist der Gesetzgeber gefordert" mittlerweile zur Chiffre dafür geworden ist, wie „der Sport", namentlich der Deutsche Fußball-Bund und die Mehrheit der Sportjournalisten, sich dem Thema nähern, um es damit sofort wieder abzuschütteln.

Nach den Ausschreitungen deutscher Hooligans während der Fußball-EM in Schweden kommentierte beispielsweise SPORT-BILD (24.6.92) unter der Überschrift „Schlaue Sprüche": „Und die Lösung? Fan-Forscher sprechen von 'erlebnisorientierten Fans' und sagen Sätze wie: 'In unserer Gesellschaft herrschen Werte und Ziele, die für viele Jugendliche nicht mehr erreichbar sind. Es stellt sich eine Regellosigkeit im Umgang miteinander ein.' Das klingt ungeheuer wichtig. Nur: Opfer, die niedergestochen oder deren Geschäfte geplündert wurden, denken anders darüber. Wenn Bundesinnenminister Rudolf Seiters von kriminellen Randalierern spricht und die Errichtung einer Hooligan-Kartei fordert, wird er von den Fan-Fachleuten müde belächelt ('Das bringt nichts'. 'Das wäre eine politische Ersatzlösung. Jugendliche sind Täter und Opfer'). Die Fan-Experten müssen sich schon eine Frage gefallen lassen: Was haben sie bisher wirklich bei der Lösung des Problems vorzuweisen – außer schlauen Sprüchen? Es wird Zeit, daß sich richtige Fachleute der Sache annehmen."

Andere, öffentlich-rechtliche Erklärungsversuche sind nicht besser. Ob das die Hilflosigkeit des ZDF-Reporters Eberhard Figgemeyer während der Heyssel-Katastrophe im Mai 1985 war oder das Stammtisch-Lospoltern des ARD-Reporters Fritz von Thurn und Taxis während des Spielabbruchs in Dresden im März 1991. „Ran an die Rabauken!" empfahl Thurn und Taxis von seiner Reporterloge aus den Polizisten, und das Presse-Echo der nächsten Tage bestätigte ihn: „Irre, Wahnsinnige, Pöbel, Mob, kriminelle Elemente, Geisteskranke" – die Forderung nach „Ausmerzen" ist bei solchen Reden sprachlich mitangelegt. Konkret bedeutet es die Legitimation (oder den Versuch der Legitimation) von härteren Polizeieinsätzen und dazu korrespondierenden Mitteln: Stehplätze werden zu Drahtkäfigen umgestaltet und ständig einer Videokontrolle unterzogen; Fan-Ausweise werden ausgestellt, die bei Nicht-Wohl-Verhalten wieder entzogen werden können; Fans der Auswärtsteams werden in polizeilich kontrollierten Sonderzügen und Sonder-Straßenbahnen von ihrer Heimatstadt direkt in das Stadion gebracht und nach Spielschluß wieder zurück. Welche Konsequenzen dies zeitigen kann, war am deutlichsten bei der Sheffield-Katastrophe in England zu beobachten.[10]

Wenn nicht die zur polizeilichen Militanz neigende Sprachlosigkeit die „Analyse" des Hooliganismus-Problems überlagert, dann ist sehr oft eine – quasi verschwörungstheoretische – Vermutung zu hören, „Hools" seien Neonazis, bzw. von rechtsradikaler Hand gesteuerte nützliche Idioten. Der reale Kern dieser These liegt in den Bemühungen organisierter Neonazi-Gruppen, in den Stadien Fuß zu fassen. So hatte Michael Kühnen bereits 1983 die Fan-Szene als Rekrutierungslager empfohlen. Der Erfolg stellte sich allerdings nur partiell ein. Nirgendwo sind die Fan-Kurven unter der Kontrolle organisierter Neonazis.[11]

Dem widerspricht nicht, daß die Spieler, insbesondere Farbige, unter dem lautstark geäußerten Rassismus in den Stadien zu leiden haben. Der bereits zitierte Werder-Profi Beiersdorfer: „Mir läuft es immer eiskalt den Rücken runter, wenn ich die rassistischen Sprüche höre. Für mich ist so etwas das peinlichste, bitterste und menschenunwürdigste überhaupt, wenn man einen anderen Spieler in dieser Weise diffamiert."[12] Tatsächlich macht sich oft in der „Hool"-Szene ein diffuser Rechtsextremismus breit, der nicht weniger gefährlich ist als der organisierte, dem man aber mit verschwörungs- oder einflußtheoretischen Erklärungsmustern nicht beikommen kann. „Die Mehrheit ist so 'politisch', wie Heavy-Metal-Kids, Rocker oder Rockabillys 'politisch' sind. Tendenziell rechts, mehrheitlich ausländerfeindlich, aber ohne ideologischen Unterbau. Die Großoffensive der Neonazis, in den Kurven der Fußballstadien Nachwuchskader zu rekrutieren, ist gescheitert."[13] Gescheitert auch deswegen, weil die Fans und Hooligans aus der Sicht der organisierten Neonazis unsichere Kandidaten sind: Sie bringen es fertig, ein von linken Autonomen besetztes Haus zu überfallen und es – zusammen mit den Besetzern – am nächsten Tag gegen die Polizei-Räumung zu verteidigen. Der diffuse Rechtsextremismus fällt aus der Sicht der Hooligans ab gegen ihre „Hool-Ideologie" vom militanten Städte-Wettkampf.

In den Bereich der fiktiven Vorstellung einer total manipulierbaren Masse fällt auch die oft geäußerte Vermutung, „Hools" seien arbeits- und orientierungslose Jugendliche mit niedrigem Bildungsstand und aus zerrütteten Familienverhältnissen stammend. Empirisch läßt sich diese These nicht aufrecht erhalten: Jugendliche Fußballfans sind nicht anders sozialisiert oder beruflich aufgehoben als andere Jugendliche. Was die organisierten „Hool"-Gruppen angeht, scheint es sogar so zu sein, daß sich ihre Mitglieder zum großen Teil in gesicherten sozialen Beziehungen befinden.

Ähnlich verhält es sich mit der Vorstellung der manipulierbaren Massen, die durch hartes und gewalttätiges Spiel auf dem Feld zu eigenen Gewalttätigkeiten animiert würden. Auch hier herrscht ein Blick auf die Fans vor, der – statt sie verstehen zu wollen – ihnen einen eigenen Willen abspricht und sie als eine Masse von passiven, in jede Richtung mobilisierbaren Deppen sehen will. Schaut man sich die Spiele an, bei denen es zu härteren Fan-Ausschreitungen kam, stellt man fest, daß die Foulanzahl (oder andere Parameter zur Beurteilung der Härte eines Spiels) in keinem Zusammenhang damit steht. Durch den Umstand, daß die Stadien bereits polizeilich und sicherheitstechnisch – im DFB-Jargon „bundesligatauglich" – zugerichtet wurden, findet die Randale auch zunehmend weniger in den Stadien, das hieße dann auch: in relativer Abhängigkeit vom Spielverlauf, statt, sondern außerhalb, zumeist in den Innenstädten.[14]

Versuch eines Fazits: *den* Fan im allgemeinen oder *den* „Hool" im besonderen gibt es nicht. Es gibt im Fußballsport der letzten Jahre widersprüchliche Entwicklungen, die mit einfachen empirischen Mitteln nicht zu beschreiben oder gar im weiteren Fortlauf zu prognostizieren sind.

Es scheint, daß die qualitative Verschärfung der Fußball-Gewalt nur zu beurteilen ist, indem man „große" gesellschaftliche Entwicklungen in den Blick nimmt: den Niedergang proletarischer Öffentlichkeit, die Deregulierung der Normalarbeitsverhältnisse, die De- oder Umfunktionalisierung sog. „massenintegrativer Apparate", zu denen auch die zur Disposition gestellte Integrationskraft des Sports gezählt werden muß, und allgemein das Ringen um neue gesellschaftlich-staatliche Regulationsinstanzen inklusive der Herausbildung neuer Hegemonien. In diesem Zusammenhang zeigt sich der Fußball als soziales System, das gesellschaftlichen Einflüssen ausgesetzt ist, aber auch mit internen, historisch gewachsenen Regulationsformen versehen ist und mit diesen wiederum auf die gesamtgesellschaftliche Entwicklung einwirkt. Die Interventionschancen in dieses soziale Feld Fußball sind also gering. Sie bleiben aber völlig aus, wenn man sich nicht bemüht, den Fußball als zunächst mal eigenständiges und durchaus faszinierendes Feld wahrzunehmen. Wenn man dies tut, wie es beispielsweise durch das Gros der Fan-Initiativen getan wird, dann besteht die Möglichkeit, dem Fußball eigene Formen der Regulierung bezüglich Fan- und Vereinskonkurrenz zurückzugeben, bzw. überhaupt erst zu geben. Dazu zählt auch, daß es die Fans selbst sind, die ihre Interessen gegenüber Vereinsvorständen, Presse, Polizei etc. vertreten dürfen und müssen. Das wiederum sollte nicht ohne Folgen bleiben, weder für das Selbstbewußtsein der Fans, noch für ihre Fremdwahrnehmung, also auch für andere Bereiche, die einer gesellschaftlichen, d.h. nicht-staatlichen Regulation bedürfen.

Wem der Fußball, respektive seine deutsche Erscheinung: die Bundesliga, also gehört, ist mehr als eine launige Prominenten-Umfrage: Es geht – gleich wichtig – sowohl um die Reproduktionsbedingungen der nächsten Jahre, als auch darum, ob man Samstag nachmittags weiter seinen Spaß haben darf.

Krauß, Martin, geb. 1964; Dipl.-Politologe, Schwimmtrainer und Redakteur der Zeitschrift „Sportkritik", promoviert z.Zt. an der FU Berlin zu den Effekten der Konkurrenz Vereinssport – private Sportanbieter.

ANMERKUNGEN

(1) Alle Zitate aus: Stark/Farin 1990: 149ff. Für den Fall, mit dem ein Autor stets rechnen muß, daß die genannten Namen nicht jedem Leser sofort geläufig sind: Stefan Effenberg, Uwe Seeler, Bruno Labbadia, Benno Möhlmann, Bodo Illgner sind oder waren Bundesliga-Spieler, Hans Kindermann ist Chefankläger des Deutschen Fußball-Bundes, und Willi Lemke ist Manager von Werder Bremen.

(2) Stollenwerk 1988: 109

(3) Vgl. Stollenwerk 1988: 107

(4) Die Welt der Fußball-Fans näher zu beschreiben oder zumindest zu skizzieren, fällt mir im Rahmen dieses Beitrags zu schwer – ich empfehle erstens Stadionbesuche und zweitens Lektüre: Raap 1988, Stark/Farin 1990 und das neu erschienene bundesweite Fanzine „15.30 Uhr" zu beziehen bei: Peter Bode, Ehrenfeldgürtel 124, W-5000 Köln 30

(5) Dunning 1983: 124

(6) Vgl. Dunning 1983

(7) Bott 1990: 72

(8) Gebauer/Hortleder 1986: 265 (Herv. i.O.)

(9) Zu den letzten zwei Punkten der mythischen Selbstsicht, vgl. Bott 1990. Er nennt als weitere Legende die Behauptung, Randale sei geil. In Wirklichkeit aber beteilige sich nur ein kleiner Prozentsatz an direkten Kampfhandlungen.

(10) Seabrook 1989, Schulze-Marmeling 1990, Taylor 1991. Vgl. auch den Beitrag „Fans, VIP's und Finanzhaie" im vorliegenden Buch. Auch der Tod eines Berliner Fußballfans am 3.11.90 in Leipzig muß als Konsequenz des Sicherheitswahns angesehen werden (vgl. Farin/Seidel-Pielen 1991: 92ff).

(11) Vgl. Bott: 73f

(12) „Millerntor Roar", 1990

(13) Farin/Seidel-Pielen 1991: 101; vgl. auch Gehrmann 1990: 111ff

(14) Bezüglich der Fußballgewalt in der Ex-DDR fand sich noch ein weiteres Erklärungsmuster: Hooligans seien alte Stasi-Seilschaften, bzw. von solchen Seilschaften instrumentalisierte Gruppen (vgl. Krauß 1991). Allein der Umstand, daß solche „Theorien" mit dem Anspruch auf Seriösität vorgetragen werden – statt mit heftigem Hohngelächter quittiert zu werden – zeigt die Ignoranz gegenüber der Fußballgewalt-Problematik an, deren primäre Funktion zu sein scheint, den Boden zu bereiten, um endlich „richtige Fachleute" von der Leine zu lassen.

Literatur

Bott, Dieter (1990): Fußballfans, Hooligans und Legenden, in: streetcorner, Nr. 2/90: 71 – 80

Dunning, Eric (1983): Zuschauerausschreitungen. Soziologische Notizen zu einem scheinbar neuen Problem, in: Elias, Norbert/Dunning, Eric: Sport im Zivilisationsprozeß. Studien zur Figurationssoziologie (hrsg. von Wilhelm Hopf), Münster o.J. (1983): 123 – 132

Farin, Klaus / Seidel-Pielen, Eberhard (1991): Krieg in den Städten. Jugendgangs in Deutschland, Berlin

Gebauer, Gunter / Hortleder, Gerd (1986): Fußball. Die Nachrichten über Brüssel, in: Hortleder, Gerd/Gebauer, Gunter (Hg.): Sport – Eros – Tod, Frankfurt/M 1986: 260 – 271

Gehrmann, Thomas (1990): Fußballrandale. Hooligans in Deutschland (mit Beiträgen von: Peter Bek-

Hooligans in Kaiserslautern mit dem unpassenden Namen „Rotfront" machen sich über die Fahnen von St. Pauli-Fans her (siehe nebenstehenden Fan-Bericht)

ker, Peter Bode, Thomas Schneider, Werner Steigemann), Essen

Krauß, Martin (1991): Dresden: Das Ende einer Partie, in: AK, Nr. 329, 8.4.91

RAAP, Rainer (Hg.) (1988): Das Fanbuch, Frankfurt/M (zu beziehen beim Strohhalm-Verlag: Rainer Raap, Karolinger Ring 36, W-5000 Köln 1)

Schulze-Marmeling, Dietrich (1990): Der „Taylor-Report" oder: Über die Bewältigung einer Fußballkatastrophe mittels Klassenkampfes, in: AK Nr. 316, 5.3.1990: 3

Seabrook, Jeremy (1989): „Wir waren wie die Tiere im Zoo", in: taz, 22.4.89

Stark, Jürgen / Farin, Klaus (1990): Das Fußball-Lesebuch, Reinbek

Stollenwerk, Hans (1988): König Fußball ist „unser Leben" ... Sozialpsychologische Aspekte und Probleme der bundesdeutschen Fußballszene, in: Beiträge zur Konfliktforschung, Nr. 3/88: 103 – 125

Taylor, Ian (1991): Hillsborough, 15. April 1989. Englischer Fußball zwischen Tradition und Modernisierung, in: Horak/ Roman/Reiter, Wolfgang (Hg.): Die Kanten des runden Leders. Beiträge zur europäischen Fußballkultur, Wien 1991:35 - 44

»...WAR ABER NICHTS SCHLIMMES.«
FAN-BERICHT ÜBER EIN AUSWÄRTSSPIEL

Das Spiel in Kaiserslautern, das war allen klar, hätte DIE Aus-
wärtsfahrt des Jahres werden können – wenn der DFB nicht
ausgerechnet diesen Spieltag komplett auf Dienstag / Mitt-
woch gelegt hätte. So bestieg denn auch der Hölle-Mob von
33 Personen den Bus Richtung Pfälzer Wald.

Nach locker achteinhalb Stunden Arschplattsitzen gelangte
man endlich und ohne besondere Zwischenfälle (sieht man
einmal davon ab, daß der mitfahrende Volker I. fortwährend
versuchte, die Meute zu Jever light zu bekehren, natürlich erfolglos) ans Ziel. Rund ums Fritz-Walter-Stadion herrschte
schon Hochbetrieb, dennoch war es (noch) kein Problem,
Tickets zu erstehen. Im Block konnten einige Bekannte
(Walter 11, Badger) begrüßt werden. Da es zunächst noch
recht geräumig war, verzog sich alles recht weit nach oben,
was sich im Nachhinein noch als Fehler erweisen sollte. Derweil bildete sich draußen am einzigen noch geöffneten Kassenhäuschen ein wilder, sich um Karten fetzender Haufen.
Hafen-Matze bewies dort seine Fähigkeiten als Samariter, indem er kurz vor der Ohnmacht stehende Fans aus der Menge
zog.

Schon vor Spielbeginn kreiste La Olá durchs Stadion, was
eigentlich ein Viereck ist, fortwährend unterstützt durch den
äußerst engagiert agierenden Stadionsprecher. Dieser, das
kann man jetzt schon sagen, hat einen großen Anteil an der
wirklich spitzenmäßigen Stimmung dort, welche das West-
falenstadion locker in die Tasche steckt.

Das Spiel wurde sofort mit großer Härte und Verbissenheit
angegangen. Unsere Jungs konnten sich im Mittelfeld nur
durch übertriebenes Foulspiel behelfen. Die Lauterer wußten denn auch kein Mittel dagegen, so daß das 0:0 in die Halbzeit gerettet wurde. Zwischenzeitlich fielen ein paar Hools
auf, welche unten am Zaun versuchten, ihre Fahne über unsere zu hängen. Dieser Lappen trug merkwürdigerweise die

Aufschrift ROTFRONT. Seltsam?! Aber so stand es geschrieben! Später konnten wir in Erfahrung bringen, daß es tatsächlich eine Hool-Gang unter diesem Namen gibt. Auf jeden Fall stürmten sofort einige St. Paulianer nach unten und verhinderten das Überhängen unserer Schmuckstücke. Unten stand auch 'n Trupp Bullen, welche nach eigenen Angaben „alles im Griff" hatten. Nun denn, man gesellte sich wieder zu den anderen und widmete sich voll und ganz dem Geschehen auf dem Rasen, welches nicht unter Spannungsarmut litt. Lautern versiebte einige 100%ige, und wir sehnten den Schlußpfiff und einen erzitterten Punkt herbei. Bis zur 83. Minute, als Bruno Labbadia die Pfälzer durch sein Tor ein gutes Stück näher zur Meisterschaft und uns Richtung Meppen schoß. Durch den entstandenen Trubel konnten wir allerdings nicht sehen, was sich unten am Zaun tat. Dort liefen unsere Rotfrontler nämlich zur „Hochform" auf und klauten zwei unbewachte St. Pauli-Fahnen. Unser Fotograf im Innenraum hatte dies zwar bemerkt und einige Ordner darauf aufmerksam gemacht, doch diese Penner zeigten sich von ihrer desinteressiertesten Seite. Kochend vor ohnmächtiger Wut sammelte man sich nach Schlußpfiff, um sich auf den gemeinsamen Abgang vorzubereiten. Ach, Scheiß der Hund drauf, sagten wir uns schließlich, was können die restlichen Lauterer für die Sucker von Hools. So beglückten wir die vorbeiziehenden Pfälzer mit Sprechchören wie „Ihr werdet Meister" und „Zieht den Bayern die Lederhosen aus", was höchst erfreut zur Kenntnis genommen wurde. Auf dem Weg zum Bus kam es noch zu einer kurzen Handgreiflichkeit, war aber nichts Schlimmes.

Wir legten noch einen halbstündigen Zwischenstop in einer irischen Kneipe ein, wo eine Band namens 'Paddy goes to Holyhead' oder so ähnlich mit dem Konzertbeginn extra bis zu unserem Erscheinen gewartet hatte. Schade, daß der Busfahrer so schnell weiter wollte / mußte. Fazit: Am Betze sollte jeder Fußballfan einmal gewesen sein.

(aus: Millerntor Roar, Hrsg. Fan Initiative St. Pauli, 14/91)

MICHAEL JOHN

KRIEGE IM STADION

BEMERKUNGEN ZU FUSSBALL UND NATIONALISMUS

Im Zuge der Fußballeuropameisterschaft 1992 waren die Chef-kommentatoren der Tageszeitungen wieder einmal entsetzt: Als deutsche und holländische Fans aneinandergerieten, schwedische und englische Skins sich Straßenschlachten lieferten, da war die Schreibe sogar in feineren Blättern von „primitiven Scheißfiguren". Es war die Rede davon, eine bestimmte Nation, nämlich die Engländer, von der nächsten EM auszuschließen, man sorgte sich um Ruhe, Ordnung, Zivilisation. Zitate zur „eigentlich völkerverbindenden Funktion des Sports" von Norbert Elias, von Helmut Schmidt wie Helmut Kohl wurden gerne abgedruckt. Dabei gibt es nicht nur eine Untersuchung, die feststellt, daß im Sportjournalismus „bei der gegenwärtigen Struktur des internationalen Spitzensports eher nationalistische und ethnozentristische Tendenzen" begünstigt werden.[1] Zum Teil wird durch die Boulevard-Berichterstattung ein Match zur Staatssache stilisiert, die Bedeutung gesteigert, die Stimmung angeschärft. Am gegenwärtigen Revival des Nationalismus in Europa haben viele Medien selbst mitgewirkt.

„Fußball ist stets auch eine Folie, auf der sich soziale, politische und kulturelle Entwicklungen deutlich abzeichnen oder auf die kollektive Sehnsüchte und Konflikte projiziert werden."[2] Dieses Zitat trifft das Wesentliche der Sache. Der Sport stellt keinen gesellschaftlichen Freiraum dar, sondern ist als Teilbereich des sozio-kulturellen Systems in gesamtgesellschaftliche Bedingungen und Wertvorstellungen eingebettet. Änderungen gesellschaftlicher Strukturen, sozialer Verhaltensregeln wirken sich auch im Bereich des Sports aus. Der Sport ist so gesehen eine „Manifestation spezifischer gesellschaftlicher Entwicklungen schlechthin", der sich somit auch weiterhin in „Übereinstimmung mit künftigen Entwicklungen verändern wird."[3]

Vom mittelalterlichen Fußballspiel ist überliefert, daß in England heftige Auseinandersetzungen zwischen zwei Dörfern, im deutschsprachigen Raum zwischen zwei Grundherrschaften und im italienischen Raum zwischen zwei Städten mitunter die Folge eines Spiels waren. Im Nordosten Amerikas führten die – mit einem kultischen Ritual begonnenen – Ballspiele zwischen zwei indianischen Sippen unter Umständen zu schweren Kämpfen, bei denen Blut floß. Diese Form der Parteienstellung und der Konflikte entsprach den damaligen, vornationalen Gesellschaftsordnungen.

In das 19. Jahrhundert fällt sowohl die Geburtsstunde des modernen Fußballsports als auch des modernen Nationalgedankens. Der Nationalismus wurde zu der Ideologie der zweiten Hälfte des 19. und des beginnenden 20. Jahrhunderts. Als sich die ständischen, dynastischen Gesellschaften Mitteleuropas im Aufbruch befanden, wurde die nationale Idee auch im Fußballsport umgesetzt.

Die österreichisch-ungarischen Monarchie ist ein Beispiel dafür, wie sich die nationale Frage auch auf dem Fußballfeld fortsetzte. So strebten die tschechischen Fußballvereine eine eigenständige Teilnahme an internationalen Meisterschaften an, analog der Vorgangsweise tschechischer Eishockeyspieler. Die Rivalität der beiden Seniorpartner der Monarchie führte zu regelmäßigen Matches mit großer Publizität. Ungarn befand sich damals in einer Phase neuer Identitätsbildung, die geprägt war von Magyarisierung und Nationswerdung. Als im Jahre 1909 der fußballbegeisterte Budapester Bürgermeister Istvan Barczy eine Grußadresse an den ungarischen Verband übermittelte, hob er besonders die „Nation entwickelnde Tätigkeit" des Fußballsports hervor. Auf dem Budapester Spielplatz wurden zu dieser Zeit nach jedem Ländermatch-Tor, das Ungarn erzielte, und bei Beendigung des Spieles Brieftauben abgelassen, die den ungarischen Triumph in alle ungarischen Städte, aber auch nach Wien und Prag weitertragen sollten. Auf den Budapester Spielfeldern fielen aber auch echte Schüsse, mitunter jagten Fanatiker Stürmer, die das Tor verfehlten, als Landesverräter über den Platz.

Nach dem Ersten Weltkrieg schärften sich die nationalen Konflikte im neuen Europa erst so richtig an. Die Gesellschaften in Mitteleuropa gerieten nicht nur infolge der hohen Arbeitslosigkeit in den Sog sehr starker sozialer Spannungen, sondern an die Stelle der alten dynastischen Kaiserreiche trat endgültig die neue Identitätsform: der Nationalstaat und die nationale Identität. Die Vorgänge auf den Fußballplätzen entsprachen exakt dieser Entwicklung. In Folge eines Spiels zwischen einer niederösterreichischen und einer tschechischen Dorfmannschaft und den darauffolgenden Ausschreitungen im Juli 1923 kam ein österreichischer Spieler ums Leben. Am 19. August 1923 wurde in Wien bei einem Städteauswahlkampf zwischen Prag und Wien von Ausschreitungen auf dem Spielfeld und im Publikum berichtet. Der tschechische Verband verlangte damals, daß österreichische Teamspieler, die die nationale Ehre der Tschechen durch Beschimpfungen verletzt hätten, bestraft werden, was tatsächlich geschah; ein außergewöhnliches Vorkommnis deshalb, weil sie im Spiel nicht ausgeschlossen worden waren. „Rache" übten Fans einen Monat später beim Spiel des Wiener tschechischen Minderheitenvereins Slovan gegen Admira Wien, wobei einige Spieler und Zuschauer verletzt wurden. Im gleichen Monat wurde von wilden Publikumsausschreitungen und anti-österreichischen Manifestationen beim Gastspiel des Wiener Meisters Rapid gegen MTK Budapest in der ungarischen Hauptstadt berichtet. Rapid weigerte sich in der Folge beim zwei Wochen später stattfindenden Länderkampf Österreich - Ungarn, Auswahlspieler abzustellen. 1927 manifestierten sich beim Mitropa-Cup-Spiel Rapid Wien - Sparta Prag anti-tschechische Stimmungen zu gewaltigen Publikumsdemonstrationen, ein tschechischer Spieler wurde durch Steinwürfe verletzt. Diese Vorfälle führten zu einem vorübergehenden Abbruch des Spielverkehrs seitens des tschechoslowakischen Verbandes. Die Auseinandersetzungen waren allerdings wechselseitig: In Prag mußten mehrmals österreichische, aber auch deutsche Spieler und Anhänger vor Gewalttätern geschützt werden.

Antisemitismus war zu dieser Zeit ein integrativer Bestandteil des Bewußtseins breiter Schichten, dem entsprachen immer wieder antisemitische Ausschreitungen. Fokus diverser Auseinandersetzungen waren im gesamten mitteleuropäischen Raum immer wieder die Hakoah-Mannschaften. Hakoah bedeutet auf hebräisch Kraft, die zionistischen Sportvereine hatten das Training der physischen Kräfte und die Stärkung des Selbstbewußtseins der Juden zum Ziel. Die Wiener Morgenzeitung berichtete am 8. November 1923: „Menschen, die im gewöhnlichen Leben die Regeln des Anstandes und der guten Sitten befolgen, werden bei den Spielen der Hakoah brutale Terroristen. Andere wieder, die sich zu einer politischen Partei bekennen, welche die Duldsamkeit zu ihrem Grundsatz aufgestellt hat, gebärden sich wie die ärgsten Radau-Antisemiten. Was sich z.B. beim letzten Spiel Sportklub - Hakoah zugetragen hat, übertrifft alle noch so phantastischen Vorstellungen. Schimpforgien, in denen das Wort 'Saujud' immer wiederkehrte und wilde Drohungen konnte man von allen Seiten vernehmen... Unter anderem brachen die Massen in ein Beifallsgejohle aus, als der schwerverletzte Halpern (Hakoah) vom Spielfeld getragen werden mußte. Es vergeht fast kein Wettspiel, bei dem die Hakoahner nicht in der niedrigsten Weise beschimpft und bedroht werden. Auf dem eigenen Sportplatz in der Krieau muß eine Kolonne berittener Wachleute aufgeboten werden, um die Zuschauerhorden in die Schranken zu weisen." Nach diesen Vorkommnissen drohte etwa die Hakoah, sich nicht mehr an den Meisterschaften zu beteiligen. Einige Monate vorher war bereits Hakoah-Präsident Körner im Rahmen der Meisterschaft von einem gegnerischen Spieler tätlich angegriffen worden. Beim Spiel Hakoah Innsbruck - Wörgl in der Tiroler Kleinstadt kam es ebenfalls zu permanenten Beschimpfungen der Hakoah-Spieler; als zwei jüdischer Spieler verletzt und die Drohungen des Publikums immer stärker wurden, trat Hakoah Innsbruck ab. In der Steiermark traten einige Vereine gegen jüdische Spieler nicht an, in einigen Vereinen fand ein Arierparagraph Anwendung. Im Jahre 1920 wurde bei dem Match Hakoah - Floridsdorfer AC der Schiedsrichter Grünbaum abgelehnt, weil er Jude sei. Im ostdeutschen Chemnitz war es umgekehrt: Der Schiedsrichter hetzte gegen die jüdische Mannschaft und forderte das Publikum zu Handgreiflichkeiten auf, Autos wurden umgeworfen, Insassen als Juden beschimpft. Die jüdischen Spieler entgingen nur infolge der Hilfeleistungen eines sozialdemo-

Deutsche Fans? Österreichische? Nein, ungarische Anhänger des Budapester Vorstadtclubs Ferencvaros beim Hitlergruß. UEFA-Cupspiel Brøndby (Dänemark) - Ferencvaros 3:0

kratischen Sportvereins schweren Mißhandlungen. Der Skandal setzte sich nach dem Match fort: Trotz heftiger Proteste deutscher und österreichischer Kultusgemeinden wurde der Schiedsrichter weder suspendiert noch sonstwie gemaßregelt.

Obwohl mittlerweile in Österreich nur mehr wenige Juden leben und der jüdische Spitzensport durch das NS-Regime weitgehend ausgelöscht worden ist, gibt es im Wien der Gegenwart ein Relikt aus dieser Zeit. Beim Derby der beiden traditionsreichen Klubs, der – historisch – bürgerlich/jüdischen Austria und dem Unterschichten- und Vorstadt-Klub (historisch besehen) Rapid skandieren mitunter Hunderte Rapid-Anhänger „Haut's die Juden eini!", obwohl sich die beiden Klubs im Spielerreservoir,

Publikum und politischen Umfeld nur mehr wenig unterscheiden. Dieser Fall hat ein Pendant: In Budapest mit dem Lokalduell MTK Budapest - Ferencvaros (Franzensstadt, ein Budapester Stadtteil). MTK, vor dem 2. Weltkrieg der Verein der jüdisch-assimilierten Mittelschicht, verfügt seit langem über keine jüdischen Spieler oder Trainer. Sie werden dennoch von den Ferencvaros-Anhängern beim Einlaufen mit skandierten Ga-Ga-Ga-Rufen begrüßt, die ein Gänsegeschnatter imitieren sollen (in Anspielung auf die Gans, ein rituell wichtiges Tier der Juden). Danach heben die Ferencvaros-Fans die Hand zum Hitlergruß.

WIR-GEFÜHL UND NATIONALE IDENTITÄT

In der Brockhaus-Enzyklopädie liest man zum Fußballsport folgende Erläuterungen: „Unter Hinweis auf die große Anzahl von aktiv und passiv Beteiligten, meist noch jungen Leuten aus überwiegend sozial schwächeren Schichten, wird der kompensatorische Charakter des Fußballs gegenüber den Anonymitäts- und sozialen Isolierungstendenzen, die das Großstadtleben und die Arbeitswelt mit sich bringen, hervorgehoben. Dem Fußball fällt dabei die Rolle einer institutionalisierten 'massenmäßigen' Ersatzhandlung zu. Die als 'gemeinsam' erlebte Erfahrung von Sieg und Niederlage schafft ein Gruppenbewußtsein auf regionaler und nationaler Ebene, das in seiner negativen Ausprägung eine Verformung der Vorstellung vom bloßen sportlichen Gegner zum real empfundenen Feind bewirken kann. Dieses Feindbild, zusammen mit der Funktion, die der Fußball als ritualisiertes Kampfspiel mit stark hierarchischem Charakter ausübt, löst bei drohendem Prestigeverlust durch eine bevorstehende Niederlage in vielen Fällen eine unkontrollierte, auf den Gegner zielende Aggressionsentladung aus."

In unserer Kultur ist der Fußballsport ohne Zweifel mit Identifizierung und Wir-Gefühlen verbunden, von seiner Genese her ist er eng mit Krieg und Kriegsspiel verknüpft. Er ist eine Folge des alten männlichen kulturellen Krieges in der Tradition individueller Kämpfe. Dieser Kampfsport ist sowohl in weniger entwickelten Gesellschaften als auch noch immer in den hochzivilisierten, postindustriellen Gesellschaften mit einer hohen Mobili-

Fetisch Fahne. Geküßt und beschworen vor dem Match, geschwungen während des Spiels, bei einer Niederlage verbrannt. Die jugoslawische Fahne dieses Fans (1982) dürfte allerdings bald ihrer Funktion beraubt sein. Schon einhalb Jahre vor dem militärischen deutete ein „Fußballkrieg" in Zagreb die kommende Entwicklung an. (OÖN)

sierung von Emotionen verbunden. Dieser Sport bezieht seine Spannung aus der Identifikation. Es entsteht kurzzeitig eine intensive Gemeinschaft, die durch bestimmte Symbole (Farben, Kappen, Schals, Fahnen) zusätzlich dokumentiert wird. Die größte Bedeutung hat Fußball als Subsystem der Gesellschaft wohl für das nationale Prestige. Auch hier wird der Gegner, in diesem Fall ein anderes Land, einseitig gesehen und herabgesetzt, man hat es mit einem Vorgang zu tun, den Robert Mitscherlich als „Verbuhungsprozeß" bezeichnet hat. Der Gegner und die gegnerische Anhängerschaft wird ausgegrenzt, deklassiert und verächtlich gemacht. Diese Identifikation kann als Massenphänomen eine enorme Wucht entwickeln. Die extremsten Beispiele waren das Spiel Peru - Argentinien in Lima im Mai 1964, wobei Tumulte letztendlich zu 350 Toten und 500 Verletzten führten, und das Spiel El Salvador - Honduras, das zu einem richtigen Krieg, dem Fußballkrieg im Juli 1969 eskalierte.

Nach einem 2:3 der Mannschaft Nordkoreas gegen Kuwait im Dezember 1982 versuchten Hunderte Koreaner bei den Asien-Sportspielen in Indien den Schiedsrichter umzubringen. Es fielen Schüsse, Dutzende wurden verletzt, es gab mehr als 50 Verhaftungen. Anlaß war ein umstrittener, aber entscheidender Elfmeter. (OÖN)

Diese geschilderten Mechanismen führen unter Umständen dazu, daß bestehende Konflikte im Zusammenhang mit Fußballspielen besser sichtbar werden. Ein Fußballspiel zwischen zwei Nationalmannschaften oder zwei Mannschaften, die symbolisch für zwei Ethnien stehen, ist keine Alltäglichkeit und daher sehr wohl ein Indikator für Spannungen. Die Nationalsozialisten haben etwa während ihrer Herrschaft in Österreich Auseinandersetzungen zwischen 'ostmärkischen' und 'Altreichmannschaften' in diesem Sinn gedeutet. Krawalle bei Sportveranstaltungen galten auch als Indikator für versteckte Österreich-Tendenzen, obwohl diese bei den Spielen selbst nicht ausdrücklich verbalisiert oder verdeutlicht wurden. Aus der ex-post-Perspektive vermeint man beinahe, daß die genaue Beobachtung der Vorgänge in und um die Stadien mitunter den Blick in die Zukunft freigab. So wurde von den verantwortlichen Politikern ein Massenkrawall bei einem serbisch-kosovotischen Match in Pristina ein Jahr vor der heißen Phase des Aufstands im Kosovo als Alarmzeichen aufgefaßt. Und eineinviertel Jahre vor dem tatsächlichen Krieg zwischen Kroaten und Serben führte der 'Fußballkrieg von Zagreb' zu einer Sondersitzung des jugoslawischen Parlaments. Vor dem Spiel Roter Stern Belgrad gegen Dynamo Zagreb kam es in der kroatischen Hauptstadt zu schweren Auseinandersetzungen, vielen Verletzten und hunderten Verhaftungen. Die Polizei erklärte, dies sei „keine Auseinandersetzung zwischen Fußball-Rowdies gewesen, sondern Ausdruck des Hasses zwischen verfeindeten Volksgruppen." Und am 14. November 1991 erschoß in einer österreichischen Kleinstadt der Serbe Jovan R. seinen Stiefsohn, den moslemischen Bosnier Reuf O. Die beiden hatten sich das Spiel des Rumpf-jugoslawischen Teams gegen Österreich im Fernsehen angesehen und waren dabei in Streit geraten; in ganz Österreich wurden an diesem Tag acht z.T. schwere Verletzungen registriert, die aus diesem Fußballabend resultierten. In allen diesen Fällen war der innerjugoslawische Nationalitätenkonflikt anläßlich von Fußballspielen ausgebrochen.

Sowohl die völkerverbindende Funktion als auch die häufig unterstellte kathartische, psychohygienische Funktion (Substitution von Aggression durch Ausleben beim Fußballspiel, Ventilfunktion) des Fußballspiels stellen somit Thesen dar, die eigentlich nicht haltbar sind. Potentielle Konfliktherde – und diese müssen keineswegs nur nationaler Ausprägung sein – bilden sich auf jeden Fall bei Fußballspielen ab, sei es in Form von Ausschreitungen, besonderer Emotionalisierung oder auch nur in Form von Masseninteresse.

Es hat wenig Sinn, gegen diese Mechanismen Stellung zu beziehen, der Fußballsport läßt sich nicht in einen quasi gesellschaftsfreien Raum transferieren: soziale Ungerechtigkeit, nationale Abhängigkeiten, Emanzipationsversuche und nationale Unterdrückung sowie koloniale, hegemoniale Strukturen führen in bestimmten Schichten und bei bestimmten Persönlichkeitstypen zu Aggressionen und zur Emotionalisierung, die sich auch im Fußballsport abbilden. Sieg, Niederlage und spielspezifische Vorgänge stellen die Randbedingungen. Die Ursachen konkreter Gewalttätigkeit sind im einzelnen vielschichtig, focussieren sich aber eben um bestimmte gesellschaftlich determinierte Konfliktursachen.

NATIONALISMUS ALS PATRIOTISMUS?

Das bekannteste Beispiel nationaler Mobilisierung im Fußballsport, die entgegen ihrer Konzeption letztlich nicht Chauvinismus sondern demokratischen Zielen diente, ist der Gewinn der Fußballweltmeisterschaft durch Argentinien 1978. Die Militärdiktatur gedachte, die WM als „Opium für das Volk" zu instrumentalisieren. Daraus wurde der Schlachtruf: „Argentinien wird Weltmeister – Videla an die Wand."[4] Den Fall der Dikatur im Jahre 1983 daraus abzuleiten, wäre aber gewiß zu spekulativ.

Der Doppelcharakter, der jedem Versuch, in „guten" und „schlechten" Patriotismus zu unterteilen, innewohnt, wird recht gut am Beispiel Österreichs deutlich. Österreich war 1938-1945 Teil des Dritten Reichs, 1918-1938 hatten sehr viele Österreicher überdies bereits auf einen Anschluß an Deutschland gesetzt, der Zusammenbruch der großen Monarchie und die Transformation in einen Kleinstaat hatten zur Überzeugung geführt, das kleine Land sei nicht „lebensfähig". Nach dem Ende des 2. Weltkriegs ging es in dem wiedererrichteten Staat Österreich um die Neubildung einer kollektiven Identität. Die Rolle des Sports bei dieser Identitätsfindung darf dabei nicht unterschätzt werden. Von besonderer Bedeutung für den österreichischen Patriotismus der Zweiten Republik war die Abgrenzung gegenüber Deutschland. Diese Abgrenzung wurde durch die Vorteile begünstigt, die Österreich in seiner Selbstdarstellung als 1938 besetztes und quasi nicht-deutsches Land, an Vorteilen in seiner Behandlung durch die Siegermächte und in Hinblick auf sein Image in der Weltöffentlichkeit erwartete. In der Nachkriegszeit war in Österreich ein emotioneller Antigermanismus weit verbreitet. Dies wirkte sich auch im Fußball aus. Ab den sechziger Jahren befand sich

Österreich überdies in einer zunehmenden wirtschaftlichen Abhängigkeit von der Bundesrepublik Deutschland. Dies spitzte den emotionalen Konflikt auf dem Fußballplatz noch zu: Deutschland wurde zum „Erzfeind". Die Bilanz zeigt, daß Österreich gegen Deutschland nach 1945 über weite Strecken sieglos blieb, 13 Niederlagen standen zwei Siegen gegenüber. Aus der Länderspielbilanz ableitbar, entstand eine Arroganz der deutschen Mannschaften, die gleichzeitig mit der sportlichen Überlegenheit, mit körperbetontem und konditionsstarkem Spiel zusammentraf. Dem standen Minderwertigkeitsgefühle und – als Kompensation – verbale Provokationen österreichischer Spieler gegenüber. Der überraschende 3:2 Sieg Österreichs gegen Deutschland bei der WM 1978 in Argentinien begeisterte breite Bevölkerungsschichten. Im damals sozialdemokratischen Musterland Bruno Kreiskys[5] wurde dies als Sieg Davids gegen Goliath gehandelt und als Höhepunkt nationaler Emanzipation; die Bejahungswerte bei dem Item der Meinungsforschungsinstitute „Gibt es eine österreichische Nation?" schnellten hoch.

Zum einen war ein Kern der antideutschen Abgrenzungsphilosophie, Österreich sei tatsächlich ein von deutschen Nationalsozialisten überfallenes Land gewesen und trage keine Mitschuld am faschistischen Regime (damit wurde die große Lebenslüge der jungen Zweiten Republik ermöglicht, die bis heute Probleme schafft). Zum anderen hatten die nationalen Manifestationen auch negative Ausprägungen. Nur zwei Beispiele dazu: 1961 jagten Österreicher beim Spiel Rapid Wien gegen Benfica Lissabon portugiesische Spieler und Fans über den Rasen, Farbigen wurde als „Negern" besonderes Augenmerk zugewendet, das Stadion ist an mehreren Stellen angezündet und zerstört worden. Auch im November 1967 gelangte die „Österreich-Identität" in die internationalen Schlagzeilen: Beim Spiel Österreich - Griechenland war es zu schweren Ausschreitungen gekommen, die griechische Regierung protestierte, halb Europa kritisierte die österreichischen Behörden und die heimischen Fans. Und beim Länderspiel 1986 gegen Deutschland war die Atmosphäre ausgesprochen aufgeheizt. Österreichische Rechtsextreme überraschten mit einer neuen Variante: Auf Flugblättern wünschten sie ebenfalls rechtsextremen deutschen Fans den Tod.

ANMERKUNGEN

(1) Vgl. Gunter A. Pilz, Zuschauer-ausschreitungen im Fußballsport – Versuch einer Analyse. In: Fussball. Soziologie und Sozialgeschichte einer populären Sportart, Bensheim 1979, 179f.

(2) Roman Horak/ Wolfgang Reiter, Anstoß. In: Roman Horak/ Wolfgang Reiter, Die Kanten des runden Leders. Beiträge zur europäischen Fußballkultur, Wien 1991, 9.

(3) Zit. nach Pilz, Zuschauerausschreitungen, 173.

(4) Junta-General, ehemaliger argentinischer Präsident.

(5) Bruno Kreisky (1911 - 1990), österreichischer Bundeskanzler 1970 - 1983.

LITERATUR

Beiträge zur historischen Sozialkunde 3/1992. Fußball. Wien 1992.

John Bunzl (Hg.), Hoppauf Hakoah. Jüdischer Sport in Österreich. Von den Anfängen bis zur Gegenwart, Wien 1987.

György Dalos, Die ungarische Fußballkatastrophe von 1954. In: Ders., Ungarn. Vom Roten Stern zur Stephanskrone, Frankfurt 1991.

Norbert Elias, Der Fußballsport im Prozeß der Zivilisation. In: Rolf Lindner (Hg.), Der Ball ist rund. Sport – Kultur – Zivilisation, Berlin 1983.

Wilhelm Hopf (Hg.), Fussball. Soziologie und Sozialgeschichte einer populären Sportart, Bensheim 1979.

Roman Horak, Fußballkultur in Wien. Von den englischen Anfängen zum österreichischen Ende. Einige vorläufige Anmerkungen zu ihrer Geschichte und Soziologie. In: Sozialwissenschaftliche (SWS-) Rundschau, 30. Jahrgang Heft 3/1990, 371-377.

Roman Horak/ Wolfgang Reiter/ Kurt Stocker (Hg.), „Ein Spiel dauert länger als 90 Minuten". Fußball und Gewalt in Europa, Hamburg 1988.

Roman Horak/ Wolfgang Reiter (Hg.), Die Kanten des runden Leders. Beiträge zur europäischen Fußballkultur, Wien 1991.

Karl Kastler, Fußballsport in Österreich. Von den Anfängen bis in die Gegenwart, Linz 1972.

Ryszard Kapuscinski, Der Fußballkrieg. Berichte aus der Dritten Welt, Frankfurt am Main 1990.

Helmut Lang, Rapid. Der Siegeszug der Hütteldorfer Meisterelf, Wien 1959.

Herbert Prohaska, Zwischen Simmering und San Siro, Wien 1985.

Leo Schidrowitz, Geschichte des Fußballsports in Österreich, Wien 1951.

Hannes Strohmeyer, Leibesübungen und Leibeserziehung im Prozeß der Modernisierung. In: Beiträge zur historischen Sozialkunde 1/1983, S.3-11.

Dr. Michael John ist Sozialwissenschaftler und Dozent an der Johannes-Kepler-Universität in Linz/Österreich

DIE SUPER-REDS UND IHRE FANS

PROLETARISCHE FUSSBALLKULTUR IN LIVERPOOL

1991/92 war eine schlechte Saison für den FC Liverpool gewesen, hundsmiserabel sogar, die schlechteste seit 27 Jahren. Und doch endete sie nach vielem Bangen und Zittern nicht in einem Fiasko, sondern mit einem kleinen Triumph, der wohl noch ausgiebiger gefeiert worden wäre, wenn der Klub nicht in einer tiefen Krise stecken würde. Seit langem war ein einziges Spiel für eine ganze Stadt nicht mehr so wichtig gewesen wie das englische Cup-Finale Anfang Mai 1992 in der „Kathedrale des Fußballs", dem Londoner Wembleystadion. Es war ein Spiel, das zeigte, weshalb die Mannschaft so schlecht abschnitt in der Meisterschaftsrunde (6. Tabellenplatz – so schlecht standen die Super-Reds noch nie, soweit die meisten Fans sich erinnern können). Und es war ein Spiel, dessen Ergebnis die verkorkste Saison nur mühsam kaschierte. In 20 von 63 Meisterschafts- und Pokalspielen hatten sie kein Tor erzielt, der Weg ins Finale des FA-Cups wurde über Wiederholungsspiele und Elfmeterschießen über zweitklassige Teams eher erzwungen als erspielt.

Auch in der ersten Halbzeit gegen Sunderland aus der Second Division war nichts vom einstigen Spielwitz und Spielfluß zu erkennen. Erst nach einem gekonnten Schlenzer in der 46. Minute begann der FC Liverpool all die Tugenden aufzubieten, die den Klub früher fast unschlagbar hatten werden lassen – das perfekte Passen des Balls von Fuß zu Fuß, oft geduldig abwartend, dann ein verblüffend flottes Zu- und Doppelpaßspiel in den eigenen Reihen, und schließlich die präzise Flanke auf Kevin Keegan, Kenny Dalglish, Ian Rush, John Barnes oder (wie in diesem Fall) auf Steve McManaman – den Individualisten in diesem Team. Doch die Fußballdemonstration beschränkte sich auf die letzte halbe Stunde und war auch dann noch weit entfernt von der alten Pracht und psychischen Stabilität, die den FC Liverpool

269

in den 70er und 80er Jahren zu einem der besten Fußballklubs Europas gemacht haben.

Dennoch, die Begeisterung war nach dem Pokalsieg (2:0 gegen Sunderland) groß. Eine Viertelmillion Menschen säumten die Straßen der Innenstadt, als das siegreiche Team heimkehrte; aber in den siebziger Jahren waren es auch schon mal 700.000 gewesen, mehr Jubelnde, als die Stadt Einwohner hat. Damals begann die große Zeit des FC Liverpool, just in dem Moment, als es mit der Region selber ökonomisch und sozial bergab ging, als die Hafenarbeiter ihre großen Kämpfe ausfochten und dennoch nichts an der Tatsache ändern konnten, daß die Stadt nach dem EG-Beitritt Britanniens (1973) auf der verkehrten Seite der Insel lag. Damals strebte der Klub nicht nur nach dem Pokal, der war eher nebensächlich. Vielmehr standen damals Europa-Cup-Siege im Vordergrund, und die Erfolge schweißten zusammen – die Fans, die Mannschaft und den Klub-Vorstand. Inzwischen sind die ersten Brüche erkennbar, die jedoch weniger mit den spärlichen Siegen auf dem Rasen als mit der Klub-Politik zu tun haben.

„Wir könnten im Schnitt 55.000 Karten verkaufen", bedauert Peter Robinson, Generaldirektor des FC Liverpool, die räumliche Enge des Stadions an der Anfield Road, und kritisiert, daß das Unternehmen in der langen Zeit der Sperre nach der Katastrophe vor dem Europa-Cup-Finale im Heysel-Stadion 1985 zwischen einer und zwei Millionen Mark pro Saison verloren habe. Vor diesem Fiasko in Brüssel (39 tote Fans) hätte niemand etwas von organisiertem Hooliganismus in Liverpool bemerkt. Und jetzt, fügt er in seinem Büro traurig hinzu (von dem aus er nur auf Hinterhöfe und Hauswände blicken kann), fehle ihm einfach das Geld für eine Erweiterung des Stadions. Heysel schockierte nicht nur ihn, sondern eine ganze Stadt, in der alles, was als Ball zu gebrauchen ist, und sei es nur eine Blechbüchse, jederzeit und überall, irgendwohin getreten wird. Die Fernsehbilder hatten damals mehr aufgewühlt als die nachfolgende Sperre. Daß Liverpool das Europa-Cup-Finale 1985 gegen Juventus Turin schließlich verlor (mit Absicht, wie einige Spieler hinterher sagten), war nicht bedeutend. Daß Liverpool für alle Welt auf der Anklagebank Platz nehmen mußte, das war entscheidend. Die Fans hätten unter diesen Folgen gelitten, meint der Generalsekretär, „wir sind die einzige Erfolgsstory in der Region. Der FC Liverpool und seine Fans galten bis dahin überall als beispielhaft, keiner hat wirklich verstanden, was damals passiert ist. Die Ereignisse von Heysel hatten verheerende Auswirkungen."

Robinson leitet seit 25 Jahren keinen Verein, sondern die Geschäfte einer Aktiengesellschaft. Sechshundert Aktionäre halten 12.000 Anteile, die keine Dividenden abwerfen und auch nicht gehandelt werden. Diese Firmenstruktur bringe Stabilität und Kontinuität: keine hektischen Vereinssitzungen, auf denen Mitglieder gegen den Vorstand putschen können, sondern ruhige Direktionsversammlungen.

Der Generalsekretär begreift den Klub als Unternehmen der Freizeitindustrie, das langfristig plant, Beschäftigte kauft und verkauft, sparsam haushaltet und die Ware Unterhaltung feilbietet. Die Liverpool AG beschäftigt 100 Angestellte, erwirtschaftet einen Umsatz von rund 17 Millionen Mark, erzielt dabei je nach Personaltransfer einen Profit oder macht Verluste. Die Kapitalreserven sind beträchtlich, aber sie reichen nicht aus, um den mächtigen viereckigen Bau an der Anfield Road völlig umzubauen. Vor 20 Jahren lag die Kapazität des Stadions noch bei 56.000 Plätzen, mittlerweile sind es (durch die Politik des Klub-Vorstandes, Steh- durch Sitzplätze zu ersetzen) nicht einmal mehr 40.000. In London, sagt Peter Robinson, und das hält er sich zugute, als sei es sein Verdienst, seien die Ticketpreise viel höher als in Liverpool: „Wir können in einer Gegend mit so großen sozialen Problemen nicht so viel verlangen."

Die den „sozialen Verhältnissen angepaßten Eintrittspreise" sehen die meist armen und arbeitslosen Bewohner der Reihenhäuser rund um die Walton Breck Road, die Robinsons Expansionspläne blockieren, natürlich anders. Der Klub verlange Wucherpreise, schimpfen die Menschen, denen das Stadion an der Anfield Road (und das Team, das darin spielt) wichtiger war und ist als alles andere auf der Welt. Hier konnten und können sie ihre Spiele besuchen und ihre Helden hochleben lassen. Daß sich ihr FC genauso schnell wie alle anderen Profi-Klubs von ihnen entfernte, das hätten sie nie erwartet. Liverpool – das war doch etwas anderes als die schnöden Londoner Starklubs.

Die heiligen Stätten der Liverpooler liegen weitab des Zentrums in den Arbeitervierteln. Vom Hauptbahnhof an der Lime Street geht es den Berg hinauf, dann führt der Weg an den desolaten Wohntürmen von Everton, an bröckelnden Häuserfassaden, kaputten Kinderspielplätzen, zerfallenden Mauern vorbei, an denen noch vor zwei Jahren Plakate hingen, die die Stimmung in Merseyside in einem Satz zusammenfaßten: „Don't buy the 'Sun'", stand darauf. Rupert Murdochs Massenblatt 'The Sun' hatte es zwei Tage nach der Katastrophe von Sheffield geschafft, die ganze Region gegen sich aufzubringen. Mitte April 1989 waren bei dem Unglück 95 Menschen im Verlauf eines verheerenden Polizeieinsatzes im Stadion von Sheffield zu Tode gedrückt worden. Die „Sun" hatte behauptet, „Liverpooler Hooligans" hätten das Unglück nicht nur ausgelöst, sondern die Erdrückten auch noch ausgeplündert und angepißt. Und jetzt hatte Graeme Souness, Liverpools neuer Trainer, die Instinktlosigkeit besessen, mit der „Sun" zusammenzuarbeiten. Seine Kooperationsbereitschaft mit der Schmierenpresse führte zu einem Aufruhr unter den Fans. Nur mit knapper Not und einer Entschuldigung rettete er seinen Kopf. Die Liverpudlians vergessen nicht so schnell.

Von der Lime Street Station dauert der Fußmarsch eine halbe Stunde. Vorbei an der Liverpool Provincial Orange Hall (unter dem schmuddeligen Union Jack am Dach versammeln sich hier eingewanderte nordirische Protestanten), vorbei am Konservativen Klub von Everton, der einem verlassenen Fort an der Front ähnelt, durch die St. Domingo Road und hinein in eine der vielen gleichförmigen Straßen, in denen sich ein schäbiges Arbeiterhaus an das andere reiht. Hier, in diesen Straßen, standen nach der Katastrophe im Sheffielder Stadion von Hillsborough die Menschen stundenlang Schlange. Sie hatten Blumen in der Hand, Bilder und Fahnen unterm Arm, Schals um den Hals. Sie warteten geduldig, bis sie ins Stadion gelassen wurden. Innerhalb einer Woche pilgerte eine Viertelmillion an die Anfield Road und baute das Stadion zu einem riesengroßen Schrein um – Schals, Mützen, Kränze, Blumengebinde, Fotos bedeckten die gesamte Heimkurve, den „Kop", und das halbe Spielfeld. Es war nicht Tand, der da abgeliefert wurde, nicht der Ersatzschal, sondern der,

Trauergaben im Liverpooler Stadion nach der Hillsborough-Katastrophe

den sie immer mitgenommen haben, und sie stellten nicht irgendein ausgeschnittenes Illustrierten-Foto auf den Rasen, sondern gerahmte und mit Originalautogrammen versehene Bilder, die Zierde ihrer Wohnzimmer. Die Fans brachten Opfer, und nirgendwann zuvor oder danach war die gesamte Bevölkerung der Stadt so eins mit dem Fußball-Klub.

Der Stadtrat unterstützte Fan-Gruppen, die verteilt in mehreren Vierteln spontan Büros und Läden einrichteten, um Geld zu sammeln und die Unterstützung für die Hinterbliebenen der Hillsborough-Katastrophe zu organisieren. Die alte Liverpooler Hymne „You'll never walk alone" von „Gerry and the Pacemakers" – in Liverpool vielleicht noch mehr verehrt als die Beatles, weil sie auf dem Höhepunkt ihres Ruhmes in den 60er Jahren nicht fortzogen, sondern „local lads" blieben – war in dieser Zeit populär wie kein anderer Song. Der Klub suspendierte alle Meisterschaftsspiele, die Spieler waren auf den vielen Beerdigungen zugegen, besuchten die Witwen, die Kinder, die Väter der erdrückten, zerquetschten Fans. Sie gingen in die Krankenhäuser, wo die Verletzten lagen; sie halfen aus mit Geld und bei der Bewältigung des alltäglichen Lebens der betroffenen Familien, kauften ein, brachten Geschenke, kümmerten sich um die Kinder. You'll never walk alone ...

Dalglish, der spröde, protestantisch-schottische Spielertrainer, war in Liverpool nicht von allen akzeptiert worden, aber nach Hillsborough zogen auch seine schärfsten Kritiker den Hut. In einem der damals höchsten Millionen-Deals im britischen Fußball nach Liverpool gekommen, zauberte er auf dem Spielfeld; seine Berufung zum Trainer stieß aber nicht auf ungeteiltes Wohlwollen. Er galt als harter Arbeiter, als Fußballfanatiker, aber nicht als einer, der auch mit Herz und Seele das vertrat, was für die Liverpudlians ihr Liverpool ist; erst nach Hillsborough sahen die Fans, daß auch für ihn der Fußball mehr ist als Maloche. Und so schlossen sie ihn ins Herz wie den populärsten Liverpooler Schotten aller Zeiten, Bill Shankly.

Shankly war es gewesen, der dem FC Liverpool just zu dem Zeitpunkt auf die Beine half, als die Stadt neue Hoffnung schöpfte. Über 200 Jahre lang war Liverpool das Tor zur Welt gewesen, die Scharnierstelle des Britischen Imperiums. Hier

Bill Shankly. Liverpools legendärer Trainer, der über sich selbst sagte: „Ich bin ein Mann des Volkes. Nur das Volk zählt. Man könnte mich einen Humanisten nennen.“

entstanden die ersten Docks, von hier aus wurden Kanäle gegraben zu den Industriezentren im Norden Englands, von hier nach Manchester wurden die ersten Eisenbahnschienen gelegt. Liverpools Kaufleute und Reeder wurden reich und mächtig durch den Handel mit Sklaven, Baumwolle, Industrieerzeugnissen; der Transatlantikverkehr machte Liverpool zum wichtigsten Emigrationshafen und gleichzeitig zum Anziehungspunkt für viele Arme und Hunderttausende hungernder Iren, die hofften, in den Docks das Geld für eine Überfahrt in die neue Welt zu verdienen. Viele schafften den Weg in die USA, viele aber kamen nicht weiter als bis in die Slums entlang der Scotland Road. Mit dem Zusammenbruch des Empires verlor die Hafenstadt jedoch zunehmend an Bedeutung; in den 50er und 60er Jahren verschlickten und versandeten die ersten Hafenbecken, die Zahl der Docker nahm rapide ab, die Arbeitslosigkeit – auch in den guten Zeiten immer doppelt so hoch wie der nationale Durchschnitt – kletterte auf 15, auf 20 Prozent.

Der Niedergang, nochmal beschleunigt durch den britischen EG-Beitritt, schien unaufhaltsam, als zu Beginn der 60er Jahre eine späte Industrialisierung einsetzte. Industriekonzerne wie Ford, British Leyland, General Motors begannen Zweigwerke aufzubauen; erstmals, so schien es, sollten die lange Zeit im Tagelohn beschäftigten Eisenbahner, Lastwagenfahrer, Hafenarbeiter und Seeleute einen festen Arbeitsplatz in der Industrie erhalten. Liverpool, die Stadt mit der großen Vergangenheit, blickte einer großen Zukunft entgegen. Der Boom dauerte nicht lange, aber er prägte eine Zeit, auf die heute viele wehmütig zurückblicken.

Damals lebte Liverpool, nein, es vibrierte, und der Stolz auf die Einzigartigkeit ihrer Stadt stand allen ins Gesicht geschrieben. Es war die Zeit der Beatles, die Zeit von Gerry and the Pacemakers und Hunderten von bekannten und unbekannten Fans. Pop- und Fußballkultur florierten miteinander; und selbst Kulturjournalisten begaben sich damals an die Anfield Road, um mitzuerleben, wie Zigtausende Beatles-Songs sangen und dabei manchmal die Texte veränderten. Die kreativste Menge, das ideenreichste Publikum des Landes stehe auf den Rängen an der Anfield Road, hieß es damals. Swinging London swingte in der Carnaby Street; in Liverpool, dem Original, swingte die ganze Stadt. Jetzt, zu Beginn der 90er Jahre, ist das alte Selbstvertrauen weg. Zwar gibt es immer noch eine lebendige Rockszene mit mehr Gruppen als je zuvor, auch die Literatur floriert, und jeder zweite britische Komiker kommt aus der Hafenstadt. Aber einzigartig sind heute nur noch das Ausmaß der sozialen Probleme und, natürlich, die beiden Fußballklubs, Liverpool und Everton.

Zumindest historisch haben die beiden viel gemein. Wo sich das Stadion des FC Liverpool erhebt, spielte vor 100 Jahren noch der FC Everton. Merseysides erster Fußballklub trennte sich 1892 im Streit von seinem Mäzen, dem konservativen protestantischen Brauereibesitzer und Orangeman John Houlding (es ging um eine Mieterhöhung für den Bolzplatz), und kaufte auf der anderen Seite des Stanley Parks ein Gelände, den Goodison Park. Dort spielen die Blauen noch heute. Mit Fußballplatz, aber ohne Team, gründete Houlding im gleichen Jahr den FC Liverpool und kaufte sich eine neue Mannschaft zusammen, zumeist Glasgower Iren aus beiden Religionsgemeinschaften. Der neue Klub errang neun Jahre nach der Gründung erstmals die englische Meisterschaft, stieg danach in die zweite Liga ab, schaffte 1906 wieder den Aufstieg und zugleich die Meisterschaft, holte 1922, 1923 und 1947 den Meistertitel, und versackte Mitte der 50er Jahre für längere Zeit in der Zweitklassigkeit.

Die Mannschaft unterschied bis dahin nichts von anderen nordenglischen Klubs; allesamt waren sie Arbeitervereine, die samstagnachmittags gegeneinander antraten, wenn die Arbeiter aus den Fabriken strömten. Ein durchschnittlicher Klub, mal oben, mal unten, und in den 50er Jahren ganz lange unten.

Dann kam der Schotte Bill Shankly, feuerte 24 Spieler, kaufte Gordon Milne, Ian St. John, Ron Yeats (Roger Hunt und Ian Callaghan hatte er schon) und formte aus einem mittelmäßigen, selbstgefälligen und trägen Haufen den Stolz der Liverpooler Arbeiterklasse. Shankly begründete den modernen FC Liverpool; hartes Training, gescheite Personalpolitik und Shanklys Fußballphilosophie brachten 1962 den Aufstieg und 1964 den Meistertitel. Bill Shankly stellte als erster Trainer der englischen Liga die Mannschaft von 4-2-4 auf 4-3-3 um, beendete das bis dahin so beliebte Kick-and-Rush, machte mit der Selbstverliebtheit einzelner Spieler Schluß und setzte stattdessen auf Teamwork, auf die schnelle Trennung vom Ball und auf Allround-Spieler. Aus einer Ansammlung mittelmäßiger Spieler wurde eine erstklassige Mannschaft.

Der Klub, zu dessen Heimspielen auch in Zweitligazeiten durchschnittlich 40.000 Zuschauer gekommen waren, spielte sich in die Herzen der Liverpudlians. Als es mit der örtlichen Ökonomie bergab ging, holte Shanklys Team 1966 wieder den Titel an den Mersey. Milne, Yeats, Hunt und St. John wurden zu Helden in einer Zeit, da die Liverpooler Docker lange und erfolglos gegen die Containerisierung ihrer Arbeit kämpften. Beim Pokalfinale 1965 schmetterten die Liverpudlians ein glückliches „God Save Our Gracious Team" in Richtung der königlichen Loge; der 35jährige Fußballfan Peter O'Sullivan taufte seine 1966 geborene Tochter Paula St. John Lawrence Lawler Byrne Strong Stevenson Callaghan Hunt Milne Smith Thompson Shankly Bennett Paisley O'Sullivan; und als der Pfarrer einer Stadtteilkirche das Schild „Was tätest du, wenn Jesus nach Liverpool käme" an seine Pforte hängte, war die Antwort schnell hingekritzelt: „Play St. John at inside-left" (St. John halblinks einsetzen).

Wesentlich für die Popularität in der ganzen Stadt war dabei auch, daß sich Liverpool und Everton nie mit einer der beiden Religionsgemeinschaften identifizierten (wie etwa Celtic und Rangers in Glasgow), auch wenn Everton in den 50er Jahren vor allem von Katholiken unterstützt wurde, weil zu diesem Zeitpunkt die Mannschaft vor allem aus Iren von der Republik bestand. Aber auch viele im Team, das 1965 für Liverpool den Pokal gewann, waren katholische Jungs aus der Stadt. Beide Klubs hatten Trainer, die eine protestantische Arbeitsethik durchsetzten, aber der Taufschein spielte keine Rolle bei den Spielern, die sie rekrutierten. So kommt es auch, daß sich bis heute die Fans beider Klubs problemlos verstehen und bei Lokalderbys einträchtig zusammensitzen. Beim Pokalfinale 1989 zwischen den beiden Klubs reisten die Liverpool- und Everton-Fans gemeinsam in den gleichen Zügen nach London.

Der Swing der 60er Jahre verebbte in den 70ern, als eine Fabrik nach der anderen ihre Tore schloß, die Arbeitslosenquote auf real 30 Prozent anstieg und die gesamte Region verarmte. In dieser Zeit der Hoffnungslosigkeit florierte nur ein Unternehmen, stürmten Shanklys Mannen, schaffte das Team unter Shanklys Nachfolgern Bob Paisley und Joe Fagan Meisterschaften und Pokalsiege in Folge. Seit 1973 holte der FC Liverpool elf Meistertitel, wurde siebenmal Zweiter, einmal (1981) Fünfter und 1992 Sechster. 1981 bis 1984 sicherte sich das Team viermal hintereinander den Liga-Cup; gewann 1974, 1986, 1989 und 1992 den Pokal der Football Association (FA) und siegte 1977, 1978, 1981 und 1984 im Europa-Cup der Landesmeister.

Bis zur Katastrophe im Brüsseler Heysel-Stadion 1985 war von einem Liverpooler „Hooliganism" nie die Rede; den haben die Medien erst in dieser Nacht des Europa-Cup-Finales gegen Juventus Turin entdeckt und danach zu finden versucht. Das Stadionende an der Walton Breck Road gilt zwar als berüchtigste Fan-Kurve in der englischen Liga, aber Vandalismus und Gewalttätigkeiten haben sich hier nie so stark entfaltet wie in anderen englischen Stadien. Die entschiedensten Liverpool-Supporters treffen sich im Kop, der eigentlich „Spion Kop" heißt und nach einem Hügel in Südafrika benannt wurde, auf dem die britischen Truppen während eines der Buren-Kriege so eng beisammenstanden, daß sie vom Gegner leicht niedergeschossen werden konnten. Sie stehen immer noch dicht beieinander, doch das Feuer kommt von ihnen, den Fans, deren bissiger Spott und grausamer Witz längst zur Legende wurde. Die Stufen ziehen, von stabilen Wellenbrechern unterteilt, vom Stadiondach bis hinter das Tor. Normalerweise stehen hier die Fans Schulter an Schulter, die hinteren drücken nach vorne, wenn der Ball in Strafraumnähe gelangt, die vorderen pressen dagegen, und so wogt die Menge treppauf, treppab.

Der Kop ist Arbeiter-Theater. Hier verfolgt das Publikum die Handlung auf dem Spielfeld und beobachtet sich selber bei der Beobachtung des Spiels, nimmt teil und quittiert die Vorführung je nach Qualität. Der Kop, denkt Bruce Grobbelaar, sei in der Regel für ein, zwei Tore gut. „Andere Teams kommen hier an und stöhnen: Wir können nicht gegen 13 Mann spielen." Grobbelaar, der als Liverpools Torwart manchmal gnadenlos daneben greift und in der nächsten Minute unerreichbare Bälle abwehrt, hat sich mit seinen Späßen und Ausflügen auf dem Feld in die Herzen der Liverpudlians gespielt. Ein Spieler mit Humor und Tatkraft zählt hier mehr als ein perfekter Goalie ohne Phantasie.

Die Fans erwarten Siege, aber sie wollen auch Spiele sehen. Und so nahmen sie es John Barnes im letzten Spiel der Saison 1989 nicht weiter übel, daß er sich in der 90. Minute mit dem Ball nach vorne kämpfte. Barnes hätte nur auf Zeit spielen müssen, und Liverpool wäre Meister geworden. Aber der flinke Stürmer taktierte nicht, verlor den Ball, und Titelkonkurrent Arsenal erzielte das alles entscheidende Tor. Der Kop applaudierte nach dem dramatischen Match beiden Mannschaften, den „Super-Reds" und den „Gunners" aus London.

So nett sind sie natürlich nicht immer. Liverpool gilt unter auswärtigen Hooligans als heißes Pflaster, auch wenn es in der Hafenstadt (im Unterschied etwa zu Chelsea oder Millwall) keine organisierten Rowdies gibt. Hier braucht es keine umherstreichenden Rabauken, die Zoff anzetteln, hier gibt es kollektiv eins auf die Mütze, wenn anreisende Hooligans versuchen sollten, das so beliebte Ritual einer Besetzung der Heimkurve zu probieren. Der Kop gehört den Liverpudlians – und die Attacken werden schon im Vorfeld abgewehrt. Im Stadion selber, das sagen

alle, habe es noch nie Trouble gegeben. Es geht rauh, aber freund-
schaftlich zu. In den 70er Jahren, als der Klub noch alle Zahlungs-
willige ins Stadion preßte, war selbst in der Halbzeit-Pause ein
Toilettenbesuch ausgeschlossen. Pinkel' doch in die Hosentasche
deines Vordermannes, hieß es damals. Aber der merkt das doch!
Ach was, du hast doch auch nichts bemerkt, ging der Witz weiter.
Damals nannte man den Kop auch: die Stadionrunde der war-
men Beine. Heute gibt es diesen Beinamen nicht mehr, der Klub-
vorstand hat die sanitären Anlagen ausgebaut.

Den rauhen Umgangston, den die Fans und auch die Spieler
untereinander pflegen, gehört zum Macho-Image, das diesem
Sport anhängt; die grobe Herzlichkeit beschränkt sich jedoch auf
die Weißen im Stadion und auf dem Spielfeld. So solidarisch die
Liverpooler Arbeiterklasse in ihrer Geschichte oft war und sein
mußte, so rassistisch ist sie im Umgang mit den ethnischen Min-
derheiten. Auch wenn ganz Liverpool als fußballverrückt gilt –
im Stadion finden sich nur wenige aus dem Stadtbezirk Nummer
8, in dem ein großer Teil der schwarzen Bevölkerung wohnt. In
diesem Bezirk, der auch das Viertel Toxteth umfaßt, wo es 1981
zu von der (weißen) Polizei provozierten Unruhen gekommen
war, gibt es genug Fußballfanatiker, aber viele haben es nach kurzer Zeit aufgegeben, ihre Mannschaft von den Rängen des Kop
zu unterstützen. Sie waren es bald leid, sich bei jedem Stadionbe-
such körperlich verteidigen zu müssen und nach Spielende von
Leuten gejagt zu werden, die der gleichen Mannschaft zugejubelt
hatten wie sie. Der Rassismus auf den Rängen ist subtiler geworden im letzten Jahrzehnt, nicht mehr so offen, aber die schwarzen
Fans müssen weiterhin auf der Hut sein.

Die Personalpolitik des Unternehmens FC Liverpool hat diesem Rassismus lange Zeit Vorschub geleistet. Zu einer Zeit, als
andere Clubs wie etwa Liverpools Erzrivalen in Manchester
längst schwarze Kids trainierten, nahmen die erzkonservativen
Manager und Direktoren an der Anfield Road nur dann
Schwarze in ihren Jugendkader auf, wenn diese in den Hunderten von Schul- und Freizeitmannschaften als absolute Fußballgenies hervorgetreten waren – und auch dann überließen sie die
Jungs den offen rassistischen Attacken ihrer Kollegen. Viele gute
junge Spieler schwarzer Hautfarbe haben es gar nicht erst ver-

sucht oder schnell wieder aufgegeben, andere kämpften sich durch wie Howard Gayle aus Liverpool, der erste Schwarze, der (1977) einen Profi-Vertrag bei den „Reds" bekam. Gayle trat jedoch kaum in Erscheinung, er blieb einer der besten Kicker, die jemals auf die Ersatzbank verbannt blieben, wurde nur bei wenigen Spiele eingesetzt und wechselte frustriert den Klub. Er kam nicht nur deswegen nicht zum Zuge, weil er schwarz war, sondern weil er den Rassismus der Spielerkollegen und des Klubs nicht einfach hinnahm. Sein Selbstbewußtsein als Liverpudlian und als Schwarzer, seine Entschlossenheit, Feindseligkeiten nicht zu überhören, sondern ihnen zu begegnen, machten ihn nicht gerade zum Freund aller.

John Barnes, Sohn eines konservativen jamaikanischen Offiziers, kam mit den chauvinistischen, rassistischen und nationalistischen Instinkten auf und neben dem Spielfeld besser zurecht. Er war (und ist) ein exzellenter Stürmer, der den Ball wie kaum ein zweiter behandeln konnte – das half ihm sicherlich. Aber er war auch einer, der den Rassismus von den Rängen und im Team hinnahm, der nicht aufbegehrte, wenn rassistische Witze erzählt wurden, und selber Sprüche klopfte. Er beachtete die Bananen, mit denen der Kop ihm, dem „schwarzen Affen", zuwinkte genau so wenig wie Beleidigungen von den Rängen. Dave Hill erzählt in seinem exzellenten Buch „Out of His Skin. The John Barnes Phenomenon" (London 1989) eine Geschichte, die inzwischen zu einem festen Bestandteil der Liverpooler Folklore wurde. Als der FC erstmals mit einem schwarzen Spieler im Anfield-Stadion gegen eine andere Mannschaft mit ebenfalls einem Schwarzen spielte, gellte in einer ruhigen Minute eine Stimme durch den Kop: „Get that black bastard!" Kurz danach war eine zweite Stimme zu hören: „Welchen denn? Den unseren oder den anderen?" Barnes, einer der wenigen Schwarzen im Land, die vor der Unterhauswahl im April 1992 ihre Unterstützung für die Tory-Partei erklärten, machte seine Karriere in Liverpool – er wurde der „gute Neger", der Flankenmeister und Dribbelkünstler, der halt eine schwarze Hautfarbe hatte.

Dabei hat Liverpool im Gegensatz zu anderen englischen Großstädten wie beispielsweise London, wo sich erst in den 60er Jahren Schwarze aus der Karibik aufgrund der Anwerbungen der

Londoner Transportbetriebe niederließen, seit 200 Jahren eine Black Community. Liverpooler Kaufleute bedienten sich der Sklaven, die sie verschacherten. Der Hafen wurde bald zum Schmelztiegel; Juden aus Osteuropa siedelten in den Hafenbezirken, Chinesen bauten die erste englische China Town auf, über ein Viertel der Bevölkerung blickt auf eine irische Herkunft zurück – die vielen Wurzeln und Abstammungen kennzeichnen Liverpool noch heute.

Dazu kommt, daß jede Familie einen Sohn, einen Bruder, einen Onkel hatte, der zur See fuhr, in der Bevölkerung mithin die Haltung von Seeleuten vorherrscht, die nie wissen, was der morgige Tag bringt. Lieber heute leben als auf morgen warten, lieber das Geld jetzt auf den Kopf hauen als für eine ungewisse Zukunft sparen, wer weiß, ob nicht das Schiff oder die Welt untergeht. Diese Haltung wurde verstärkt durch das Tagelohnsystem in und um die Docks und die Betriebspolitik der Unternehmen, die genauso schnell feuern wie sie heuern. Nichts ist garantiert. Und so kratzen die Fans ihre letzten Pennys Stütze zusammen, um sich ein Ticket fürs Heimspiel kaufen zu können, feiern die Erfolge, wenn sie eintreten, und sind auch nicht zutiefst betrübt, wenn sie ausbleiben – Hauptsache, es wurde ihnen was geboten.

„Liverpool ist anders", sagt Rogan Taylor, einer vom Kop. „Die Stadt hat ihre Eigenart, und die Menschen sind was Besonderes. Ich bin 14 Jahre lang zu Spielen des FC ins Ausland gefahren, und wenn mich da jemand fragte, woher ich komme, habe ich nie 'England' gesagt, sondern immer 'Liverpool'." Als alle den politischen Liberalismus für endgültig tot erklärten, entstand dieser neu – in Liverpool. Als im ganzen Land immer mehr WählerInnen für Margaret Thatcher votierten, versanken die Konservativen in der Bedeutungslosigkeit – in Liverpool. Als alle Labour-Städte Thatchers Sozialabbau hinnahmen, kämpfte ein Stadtrat vehement bis zum Letzten – der von Liverpool. Über Jahrzehnte hinweg das gleiche Muster: Was auch immer landesweit als Trend galt – im Nordwesten ging's in die andere Richtung. Nur im Fußball kam es zu keinen Wechselspielen, mit dem FC Everton und dem FC Liverpool waren die Liverpudlians einfach immer vorn. Die Teams stifteten Identität, vermittelten ein Gefühl von Bedeutung, von Erfolg, von Sieg.

Die permanente Opposition, der Hang zum Widerspruch, die schon sprichwörtliche Liverpooler Aufsässigkeit waren es auch, die drei Liverpudlians nach Heysel in einem Wohnzimmer zusammenführten. Aus ihrer Kritik an der UEFA-Politik, an den Unternehmensstrategien der Klubs und der ständigen Mißachtung der Fans, einem Leserbrief an den „Guardian" und einem Fernsehauftritt entstand die „Football Supporters' Association" (FSA), eine basisdemokratische, kritische Fan-Bewegung, die innerhalb weniger Jahre im englischen Fußball mehr bewegt hat als alle kluborientierten Fangesellschaften in den letzten 50 Jahren. Die FSA (und die vielen Fanzines, die Ende der 80er Jahre überall aus dem Boden schossen) haben viel dazu beigetragen, daß die Fußballgewaltigen, die Politiker und die Klubdirektoren zumindest teilweise ihre Politik korrigierten und die Fans nicht mehr als letzten Dreck behandeln. Der FSA ist auch zuzuschreiben, daß das Thema Rassismus auch auf den Rängen diskutiert wurde.

„Die Solidarität war hier immer schon wichtig, ohne Solidarität hätten die Tagelöhner der Docks nie Rechte erstreiten können", sagt Steve Heighway, der vor 15 Jahren mit seinen Flankenläufen die stärksten Verteidigungsketten der kontinentalen Superteams knackte und jetzt Liverpools Jugendtrainer ist. „Und so ist es heute noch: 'Wir lassen den Klub nicht im Stich', sagten früher die Väter zu ihren Söhnen, die jetzt wiederum ihre Söhne mitnehmen. Hier gibt es einen starken Zusammenhalt. Die Leute sahen in Bill Shankly einen der ihren und betrachteten Kenny Dalglish als Kumpel. Diese Tradition hat auch den Hooliganismus weitgehend verhindert." Steve Heighway steckt viel Zeit und Energie in seine Arbeit. Nach einer kurzen Stippvisite in den USA ist er nach Merseyside zurückgekehrt, weil es „hier noch eine Loyalität der Fans" gibt. „Die Leute glauben heute noch, daß sie unmittelbar zu unseren europäischen Erfolgen beigetragen haben." 1977 beispielsweise waren Tausende nach Rom gereist, um Liverpool gegen Borussia Mönchen-Gladbach im Europa-Cup-Finale zu erleben. „Wenn ich heute durch die Straßen gehe, sagen die Leute nicht 'Hallo', sondern 'Hey, ich war 1977 mit dabei.' Die sehen sich nicht nur als Fans, nicht nur als Zuschauer. Die glauben tatsächlich, sie hätten direkt zum Erfolg des Klubs beigetragen. Und irgendwie stimmt das auch."

Pit Wuhrer ist freier Journalist und lebt in Konstanz.
Buchveröffentlichungen u.a. „Die Freiheit ist zäh und stirbt endlos.
Liverpool – über die Zerstörung einer Region", Berlin 1983; „Sie nennen
es Trouble. Nordirland. Reportagen und Geschichten aus einem Krieg",
Zürich 1989

»FOR THE GOOD OF THE GAME«

SPIELERGEWERKSCHAFTEN
IN ENGLAND UND DEUTSCHLAND

Den Anspruch von Profi-Fußballern auf gewerkschaftliche Organisation empfinden nicht wenige als anmaßend. Was über die vermeintlichen Spitzengehälter leicht vergessen wird: Der Verteilungskampf zwischen den nationalen Verbänden, den Klubs und den Spielern um die im Fußball-Business zu vergebenden Finanzen – z.B. die TV-Gelder – ist real. Wollen die Spieler hier einigermaßen mithalten, ist eine eigenständige Interessenorganisierung unabdingbar. Ansonsten werden die Klubs und Verbände den Anteil der Kicker bestimmen, wenngleich es deren Darbietungen sind, die die Gelder fließen lassen.

Vor allem aber: die Masse der Profis sind keine Möllers, „keine Angehörigen jener kleinen, exquisiten Klasse innerhalb der Profikickergesellschaft, die Volkshelden für Samstagnachmittage sind und noch am selben Fernsehabend in bunten Sponsorenpullovern auf Torwände schießen."[1] Die Masse der Profis ist „Durchschnitt", und die Mehrheit dieses „Durchschnitts" kickt auch nicht in der 1. Liga. Ihr Jahreseinkommen bewegt sich deutlich unter den 500.000 bis 1,2 Millionen DM, die die Top-Kicker der Bundesliga einstecken. Gerhard Kleppinger, in der 1. Liga u.a. bei Dortmund und Uerdingen aktiv, heute beim Zweitligisten Darmstadt 98: „Es schwirren immer nur Zahlen herum von zwei- bis fünfhunderttausend und dann noch die Millionen von den Italienern. Klar, die gibt es auch. Aber daß der große Teil nicht soviel verdient, das wird nie geschrieben, und das will auch keiner lesen."[2]

Die Klassenunterschiede werden immer größer, da immer mehr Klubs zu leistungsbezogenen Verträgen übergehen. Das Gros der Kicker hat nach zehn bis 15 Jahren Profifußball keineswegs für den Rest des Lebens ausgesorgt, sondern bestenfalls eine gewisse Grundlage geschaffen, auf der sich vielleicht eine neue berufliche Existenz aufbauen läßt. Da diese jedoch in der Regel im freiberuflichen Bereich liegt, kann die Sache auch in die Hose gehen. Was dann bleibt, sind zehn bis 15 aufregende Jahre, in denen der Fußball für den Lebensunterhalt gesorgt hat, aber eine höchst ungewisse Zukunft; ohne Berufsausbildung oder aber mit einem Beruf, den man niemals richtig ausgeübt hat. Da ist man dann auf persönliche Kontakte angewiesen, etwa auf den Versicherungskaufmann, der es ganz schick findet, in seinem Laden einen Ex-Profi zu beschäftigen. Aufgrund seines kurzen Berufslebens hat der Profi also in relativ kurzer Zeit relativ viel Geld anzuhäufen, um damit sein zweites Berufsleben nach dem Fußball aufzubauen, oder aber andere Formen der Sicherheit zu erkämpfen. Hierzu bedarf es jedoch einer authentischen Interessenvertretung, die seine Probleme kennt.

Ein anderes Problem ist der Status des Profis als „wohldotierter Sklave", der zwar gut verdient, indes seinen Arbeitsplatz nicht selbst wählen darf. Die Transferrechte liegen bei den Klubs oder – noch schlimmer – bei Banken und Privatpersonen (was in Deutschland mittlerweile für ca. 50% aller Profis zutreffen soll). Die bestimmen darüber, ob der Spieler den Verein verlassen darf, und wenn ja: zu welchen Konditionen und in welche Richtung. Der Spieler wird somit zur „mobilen Immobilie". Das Übelste auf diesem Markt ist das sogenannte „Ommer Modell", benannt nach seinem Erfinder Manfred Ommer. Über private Anleger beschafft Ommer einem Klub das nötige Geld, um einen Spieler zu erwerben. Er kassiert festgeschriebene Zinsen und partizipiert am Mehrerlös bei einem Weiterverkauf des Spielers. Solche Geschäfte lohnen sich insbesondere mit Kickern aus der traditionellen und der neuen Dritten Welt, die für vergleichsweise geringe Summen nach Deutschland kommen. Den Polen Andrej Buncol finanzierte Ommer 1986 „für etwas mehr als 300.000 Mark" für den FC Homburg. Ein Jahr später wechselte Buncol für 1,5 Millionen nach Leverkusen. Über seinen Gewinnanteil schweigt Ommer, wie er überhaupt bestreitet, Transferrechte an Spielern zu besitzen. „So entzieht er sich dem Zugriff des DFB. Dieser sieht in seinen Satzungen zwar vor, daß Vereine die Rechte an einen Dritten abtreten können, allerdings nur dann, wenn dieser nicht an Transferüberschüssen beteiligt wird."[3]

Einer, der in Ommers Fußstapfen wandelt, ist der vermeintliche Schalke-Gönner Günther Eichberg. Eichberg bürgt bei der Schalker Hausbank für Kredite, mit der die Marketing GmbH des Klubs Transfers tätigt. Betreffende Spieler werden dann Eichberg mit schuldenbefreiender Wirkung geschenkt.

Mehr und mehr Stars gelingt es immerhin, eine Beteiligung an den Transfererlösen durchzusetzen. Eine freie Wahl des Arbeitsplatzes bedeutet dies trotzdem in der Regel nicht, weshalb man sich – wie in den Fällen Möller und Helmer – zu allerlei Tricksereien genötigt sieht, die das Ansehen der Profis in der – bei allen Schlagzeilen letztendlich doch uninformierten – Öffentlichkeit nicht gerade verbessern. Jeder Gottschalk darf den Sender wechseln, ohne daß sein neuer Arbeitgeber ihn deshalb freikaufen muß und ohne daß die Öffentlichkeit ihn der Geldgier bezichtigt. Aber im Fußball sieht dies anders aus. Als der 1. FC Köln Thomas Häßler für 15,5 Millionen DM nach Italien verkaufte, konnte der kleine Kicker immerhin 2,4 Millionen in die eigene Tasche stecken. Allerdings durfte Häßler nicht zu seinem Wunschklub AS Rom gehen, da die Römer den Domstädtern zu wenig geboten hatten, sondern mußte das Trikot von Juventus Turin überstreifen. Wie erwartet, kam Häßler in Turin nicht zurecht.

Die Probleme, die ein Transfer mit sich bringt, haben einige Profis dazu veranlaßt, in den Vertrag eine Obergrenze für ihren „Verkaufspreis" hineinschreiben zu lassen. Der Wechsel soll nicht an überzogenen Forderungen des bisherigen Klubs scheitern. Allerdings besteht diese Möglichkeit in der Regel nur für Spieler, die für den Klub so wichtig sind, daß sich das Management auf eine solche ungeliebte Klausel einläßt.

Last but not least verstehen sich Fußball-Gewerkschaften als Alternative zum dubiosen Metier der Spielervermittler und -manager, denen sich gerade junge und in geschäftlichen Dingen unerfahrene Spieler anvertrauen. Das Glück eines Jürgen Klinsmann, der „langsam in den Fußball hineingewachsen" ist und „so gelernt hat", sich „in diesem Dschungel zu behaupten", haben nur wenige.[4] Normalerweise läuft alles viel zu schnell. Am schlimmsten ergeht es in der Bundesliga den schwarzen Kickern aus Afrika, die das Dasein von Leibeigenen fristen. Der Frankfurter

Stürmerstar Anthony Yeboah unterschrieb beispielsweise eine Vereinbarung, derzufolge er eine Strafe von 500.000 DM zu zahlen hat, sollte er sich den Anordnungen seiner Manager widersetzen. An seinem Wechsel von Saarbrücken nach Frankfurt, von dem Yeboah, der eigentlich an der Saar bleiben wollte, im „Hauruckverfahren" („Spiegel") überzeugt wurde, sollen seine Manager in etwa die gleiche Summe verdient haben. Für Dr. Stefan Lottermann von der *Vereinigung der Vertragsfußballspieler e.V. (VdV)* sind viele derartige Verträge, die in kompliziertem Geschäftsenglisch oder gar nur in Deutsch abgefaßt sind, „Knebelverträge", mit denen die Spieler „verraten und verkauft" würden.[5]

Der Kritik an Interessenvertretungen von Fußball-Profis liegt letztlich die elitäre Auffassung zugrunde, daß Fußballer eigentlich doof sind, dafür aber verdammt viel Geld verdienen. Folglich sollen sie gefälligst ihr Maul halten und zufrieden sein. Das gleiche Publikum regt sich allerdings niemals etwa über einen Opern-Star auf, der 30.000 DM und mehr pro Abend kassiert, da man befürchtet, ansonsten als Kunstbanause angesehen zu werden. Es gibt keine überbezahlten Profis, jedenfalls nicht im Verhältnis zu anderen Akteuren der Unterhaltungsbranche, deren Karriere zudem gewöhnlich länger dauert. Die Behauptung von den „überbezahlten Profis" basiert entweder auf elitärem Denken oder aber auf Ignoranz gegenüber der Branche und deren Problemen.

Selbstverständlich sind Fußball-Gewerkschaften ungleich mehr noch als „normale" Gewerkschaften sehr heterogene Organisationen. Dies ergibt sich allein schon aus den erheblichen Gehaltsunterschieden. Die einen sind selbstbewußte Unternehmer, die einen noch größeren (persönlichen) Anteil am zu verteilenden Kuchen, ihre Anerkennung als Stars der Unterhaltungsbranche und ihrem Reichtum entsprechende „politische Freiheiten" erkämpfen wollen. Den anderen – und dies ist die Masse – geht es „nur" um eine langfristige Existenzsicherung.

Dennoch herrscht in den Grundfragen – z.B. das Ablöse- und Transfersystem betreffend – weitgehend Übereinstimmung. Die Frage der langfristigen Existenzsicherung bewegt die Fußball-Millionäre natürlich bei weitem nicht so stark wie die „Durchschnitts-Profis". Aber eine gemeinsame Organisation kann dafür sorgen, daß die Erfolge im Verteilungskampf um die zu vergebenden finanziellen Ressourcen allen Kickern zugute kommen.

Die Heterogenität der Mitgliedschaft bringt allerdings oft genug ihre Probleme, wie die Instrumentalisierung der VdV durch den als Abzocker berüchtigten Möller-Berater Gerster gezeigt hat. Als VdV-Mitglied hatte Möller ein Recht auf juristischen Beistand, um den gewünschten Arbeitsplatz zu erreichen. Die VdV muß ungeliebte Stars und unbekannte 2. Liga-Profis gleich behandeln. Die Polemik, mit der die Medien die VdV für ihre Möller-Unterstützung überschütteten, war daher völlig fehl am Platz.

Die Existenz von Fußball-Gewerkschaften ist sicherlich auch eine Folge der restlosen Auflösung des Loyalitätsverhältnisses zwischen Klub und Spielern. Die Zeit der Patronate, wo fußballverrückte Gönner sich um das Wohl ihrer Kicker auch außerhalb des Spielfelds und jenseits der Fußballkarriere kümmerten, anstatt sie als Angestellte zu begreifen, deren Position bei nächster Gelegenheit durch einen besseren Akteur zu besetzen ist, gehört der Vergangenheit an. Es dominiert die coole Geschäftsbeziehung mit getrennten Interessenorganisationen.

Im folgenden sollen zwei europäische Fußball-Gewerkschaften vorgestellt werden: die traditionsreiche englische PFA und die erheblich jüngere deutsche VdV.

THE PROFESSIONAL FOOTBALLERS' ASSOCIATION

Die älteste und renommierteste Fußball-Gewerkschaft Europas ist die englische *Professional Footballers' Association (PFA),* der zur Zeit alle ca. 2.000 Spieler der 92 Klubs der 1., 2., 3. und 4. Division angehören.

1893 führte die englische „The League" das Transfer- und Ablösesystem ein. Bis dahin stand es dem Profi frei, sich zu verdingen, für wen er wollte. Nun aber konnte er zwar nach Ablauf seines Vertrages kündigen bzw. eine neue Unterschrift verweigern. Aber für einen Vereinswechsel benötigte er die Zustimmung seines bisherigen Klubs, der außerdem für ihn eine Ablösesumme verlangen konnte. Für die Stars unter den Profis bedeutete diese Regelung weniger Probleme als für die „normalen" Profis. Denn für die Stars fand sich leichter jemand, der bereit war, den Ablöseforderungen nachzukommen.

Das Transfer- und Ablösesystem sollte verhindern, daß kleinere Klubs ihre Asse, die sie womöglich selbst herangezogen hatten, an sportlich und finanziell überlegene Klubs verlieren würden, ohne hierfür eine Entschädigung zu erhalten. Die Ablösesumme sollte dem geschädigten Klub ermöglichen, sich adäquaten Ersatz zu besorgen. Im Verhältnis von Profi- zu Amateurklubs mag diese Regelung auch heute noch ihren Sinn haben. Genau betrachtet werden hier sogar oft viel zu geringe Summen bezahlt. Im Verhältnis von Profi- zu Profiklubs, die sich selbst immer mehr als Firmen verstehen und ihre Kicker wie Angestellte halten, bedeutet die Ablösesumme indes „eine Möglichkeit der Knebelung und Unterwerfung, die weder menschlich noch juristisch vertretbar oder erklärbar ist. (...) Jedenfalls widerspricht es den Begriffen von Freiheit, Humanität, Moral und Sittlichkeit, daß der eine Klub, will er einen Spieler des anderen Klubs verpflichten, dafür eine Kaufsumme zu zahlen hat."[6]

Nach der Einführung des Transfer- und Ablösesystems begannen die Spieler darüber nachzudenken, wie sie, die zum lebenden Teil des Klubinventars degradiert worden waren, ihre Interessen besser verteidigen könnten. 1899 wurde in England die erste Fußball-Gewerkschaft gegründet, die jedoch zunächst nur wenig Zulauf erhielt. 1907 konstituierte sich dann in Manchester die PFA.

Der harte Kern der Gewerkschaft waren die Spieler Manchester Unites. Die PFA schloß sich der *General Federation of Trade Unions (GFTU)* an, was den englischen Fußballverband (Football Association/FA) auf die Barrikaden brachte. Denn Mitgliedschaft in der GFTU bedeutete, daß sich die Profis mit der Industriearbeiterschaft vereinigten, den Fußball lediglich als einen weiteren Industriezweig betrachteten und sich selbst als Arbeiter. Dies stand der aristokratischen Ideologie der FA diametral entgegen: „The FA was seeking a declaration of principle from the players; an acknowledgement that they were different; that football was a special world governed by men possessing ancient and benevolent wisdom."[7]

Fahne der Professional Footballers' Association (PFA)

Mitgliedschaft in der GFTU beinhaltete zudem die Möglichkeit von Solidaritätsstreiks der Profifußballer mit anderen Sektoren der englischen Arbeiterschaft – eine für die Regierenden im englischen Fußball grauenvolle Aussicht. Und außerdem: Wenn man schon mit den Kickern über Löhne etc. verhandeln mußte, was schon schlimm genug war, dann bitte mit diesen alleine und nicht mit einer PFA, die durch die GFTU verstärkt, wenn nicht gar gelenkt wurde.

Das Verhältnis der PFA zur GFTU war allerdings auch unter den Spielern selbst umstritten. Die stärksten Befürworter einer Integration in die englische Gewerkschaftsbewegung und des „unionism" waren die Spieler Manchester Uniteds, denen deshalb vom Verband das Gehalt gesperrt wurde. Die Gegner fanden sich vor allem bei den Nationalspielern, also dort, wo der Einfluß der FA am größten und das gentlemen-Element noch am stärksten vertreten war.

Eine Abstimmung unter den PFA-Mitgliedern entschied schließlich mit 470 zu 172 Stimmen gegen eine GFTU-Mitgliedschaft. Die PFA verabschiedete eine Resolution, in der sie der Gewerkschaftsbewegung für deren Unterstützung dankte, und die FA hob die Suspendierung der Manchester United-Spieler auf und zahlte ihnen ihre ausstehenden Gehälter. Das schottische Pendant zur PFA ist hingegen noch heute Mitglied der dortigen Gewerkschaftsbewegung und gilt deshalb als „politischer".

1961 erreichte die PFA die Abschaffung der Gehaltsobergrenze. Bis dahin durften die Profis während der Saison nicht mehr als 20 Pfund pro Woche verdienen. Für die Sommerpause lautete die Obergrenze 17 Pfund die Woche. 1963 konnte die PFA immerhin eine Reform des Transfer- und Ablösesystems erwirken, dessen vollständige Abschaffung indes noch aussteht.

Für die ökonomischen Probleme des Fußballs wird gemeinhin die Entwicklung bei den Spielergehältern verantwortlich gemacht. Die Maßlosigkeit der Profis würde die Klubs in den Ruin treiben. Der Industriehistoriker Braham Dabscheck hat jedoch für England nachgewiesen, daß der Anteil der Spielergehälter am gesamten Einkommen des Profifußballs für die Jahre 1981, 1982 und 1983 lediglich um 3% über dem der Jahre 1955/ 56 und 1965/66 lag, sich somit über einen Zeitraum von mehr als 20 Jahren – trotz der Abschaffung der Gehaltsobergrenze – nur geringfügig verändert hat.[8]

Das Gros der Profis bezieht also unverändert eher bescheidene Einkommen. 1981 verdienten nur acht Spieler mehr als 50.000 Pfund, 1985 waren es auch erst 45. Für die meisten Spieler fielen die Gehaltssteigerungen in diesem Zeitraum weit geringer aus als vielfach angenommen. Benno Möhlmann, Präsident der VdV, kommt für den deutschen Fußball zu einem ähnlichen Ergebnis: „Die Spielergehälter sind im Vergleich zu den Ablösesummen kaum gestiegen, wenn man zugrundelegt, was in anderen Branchen und Spitzensportbereichen gezahlt wird. Wenn ein Spieler der hohen Leistungsklasse so um die 800.000 Mark im Jahr verdient, dann ist das nicht viel, denn der Verein erhöht dadurch seine Attraktivität, bekommt vielleicht mehr Werbeeinnahmen durch den Star. Wenn man dann sieht, daß die Masse der Spieler so zwischen 100.000 und 200.000 Mark pro Jahr verdient, dann kann man sicher nicht davon sprechen, daß dieser Berufsstand überbezahlt ist."[9]

Die PFA hat zum Allgemeinwohl des englischen Fußballs sicherlich mehr beigetragen als dessen andere Institutionen, die League und die FA. In ihrem Kampf um den Erhalt von Arbeitsplätzen im Profifußball nimmt die PFA gerade auch die Interessen der kleinen Profiklubs wahr. Sie drohen bei der zunehmenden Polarisierung und im thatcheristischen „Reinigungsprozeß", an dessen Ende nur noch „gesunde" Vereine stehen sollen, unterzugehen (vgl. dazu den Beitrag „Fans, VIP's und Finanzhaie").

Die PFA übernahm schon mal die Gehaltszahlungen oder verlieh Geld, um Klubs vor dem Ruin zu bewahren. Beim TV-Deal von 1988 stimmte die PFA einer Halbierung ihres Anteils von 10% auf 5% zu, um ein Auseinanderbrechen der vier Profidivisionen zu verhindern. Die Großen des Geschäfts sind immer weniger dazu bereit, mit den Kleinen zu teilen. Die Philosophie vom „gemeinsamen Haus" des Profifußballs, die der League einst zugrundelag, wird heute nur noch durch die PFA repräsentiert.

Im Gegensatz zu den Großen und Reichen der League und der FA akzeptiert die PFA, daß die Faszination des Spiels auch und gerade darin besteht, daß kleine Klubs wie Swansea, Norwich oder Northampton ebenfalls mal ins Oberhaus gelangen können. „Little teams living in hope. To disqualify them from that hope is to begin the end of football."[10]

Desweiteren teilt die PFA die Auffassung der Fans vom Recht auf ein „local team", d.h. einer möglichst breiten Streuung des Profi-Fußballs, und wendet sich damit gegen die thatcheristischen Gesundschrumpfungsideologen in der League und der FA. PFA-Sekretär Gordon Taylor, der als Aktiver u.a. bei Bolton Wanderers, Birmingham City und Blackburn Rovers unter Vertrag stand: „The League believes in natural wastage, whereas we think that clubs have a debt to stay in existence."[11]

Aufgrund des enormen gesellschaftlichen Stellenwertes des englischen Fußballs ist der Zustand des „local team" von erheblicher Bedeutung für die lokale Moral. Bei hoher Arbeitslosigkeit und weit verbreiteter sozialer Verzweiflung ist ein funktionierender Fußballklub in der League (das bloße Funktionieren ist fast wichtiger als das konkrete sportliche Abschneiden) oft das einzige, was der lokalen community bleibt, um ihre Moral aufzupäppeln. In den Worten eines (weiblichen!) Fans des vom Bankrott bedrohten Drittdivisionärs Northampton Town: „A town this size needs a football club. A town this size without a professional football team – it would be the end."[12]

So begleitet die PFA auch die Formierung der *Premier League* mit großer Skepsis. Faktisch bedeutet deren Einrichtung die Abkoppelung der 1. Division von den restlichen drei Divisionen. Die Premier League, auch Resultat der einst klassenmäßig bestimmten Konkurrenz zwischen League und FA um die Hegemonie im englischen Fußball, die der Verband mittels der neuen Liga zurückzuerobern gedenkt, wird über eine separate Verwaltung verfügen. Die finanzielle Kluft zwischen den Großen und den Kleinen wird sich weiter vertiefen.

Vor diesem Hintergrund wie aufgrund einer weiteren Zunahme bei den TV-Geldern (1992/93 sind ca. 50 Millionen zu vergeben) forderte die PFA im Frühjahr 1992 eine Erhöhung ihres Anteils auf 10%.

Sir John Quinton, Direktor des 1. Division/Premier League-Sponsors Barclays Bank und Vorsitzender der neuen Liga, antwortete mit einem kategorischen Nein. Daraufhin drohte die PFA mit Streikaktionen. Den Auftakt sollte das Rumbelows Cup-Finale (= Liga-Cup, nach der Meisterschaft und dem FA-Cup der wichtigste nationale Wettbewerb) bilden. Nicht weniger als 94% ihrer ca. 2.000 Mitglieder, unter denen sich sowohl Spieler mit einem Jahreseinkommen von mehr als 200.000 Pfund wie welche mit einem Zehntel davon befinden, hatten dieses Vorgehen in einer Abstimmung gebilligt. Wäre es zum Streik gekommen, wäre es in erster Linie eine Kampfmaßnahme der Spieler der 1. Division zugunsten ihrer Kollegen in den unteren Profiklassen gewesen. Offensichtlich hatten auch die gut dotierten Profis nicht vergessen, wo viele von ihnen ihre Karriere einst begonnen hatten, und wo viele von ihnen eines Tages auch wieder enden werden.

Ende April 1992 konnten sich die PFA und Premier League doch noch einigen. Die Einigung sieht u.a. vor, daß die PFA alle Einnahmen aus dem TV-Geschäft, die zwischen 1,5 und 2 Millionen Pfund liegen, sowie 50% der Einnahmen jenseits der 2 Millionen-Grenze für die Verbesserung der sozialen Absicherung der Spieler verwendet und somit den Premier League-Klubs bei der

Kosteneinsparung hilft. Die PFA kommt also auch für Aufgaben auf, die eigentlich in den Verantwortungsbereich eines Arbeitgebers gehören.

Ihre Einnahmen investiert die PFA bislang u.a. in Projekte wie das *Community Programme in Professional Football*, das dem Ansehen des gesamten Fußballs zugute kommt und von „tea dances" für Pensionäre bis zu Fußball-Sommerschulen (unter der Anleitung von Profis) für Kinder reicht, und die *Footballers Further Education & Vocational Training Society Limited*. Letzteres trägt die PFA gemeinsam mit der League und der FA. Dies dokumentiert das korporativistische Selbstverständnis der PFA-Führung, demzufolge es ihr nicht nur um das Wohl der Spieler, sondern des gesamten Fußballsystems geht. Das ist der Grund, weshalb sie eine engere Kooperation zwischen den drei Institutionen des nationalen Fußballs anstrebt. Das gemeinsame Projekt fördert u.a. „Umschulungsprogramme" für Ex-Profis, die in der Regel vor allem von Spielern aus den unteren Divisionen in Anspruch genommen werden. Außerdem kommt die PFA für die medizinische Versorgung verletzter Profis auf und übernimmt die Unterstützung von Mitgliedern, die über Nacht ohne Vertrag sind. Angesichts des drohenden Bankrotts einiger Dritt- und Viertdivisionäre dürften hier noch einige Lasten auf die PFA zukommen.

Die PFA thematisiert auch den Rassismus in den englischen Liga-Stadien, laut Brendan Batson, hinter Gordon Taylor der zweite Mann der Organisation, der Hauptgrund, warum so wenig Schwarze die Eingangstore passieren, obwohl die Zahl der schwarzen Spieler in den letzten Jahren stetig zugenommen hat. Batson, ein ehemaliger West Bromwich Albion-Profi und im übrigen selbst ein Farbiger: „Why should black people go into privately owned stadia to watch fellow blacks being subjected to abuse, or to be subjected to abuse themselves?"[13] Batson kritisiert die Haltung der Klubs und TV-Kommentatoren, die es vorzögen, den Rassismus zu leugnen. Auf dem Spielfeld sind schwarze Akteure längst eine Normalität, und der Profifußball gibt damit sicherlich ein positives Beispiel für Integration und Toleranz. Aber noch immer kennt die League keine schwarzen Trainer oder Manager. Diese Jobs bleiben weißen Ex-Profis vorbehalten, etwas, das Batson und die PFA ändern wollen.

VEREINIGUNG DER VERTRAGSFUSSBALLSPIELER E.V.

Die VdV wurde am 15.6.1987 gegründet. Bis dahin wurden die Profis mehr schlecht als recht von der DAG vertreten. Bei Einführung des Vollprofitums bzw. der Bundesliga (1963) organisierten sich noch ca. 40 bis 50% der Spieler in der Angestelltengewerkschaft. Doch nicht für lange, denn von einer konsequenten Interessenvertretung konnte kaum die Rede sein. Stattdessen verlegte sich die DAG vornehmlich darauf, über die Köpfe der Profis hinweg mit dem DFB zu kungeln.

Hauptinitiator der VdV war Benno Möhlmann (1978-87 Werder Bremen, 1987-88 Hamburger SV), der u.a. von Ewald Lienen (1977-81 und 1983-87 Borussia Mönchen-Gladbach, 1981-83 Arminia Bielefeld, 1987-92 MSV Duisburg) unterstützt wurde. Möhlmann, heute Co-Trainer beim HSV, ist auch amtierender Präsident der VdV. Sein Stellvertreter ist Karl Allgöwer (1980-91 VfB Stuttgart), hauptamtlicher Geschäftsführer und Schatzmeister ist der bereits erwähnte Dr. Stefan Lottermann (1979-83 Eintracht Frankfurt, 1983-84 1. FC Nürnberg). Dem Beirat oder auch Spielerausschuß, dessen Mitglieder vom Vorstand kooptiert werden, gehören Ewald Lienen (mit Beginn der Saison 1992/93 Sportlicher Leiter beim MSV), Nationaltorhüter Bodo Illgner, Tobias Homp (1985-89 HSV, 1989-92 FC Homburg) und Andreas Möller (Juventus Turin) an. Aktuell sind ca. 650 Profis (inklusive einiger Vertragsamateure) Mitglied der VdV, das entspricht ca. 75% aller Spieler der 1. und 2. Bundesliga. Die Tendenz ist weiter steigend, so daß sich der deutsche Profifußball „englischen Verhältnissen" nähert. Hinzu kommen noch ca. 100 Fördermitglieder, zumeist ehemalige Profis.

Die VdV als „links" zu bezeichnen, wie es anfangs ihre Gegner im DFB, im Ligaauschuß und in den Redaktionsstuben der rechten und Boulevardpresse taten und wie sie sich linke Fußballenthusiasten gerne wünschen, wird dem tatsächlichen Charakter der Organisation nicht gerecht.

Mag sein, daß es zunächst des Engagements einiger als „links" geltender Profis bedurfte, um die Sache überhaupt in Gang zu bringen (wobei im Fußballmilieu bereits als „links" gehandelt wird, wer sich auch mit den Schattenseiten des Profifußballs befaßt). Auch ist die VdV „keine klassische Gewerkschaft, sondern mehr eine Interessengemeinschaft"[14] – und zwar aller Profis, ganz gleich, ob sie CDU oder SPD/Grüne wählen und ob sie den unteren oder den höheren Gehaltsklassen angehören.

Ein wesentlicher Grund für die eigenständige „gewerkschaftliche" Organisierung waren die Knebelverträge der Profis. Einige Kostproben aus einem DFB-„Mustervertrag":

▶ „Der Spieler überträgt dem Verein die Verwertung seiner Persönlichkeitsrechte ..."

▶ „Äußerungen in der Öffentlichkeit bedürfen der vorherigen Zustimmung des Vereins."

▶ „Den Anweisungen des Trainers bezüglich der Lebensführung ist Folge zu leisten."

▶ „Der Spieler entbindet den jeweils behandelnden Arzt gegenüber dem Vorstand von seiner Schweigepflicht."[15]

Hinzu kamen die eklatante Einschränkung der freien Wahl des Arbeitsplatzes durch das Transfer- und Ablösesystem sowie die ungewisse finanzielle und berufliche Zukunft der meisten Profis.

Einer wie Ewald Lienen hatte bereits Jahre vor der VdV-Gründung erkannt, welch verheerende Auswirkungen die Existenzangst der Profis auch auf das Spiel selbst hat: „Die ständig vorhandene Brutalität in der Bundesliga ist Ausdruck des für unsere Ellenbogengesellschaft typischen Existenzkampfes, den jeder einzelne für sich allein führen soll und muß (...) Wenn wir wollen, daß Fußball wieder ein schöner, spielbetonter und fairer Sport wird, müssen wir zumindest jene Strukturen innerhalb der Bundesliga abzuändern versuchen, die den bereits bestehenden Existenzkampf noch fördern oder begünstigen. Dazu gehört das Gehaltssystem. Ich denke, wenn die Bezahlung der Spieler angeglichen wird und diese von Spieleinsätzen und damit von der Entscheidung beziehungsweise Leistungsbeurteilung des Trainers unabhängig gemacht werden, und wenn darüber hinaus mehr für die Zukunftssicherung der Spieler getan wird, würde der fehlende wirtschaftliche Druck sportliche und spielerische Kräfte freisetzen."[16] Für die VdV gilt somit das Gleiche wie für ihr englisches Pendant: Gibt es eine Institution im deutschen Fußball, der man ein Engagement „for the good of the game" attestieren kann, dann ist es die VdV.

Selbst bei den Münchener Bayern, wo der VdV-Organisations-
grad bislang extrem gering ausfiel, betrachtet man die VdV mittlerweile nicht mehr nur als „rotes Tuch". Sicherlich hat dazu auch
der Fall Helmer beigetragen, dessen Wechsel aus dem Ruhrpott
an die Isar nicht zuletzt durch die Einschaltung der „Gewerkschaft" möglich wurde. Nichtsdestotrotz bleibt natürlich eine
Interessensdifferenz zwischen den Profi-Klubs und der VdV.

Hinzu kommt, daß die VdV eine Reihe von Aufgaben im
Umfeld des Profifußballs wahrnimmt, die eigentlich in den Ver-
antwortungsbereich von Verband, Liga oder Klub gehören, um
die sich dort jedoch kaum jemand schert. So bietet die VdV ihren
Mitgliedern eine Gruppenversicherung gegen Berufsunfälle an.
Seit dem 1. Juli 1992 erstreckt sich das versicherungstechnische
Engagement auch auf andere Versicherungsbereiche. Die VdV
unterhält eine eigene Versicherungsabteilung, die „aus dem
Markt eigene Angebote herausfiltert, die dem individuellen
Bedarf der Spieler entsprechen".[17] Des weiteren gibt es noch die
VdV-Wirtschaftsdienste G.m.b.H., die sich um Anlagemöglich-
keiten für die VdV und ihre Mitglieder kümmert – eine Konse-
quenz aus den katastrophalen Erfahrungen vieler Profis mit den
sogenannten Bauherrenmodellen, mit denen „weit über 200
Bundesligaprofis in erheblichem Maße um ihr Geld und ihre
wirtschaftliche Zukunft geprellt" wurden.[18]

Die Politik der VdV ist eher moderat. So verzichtet die VdV
beispielsweise darauf, an den Grundfesten des Transfersystems
zu rütteln – obwohl deutsches wie EG-Recht die freie Wahl des
Arbeitsplatzes garantieren. Im Sinne einer „sofort greifenden
Kompromißlösung" hat die VdV ihre Bereitschaft erklärt, die
Zahlung einer Transfersumme beim Wechsel von Spielern zu
akzeptieren. Als Gegenleistung fordert sie allerdings eine Reform
des Transfersystems. Neue Bestimmungen müßten „in erster
Linie den Vereinswechsel für Spieler erleichtern und erst in zweiter Linie den Vereinen Transfererlöse erbringen".[19]

Die VdV nennt wichtige Faktoren, die bei einem Wechsel zu
berücksichtigen seien:

▶ den Status des Profis (für Spieler, die weniger als die Hälfte
aller Pflichtspiele bestritten haben, soll als Transfersumme höchstens das letzte Saisoneinkommen gelten)

► das Alter des Profis (für Spieler bis 23 Jahren und höchstens 150.000 DM Saisoneinkommen gilt die halbe Transfersumme, für Spieler zwischen 24 und 27 Jahren gilt die volle Ablöse, für Spieler ab 28 Jahren folgt ein Abschlag von 25%, ab 30 Jahre von 50%, ab 32 Jahre von 75%, und Spieler ab 34 sind ablösefrei)

► die Dauer der Vereinszugehörigkeit (Spielern, die länger als sieben Jahre bei einem Klub sind, soll die Transfersumme halbiert werden)

► die Vermittelbarkeit des Profis (findet ein Spieler keinen neuen Verein, erfolgt die Reduzierung der Transfersumme um 25% je drei Monate Vereinslosigkeit und die vollständige Befreiung von der Ablösepflicht nach einem Jahr).[20]

Weiterhin fordert die VdV die Einrichtung einer vom DFB, den Profi-Klubs und der VdV gemeinsam betriebenen Transferstelle, die an die von der Bundesanstalt für Arbeit (BfA) veröffentlichten Richtlinien gebunden und gemeinsam von Klubs, Lizenzspielern und aus Fernsehgeldern zu finanzieren ist. Mit solch einem Projekt mag sich der hauptsächliche Gegenspieler der VdV, der baden-württembergische Finanzminister, CDU-Rechtsaußen, Oberleutnant der Reserve („riesig, die Kameradschaft im Biwak"), VfB Stuttgart-Präsident und Ligaausschuß-Vorsitzender Mayer-Vorfelder unter Umständen noch anfreunden. Garstig wird „MV" indes, wenn die VdV das Transfersystem angreift oder gar eine Partizipation an den TV-Geldern fordert – etwas was in England längst selbstverständlich ist.

Selbstbewußtsein und Argumentierfähigkeit passen so gar nicht in das erzkonservative Wunschbild des „MV" vom devoten Profi, der gefälligst froh und dankbar zu sein hat, daß es Vereinspräsidenten gibt, die ihn beschäftigen. Mit einem wie Stefan Lottermann hat „MV" deshalb chronische Probleme. Ironie des Schicksals: Mit Karl Allgöwer und Jürgen Klinsmann kickten bis vor wenigen Jahren zwei der politischsten und kritischsten Profis des deutschen Fußballs ausgerechnet beim VfB. Den Allgöwer wollte „MV" schon 'mal eigenhändig mit der Schubkarre an die Grenze fahren und obendrein noch den Zöllner bestechen, um den „Dickschädel" loszuwerden. Indes: die Allgöwer-Abschiebung scheiterte am Transfersystem – die vom „MV" geforderte Ablösesumme von zwei Millionen erwies sich als zu hoch ...

Resumee: Die VdV ist sicherlich weniger „politisch" als die PFA, die sich einem breiteren Spektrum von fußballpolitischen Problemen widmet als ihr deutsches Pendant. Sicherlich liegt dies auch in der längeren Geschichte der PFA begründet, die quasi mit dem Profifußball aufwuchs, sowie in der in England stärkeren Integration des Fußballs in die allgemeine gesellschafts-politische Debatte. Außerdem wird der „politischere" Charakter der PFA dadurch befördert, daß diese eine erheblich größere Zahl von Spielern bzw. Mannschaften vertritt, vor allem auch solche, die der 3. und 4. Division angehören (die deutsche 3. Liga ist in der VdV nur durch einige Vertragsamateure vertreten, die 4. Liga überhaupt nicht). Dies bedeutet zusätzliche Anforderungen im sozialen Bereich.

Die Feststellung, daß die VdV weniger „politisch" und in erster Linie eine Interessengemeinschaft ist, ändert jedoch nichts an ihrer Existenzberechtigung und ihrem prinzipiell positiven Ein-fluß auf den deutschen Profifußball.

ANMERKUNGEN

(1) B. Job, „Männer fürs Grobe", in: „Zeitmagazin"
(2) Zit. nach ebd.
(3) M. Pfeifer, „Die Paten der Bun-desliga", in: „Kicker" v. 17.6.1991
(4) „Ich fühle mich sauwohl", Inter-view mit Jürgen Klinsmann in „Sports" 6/1990
(5) „Spiegel" 37/1990
(6) U. Schröder, „Der Fußball und seine Stars", in: K.H. Huba, Fußball-Weltgeschichte, München 1990
(7) J. Harding, „For the good of the game: the official history of the Pro-fessional Footballers' Association", London 1991
(8) Ebd.
(9) Zit. nach J. Stark/K. Farin, Das Fußball-Lesebuch, Reinbek bei Hamburg, Juni 1990
(10) P. Popham, „Sick as a Parrot",
in: „The Independent Magazine" v. 25.4.1992
(11) Zit. nach J. Harding, a.a.O.
(12) Zit. nach P. Popham, a.a.O.
(13) Zit. nach J. Harding, a.a.O.
(14) Gespräch mit Ewald Lienen (6.8.1992)
(15) Zit. nach J. Stark/F. Farin, a.a.O.
(16) E. Lienen, „Ellenbogengesell-schaft – Gewalt im Sport", in: ders./ J. Nording/G. Reinke-Dieker/H.J. Pölking (Hrsg.), „Sport – Politik und Profit, Lust und Frust", Rein-bek bei Hamburg, August 1985
(17) Gespräch mit Dr. Stefan Lot-termann (7.8.1992)
(18) ders., zit. nach J. Stark / K. Fa-rin, a.a.O.
(19) „Geheimpapier der Profi-Ge-werkschaft: Sechs Transfer-Fakto-ren", in: „Kicker"
(20) Ebd.

GULLIT, GASCOIGNE, MENOTTI...

ÜBER »LINKEN« UND »PROLETARISCHEN« FUSSBALL

Ruud Gullit

Ruud Gullit, Starspieler des AC Mailand und der holländischen Nationalmannschaft, wuchs im ärmeren Westteil Amsterdams auf. Als Dunkelhäutiger bekam er schon in frühester Jugend am eigenen Leib zu spüren, was Rassendiskriminierung bedeutet. Als Gullit 1987 zu „Europas Fußballer des Jahres" gewählt wurde, widmete er die Trophäe dem damals noch inhaftierten Führer der südafrikanischen Befreiungsbewegung ANC, Nelson Mandela. Gullit singt in Reggae-Bands wider den Rassismus, protestiert gegen die Atomrüstung und gehört zu den Mitbegründern der niederländischen Anne-Frank-Stiftung. Der Star über sein politisches Engagement: „Ich hasse es, wenn Leute in Unfreiheit leben. Wenn man jemand ist, soll man auch den Mund aufmachen. Dann hören wenigstens die Leute hin."[1] Obgleich einer der berühmtesten, besten (Franz Beckenbauer: „Der perfekteste Fußballer der Welt") und sicherlich auch reichsten Kicker überhaupt, ist Gullit kein entrückter Star.

„Es ist seine Lockerheit, seine unbekümmerte Spontaneität, seine Liebenswürdigkeit, mit der er seinen Mitmenschen begegnet, und seine Sensibilität, die ihn von vielen Stars – Maradona etwa – angenehm abhebt. (...) Er ist der Star ohne Allüren, der Star zum Anfassen..."[2] Gullits Spielstil ist ein ästhetisches Erlebnis. Der Mann mit den Rasta-Zöpfen hat „nie den Spaß, nie die reine Spielfreude, nie diese unbändige Lust am Kicken verloren."[3]

301

Von seiner Herkunft, seinem Umgang mit dem einfachen Mann von der Straße und seiner Spielweise her, vor allem aber wegen seiner konsequent demokratischen und antifaschistischen politischen Einstellung erfüllt Ruud Gullit somit alle Kriterien, die gewöhnlich zwecks Definition eines „linken Fußballers" strapaziert werden. Das rechte Gegenstück wäre der ehemalige englische Nationalmannschaftskapitän Terry Butcher, ein bekennender Tory, oder der ehemalige Kölner Libero Paul Steiner, der in der Bundesliga für seine rassistischen Ausfälle gegenüber farbigen Spielern berüchtigt war. Butcher wie Steiner spielten einen phantasielosen Fußball und nahmen auf die körperliche Unversehrtheit ihrer Gegenspieler keine Rücksicht. Im Falle Gullits, Butchers und Steiners ist die Sache also klar. Aber macht es – abgesehen von solchen Einzelfällen – einen Sinn, für eine Sportart politische bzw. sozialwissenschaftliche Kategorien einzuführen? Gibt es „linken" und „rechten Fußball", und wenn ja, worin unterscheiden sie sich? Ist „proletarischer Fußball" identisch mit „linkem Fußball"?

LINKE KÜNSTLER – PROLETARISCHE TRETER?

In Deutschland, wo die Arbeiterschaft in der Geschichte keineswegs stets eine progressive und emanzipatorische, sondern oft genug eine sehr konservative Rolle spielte und noch spielt, haben die ästhetischen Ansprüche linker Fußball-Konsumenten mit der traditionellen Balltreterei proletarischer Vereine zunächst einmal nicht viel gemeinsam. Zu bieder und anpaßlerisch gestaltete und gestaltet sich zuweilen der hiesige Arbeiterfußball.

Ohnehin muß zunächst einmal zwischen Unterklassenfußball im hochindustrialisierten Zentrum Europa und in der noch stärker von vorindustriellen Strukturen und Milieus geprägten Dritten Welt differenziert werden. In Europa ist der Unterklassenfußball seit Ende des letzten Jahrhunderts auch von den Erfahrungen des industriellen Alltags geprägt, was vor allem für Großbritannien und Deutschland gilt. Den dortigen Arbeiterfußball zeichnen insbesondere „Härte", „Kraft" und „Ausdauer" aus, Eigenschaften, die kaum als unverwechselbar „links" qualifiziert werden können, sondern auch im Sinne rechter Ideologien instrumentalisierbar sind.

So feierten beispielsweise die Nazis die Siege der „Knappen"-Elf von Schalke 04 als Erfolge ihrer Ertüchtigungsideologie, wenngleich dies in erster Linie (aber eben nicht allein) als Vereinnahmungsversuch zu bewerten bleibt. Otto Nerz, Reichstrainer 1926-1936 und ob seines diktatorischen Führungsstils berüchtigt, galt als Anhänger eines gradlinigen, konsequenten, kraftvollen britischen Fußballs, in dem er angeblich urdeutsche Eigenschaften (Durchsetzungsvermögen, Körperkraft, Schnelligkeit) auszumachen glaubte. Unter Nerz wurde die britische Spielweise allerdings verdeutscht. Nerz unterdrückte jegliche Spontaneität und Kreativität und predigte stattdessen Perfektionismus und allumfassende Organisation. Für persönliche Entwicklung und individuelle Fähigkeiten gab es bei ihm keinen Spielraum, weshalb seine Lehre weniger mit proletarischer Kollektivität als mit totalitären Ordnungsvorstellungen zu tun hatte.

Auf der „linken" Habenseite des traditionellen europäischen Arbeiterfußballs wären – sofern nicht unterdrückt – „Spielwitz" und „Kollektivität" zu verbuchen. Der Unterklassenfußball in der Dritten Welt erscheint gegenüber seinem europäischen Pendant als spielerischer, leichtfüßiger, ballgewandter, weniger diszipliniert, kurzum: weniger industriell. Ähnliches gilt auch für den Fußball der mediterranen Länder, was auf die Existenz von Unterschieden auch in Europa selbst verweist. Der Unterklassenfußball der Dritten Welt war aber auch immer weniger kollektiv, wie ein Vergleich der beiden Spielerpersönlichkeiten Stanley Matthews (England) und Garrincha (Brasilien) zeigt: Beide waren Flügelstürmer und auf dieser Position vielleicht die Besten, die die Welt je gesehen hat. Aber Matthews spielte erheblich mannschaftsdienlicher als Garrincha und beschränkte sich oft aufs Einfädeln von Toren.

Die Unterschiede dürften nicht zuletzt aus den unterschiedlichen Industrialisierungsgraden der einzelnen Gesellschaften und den damit korrespondierenden unterschiedlichen sozialen und kulturellen Milieus resultieren. Aber auch die Geschichte des nicht-mediterranen europäischen Arbeiterfußballs kennt eine Menge ausgesprochener Techniker und Ballkünstler: den bereits erwähnten Stanley Matthews, den Nordiren George Best, die Holländer Cruyff und Gullit, den Franzosen Platini (den ein Kritiker zum „Mozart des Fußballs" kürte) und andere. Proletarischer Fußball in Europa war eben oft beides: Otto Rehagel wie „Ente" Lippens, der biedere, eisenharte Kämpe und der trickreiche Spaßvogel, wenn auch das künstlerische und individualistische Element in Südamerika stets stärker ausgeprägt war.

Wie unterschiedlich proletarischer Fußball auch in Europa selbst ausfallen kann, läßt sich des weiteren anhand von zwei legendären österreichischen Fußballidolen aufzeigen: Josef Uridil und Matthias Sindelar, die in den 20er bzw. 30er Jahren Fußballgeschichte schrieben. Uridil war der Prototyp des Kraftfußballers, der gegnerische Abwehrreihen förmlich niederrannte. Matthias Sindelar war genau das Gegenteil, ein Techniker par excellence, der eher eine Drehung zuviel absolvierte, um ein besonders schönes Tor zu erzielen. Niemand beherrschte die „Wiener Schule", das sogenannte „Scheiberlspiel", das ein hohes Maß an technischem Können und Spielintelligenz voraussetzte, so wie Sindelar. Uridil und Sindelar kamen beide aus proletarischen Verhältnissen. Aber Uridils Rapid war vom Umfeld her proletarischer als Sindelars Austria, zu deren Anhang auch viele Intellektuelle zählten, die einen Typ Sindelars dem Typ Uridils vorzogen. (Allerdings erhielt auch Uridil intellektuellen Applaus, und es darf nicht unerwähnt bleiben, daß die Ära Sindelar mit der Uridils nicht zeitgleich verlief, sondern diese ablöste. Beide waren deshalb auch Zeiterscheinungen.)

Bezüglich des spielerischen Elements werden als die beste Zeit des deutschen Fußballs gemeinhin die Jahre 1969 bis 1974 genannt. In diese Zeit fallen der Mönchen-Gladbacher Offensivfußball, die erste große Bayern-Mannschaft und die Gewinne der Europameisterschaft 1972 und der Weltmeisterschaft 1974 durch die Nationalelf, wobei der Sieg von München bereits überdeutlich das Ende der Ära markierte. Linke Fußballbeobachter bezeichnen die Jahre 1969-1974 als die schönsten und reformfreudigsten, und *Günter Netzer* war für viele ihr Herold.

„Die raumgreifenden Pässe eines Netzers atmeten den Geist der Utopie, plötzlich befand man sich im Offenen, und die langen Haare Günter Netzers, die im Mittelfeld wehten und beim

Antritt die ganze Brisk- und Schuppen- und Faconschnittästhe-
tik der 50er vergessen ließen, die immer noch das Fußball-Ein-
maleins darstellte – diese langen Haare wollten mehr. (...) Der
3:1-Sieg im Wembley-Stadion 1972 ist das Beste, was jemals von
einer deutschen Nationalmannschaft zu sehen war: die Pässe, das
Aufreißen der Flügel, der freie Raum."[4] Bekanntlich wurde Netzer Opfer eines klassenübergreifenden Konservativismus und
deutschen Zwangskollektivismus: „Netzer, der Höhepunkt des
deutschen Fußballs, befand sich schnell im deutschen Abseits.
1974 hatten ihn die positivistischen Klein-klein-Kicker von Bayern München ausgebootet. Nicht nur deswegen, weil sich Netzer
dazu bekannte, Hermann Hesse zu lesen. Ein Einzelgänger, ein
Querkopf hatte fast nie eine Chance in der deutschen Nationalelf."[5] Es war allerdings kein Zufall, „daß mit dem Gladbacher
Bökelberg ein gediegen-gutbürgerlicher Fußballort und nicht
eine 'grimmige' Kampfbahn des Kohlenpotts zur prototypischen
Reform-Arena avancierte".[6]

Durch die gesamten 70er und 80er Jahre zeigten sich Teile der
Mittelschichten liberaler und innovativer als die traditionelle
Arbeiterschaft, sowohl im rein systemfunktionalen wie im „lin-
ken" Sinne. Auch der Anstoß zur bislang bedeutendsten und
umfassendsten liberalen Modernisierung der bundesdeutschen
Gesellschaft, die – zeitgleich mit der Gladbacher Sturm-und-
Drang-Ära – in den Jahren 1969-1972 erfolgte, kam bekanntlich
nicht in erster Linie von der Arbeiterschaft, sondern vornehmlich
aus der Studentenschaft (bzw. Bürgerjugend) und intellektuellen
Kreisen. Gleichzeitig muß die oben zitierte Aussage wieder ein-
geschränkt werden: Zwar kickte auf dem Bökelberg nicht das
Bergbauproletariat des Ruhrgebiets, wie sich auch das gesamte
Umfeld des Mönchen-Gladbacher Fußballs anders gestaltete als
etwa in Schalke, aber die Mehrzahl der Spieler kam trotzdem aus
eher kleinen Verhältnissen.

Die Glorifizierung Netzers von links basiert vornehmlich auf
der Ästhetik seines Spiels. Ästhetik wäre somit ein konstitutives
Element „linken" Fußballs. Netzer war sicherlich insoweit ein
„Linker", daß sein Auftreten und seine Spielweise den Ausbruch
aus dem spießigen Mief der 50er und 60er Jahre symbolisierte
und er sich das Recht herausnahm, anders zu sein – nicht mehr

und nicht weniger. Deshalb ist es vielleicht angebrachter, ihn als „Liberalen" zu bezeichnen, als einen, der die „alten Zöpfe" abschnitt. Indes ist Ästhetik natürlich auch eine Frage des Geschmacks. Ein fortschrittlicher Arbeiter wird darauf vielleicht weniger Wert legen als ein fortschrittlicher Intellektueller, um stattdessen mehr Einsatzbereitschaft und Mannschaftsdienlichkeit zu betonen.

Ein Mann des Volkes war Netzer übrigens nicht, was allerdings keineswegs gegen ihn spricht, denn in Deutschland ist es erfahrungsgemäß schwer, populistisch und zugleich links oder radikalliberal zu sein. Die Lufthoheit über den Stammtischen gehört traditionell den Rechten und ihrem reaktionären Zwangskollektivismus. Netzer wurde gemeinhin als Sonderling und Rebell betrachtet, und mit „Andersartigen" und „Querköpfen" hat man in Deutschland so seine Probleme. Ein Mann des Volkes war zu jener Zeit Bayern-Torjäger Gerd Müller. Aber Netzer gelang es, mit seinem Image neue gesellschaftliche Gruppen anzuziehen.

Günter Netzer

Netzer erschien als der „einsame, eigenbrötlerische, in sich gekehrte, ich-bezogene, schweigsame, teils wirklichkeitsfremde, teils unverstandene junge Mann. (...) Netzer bot das Leben alle Annehmlichkeiten, und er genoß diese Freuden ohne ein Lächeln. Er schien auf der Suche zu sein nach einem Glück, das irgendwo in der Ferne lag und das ihn nie erreichte. Dieses Image ist haarscharf auf jene Gruppen der Gesellschaft zugeschnitten, die bisher noch nie von einem Fußball-Star emotionell berührt wurden: auf die Intellektuellen und die Frauen. Deshalb erschienen im Lichtkreis Netzers Künstler, Fotografen, Fernseh-Regisseure und junge Leute, die nie ein Fußball-Stadion besuchen würden. (...) Oft in seiner Mönchengladbacher Zeit widersetzte er sich seinem Chef, dem Trainer, oder stritt mit dem Arbeitgeber, den Vorstandsherren, und das machte ihn den jungen Leuten sympathisch. Auf diese Weise erschloß Netzer dem Fußball ein neues Publikum."[7]

Gerd Müller war Netzers Fan-Schar zu bieder, kumpelhaft und von seiner Spielweise her („bumm, bumm") zu unästhetisch, aber auch mit Beckenbauer wurde sie nicht warm. Denn anders als Netzer strebte Beckenbauer bewußt und demonstrativ nach Aufnahme in die bessere Gesellschaft, verriet sein angestammtes Milieu und verkörperte eine gewisse Rücksichtslosigkeit, die die idealistischen Intellektuellen ablehnten. Beckenbauer war zu arrogant und berechnend, als daß man sich mit ihm identifizieren mochte.

In historischer Retrospektive erscheint die Ära der Gladbacher „Fohlen" als eine Übergangsphase zwischen dem traditionellen (und industriellen) Arbeiterfußball und dem, was heute auch als Angestelltenfußball bezeichnet wird. Für den Übergang selbst sorgten dann die damaligen Bayern, die anders spielten als die traditionellen Arbeitervereine, aber bei weitem nicht so ästhetisch und schön wie die Gladbacher (und doch erheblich besser als Jahre später in der Ära Lattek). Es ist eben vor allem die Gladbach-Elf dieser Jahre, mit der sich viele fußballbegeisterte Linke – zuweilen arg nostalgisch verklärt – identifizieren. Die deutsche linke und alternative Szene ist heute sozial vorwiegend im intellektuellen bzw. Milieu des „neuen Mittelstands" beheimatet, was auch ihre Wertvorstellung und Ansichten bezüglich eines „guten Fußballspiels" prägt. Ästhetik zählt hier mehr als Kampf und Kraft.

„Linker" Fußball, der zugleich auch proletarische Elemente beinhaltet, der linke wie proletarische Vorstellungen zusammenbringt, wird heute vielleicht noch am ehesten durch Mannschaften wie dem englischen Spitzenklub FC Liverpool repräsentiert. Die „Reds" stehen für eine modernisierte Form des proletarischen Fußballs, die traditionelle Werte nicht einfach suspendiert, sondern durch neue, spielerische wie der allgemeinen Entwicklung des Spiels angepaßte Elemente ergänzt. Steve Heighway, Jugendtrainer des FC und von 1970 bis 1981 Außenstürmer der „Reds" (vermutlich einer der besten in deren Klubgeschichte), skizziert das Liverpooler Spiel wie folgt: „Wir haben hier seit

Jahrzehnten einen sehr sozialistischen, gemeinschaftlichen Stil. Jeder macht seinen Job, so gut er kann, und hilft den anderen. Die Grundsätze unserer Spielweise sind sehr einfach: Bewegung ohne Ball und schnelle Abgabe des Balles. Das ständige Paßspiel – den Ball nur einmal berühren und sofort wieder abgeben – ist die Basis unseres Systems. Andererseits wird die Individualität nicht unterdrückt. Obwohl ständig gesagt wird: Gib den Ball, gib ihn, gib ihn, führt ihn plötzlich jemand übers ganze Feld und vollbringt etwas Wunderbares. Darin liegt die Schönheit unseres Spiels. Wir hatten immer hervorragende Individualisten, die aber alle bereit waren, ein Stück ihrer Individualität zugunsten des Kollektivs aufzugeben."[8]

Zugleich legt der Klubmanager der „Reds" Wert auf die Feststellung, daß seine Spieler „im Grunde Jungs aus der Arbeiterklasse" seien. „Es kommen nicht allzuviele Universitätsstudenten, die einen unter den Tisch quatschen können."[9] Damit trägt der Verein einer Stimmung in der Stadt Rechnung, die nach wie vor in einem sehr starken Maße vom Unterklassenmilieu beeinflußt wird. Dies bedeutet: Spieler, die sich arrogant gebärden, kommen hier genauso wenig an wie Spieler, die zwar ballverliebte Ästheten sind, aber Einsatz und Kollektivität vermissen lassen. Dies gilt im übrigen auch für den britischen Fußball allgemein: Fußball ist hier – sowohl was die Fans, aber auch was die Spieler anbelangt – noch proletarischer als in der deutschen Mittelstandsgesellschaft. Dafür spricht auch der hohe Anteil schwarzer Spieler im britischen Ligafußball. Fußball ist hier noch immer vorwiegend im proletarischen Milieu verankert und unverändert ein Vehikel, um den Gettos der Großstädte zu entkommen. Und gelingt dies dem Spieler, gelangt er in den Genuß von Spitzengehältern, so verleugnet er gewöhnlich seine proletarische Herkunft nicht. Spieler wie seinerzeit Franz Beckenbauer oder aktuell Lothar Matthäus, die zwar aus „kleinen Verhältnissen" stammen, sich aber heute, und dies mit sichtlicher Genugtuung und Vergnügen, in der „high society" tummeln und von ihrer Vergangenheit nichts mehr wissen wollen, hätten im britischen Fußball einen schwereren Stand. Der britische Fußballer ist weit mehr als sein deutsches Pendant gefordert, den Fans zu demonstrieren, daß er – seinem Verdienst zum Trotze – noch immer einer von ihnen ist und sein

Geld auf ehrliche Weise verdient. Dazu gehört selbstverständlich auch, daß er auf dem Spielfeld schuftet.

So erklärt sich u.a. die Popularität des Stars der englischen Nationalmannschaft und ehemaligen Tottenham Hotspurs Spielers *Paul Gascoigne,* die jüngste „fleischgewordene Legende vom Aufstieg des armen Straßenkickers, das Idol von Großbritanniens Unterprivilegierten"[10] und „der Nation liebster Nonkonformist"[11], der sich bei der WM in Italien wohltuend von der biederen Angestelltenmentalität insbesondere der deutschen Starkikker absetzte und anschließend mit einer Jahresgage von ca. 1,5 Millionen Pfund zum absoluten Spitzenverdiener des britischen Ligafußballs avancierte. Gascoignes Geschichte klingt wie ein Märchen aus vergangenen Tagen. „Er verkörpert die Sehnsucht nach den guten, alten Zeiten, von denen beim Bier so gern die Rede ist. Das Spiel, geht die Saga, war damals noch eine Angelegenheit ehrlicher Jungs, die auf dem Feld rackerten wie die Fans in der Fabrik."[12] Auf der britischen Insel entspricht das Märchen vom proletarischen Helden, vom Aufstieg des ehrlichen Jungen von nebenan, der seinem Milieu dennoch verbunden bleibt, allerdings zuweilen tatsächlich noch der Wirklichkeit. Gascoigne, beim Fußball auf der Straße nur „little fatty" tituliert, verließ im Alter von 16 mit miesen Noten die Schule. Seine Eltern konnten sich in der Industriestadt Newcastle nur ein Zimmer zur Untermiete leisten. Die Mutter schob in einer Glasfabrik Überstunden, damit sie für ihren Sohn Fußballschuhe kaufen konnte. Denn Fußball war „little fatty's" einzige Chance, dem Elend zu entkommen und sozial aufzusteigen. „Ich habe dem Fußball alles gegeben, und er hat mir alles zurückgegeben", resümiert Gascoigne heute.[13]

Nicht nur sein bedingungsloser Einsatz, sein Spielwitz und seine geniale Ballbehandlung, sondern auch – als nicht zu unterschätzende Demonstration sozialer und kultureller Nähe zum proletarischen Publikum – Gascoignes „proletarische Ungezogenheit" („Wie Pavarotti klinge ich nur, wenn ich furze") begründen des Kickers ungemeine Popularität, die er im übrigen vortrefflich zu vermarkten versteht, wie die Gascoigne-Hausse („Gazzamania") nach der WM 1990 zeigte. Gascoignes „proletarische Ungezogenheit" beinhaltet allerdings auch chauvinisti-

Die Tränen des „little fatty" Paul Gascoigne

sche und rassistische Ausfälle. So beschimpfte Gascoigne im Spiel gegen Holland Ruud Gullit fortwährend als „langhaarigen Affen". Für die vom britischen Kolonialismus/Imperialismus ideologisch verseuchte englische Arbeiterschaft sind solche Sprüche leider alles andere als untypisch. In der Öffentlichkeit ist Gascoignes demonstrative Heimatverbundenheit folgerichtig seine wichtigste Trumpfkarte. Mehr noch als seine Dribblings und Tore haben sich seine Tränen im WM-Spiel gegen Deutschland ins öffentliche Bewußtsein geprägt; Tränen, die „Gazza" vergoß, nachdem ihn seine zweite gelbe Karte von der eventuellen Finalteilnahme ausschloß.

So ambivalent wie „Gazza" selbst ist, so ambivalent ist auch die Begeisterung für ihn. Einerseits ist Gascoigne eine Identifikationsfigur für jene Teile der Unterklassen, die vom Thatcherismus sozial erniedrigt wurden und denen die elitäre und rüde Regierungspolitik ihr Selbstwertgefühl raubte. Die neue nationale Symbolfigur ist einer von ihnen. Andererseits trägt „Gazza" klassenübergreifend zum britischen Selbstwertgefühl und damit

auch zum britischen Chauvinismus bei. Im „Mutterland des Fußballs", das durch die mehrjährige Aussperrung der englischen
Klubs vom Kontinent und Mißerfolge der Nationalmannschaft
(die mit ihrem vierten Platz in Italien erst zum zweitenmal in der
60jährigen Geschichte des World-Cups unter die „letzten Vier"
vorstieß) arg gedemütigt wurde, löste er eine „Wir sind wieder
wer"-Stimmung aus, die bei der chauvinistischen „SUN" bestens
aufgehoben war.

Im Bayern-Dress, erst recht aber im Dress der deutschen
Nationalmannschaft, wäre ein Paul Gascoigne, der beim Abspie-
len der Nationalhymne auch schon mal die Zunge herausstreckt,
beim Aufwärmen einem Bobby den Ball ins Kreuz knallt und
ständig herumblödelt, trotzdem schwer vorstellbar. Am ehesten
käme seine Art vermutlich noch auf Plätzen wie in Dortmund,
Schalke und Essen an. Von seinem ambivalenten Charakter her ist
Gascoigne in Deutschland vielleicht noch am ehesten mit dem
ehemaligen Nationaltorhüter Toni Schuhmacher vergleichbar,
einem der letzten Typen im deutschen Nationaltrikot. Heute
besteht der deutsche Fußball vornehmlich aus angepaßten Angestellten.

»MENOTTISMUS«

Cesar Luis Menotti, Trainer der argentinischen Weltmeister-Elf
von 1978 und Mentor eines „linken Fußballs", der „aus der Tiefe
des Volkes" kommt, beschreibt „rechten" Fußball als die Dome-
stizierung eines wilden, kreativen Spieltriebs durch eine buchhal-
terische Input-Output-Logik. Was allein zählt, sind Ergebnis und
Tabellenstand; ultradefensive Taktik, schematisches Ballhalten,
knochenbrechende Tricks – erlaubt ist, was funktional ist. Die
Protagonisten dieses Spielsystems reden viel von Arbeit und Leistung, Kampf und Opfer. „Sich anpassen und funktionieren, so
hat die Oberschicht auch den Fußballprofi am liebsten. Es ist ihr
nur recht, daß auf diese Weise fortwährend Dummköpfe kreiert
werden, nützliche Idioten des Systems."[14] Menotti verband seine
Spielauffassung mit einer Kritik an den autoritären Machtver-
hältnissen in seinem Land, die eine Atmosphäre der Angst, des

Mißtrauens und der Subalternität geschaffen hatten: Seine Spieler hätten „die Diktatur der Taktik und den Terror der Systeme besiegt. Sie praktizieren das Alles-oder-Nichts. Sie müssen dem Fußball das Beste ihrer Veranlagung geben, daß heißt ihre Begeisterung und ihre Großzügigkeit."[15]

Bei aller Verachtung für den auf Kraft und Schnelligkeit basierenden europäischen Fußball war Menotti dennoch darum bemüht, europäische Elemente in das argentinische Spiel einzuflechten: „Als neuer Stil schwebte ihm eine Synthese aus dem eleganten südamerikanischen und dem nüchternen europäischen Fußball vor. Das Solistentum, das bloße Spiel für die Galerie unter Vernachlässigung des Zweckdenkens merzte er aus."[16] Neben der Spiellaune war die Zielstrebigkeit somit die zweite Säule der Menotti'schen Konzeption. Aber unter Stärke verstand Menotti etwas anderes als viele seiner europäischen Trainerkollegen, nämlich List, während er Schnelligkeit mit Präzision übersetzte. Im Vordergrund seines Trainings stand die Verbesserung der Spielintelligenz seiner Akteure.

Wenngleich Menotti vielleicht der erste Europäisierer des argentinischen Fußballs war, so blieb dieser unter Menottis Regie trotzdem ein südamerikanisches Spiel. Erst unter Menottis Nachfolger Carlos Bilardo erfuhr der argentinische Fußball seine völlige Europäisierung. „El Flaco", wie die Trainerlegende aufgrund ihrer schlacksigen Gestalt genannt wurde, ließ folglich an seinem Nachfolger kein gutes Haar: „Er tötet das Herz unseres Fußballs mit seiner Betonstrategie." Bilardos Konzept sei nichts anderes als „Anpassung und Berechnung statt Emotion und Risiko".[17] Die Medien unterstützten Menottis Kritik zunächst, denn nach dem Sturz der argentinischen Diktatur und der Rückkehr zur Demokratie wirkten Bilardos fußballerische Auffassungen, deren Eckpfeiler Zucht, Ordnung, Gehorsam und Unterordnung waren, wie ein Relikt aus der dunklen Vergangenheit. Die öffentliche Meinung schlug jedoch um, als Bilardo Argentinien 1986 zum zweiten WM-Titel führte.

Beim FC Liverpool scheinen Anpassung und bloßes Funktionieren weitgehend verpönt zu sein. Noch einmal der bereits zitierte Steve Heighway: „Von konservativer, geisttötender Sklavenarbeit auf dem Rasen, von konsequenter Manndeckung, von stets schnappbereiter Abseitsfalle wollen wir hier nie was wissen."[18]

Im deutschen Spitzenfußball begegnet man Liverpooler Elementen am ehesten noch an Stätten wie dem Dortmunder Westfalen-Stadion. Borussia Dortmund könnte sich ein in Taktik erstickendes Angestelltengekicke à la Bayern München nie leisten, weil die Zuschauer wegbleiben würden. Während die Mehrheit des Bayern-Publikums allein auf den Output des Spiels ihrer Mannschaft fixiert ist, ist die Borussen-Anhängerschaft, die sich zu einem größeren Teil aus der Arbeiterschaft rekrutiert als auf vielen anderen Bundesligaplätzen, eher dazu bereit, auch einen ergebnislosen Einsatz zu honorieren. Blindes erfolgloses Anrennen gegen des Gegners Tor scheint den Fans noch immer lieber zu sein als ein langweilig herausgespielter 1:0-Sieg, bei dem nur das Notwendigste getan wurde. Wichtig ist, daß die Mannschaft sich sichtbar bemüht. Arrogantes Gehabe außerhalb des Spielfeldes und auf dem Spielfeld werden hier viel eher geahndet als in München. Mancher mag sich noch daran erinnern, wie schwer es der ehemalige Bayern-Spieler Michael Rummenigge anfangs in Dortmund hatte. Viele der Fans nahmen Rummenigge eine abfällige Äußerung über einfache Arbeiter übel. Rummenigge mußte erst auf dem Spielfeld soziale Nähe demonstrieren, indem er sich redlich „abrackerte," bevor ihm das Publikum verzieh. Der Trainer Rudi Gutendorf ließ in den 60er Jahren seine Schalker Kicker gar zur frühen Morgenstunde Dauerläufe vor den Zechentoren absolvieren. Niemand sollte den Profis soziale Ferne vorwerfen und behaupten, diese würden nicht arbeiten.

Was das proletarische Publikum gewöhnlich gegenüber dem eher mittelständischen auszeichnet, ist seine größere Bodenständigkeit und Loyalität. Das proletarische Publikum definiert seine Loyalität weniger nach dem Erfolgskriterium. Die Mannschaft kann auch mal eine Serie von Spielen verlieren oder gar absteigen: Zu dramatischen Einbrüchen in der Zuschauergunst kommt es hier weit weniger als bei den „Neureichen". Der Münchener Traditionsverein 1860 zieht auch noch in der Drittklassigkeit Zuschauermengen an, von denen mancher Erstligist und einige Zweitligisten nur träumen können. Der große Lokalrivale hätte einen derartigen steilen Fall, wie die „Löwen" ihn seinerzeit erlitten, sicherlich mit weitaus größeren Zuschauereinbußen bezahlen müssen, da die Bayern-Anhängerschaft damals vor allem durch die Erfolgsbilanz des Vereins mobilisiert wurde.

Der konsumfreundliche, mittelständische Zuschauer modernen Typs ist zumeist weniger bodenständig und mobiler. Ähnlich abgeklärt ist auch sein Verhältnis zu den Gagen der Größenordnung, wie sie etwa ein Andreas Möller in der Bundesliga kassierte. Soziale Veränderungen innerhalb des Fußballpublikums und Typenwandel auf dem Spielfeld ergänzen sich gegenseitig. Der Fußballer als abgebrühter, intelligenter und erfolgreicher Geschäftsmann imponiert dem modernen „citoyen". Profis werden nicht länger als überbezahlte, tumbe Beinarbeiter abgetan, sondern ihr Jahresverdienst gerät zum Maßstab für Qualität – ganz wie im richtigen (und eigenen) Leben.

Das Bild vom volksnahen und zugleich emanzipatorischen Kicker wurde in der Bundesliga bislang vielleicht am ehesten von *„Ente" Lippens* und *„Manni" Burgsmüller* verkörpert. Beide stammen aus dem Ruhrgebiet und spielten viele Jahre für Ruhrgebietsvereine (Lippens: Rot-Weiß Essen, Borussia Dortmund; Burgsmüller: Rot-Weiß Essen, Borussia Dortmund, Rot-Weiß Oberhausen). Lippens wie Burgsmüller zeichneten Einsatz, Spielwitz, ein enges Verhältnis zum Publikum wie eine gewisse „proletarische Ungezogenheit" und Originalität aus, wie man sie – wie bereits erwähnt – in den britischen Ligen heute noch häufiger antrifft. Unvergessen bleibt „Manni" Burgsmüllers Ferndialog mit dem damaligen Bundestrainer Helmut Schön. (Schön: „Der Burgsmüller soll auf dem Teppich bleiben." Burgsmüller: „Ich dachte, wir spielen auf Rasen.") Und unvergessen natürlich auch „Ente" Lippens Wortwechsel mit einem Schiedsrichter, die ihm die einzige rote Karte in seiner Laufbahn einbrachte (Schiedsrichter: „Ich verwarne Ihnen!" Lippens: „Ich danke Sie."). Zur „proletarischen Ungezogenheit" gehört auch eine gewisse sympathische Schlitzohrigkeit. Kaum jemand nahm es Burgsmüller übel, als dieser einmal dem Kaiserslauterner Keeper Ehrmann den Ball aus den Händen schlug, um ihn ins Tor zu kicken. Der Schiedsrichter, dem das Foulspiel entgangen war, gab das Tor, und Werder Bremen durfte zwei wichtige Punkte auf seinem Konto verbuchen.

Weder von ihrem Spielstil her noch in ihrem sonstigen Verhalten rund um die Lederkugel waren Lippens und Burgsmüller Anpaßler. Beide zeichneten sich zudem durch eine ausgesprochene Fairneß aus. Brutale Fouls waren für Lippens und Burgsmüller ein Tabu. Im Falle Burgsmüller war dies nach eigener Aussage ein wesentlicher Grund dafür, warum er noch im Alter von 40 Jahren in der Bundesliga mithalten konnte. Burgsmüller vermied es stets, in den Gegner „voll reinzugehen", womit er sich zuweilen den Unmut seiner Trainer zuzog.

Ewald Lienen, für die im eigenen Milieu isolierten fußballinteressierten Linken viele Jahre das Identifikationssymbol im deutschen Fußball schlechthin, kam zum Image eines linken Kickers weniger durch seine Art der Ballbehandlung als durch sein politisches Engagement. Ähnlich erging es dem Hafenstraßen-Sympathisanten, Nicaragua-Brigadisten und St.Pauli-Torhüter Volker Ippig („Volker hör die Signale"). Von seinem HSV-Torwartkollegen Richard Golz ist bekannt, daß er sich gegen die Ausländerfeindlichkeit in den Stadien engagiert. Jürgen Klinsmann und Karl Allgöwer wiederum unterschrieben Aufrufe der Umwelt- und Friedensbewegung. Solcherlei politische Statements existieren von Lippens und Burgsmüller nicht. Von beiden weiß man, daß sie zumindest nicht rechts und wahrscheinlich auch mehr als dies waren. Chauvinistische und rassistische Ausfälle à la Gascoigne sind von „Ente" und „Manni" unbekannt. Burgsmüller zählte immerhin zu den fünf der insgesamt 22 von Amnesty International kontaktierten Nationalspieler, die sich im Vorfeld der Fußball-WM von 1978 in Argentinien klar gegen das dortige Regime aussprachen.[19] (Die übrigen waren Sepp Maier, Herbert Neumann, Rudi Seeliger und Bernd Franke.) Trotzdem war es mehr die Art, wie Burgsmüller und Lippens den Fußball zelebrierten, die beide als im weitesten Sinne „linke" Spieler qualifizierte.

Fußballspieler sind immer auch Zeiterscheinungen. Ihre Ausprägung ist auch abhängig davon, was die jeweilige Zeit gerade zuläßt und fördert. Es war sicherlich kein Zufall, daß die große Zeit des proletarischen Kickers *George Best,* Europas „Fußballer des Jahres 1968", die rebellischen Jahre 1968/69/70 waren, als sich in einer Reihe von westeuropäischen Ländern die Jugend und Studentenschaft in Aufruhr befand und eine umfassendere Modernisierung und Liberalisierung der westeuropäischen Gesellschaften einleitete. Der kleine, langmähnige nordirische Supertechniker, der komplette Abwehren im Alleingang ausspielte, verkörperte mit seiner äußerlichen Erscheinung, seiner Spielweise und seinen ständigen Eskapaden um Alkohol und Frauen für viele einen Ausbruch aus dem Mief des konservativen Autoritarismus. Noch 1990 schrieb die (katholische!) „Irish News" über den einstigen Superstar, als der wieder einmal einen Schlagzeilen-trächtigen, schwer alkoholisierten Auftritt in einer Talk Show hatte: „Er lehnt 'die Bosse' ab, er mag Leute nicht, die ihm erzählen, was er zu tun habe. (...) Er ist noch immer eine rebellische Erscheinung, die sich einen Spaß daraus macht, dem Establishment zwei Finger entgegen zu strecken. (...) Als die Band 'The Wedding Present' gefragt wurde, warum sie ihr Album nach Best genannt habe, antworteten die Musiker, es wäre ihnen dabei nicht so sehr um den Fußball gegangen, sondern um alles, was Best repräsentiert habe – eine verlorene Ära der Freiheit. (...) Best wird geliebt, weil er ein Rebell ist. Ein athletischer entfesselter Prometheus, der die Leidenschaft von Millionen von Fußballfans nährte und eine Legende kreierte, die sich weigert zu sterben."[20]

Der Kicker mit dem proletarischen Hintergrund war unorthodox und rebellisch, aber sicherlich niemand, der gezielt beabsichtigte, die Welt zu verändern. Seine Rebellion war und blieb individueller Natur und erschöpfte sich außerhalb des Spielfelds in durchgesoffenen Nächten, ständig neuen Frauengeschichten und Disziplinlosigkeit. Paul Gascoigne hat mit Best vieles gemein und ist doch zugleich eine Erscheinung einer ganz anderen Zeit. Beide halten im übrigen nicht viel voneinander. Best über Gas-

coigne: „Dieser pausbäk-
kige Fettkloß ist in zwei
Jahren vom Fenster."
Gascoigne über Best:
„Für ein bißchen Klein-
geld macht dieser versof-
fene Fettsack doch jeden
nieder."[21] Nur zwei Sätze, aber doch zwei, die
nahezu den gesamten
Katalog an Gemeinsam-
keiten und Differenzen
zwischen den beiden
Idolen beinhalten. Ge-
meinsam ist beiden die
proletarische Herkunft,
die sich u.a. in der offenen Weise ausdrückt,
miteinander umzugehen.
Best wie Gascoigne hal-
ten nichts von subtilem
Geschwätz, und ihr je-
weiliger Sprachschatz
kennt keine Tabus. Was
sie hingegen trennt, ist,
daß George Best wohl
tatsächlich der Unsterbli-
chere von beiden sein
dürfte: Noch 1990, d.h.
20 Jahre nach Bests Kar-
rierehöhepunkt und
nachdem man seit Jahren

George Best

nichts mehr von ihm gehört hatte, erschien eine Autobiographie
des Kickers, die reißenden Absatz fand. Andererseits ist es
unwahrscheinlich, daß Paul Gascoigne eines Tages in gleicher
Weise stranden wird wie der Nordire.

Die Zahl der tragischen Schicksale ehemaliger Starkicker und
Großverdiener mit proletarischem Hintergrund wird immer

geringer. Aber auch die Zahl der Kicker, die in das Gedächtnis der Fußballgemeinde als unsterblich eingehen, ist im Abnehmen begriffen. Beides ist ein Ausdruck veränderter Zeiten – im Fußballbusiness wie in der Gesellschaft allgemein.

Auch in Deutschland veränderte sich Ende der 60er/Anfang der 70er Jahre der Typus der Kicker. Die Spieler, die 1972 den EM-Titel und 1974 die Weltmeisterschaft gewannen, hatten mit der Fritz Walter-Elf von 1954 wenig Gemeinsamkeiten. Mit den autoritären und hierarchischen Mustern der 50er Jahre waren die selbstbewußten und „langhaarigen Spieler" – wie Netzer, Breitner, Hoeneß, Grabowski, Maier und Beckenbauer – nicht mehr zu führen. Das Gefeilsche um die Prämien im Vorfeld der WM 1974, bei dem die Spieler schließlich über die Funktionäre die Oberhand behielten, wäre 1954 völlig undenkbar gewesen. Was damals beinahe zum Rücktritt von Helmut Schön geführt hatte, läßt sich nicht einfach als „Geldgier verwöhnter Profis" abhaken. Mit Begriffen wie „Ehre" und „Vaterland" war diese Generation nicht mehr zu ködern, so wenig wie sie die Autorität von DFB und Bundestrainer als unantastbar betrachtete. Schön selbst galt zwar als Konservativer, aber in seinem Umgang mit den Spielern war er so liberal, daß er den Kapitän der Mannschaft, Franz Bekkenbauer, als faktisch gleichrangig akzeptierte. Seine Spielphilosophie war eine Synthese von ordnenden, spielerischen und kämpfenden Elementen, wie sie die Siegermannschaft der EM 1972 verkörperte.

Die Mehrzahl der damaligen Akteure landete schließlich – einem erneuten politischen Gezeitenwechsel wie aber auch ihrem errungenen sozialen Status entsprechend – im konservativen Lager und begann nun ebenfalls Begriffe wie „Ehre" und „Vaterland" zu strapazieren. Dies gilt auch für einen Großteil ihrer Nachfolger. Trotzdem wäre es falsch, darin umstandslos eine ideologische Rückreise zum Fußball der 50er Jahre zu sehen. Die heutigen Stars mögen zwar in ihrer Mehrheit Parteigänger der CDU sein, trotzdem sind sie selbstbewußter bzw. weniger autoritätshörig als die Helden der 50er. Allerdings beschränkt sich ihr Selbstbewußtsein auf das von „Yuppies" und auf den ökonomischen Bereich – schon deshalb, weil der Fußball für sie in einem ganz anderen Ausmaß Erwerbsquelle ist. Auf dem Spielfeld hingegen heißt es wieder oft – wie in den 50ern – „jawoll Herr Trainer". Für Schlagzeilen sorgt da schon, wer – wie Stefan Effenberg – über ein zwar nicht gerade gewitztes, aber doch loses Mundwerk verfügt.

Es gibt proletarischen Fußball, der sich weitgehend auf eine Reproduktion der industriellen Arbeitswelt beschränkt. Es gibt aber auch den, der bestimmte Anforderungen, wie sie der industrielle Alltag und das Unterschichtendasein lehren, mit einer im Alltag unterdrückten Kreativität verbindet, die dann auf dem Spielfeld ihren freien Lauf sucht: Fußball als Ausbruch aus der industriellen Eintönigkeit, aus dem auferlegten psychischen und physischen Elend; die freie, kreative Bewegung als Kompensation für die erzwungene und systematisierte Unterordnung am Arbeitsplatz und die Einschränkung der Fähigkeit zur Artikulation. Zumeist ist proletarischer Fußball Abbild und Ausbruch zugleich. Jedenfalls ging die Zeit der großen Spielerpersönlichkeiten im gleichen Tempo ihrem Ende entgegen, wie sich der moderne Angestelltenfußball etablierte. Der heutige Starspieler wirkt im Vergleich mit den früheren Spielerpersönlichkeiten eher wie ein abgeschliffener leitender Angestellter.

Die eindeutige Mehrheit der Spielerpersönlichkeiten der 60er, 70er und auch noch der 80er Jahre kam aus der Unterschicht: Franz Beckenbauer war der Sohn eines kleinen Postbeamten, Johan Cruyff, aufgewachsen in einem Amsterdamer Armeleuteviertel, kam zu Ajax Amsterdam über seine Mutter, die sich dort nach dem Tod ihre Mannes als Putzfrau und Tellerwäscherin verdingen mußte. Besessen von der Idee, Fußballprofi zu werden, verließ Cruyff im Alter von 13 die Schule. Sein Mannschaftskamerad bei Ajax, in Barcelona und in der holländischen Nationalmannschaft, Johan Neeskens, war aus dem Amsterdamer Arbeiterviertel Heemstede. Manchester Uniteds Weltstar George Best wuchs in einem protestantischen Arbeiterviertel Belfasts auf etc. Erst recht gilt dies natürlich für Südamerika, von Pele bis Maradona, der in Fiorita, einem berüchtigten Vorstadtghetto von Buenos Aires, das Licht der Welt erblickte. An der Dominanz von aus eher proletarischen Verhältnissen stammenden Fußballern unter den originelleren und besseren Balltretern hat sich bis heute nicht viel geändert (siehe Rijkaard, Gullit, Schillaci, Gascoigne). Möglicherweise liegt dies einfach daran, daß der Fußball als aktiv betriebener Sport noch immer vorwiegend bei den Unterschichten beheimatet ist. Aber möglicherweise reflektieren größere Originalität und Kreativität auch eine soziale Herkunft, wo der Fußball eine der wenigen Foren ist, in denen derartige Eigenschaften artikuliert werden können.

Dazu gesellt sich noch die andere Art der Fußballschule: kein gepflegter Rasenteppich, sondern der Hinterhof, die Straße, der holperige Bolzplatz. Allerdings nimmt die Zahl der Kicker, die wie Michel Platini den Fußball an Laternenpfählen erlernten, stetig ab. Die Fußballschulung erfolgt heute erheblich konzentrierter, monopolisierter und systematisierter als noch vor 20 oder 30 Jahren. Der österreichische Erfolgstrainer Ernst Happel, eines der letzten Originale auf der Trainerbank: „Die besten Fußballer, Cruyff, Beckenbauer, Pele, kamen alle von der Straße, von der Wiese, vom Strand."[22] Das Produkt der heutigen Fußballschulung besteht zumeist im braven Angestellten, dem Spielfreude und Improvisationskunst abgeht.

Der Angestelltenfußball hat sich aus dem Arbeiterfußball heraus entwickelt und hat wenig damit zu tun, daß seine Akteure vielleicht anderer sozialer Herkunft wären. Deshalb gibt es in den höheren Ligen eine ganze Reihe von Mischformen, was kaum verwunderlich ist, da beide sozialen Spielarten sich in den letzten 30 Jahren nicht einfach nebeneinander entwickelt haben. So war z.B. bezüglich des deutschen Angestelltenfußballs der 80er Jahre immer wieder zu hören, er sei zu sehr Kraftfußball. Das Element der „Kraft" gilt jedoch (abgesehen davon, daß es – jenseits der Existenz unterschiedlicher Klassen – als „deutsch" gehandelt wird) eher als typisch für die proletarische Ära des Fußballs und wurde somit offensichtlich hinübergerettet. Gleiches gilt auch für das Element der „Härte", das im Zuge der fortschreitenden Kapitalisierung und gnadenlosen Konkurrenz im Fußball zur Brutalität weiterentwickelt wurde.

Unter den kickenden „gentlemen" der einstigen Oberschichtenvereine war „Härte" eher verpönt, stattdessen übte man sich – in bewußter Abgrenzung zu den proletarischen Konkurrenten – im „Fair Play". Allerdings war der Fußball damals noch nicht vom

Straßenfußball in Glasgow, Anfang der 60er Jahre

kapitalistischen Konkurrenzkampf durchzogen, und die damaligen „gentlemen" sind mit den heutigen Fußball-Millionären nicht vergleichbar. Das Fußballspielen war nicht ihr Beruf. Die Adoption der ehemals proletarischen Elemente „Kraft" und „Härte" durch den Angestelltenfußball ist kaum verwunderlich, da insbesondere der „Härte" im Rahmen eines übertriebenen Effizienz- und Konkurrenzdenkens eine wichtige Rolle zukommt: „Der Zweck heiligt die Mittel". Für das aristokratische/feudal-bürgerliche Milieu ist dieses völlig untypisch („Fair-Play"), für das traditionelle proletarische Milieu zumindest nicht typisch („Solidarität").

Allerdings war es historisch betrachtet der proletarische Fußball, der Zweckmäßigkeit und Erfolgsorientierung einführte. Die Spielanlage der ersten englischen Arbeitermannschaften war erheblich zweckmäßiger und erfolgsorientierter als die der Universitäts- und Public School-Teams. Der soziale Hegemoniewechsel im englischen Fußball erfolgte auf dem Spielfeld aufgrund der Überlegenheit – nicht im Sinne von entwickelterer Technik und Ästhetik, sondern eben im Sinne größerer Erfolgsträchtigkeit – des proletarischen „passing game" über das bürgerlich-aristokratische „dribbling game". In den höheren Spielklassen ist die zunehmende Härte heute in erster Linie eine Ausgeburt der bürgerlichen Konkurrenzgesellschaft. Allerdings wurde und wird bürgerliches Konkurrenzdenken von der Arbeiterschaft immer wieder adoptiert, wie sektiererische Auseinandersetzungen innerhalb dieser sozialen Klasse, auch auf dem Fußballfeld und den Rängen, belegen. Die Unmöglichkeit, proletarischen Fußball in seiner Reinkultur (wenn es diesen überhaupt jemals gab) zu konservieren, liegt sicherlich auch im Niedergang des traditionellen Arbeitermilieus bzw. der Atomisierung der Arbeiterschaft als soziale Klasse begründet. Dazu gesellt sich noch ein generelles Problem des Fußballs als Wettkampfsport, das durch seine kapitalistische Durchdringung und Kommerzialisierung weiter verschärft wurde: Dem Fußball wohnt als Kampf um Tore und Punkte ein Drang zum Perfektionismus im Sinne seiner Erfolgsträchtigkeit inne, der sich nicht mit der Frage aufhält, was „proletarisch" und was „bürgerlich" oder was „schön" und was eher „häßlich" ist.

Auch spielt die soziale Herkunft eines Spielers heute eine immer geringere Rolle für seinen individuellen Spielstil, da die Spieler immer weniger sich selbst entwickeln können und stattdessen immer mehr in fertige Spielsysteme gepreßt werden. Für einen „Ente" Lippens hätte heute keines der 18 Bundesligateams noch eine Verwendung. Die aktuelle Dominanz des Angestelltenfußballs liegt keineswegs allein, wahrscheinlich nicht einmal maßgeblich daran, daß zusehends mehr Mittelschichtszöglinge der Lederkugel nachjagen. Lothar Matthäus kommt aus kleinen Verhältnissen, aber dennoch ist es gerade seine Spielweise, die als Angestelltenfußball klassifiziert wird. Der Matthäus ohne Ball am Fuß erinnert sogar noch viel weniger an sein Herkunftsmilieu als der kickende Matthäus. Das aufoktroyierte Spielsystem und die neue soziale Identität, die der Kicker im Zuge seiner Karriere erfährt, prägen ihn stärker als seine Herkunft.

Was proletarischer und was bürgerlicher Fußball ist, mag sich noch einigermaßen bestimmen lassen. Hingegen ist die Beantwortung der Frage, was „rechter" und was „linker" Fußball ist, weitgehend eine Ansichtssache. Eine wissenschaftlich haltbare Kategorisierung steht jedenfalls noch aus, weshalb die Verwendung der Begriffe „rechts" und „links" in der Diskussion um das Spiel in Anführungszeichen erfolgen müßte. Das theoretische Modell eines linken Spielstils könnte vielleicht wie folgt aussehen: *Engagement* (als Demonstration von Zuschauernähe und damit das Publikum auf seine Kosten kommt), *Fairneß* gegenüber Mit- und Gegenspieler (im Sinne der Vermeidung von Brutalität; Härte wohnt dem Spiel von Natur aus inne und gehört folglich dazu), *offensives Spiel nach vorne* statt defensivem Taktizismus, ein *kollektiver Spielstil,* der aber individuellen Entwicklungen und Eigenarten auf dem Spielfeld freien Lauf läßt.

Wer diese Kriterien erfüllt, würde demnach „linken" Fußball spielen. Ob er aber selbst ein „Linker" ist, steht auf einem anderen Blatt – siehe Netzer. Man muß zwischen „linkem" *Fußball* und linkem *Fußballer* differenzieren.

Das Problem ist allerdings, daß ein Team, das sich Kriterien „linken" Fußballspiels rigoros zu eigen machen würde, kaum Chancen hätte, im heutigen Spitzenfußball zu bestehen. Dies ist wohl auch der Grund, warum der gleiche Cesar Menotti, der eben noch Brutalität und Funktionalität aufs schärfste verurteilte und als typisch „rechts" denunzierte, dann doch wieder zu erheblichen Konzessionen bereit ist. „Ich will auch den Erfolg, und meine Spieler sind nie mit der Margarite in der Hand auf den Platz gelaufen. Wenn es sein muß, soll auf dem Spielfeld auch Blut fließen. Aber ich will, daß Intelligenz und Kreativität siegen, nicht Destruktivität."[23]

Klar doch: Genügt dem „linken" und „kleinen" FC St. Pauli am letzten Spieltag ein Unentschieden, um den Klassenerhalt zu sichern oder den Aufstieg zu erringen, wird er zur Not den Ball genauso in den eigenen Reihen und der eigenen Hälfte hin und her schieben, das eine oder andere brutale Foul verüben, kurzum: das Spiel zerstören, um stattdessen allein der Maxime „Der Zweck heiligt die Mittel" zu folgen, wie wir es ansonsten nur vermeintlich „rechten" Mannschaften zutrauen würden. „Linker" Fußball in Reinkultur, sollte es ihn denn jemals gegeben haben, ist heute überhaupt nicht mehr möglich. Es mag immer wieder einzelne Spieler geben, denen man nicht nur außerhalb des Spielfeldes, sondern auch auf dem Spielfeld selbst eine linke und emanzipatorische Gesinnung attestieren kann, aber wohl kaum eine komplette Mannschaft. Zumindest nicht in den oberen Spielklassen. Das herrschende Fußballsystem läßt „linken" Fußball immer weniger zu (wenngleich die Hoffnung bleibt – und die EM 1992 gab dieser Nahrung –, daß sich der Angestelltenfußball totläuft und damit eine Kurskorrektur erzwungen wird). Selbst Einzelfälle scheinen nach dem Abschied Burgsmüllers mehr und mehr der Vergangenheit anzugehören, Lichtblicke, von denen man in Nostalgie und Wehmut spricht.

Im Profifußball ist es eben so wie in anderen besser dotierten Berufen der kapitalistischen Konkurrenzgesellschaft: Bei der Ausübung des Berufes ist eine linke und emanzipatorische Gesinnung an der Pforte weitgehend abzugeben.

Schon einem anderen Autor, der sich an diesem Thema versuchte, blieb schließlich nichts anderes übrig, als mit den folgenden Worten Ernst Jandls zu schließen: „Manche meinen / lechts und rinks kann man nicht velwechsern. / werch ein illtum!"[24]

ANMERKUNGEN

(1) Zit. nach T. Kilchenstein, „Die Leichtigkeit des Seins", in „Frankfurter Rundschau" v. 15.6.1992
(2) Ebd.
(3) Ebd.
(4) H.Böttiger, „Emma macht sich nicht mehr frei", in: „Frankfurter Rundschau" v. 20.6.1992
(5) Ebd.
(6) N.Seitz, „Bananenrepublik und Gurkentruppe", Frankf./M. 1987
(7) U.Schröder, „Der Fußball und seine Stars", in: K.H. Huba (Hrsg.), Fußball-Weltgeschichte, München 1990
(8) Zit. nach P. Wuhrer, „God save our gracious team", in: „Wochenzeitung" v. 2.3.1990
(9) Zit. nach R.Koppold, „Streng geregelt – Sport auf der Insel", in: M.Kadereit (Hrsg.), Anders reisen – Großbritannien, Reinbek bei Hamburg 1985
(10) „Spiegel" 47/1990

(11) „Guardian" v. 15.4.1991
(12) H.-H.Klare, „Kampfhund mit Gefühl", in: „Stern"
(13) Zit. nach „Spiegel", a.a.O.
(14) Zit. nach H.Krämer, Menotti oder „Linker und rechter Fußball", in: „ILA – Zeitschrift der Informationsstelle Lateinamerika", Nr.136
(15) Zit. nach L.Schulze, „Trainer: die großen Fußballstrategen", München 1989
(16) Ebd.
(17) Ebd.
(18) Zit. nach P.Wuhrer, a.a.O.
(19) Zit. nach „Fußball und Folter – Argentinien 1978", Reinbek bei Hamburg, Juni 1978
(20) „Irish News" v. 24.9.1990
(21) Zit. nach „Spiegel", a.a.O.
(22) „Ich sterbe nicht auf der Bank", Interview mit Ernst Happel im „Kicker"
(23) Zit. nach H.Krämer, a.a.O.
(24) Ebd.

FUSSBALL IM 3. JAHRTAUSEND

EIN DISPUT HOCHKARÄTIGER EXPERTEN ÜBER EINE EXISTENTIELLE ZUKUNFTSFRAGE DER MENSCHHEIT

TEILNEHMER:

F.W. CAMPBELL: englischer Fußballfeind und Rugbyfreund in den sechziger Jahren des 19. Jahrhunderts

KARL PLANCK: deutscher Fußballfeind der Jahrhundertwende

PROF. KONRAD KOCH: deutscher Fußball-Pionier, der das Spiel im Gymnasium Martino-Katharineum zu Braunschweig einführte und die Regeln aus dem Englischen übersetzte

JOHN GOODALL: genialer Torjäger und Regisseur von Derby County, vierzehnmaliger Nationalspieler für England zwischen 1888 und 1898, von seinen Fans „Johnny Allgood" genannt

HERBERT CHAPMAN: legendärer Trainer von Arsenal London von 1925 bis 1934, Erfinder des WM-Systems, das bis in die fünfziger Jahre Bestand hatte

JOSÉ LEANDRO ANDRADE: Seele der wunderbaren uruguayischen Mannschaft der zwanziger Jahre, die zweimal Olympiasieger und einmal Weltmeister wurde, nebenbei Tänzer und Leiter der Karnevalsgruppe „Die armen Neger aus Kuba"

MATTHIAS SINDELAR: vermutlich bester Mittelstürmer aller Zeiten, ballverliebt, körperlos, treffsicher, genannt „Der Papierene"

SEPP HERBERGER: listiger Trainerfuchs, der banale Wahrheiten furchtlos aussprach und seinen Zwecken unterwarf, außerdem über eine äußerst wirkungsvolle rechte Hand verfügte

FRITZ WALTER: rechte Hand

ERNST HAPPEL: Grantler aus Wien, Erfinder des Pressing

CESAR LUIS MENOTTI: argentinischer Weltmeistertrainer 1978, Feind der Diktatur, Freund des kreativen Angriffsfußballs, Mitspieler des großen Pele beim FC Santos

CARLOS BILARDO: argentinischer Weltmeistertrainer 1986, Feind Menottis, Freund des destruktiven Defensivfußballs, gefürchteter Verteidiger der unfairsten Mannschaft aller Zeiten, Estudiantes de la Plata; trat, biß, kratzte, spuckte und zertrampelte die Brille eines holländischen Gegenspielers
MICHEL PLATINI: Mittelfeldästhet der Achtziger, Regelinnovator, am Fußball der Neunziger gescheiterter Teamchef
SILVIO BERLUSCONI: Medienmagnat, Eigner des AC Mailand, Möchtegernzukunft des Fußballs

MENOTTI: Liebe Leute, seien wir doch ehrlich, der Fußball ist am Ende. 130 Jahre sind genug, laßt ihn uns in Ehren begraben.

BILARDO: Hö, hö.

CAMPBELL: Habe ich doch gleich gesagt. Die 130 Jahre hätte man sich sparen können. Eine Sportart, bei der man nicht nach dem Gegner treten darf, ist sowieso zum Scheitern verurteilt.

BILARDO: Wer sagt, daß man das nicht darf? Man darf sich bloß nicht erwischen lassen.

PLANCK: Fußlümmelei, Hundetreter, Proleten. Wenn ich mir dagegen die edlen Recken des Turnens betrachte, die heldengleich am Recke schwingen.

PLATINI: Mensch, die sind doch mit siebzehn alle Invaliden.

PLANCK: Schweig still, Franzmann, hundslümmeliger.

HERBERGER: Nun, nun, wir wollen doch nicht unsachlich werden. Ich meine, solange der Ball rund ist, besteht Hoffnung.

SINDELAR: Ha! Noch ein paar Jahre und er hat die Form einer Colaflasche. Das Geschäft macht doch alles kaputt. Leute wie Havelange und Berlusconi scheren sich doch einen Dreck um den Fußball.

BERLUSCONI: Nun aber mal halblang, junger Mann. Ich bin ein wahrer Freund des Fußballs. Meine Sender übertragen rund um die Uhr fast nichts anderes. Ich hole die besten Spieler der Welt nach Mailand, auch wenn ich sie gar nicht alle einsetzen kann, nur weil ich sie liebe. Und wenn Sie bereit wären, nochmal Ihre Stiefel zu schnüren, könnte ich Ihnen mindestens einen Platz auf der Ersatzbank neben Ruud Gullit garantieren.

MENOTTI: Aber das ist es ja gerade. Sie kaufen sämtliche Spieler, die den Ball einigermaßen geradeauskicken können, setzen die Hälfte auf die Reservebank und gewinnen jedes Match mit fünf Toren Unterschied. Was hat das noch mit spannendem Fußball zu tun. Gegen wen wollen Sie überhaupt noch antreten?

BERLUSCONI: Wir brauchen eben die Europaliga, besser noch die Weltliga. Die 300 besten Spieler der Welt in zwölf Klubs wie dem AC Mailand, und Sie haben den Fußball des dritten Jahrtausends.

WALTER: Aber des is doch Unsinn. Was solle mir denn dann uff de Betze gucke, wenn alle gute Spieler in Italia kicke.

BERLUSCONI: Fernsehen!

PLATINI: Ihren Kanal vermutlich.

BERLUSCONI: Selbstverständlich. Der Fußball der Zukunft braucht kaum noch Zuschauer im Stadion, sondern ist ein Fernsehereignis, mundgerecht serviert, mit Unterhaltungsprogrammen garniert, telegen reformiert. Effektive Spielzeit, Pausen für die Werbung, die Superzeitlupe, Interviews vor dem nächsten Spielzug.

ANDRADE: Wenn weiter solcher Fußball geboten wird wie bei der WM 1990, können sie ihre Fernsehgeräte getrost einmotten.

CHAPMAN: Das ist doch der springende Punkt. Der Fußball wird doch nicht nur vom Geld kaputtgemacht, sondern von der Taktik. „Spanische Fußballer rennen wie die Blöden“, hat Maradona mal gesagt. Da liegt der Hase im Pfeffer. Wir müssen zurückkehren zu dem gepflegten Fußball meiner Zeit: stoppen, laufen, gucken, passen, hier ein kleines Dribbling, dort ein hübscher Hackentrick. Der größte Fehler war es, das WM-System zu verwerfen. Heute sieht man doch nur noch hektische Klopperei.

GOODALL: Das ist fast wie damals bei uns. Alle Spieler rennen dahin, wo der Ball ist, und dann wird draufgehauen, daß die Fetzen fliegen. Wer zuerst trifft, gewinnt. Das war meistens ich. Damals nannte man mich Allgood.

PLANCK: Widerwärtig!

ANDRADE: Es fehlt die Anmut, das tänzerische Element. Heute geht's doch schon bei der Ballannahme auf die Knochen.

BILARDO: Na und?

SINDELAR: Es muß viel mehr gescheiberlt werden. Und wenn die Fußballer heute schneller rennen und im Mittelfeld alles dichtmachen, muß man eben die Zahl der Spieler verringern.

HERBERGER: Der Platini war doch in dieser großartigen Regelkommission „Task Force 2000". Und dann geht er hin und läßt seine Leute bei der Europameisterschaft Catenaccio spielen.

PLATINI: Was soll ich denn machen, wenn in ganz Frankreich niemand vernünftig den Ball stoppen kann? Mit einem Maradona kann jeder offensiv spielen, hat man ja an Bilardo gesehen.

BILARDO: Na, so offensiv war das nun auch wieder nicht.

MENOTTI: Ha! Hab ich's nicht gesagt? Der weiß immer noch nicht, warum er Weltmeister geworden ist.

PLATINI: Wir haben ja erwogen, nur noch mit zehn Leuten zu spielen, aber im Fußball dauert so etwas seine Zeit. Der einzige wesentliche Vorschlag von uns, der durchgekommen ist, war die neue Rückpaßregel. Ziemlich mager.

HERBERGER: Elf Freunde müßt ihr sein, nicht zehn.

WALTER: Klar, Chef.

KOCH: Es ist nicht gesund, bei hoher Sonne zu spielen, schon gar nicht bei Temperaturen über zehn Grad. Das habe ich meinen Schülern streng untersagt. Und bei Ostwind sollte jedes Match sofort abgebrochen werden.

MENOTTI: Vielen Dank, Professor. Aber außer dem Ostwind, der Angst zu verlieren und der Enge im Mittelfeld gibt es doch noch ein weiteres gravierendes Problem, das kreativen und schönen Fußball verhindert: die permanenten Fouls.

CAMPBELL: Was ist das nur für ein Sport, bei dem man nicht nach dem Gegner treten darf?

BILARDO: Mein Reden, mein Reden.

PLANCK: Fußlümmel!

ANDRADE: Menotti hat vollkommen recht. Mit mir sind sie ja auch nicht gerade zimperlich umgegangen. Wenn ich nur daran denke, wie mich die Deutschen 1928 bei der Olympiade malträtiert haben. Aber heute? 51 Fouls beim EM-Halbfinale Deutschland gegen Schweden, da liegen die Akteure doch mehr auf dem Boden, als daß sie Fußball spielen.

HERBERGER: Ja, ja die Schweden. Da war bestimmt wieder der Hamrin dabei.

MENOTTI: Der Maradona konnte in Mexiko doch nur so brillant spielen, weil ihn die Schiedsrichter beschützt haben. 1982 durfte ihn dagegen der Gentile gnadenlos niedermachen. Aber das Hauptproblem sind ja gar nicht mal die groben Fouls, die inzwischen von den meisten Schiedsrichtern mit Gelb oder Rot bestraft werden, sondern die vielen kleinen Fouls, die ständig den Spielfluß stoppen. Ich habe Spiele von Maradona gesehen, in denen er zu keiner einzigen Aktion in der Lage war, weil sein Gegenspieler in den ganzen 90 Minuten sein Trikot nicht ein einziges Mal losgelassen hat. Die Schiedsrichter müßten gelbe Karten auch für wiederholte kleine Fouls zeigen.

BILARDO: Memme!

HERBERGER: Das ist ja alles schön und gut, allein, es fehlt der Geist.

WALTER: Der von Spiez, Chef?

HERBERGER: Auch der. Die Spielsysteme kommen und gehen. Das WM-System des Kollegen Chapman, das ich mit Leben und Flexibilität erfüllt habe, 4-2-4, 4-3-3, Raumdeckung, Viererkette, alles schön und gut, aber wichtig ist doch die Seele, der Geist eben.

WALTER: Von Spiez!

HERBERGER: Ja, Fritz. Aber von mir aus auch von Novaja Semlja. Hauptsache Geist.

HAPPEL: Schmarrn. Der einzige Geist, den ich gelten lasse, ist der Weingeist.

BILARDO: Was zählt, ist einzig das Resultat.

MENOTTI: Das ist mal wieder typisch. Keine Achtung vor den Zuschauern. Wie der Engländer David Platt, der den Leuten riet, lieber ins Kino zu gehen, wenn sie Unterhaltung wollten. Weißt du nicht, was Che Guevara sagt: „Qualität, das ist der Respekt vor dem Volk".

BILARDO: Und Bakunin sagt: „Die Kraft der Zerstörung ist eine schöpferische Kraft."

MENOTTI: Nicht bei dir, Carlos, nicht bei dir.

CHAPMAN: Also, mein WM-System war ja auch sehr defensiv. Aber wir haben immerhin versucht, wenigstens ein Tor zu schießen. Heute spielen viele ja nur noch auf Elfmeterschießen. Mein Vorschlag: weg mit dem Elfmeterschießen, stattdessen

„sudden death". Und weg mit der Abseitsregel, dann gibt es auch wieder gepflegte lange Pässe, und das Gedränge im Mittelfeld hört auf.

PLATINI: Und der Papin steht nur noch im Strafraum rum. Geh mir fort.

BERLUSCONI: Dann kommt er eben auf die Bank.

SINDELAR: Wenn da noch Platz ist.

KOCH: Aber meine Herren. Lassen Sie uns doch zu einer Entscheidung kommen. Als ich den Fußball anno dunnemals in Braunschweig einführte, war er ein wunderschöner Sport, der den Schülern mit einfachen Mitteln ungeheuren Spaß bereitete, außer bei Ostwind. Heute sehe ich nur Schweiß, Drill, Knochenbrüche, Gebolze, Gestocher und die Unterdrückung jeder Spielkunst mit brutaler Gewalt. Das, meine Herren, habe ich nicht gewollt.

GOODALL: Also abschaffen!

CAMPBELL, PLANCK: Bravo!

PLATINI: Aber nicht doch. Jeder finsteren Epoche des Fußballs folgte bislang eine neue Blütezeit. Nach der Treterei und dem Gestümper von Chile 1962 und England 1966 kam Mexiko 1970 mit der Renaissance Brasiliens, die deutschen Europameister 1972, die fliegenden Holländer 1974. Dem Antifußball in Argentinien 1978 und Spanien 1982 folgten, mit Verlaub, die großartige EM 1984 und die sehenswerte WM 1986. Beim Europacup ging der Catenaccio Inter Mailands schließlich im Sturmwirbel von Ajax Amsterdam unter, die englischen Langweiler Anfang der Achtziger wurden von der offensiven Rasanz des AC Mailand und des FC Barcelona abgelöst. Auf irgendeine seltsame Art schafft es der Fußball immer wieder, sich selbst aus dem Sumpf zu ziehen. Das gibt Hoffnung für die Zukunft.

HERBERGER: Solange nach dem Spiel vor dem Spiel ist, kann der Fußball nicht untergehen.

Matti Lieske, Fußballfreund des 20. Jahrhunderts, geboren 1952, Sportredakteur bei der „tageszeitung" (taz), nicht übermäßig gefürchteter Torjäger der taz-Betriebsmannschaft.

Die Zeitschrift gegen das Unentschieden

Sportkritik

»kontrollierte

Offensive«

Jahresabo 6 Ausgaben DM 30,-
gegen Vorkasse bei: Sportkritik
Arndtstr. 30, W-1000 Berlin 61

AUSGEWÄHLTE LITERATUR

Hans Dieter Baroth, Des deutschen Fußballs wilde Jahre, Essen 1992

Ders., Anpfiff in Ruinen, Essen 1991

Ders., „Jungens, Euch gehört der Himmel!" – Die Geschichte der Oberliga West 1947-1963, Essen 1988

Bryon Butler, The official history of The Football Association, London 1991

Tom Campbell / Pat Woods, The glory and the dream: the history of Celtic F.C. 1887-1986, Edinburgh 1986

Eric Dunning / Kenneth G. Sheard, Barbarians, Gentlemen and Players, Oxford 1979

N. Fishwick, English Football and Society, Manchester 1989

Horst Friedemann (Hrsg.), Sparwasser und Mauerblümchen – Die Geschichte des Fußballs in der DDR 1949-1991, Essen 1991

Siegfried Gehrmann, Fußball, Verein, Politik – Zur Sozialgeschichte des Reviers 1900-1940, Essen 1988

Thomas Gehrmann, Fußballrandale – Hooligans in Deutschland, Essen 1990

Geschichte des Deutschen Fußballsports. Herausgegeben in Zusammenarbeit mit dem Deutschen Fußball-Bund, bearbeitet von Carl Koppehel, Frankfurt/M. 1954

John Harding, For the good of the game: The official history of The Professional Footballers' Association, London 1991

Wilhelm Hopf (Hrsg.), Fußball – Soziologie und Sozialgeschichte einer populären Sportart, Bensheim 1979

Roman Horak / Wolfgang Reiter / Kurt Stocker (Hrsg.), „Ein Spiel dauert länger als 90 Minuten" – Fußball und Gewalt in Europa, Hamburg 1988

R. Horak / W. Reiter (Hrsg.), Die Kanten des runden Leders. Beiträge zur europäischen Fußballgeschichte, Wien 1991

Karl-Heinz Huba (Hrsg.), Fußball-Weltgeschichte, München 1990

Rolf Lindner / Heinrich Th. Breuer, „Sind doch nicht alles Beckenbauers", Frankfurt/M. 1982

R. Lindner (Hrsg.), Der Satz „Der Ball ist rund" hat eine gewisse philosophische Tiefe, Berlin 1983

Dietrich Schulze-Marmeling, „Für Fußball hättest Du mich nachts wecken können" – Zur Geschichte von Arbeit und Sport in der Region Hamm, Hamm 1992

Norbert Seitz, Bananenrepublik und Gurkentruppe. Die nahtlose Übereinstimmung von Fußball und Politik 1954-1987, Frankf./M. 87

Jürgen Stark / Klaus Farin, Das Fußball-Lesebuch, Reinbek bei Hamburg 1990

J. Walvin, The Peoples Game: a Social History of British Football. London 1975

Martin Zöller u.a., Fußball in Vergangenheit und Gegenwart. (Band 1: Geschichte des Fußballsports in Deutschland bis 1945, Band 2: Geschichte des Fußballsports in der DDR bis 1974), Berlin-Ost (ehemal. DDR) 1976

FANZINES

BILDNACHWEIS

„15 Uhr 30. Jetzt geht's los!", Hrsg. Deutscher Fanzeitungs-Verband (dFZV), c/o Peter Bode, Ehrenfeldgürtel 124, 5000 Köln 30

„Millerntor Roar!", Hrsg. Fan Initiative St. Pauli (FISH) e.V., Beim Grünen Jäger 1, 2000 Hamburg 36

„When Saturday Comes", 4. Floor, 2 Pear Tree Ct, London, ECIR ODS

Bryon Butler: The Official History of The Football Association, London 1991: S. 17, 25, 42, 51, 229, 275, 310

John Bunzl (Hrsg.), Hoppauf Hakoah, Wien 1987: S. 136, 137

Karl-Heinz Huba, Fußball-Weltgeschichte, München 1990: S. 129

„Millerntor Roar!", Hrsg. Fan Initiative St. Pauli: S. 229, 247, 254

Oberösterreichische Nachrichten: S. 263, 264

PAN-Foto, Sozialdokumentarisches Bildarchiv: S. 203

Dietrich Schulze-Marmeling, „Für Fußball hättest Du mich nachts wecken können". Zur Geschichte von Sport und Arbeit in der Region Hamm: S. 75

Sport in Hannover von der Stadtgründung bis heute, Hrsg. Niders. Institut für Sportgeschichte, Hoya e.V., Hannover 1991: S. 119

H.J. Teichler; G. Hauk (Hrsg.), Illustrierte Geschichte des Arbeitersports, Berlin 1987: S. 59, 83, 89, 97, 99, 119

The Footballer. The Journal of Soccer History and Statistics: S. 48

„When Saturday Comes": S. 203, 273, 291

VERZEICHNIS WICHTIGER ABKÜRZUNGEN

(Die Zahlen in Klammern verweisen auf die erstmalige Erwähnung des Begriffs im Text)

ATB   Arbeiter-Turnerbund   *(92)*

ATSB   Arbeiter-Turn- und Sportbund   *(92)*

DFB   Deutscher Fußballbund   *(52)*

DJK   Deutsche Jugendkraft   *(91)*

DRA   Deutscher Reichsausschuß für Leibesübungen   *(109)*

DRV   Deutscher Ruderverband   *(53)*

DT   Deutsche Turnerschaft   *(53)*

FA   Football Association   *(21)*

FIFA   Fédération International de Football Association   *(105)*

FL   Football League   *(37)*

FSA   Football Supporters' Association   *(222)*

GFTU   General Federation of Trade Unions   *(290)*

IG   Interessengemeinschaft zur Wiederherstellung der Einheit im Arbeitersport   *(100)*

KG   Kampfgemeinschaft für Rote Sporteinheit   *(100)*

ÖFP   Österreichischer Fußball-Bund   *(73)*

PFA   Professional Footballers' Association   *(290)*

UEFA   Union Européenne de Football Association   *(61)*

VdV   Vereinigung der Vertragsfußballspieler e.V.   *(288)*

WSV   Westdeutscher Spielverband   *(55)*

Dietrich Schulze-Marmeling, Jg. 1956, freier Publizist und Buchautor; veröffentlichte im Verlag Die Werkstatt u.a. „Der lange Krieg – Macht und Menschen in Nordirland" (1989, gemeinsam mit Ralf Sotscheck).
Veröffentlichungen zum Thema Fußball: „Für Fußball hättest Du mich nachts wecken können. Zur Geschichte von Sport und Arbeit in der Region Hamm"* (1992) sowie zahlreiche Zeitschriftenbeiträge, u.a. in „Konkret" (Hamburg) und „Wochenzeitung" (Zürich).

Dr. Michael John, Sozialwissenschaftler und Dozent an der Johannes-Kepler-Universität in Linz/Österreich.

Martin Krauß, Jg. 1964, Dipl.-Politologe, Schwimmtrainer und Redakteur der Zeitschrift „Sportkritik"; promoviert z.Zt. an der FU Berlin zu den Effekten der Konkurrenz Vereinssport – private Sportanbieter.

Matti Lieske, Jg. 1952, Sportredakteur bei der „tageszeitung" (taz); nicht übermäßig gefürchteter Torjäger der taz-Betriebsmannschaft.

Pit Wuhrer, freier Journalist und Buchautor. Buchveröffentlichungen u.a. „Die Freiheit ist zäh und stirbt endlos. Liverpool – über die Zerstörung einer Region", Berlin 1983; „Sie nennen es Trouble. Nordirland. Reportagen und Geschichten aus einem Krieg", Zürich 1989

---

* *Herausgegeben vom „Projekt Sozialgeschichte des Sports" der „Bildungsgemeinschaft SOAG e.V.", Nassauerstr. 37, 4700 Hamm 1*